DEVOCIONAL EN UN AÑO®

Sabiduría para mujeres

365 devocionales del libro de Proverbios

Sabiduría para mujeres

365 devocionales del libro de Proverbios

DEBBI BRYSON

Tyndale House Publishers
Carol Stream, Illinois, EE. UU.

Visite Tyndale en Internet: tyndaleespanol.com y BibliaNTV.com.

Visite el sitio web de Debbi Bryson en biblebusstop.com.

TYNDALE, el logotipo de la pluma, *En un año*, el logotipo de En un año y *The One Year* son marcas registradas de Tyndale House Ministries. *One Year* y el logotipo de The One Year son marcas de Tyndale House Ministries.

Devocional en un año – Sabiduría para mujeres: 365 devocionales del libro de Proverbios

© 2020 por Debbi Bryson. Todos los derechos reservados.

Originalmente publicado en inglés en el 2013 como *The One Year Wisdom for Women Devotional: 365 Devotions through the Proverbs* por Tyndale House Publishers, con ISBN 978-1-4143-7529-8.

Fotografía de la rama en la portada © Yaroslav Danylchenko/Stocksy.com. Todos los derechos reservados.

Fotografía de la autora por Jenise Brennan © 2011. Todos los derechos reservados.

Diseño: Alberto C. Navata Jr.

Traducción al español: Dawn Barillaro

Las citas bíblicas sin otra indicación han sido tomadas de la *Santa Biblia*, Nueva Traducción Viviente, © 2010 Tyndale House Foundation. Usada con permiso de Tyndale House Publishers, 351 Executive Dr., Carol Stream, IL 60188, Estados Unidos de América. Todos los derechos reservados.

Las citas bíblicas indicadas con NVI han sido tomadas de la Santa Biblia, *Nueva Versión Internacional,*® NVI.® © 1999 por Biblica, Inc.® Usada con permiso. Todos los derechos reservados mundialmente.

Las citas bíblicas indicadas con RVR60 han sido tomadas de la versión Reina-Valera 1960® © Sociedades Bíblicas en América Latina, 1960. Renovado © Sociedades Bíblicas Unidas, 1988. Usada con permiso. Reina-Valera 1960® es una marca registrada de las Sociedades Bíblicas Unidas y puede ser usada solo bajo licencia.

Las citas bíblicas indicadas con RVR1977 han sido tomadas de La Santa Biblia, Reina Valera Revisada® RVR® © 2017 por HarperCollins Christian Publishing®. Usada con permiso. Reservados todos los derechos en todo el mundo.

Las citas bíblicas indicadas con RVR95 han sido tomadas de la Reina-Valera 95® © Sociedades Bíblicas Unidas, 1995. Usada con permiso.

Las citas bíblicas indicadas con RVC han sido tomadas de la versión Reina Valera Contemporánea © 2009, 2011 por Sociedades Bíblicas Unidas.

Las citas bíblicas indicadas con RVA-2015 han sido tomadas de la versión Reina Valera Actualizada © 2015 por Editorial Mundo Hispano.

Las citas bíblicas indicadas con DHH han sido tomadas de la versión Dios habla hoy® – Tercera edición © Sociedades Bíblicas Unidas 1966, 1970, 1979, 1983, 1996.

Las citas bíblicas indicadas con LBLA han sido tomadas de LA BIBLIA DE LAS AMERICAS®, © 1986, 1995, 1997 por The Lockman Foundation. Usada con permiso.

Las citas bíblicas indicadas con TLA han sido tomadas de la Traducción en lenguaje actual © Sociedades Bíblicas Unidas, 2000. Usada con permiso.

Las citas indicadas con BLPH han sido tomadas de La Palabra, (versión hispanoamericana) © 2010 Texto y Edición, Sociedad Bíblica de España.

Las citas bíblicas indicadas con PDT han sido tomadas de Palabra de Dios para Todos © 2005, 2008, 2012 Centro Mundial de Traducción de La Biblia.

Para información acerca de descuentos especiales para compras al por mayor, por favor contacte a Tyndale House Publishers a través de espanol@tyndale.com.

ISBN 978-1-4964-4363-2

Impreso en Estados Unidos de América
Printed in the United States of America

26 25

7   6   5   4

Introducción

A lo largo de la trayectoria de tu vida, ¿alguna vez has reflexionado sobre las grandes preguntas? *¿Cuál es el significado de la vida? ¿De dónde vengo? ¿Qué pasa cuando muero?* ¿Dónde encuentras las respuestas? Tal vez te preguntas: *¿No hay mapas, sistemas de GPS o señales de tráfico en la encrucijada? ¿No hay luces de advertencia o vallas de protección en curvas afiladas y puentes estrechos?* Si hay un Dios, ¿sería tan cruel como para dejarnos trastabillar y vagar y perder el camino? Cuando estamos abrumadas, cuando los problemas nos rodean, cuando nos estamos hundiendo en las arenas movedizas de la vida, ¿no hay nadie que oiga nuestros gritos desesperados pidiendo ayuda? ¿No hay nadie que envíe una brigada de búsqueda y rescate? Estas son preguntas que, si se dejan sin respuestas, nos dejarán solas y desesperadas, temerosas y confundidas.

Las buenas noticias son que sí hay un Dios, y él tiene un mensaje para ti. Su mensaje es tan grande, claro, seguro y fuerte que puede cambiar tu vida entera radical y permanentemente. Dios no es un Dios distante. Él está cerca. Es bondadoso y sabio y bueno. Por supuesto que le importa tu trayectoria personal, porque le importas tú. Nadie jamás te ha amado o te amará más.

Miramos la realidad desde nuestra estrecha y limitada posición en el planeta Tierra. Tenemos estrechez de miras. Los árboles no dejan ver el bosque. Pero Dios está por encima de la refriega. Él entiende tu pasado más que tú. Él te conocía antes de que nacieras (Salmo 139). Él está tan consciente de cada detalle de tu presente que aun los cabellos en tu cabeza están numerados. Y las misteriosas e inexploradas aguas de tu futuro son cristalinas y eternamente importantes ante aquel quien quiere que lo conozcas como «nuestro Padre que está en los cielos».

¿Qué tiene que ver todo esto con la sabiduría? Absolutamente todo. La sabiduría no es un conjunto de reglas obsoletas, rígidas y aburridas grabadas permanentemente en la antigüedad. La sabiduría está viva y fresca. Es tan confiable e inalterable como el sol que sale cada día. El sol está alejado del control y de los caprichos del hombre. No puedes ponerle límites, como tampoco al viento o a un rayo. Son dinámicos, lo que significa que no son estáticos. Están llenos de energía, potencia y actividad. Así mismo es la sabiduría. ¿Cómo es entonces la sabiduría? ¿Cómo puedes reconocer la versión verdadera? Santiago, el hermano de Jesús, nos da esta observación perspicaz: «Sin embargo, la sabiduría que proviene del cielo es, ante todo, pura y también ama la paz; siempre es amable y dispuesta a ceder ante los demás. Está llena de compasión y del fruto de buenas acciones. No muestra favoritismo y siempre es sincera» (Santiago 3:17). ¡Vaya! Esta hermosa descripción despierta nuestro interés y agita nuestro corazón. Entonces, ¿cómo podemos adquirir este increíble bien? Sorprendentemente, la sabiduría está ahí para el que la quiera; incluso al alcance de un niño.

Si necesitan sabiduría, pídansela a nuestro generoso Dios, y él se la dará; no los reprenderá por pedirla.
SANTIAGO 1:5

[Dios] Tu palabra es una lámpara que guía mis pies y una luz para mi camino.
SALMO 119:105

La Biblia: prohibida, quemada, amada. Más ampliamente leída, más frecuentemente atacada que cualquier otro libro a lo largo de la historia. Generaciones de eruditos han intentado desacreditarla; dictadores de cada época la han ilegalizado y han ejecutado a los que la leen. Sin embargo, los soldados la llevan a la batalla creyendo que es más poderosa que sus armas. Fragmentos de ella que han pasado de contrabando a celdas de prisión solitaria han transformado asesinos despiadados en santos gentiles.
CHARLES COLSON

Yo creo que la Biblia es el mejor regalo que Dios jamás haya dado al hombre. Todo el bien del Salvador del mundo es comunicado a nosotros a través de este libro. Al no ser por ella, no distinguiríamos el bien del mal.
ABRAHAM LINCOLN

La Biblia en un año

Yo, como muchos, siempre he tenido respeto por la Biblia. Pero incluso después de convertirme en cristiana, me resultó difícil ser consistente en leerla por completo, de principio a fin. Entonces un día (hace más de veinte años) descubrí *La Biblia en un año* (publicada por Tyndale Español). Mientras hojeaba las páginas, sabía que Dios me había dado una manera sencilla y factible de leer todos los días. Cada mañana la abro a la página con la fecha del día. Allí encuentro una lectura del Antiguo Testamento, del Nuevo Testamento, de los Salmos y de los Proverbios. ¡Qué alegría! Por primera vez en mi vida experimenté un crecimiento profundo y una sensación de que yo estaba escuchando diariamente la voz y la guía de Dios para mí. Para ser sincera, los primeros años había días que no leía. Pero aprendí a no intentar ponerme al día. Me saltaba lo que me había perdido y comenzaba de nuevo con la lectura del día actual. A través de los años, miles se han unido a lo que ahora llamamos «el autobús bíblico». Amigos, familias, parejas y equipos de ministerio encuentran que leer la misma porción de las Escrituras cultiva la comunión y la afinidad. En lugar de ser un deber aburrido, la lectura diaria es fresca y personal mientras «viajas al corazón de Dios». Si te gustaría acompañarnos, al final del libro he incluido una página de instrucciones que te ayudarán a desarrollar un tiempo a solas con Dios.

Sabiduría para mujeres

Sabiduría para mujeres nació un día ordinario en Juneau, Alaska. Esa mañana di una caminata al glaciar con mi amiga Lisa. Mientras caminábamos, ella me compartió su tristeza de que las mujeres a menudo están confundidas, desalentadas y desviadas. Situaciones difíciles o malas decisiones causan consecuencias dolorosas para la vida. Luego se detuvo y dijo: «Debbi, escribe algo para nosotras. Lo pondremos en la radio acá». Para mi sorpresa, cuando regresamos a la casa, *Sabiduría para mujeres* tenía un nombre y un plan. En poco tiempo comenzó a transmitirse por la radio. Dios realmente trabaja de maneras sorprendentes. Nos llevó varios años escribir y grabar 365 devocionales de audio que ahora se escuchan en estaciones en todo Estados Unidos y en países tan distantes como Belice e Israel. «Sentémonos a charlar» es el corazón y el tono. Los devocionales en inglés que concuerdan con la lectura de cada día están disponibles en la página www.wisdomforwomen.com/book-audio/.

¿Estás lista para emprender una trayectoria a través del libro profundo y práctico de Proverbios? ¿Buscarás el rayo de luz de la sabiduría de Dios para guiar tu camino? ¿Deseas crecer y convertirte en una mujer de sabiduría? Un viaje de mil millas comienza con un solo paso.

Ahora, mientras comenzamos, de todo corazón pido esta oración para tu vida: «Soy Debbi Bryson, y oro para que la sabiduría práctica de la Palabra de Dios te haga sabia».

Nuevo comienzo

El propósito de los proverbios es enseñar sabiduría y disciplina,
    y ayudar a las personas a comprender la inteligencia de los sabios.
Su propósito es enseñarles a vivir una vida disciplinada y exitosa,
    y ayudarles a hacer lo que es correcto, justo e imparcial.
Estos proverbios darán inteligencia al ingenuo,
    conocimiento y discernimiento al joven.
Que el sabio escuche estos proverbios y se haga aún más sabio.
    Que los que tienen entendimiento reciban dirección
PROVERBIOS 1:2-5

Primero de enero: el primer día de un año nuevo. Imagina conmigo este año extendiéndose ante ti como una capa de nieve blanca y limpia. Aún no hay errores, ningún remordimiento nuevo, ninguna herida fresca manchando el camino por delante. Este es el momento perfecto para soltar el pasado y comenzar de nuevo. Cuando empezamos con Proverbios 1, arriba, Salomón explica el propósito y el efecto transformador que pueden producir los Proverbios.

Pero si miras a tu alrededor, la presión y la influencia para ir en la dirección equivocada son fuertes, muy fuertes. Las personas están tomando decisiones necias. La moralidad y la integridad son ridiculizadas. La gente se ríe de Dios y ha abandonado la Biblia. Oseas dijo: «Sembraron vientos y cosecharán torbellinos» (Oseas 8:7).

Por lo tanto, debemos escoger. W. C. Fields una vez dijo: «Recuerda, un pez muerto puede flotar con la corriente, pero se necesita un pez vivo para ir contra la corriente». ¡Escoge sabiduría! Dios no nos ha dejado para trazar nuestros propios cursos a solas. Nos ha dado su Palabra. Déjame invitarte a conseguir una *Biblia en un año*. Esta Biblia establece un programa de lectura muy factible. Es muy sencillo, pero al mismo tiempo es transformador. Así que, ¿abrirás hoy tu Biblia al primer capítulo de Proverbios y emprenderás este año como un viaje hacia convertirte en una mujer de sabiduría?

Hazlo personal... ¡Vívelo!

¿Tomarás un momento ahora mismo para personalmente imaginarte este nuevo año como un campo de nieve fresca? Ahora imagina un rayo de luz marcando el camino. Dios ha prometido ayudarte a comenzar tu año bien. Él dice: «Pídeme y te daré a conocer secretos sorprendentes que no conoces acerca de lo que está por venir» (Jeremías 33:3). ¿Orarás ahora mismo? Mientras oras, mantente consciente y emocionada de que Dios escucha y quiere ayudarte.

Lectura de *La Biblia en un año*
Génesis 1:1–2:25; Mateo 1:1–2:12; Salmo 1:1-6; Proverbios 1:1-6

Santa reverencia

El temor del Señor es la base del verdadero conocimiento,
pero los necios desprecian la sabiduría y la disciplina.
PROVERBIOS 1:7

«El temor del Señor». En nuestro emprendimiento hacia convertirnos en mujeres de sabiduría, es vital que entendamos lo que es temer al Señor. Primero tenemos que saber lo que no es. Temer al Señor no es lo mismo que tenerle miedo, como si fuera malo o egoísta o duro o cruel. Nada podría estar más lejos de la verdad.

Temer al Señor es saber que él es recto y que aborrece la maldad. Dios es santo. Dios aborrece el pecado porque nos esclaviza y destruye nuestra vida. El pecado nos separa del amor de Dios. Jesús dijo: «Dios no envió a su Hijo al mundo para condenar al mundo, sino para salvarlo por medio de él» (Juan 3:17).

Entonces, ¿qué es tener un temor correcto a Dios? Es tener una profunda reverencia por él. Es sentir asombro de él porque él es asombroso. Es entender que él es el Dios del universo, y nosotros no lo somos. Él es el Creador, el Rey Eterno, el Único Sabio Dios. Cuando lo respetamos por quién es y vivimos bajo su autoridad tanto como su amor, no hay una forma más dulce, segura y pacífica de vivir. Esto realmente es sabiduría.

Un temor santo por un Dios santo: le hace bien a nuestra alma tener una reverencia llena de asombro. Esta noche mira arriba a las estrellas sabiendo que todas ellas caben en la palma de su mano. Como proclama la canción por Rich Mullins: «Mi Dios, majestuoso Dios del cielo gobierna él con gloria, poder y amor. Mi Dios majestuoso es».

Hazlo personal... ¡Vívelo!

Hay dos clases de personas en este mundo. Hay los que creen en un diosito y los que creen en un Dios grande. David, Daniel, Moisés y María creyeron que Dios puede mover gigantes y montañas y hombres. ¿Y tú? O ¿vives con un temor más grande a los hombres que por el Dios Todopoderoso? Ahora, la pregunta importante es, ¿escogerás aceptarlo, no solo como un Dios asombroso sino como *tu* Dios majestuoso?

Lectura de *La Biblia en un año*

Génesis 3:1–4:26; Mateo 2:13–3:6; Salmo 2:1-12; Proverbios 1:7-9

Presión social

Hijo mío, si los pecadores quieren engatusarte,
¡dales la espalda!
Quizás te digan: «Ven con nosotros» [...].
¡Hijo mío, no vayas con ellos!
Mantente alejado de sus caminos.
PROVERBIOS 1:10-11, 15

Este es un aviso. Mantén la guardia. No seas influenciada o presionada a hacer algo que sabes que está mal. El pecado tiene un poderoso atractivo por sí solo, pero cuando otros tratan de involucrarnos, puede ser aún más poderoso. ¿Esto pasa? Todo el tiempo. A veces el pecado se mete por la puerta trasera a través de las amigas, la clase incorrecta de amigas.

Voy a mencionar algunas de las formas en las que a veces cedemos cuando tenemos amigas que nos influyen a hacer las cosas que no son lo mejor. ¿Tienes una amiga que acostumbra a comprar hasta reventar? Cuando están juntas, tú también compras de más. Gastas demasiado dinero y compras cosas que no necesitas.

Quejas. ¿Tienes una amiga con la que te quejas cada vez que están juntas? Ambas se sienten en la libertad de quejarse de sus esposos, familiares, amigos y personas de la iglesia.

¿Tienes amigas que transigen sus principios? ¿Te inducen a transigir también, recomendando películas indecentes o libros obscenos? ¿Te invitan a acompañarlas a una copita en un bar? O —¡cuidado!— ¿tienes a alguien en tu vida que está coqueteando contigo y provocando en ti deseos pecaminosos?

Querida hermana, dos cosas: (1) Pon atención a las señales de alarma. No conserves una amistad que te tienta a pecar. Y (2) ten cuidado con el tipo de amiga que eres. Una amiga piadosa es una buena amiga.

Hazlo personal... ¡Vívelo!

¿Qué tiene de malo tener amigas no piadosas? Jesús intencionalmente pasó el tiempo con pecadores, ¿o no? Sí, lo hizo. Pero sus intenciones eran completamente distintas a solo desmelenarse y encajar. Él traía luz y verdad a cada situación. Él amaba a los pecadores y ellos lo sabían. Él estaba quebrantado por el vacío y el dolor que veía en sus rostros. La oscuridad no lo arrastraba hacia abajo; al contrario, él usaba la luz para elevarlos.

Oremos

Señor, sella mi corazón contra la transigencia para que yo pueda ser un recipiente de tu luz en un mundo perdido y moribundo.

Lectura de *La Biblia en un año*

Génesis 5:1–7:24; Mateo 3:7–4:11; Salmo 3:1-8; Proverbios 1:10-19

¡La sabiduría clama!

Mientras leemos el proverbio de hoy, imagina la sabiduría como una mujer: una mujer como una madre parada en tierra firme, sólida, segura. Ella está llamando a aquellos por quienes se preocupa profundamente. Ella sabe —así como cualquier madre amorosa, sabia y piadosa sabe— que si no escoge el lugar más alto de sabiduría, será arrastrada por decisiones necias y peligrosas. Así que, escucha e imagina la voz de la sabiduría de Dios llamándote hoy en la lectura diaria.

> *La Sabiduría hace oír su voz en las calles;*
> *clama en la plaza pública.*
> *La Sabiduría clama [...]:*
> *«Simplones, ¿hasta cuándo insistirán en su ignorancia?*
> *Burlones, ¿hasta cuándo disfrutarán de sus burlas?*
> *Necios, ¿hasta cuándo odiarán el saber?*
> *Vengan y escuchen mi consejo.*
> *Les abriré mi corazón*
> *y los haré sabios.*
> PROVERBIOS 1:20-23

¿Escuchaste tanto el aviso como la promesa? En este momento siento una urgencia. Este año quizás sea el año más complicado y desafiante que jamás hayamos enfrentado. Se están maquinando cambios peligrosos en nuestro mundo. No dejes que las circunstancias, u otros o el mundo maligno alrededor de ti te presionen a tomar malas decisiones. No dejes que los límites entre lo malo y lo bueno se vuelvan borrosos a tu vista, solo porque son borrosos para otros. ¡Escoge sabiduría!

Si lo haces, Dios mismo promete que él derramará su Espíritu sobre ti y te hará entender sus palabras. ¡Escoge sabiduría!

Hazlo personal... ¡Vívelo!

¿Cuál es el antídoto para los modelos tóxicos y degradantes que se nos transmiten como mujeres dondequiera que volteamos? ¡La Palabra de Dios! La Palabra de Dios nos enseña que las mujeres tienen un lugar de honor. Podemos ser de increíble influencia para el bien. Cuando la Palabra de Dios está en ti, te das cuenta de que las imágenes falsas y los valores mostrados en los medios solo son reemplazos de baja calidad.

Mira la lista de la lectura de la Biblia en un año en esta página. Te da una guía sencilla y fácil de seguir. Inténtalo. La Palabra de Dios es su carta de amor, su verdad y su luz para tu vida. La sabiduría de Dios está clamando: ¿Escucharás? ¿Seguirás?

Lectura de *La Biblia en un año*

Génesis 8:1–10:32; Mateo 4:12-25; Salmo 4:1-8; Proverbios 1:20-23

Una sobria advertencia

«Los llamé muy a menudo pero no quisieron venir;
les tendí la mano pero no me hicieron caso.
No prestaron atención a mi consejo
y rechazaron la corrección que les ofrecí.
¡Por eso me reiré cuando tengan problemas!
Me burlaré de ustedes cuando les llegue la desgracia,
cuando la calamidad caiga sobre ustedes como una tormenta,
cuando el desastre los envuelva como un ciclón,
y la angustia y la aflicción los abrumen.
Entonces, cuando clamen por ayuda, no les responderé.
Aunque me busquen con ansiedad, no me encontrarán».

PROVERBIOS 1:24-28

El proverbio de hoy es muy serio y espero que sea una sobria advertencia.

Es asombrosa la misericordia de Dios, su amor y su bondad para llamarnos fuera de las tinieblas. Él enviará percepción a nuestra alma con gran compasión y paciencia, pero si repetidamente desobedecemos, si endurecemos el corazón, él negará su gracia. Llegará el momento cuando será demasiado tarde.

Hace unos años necesitaba tomar un avión, pero fui descuidada. No salí a tiempo al aeropuerto y me topé con tráfico. Fue culpa mía. Cuando llegué a la puerta de embarque, el vuelo había cerrado. Demasiado tarde. El avión se fue sin mí. Pero te garantizo que la próxima vez que iba a volar, me levanté temprano, y el avión llegó tarde. Así que si estás escuchando, si has dado tu espalda a la sabiduría en el pasado, es tiempo de aprender de tus errores. No los repitas. No seas descuidada con tu vida y no seas descuidada con tu alma.

Hazlo personal... ¡Vívelo!

A algunas personas no les gusta escuchar o darles atención a las advertencias. El capitán del Titanic era una de esas personas. La mañana antes del desastre, el cielo estaba azul y el mar calmado. Así que canceló el simulacro programado de bote salvavidas. No era necesario; el Titanic era insumergible. Él recibió —e ignoró— siete advertencias de iceberg, hasta que fue demasiado tarde.

Si Dios te ha mandado al corazón señales de advertencia o de percepción, escucha. La vida tiene sus icebergs adelante. Disminuye el ritmo, cambia el curso, y permite que él te ayude a navegar de regreso a la seguridad.

Lectura de *La Biblia en un año*

Génesis 11:1–13:4; Mateo 5:1-26; Salmo 5:1-12; Proverbios 1:24-28

Verdad o consecuencias

Pues odiaron el conocimiento
*   y decidieron no temer al SEÑOR.*
Rechazaron mi consejo [dice la Sabiduría]
*   y no prestaron atención cuando los corregía.*
Por lo tanto, tendrán que comer el fruto amargo de vivir a su manera
*   y se ahogarán con sus propias intrigas.*
Pues los simplones se apartan de mí hacia la muerte.
*   Los necios son destruidos por su despreocupación.*

PROVERBIOS 1:29-32

La lectura de hoy habla acerca de las consecuencias. Se ha dicho que a veces la mejor manera de convencer a alguien de que no tiene la razón es dejarlo hacer las cosas a su manera. O como lo dijo James MacDonald: «Escoge pecar, escoge sufrir».

Gálatas 6:7-8 lo explica claramente. Escucha bien lo que dice: «No se dejen engañar: nadie puede burlarse de la justicia de Dios. Siempre se cosecha lo que se siembra. Los que viven solo para satisfacer los deseos de su propia naturaleza pecaminosa cosecharán, de esa naturaleza, destrucción y muerte; pero los que viven para agradar al Espíritu, del Espíritu, cosecharán vida eterna».

Bien, miremos entonces tu vida como un jardín. Todo agricultor sabe que en cada etapa hay que tomar decisiones. En la primavera puede decidir sembrar tomates. Él sabe que si siembra tomates, no va a tener papas. Puede escoger arrancar la maleza cuando está aún pequeña. Puede escoger regar, fertilizar y matar cada plaga que amenaza su cosecha. Pero también sabe que cada decisión tiene peso, y un día tendrá suficientes tomates para comer y para compartir con otros.

Todo esto para decir: no rechaces la sabiduría del Señor en tu vida. Eso es necedad. Clama al Señor por la sabiduría que necesitas hoy en cada una de tus decisiones. Producirán fruto de bendición hoy y mañana.

Hazlo personal... ¡Vívelo!

Aunque este proverbio se aplica a todos, es un mensaje importante que las mamás en particular necesitan escuchar. Esos pequeñitos hasta adolescentes a tu cuidado hoy serán los próximos tomadores de decisiones y los padres de la siguiente generación. Como un buen agricultor, ¿serás diligente para sembrar buenas semillas de integridad, pureza, humildad, amabilidad, gratitud y piedad en la mente y el corazón de tus hijos? ¡Siembra las semillas y arranca la maleza!

Lectura de *La Biblia en un año*

Génesis 13:5–15:21; Mateo 5:27-48; Salmo 6:1-10; Proverbios 1:29-33

Inteligencia y prudencia

Hijo mío, si recibes mis palabras
y en tu mente guardas mis mandamientos,
si tu oído está atento a la sabiduría
e inclinas tu corazón a la prudencia,
si pides la ayuda de la inteligencia
y llamas a gritos a la prudencia,
si la buscas como a la plata,
y la rebuscas como a un tesoro,
entonces sabrás lo que es temer al Señor,
y hallarás el conocimiento de Dios.
PROVERBIOS 2:1-5 (RVC)

Mientras empezamos, déjame hacerte una pregunta personal. Por favor sé honesta con tu respuesta. ¿Qué tan importante es la Biblia para ti, de verdad? Si dices que es importante, y sin embargo vives día a día como si fuera menos importante que tus pasatiempos o tu programa de televisión favorito, te estás engañando a ti misma. Peor aún, te estás perdiendo la experiencia más increíble, interesante y transformadora que existe: cavar en los tesoros de la Palabra viva de Dios. Así que escucha cuidadosamente a la lectura de hoy.

Si quieres ir más profundo en aprender y crecer en la Palabra de Dios, muy bien. Me encanta cuando alguien quiere saber cómo hacerlo. Al final de este libro hay una página titulada «Desarrollando un tiempo a solas» que tiene muchas ayudas para iniciar.

Y luego cuando leas, lee en oración. Mientras lees, lee como si estuvieras buscando conocer a Dios mismo. Detente y ora seguido. Interactúa con Dios usando tu tiempo de lectura para descubrir más que solo información. Verdaderamente, este es tu tiempo de Dios Padre-hija. Imagínalo como un viaje hacia el mismo corazón de Dios.

Hazlo personal... ¡Vívelo!

La adquisición de prudencia es un tema clave del proverbio de hoy. Entonces, ¿qué es exactamente la prudencia? ¿Para qué la necesitamos? ¿Cómo la obtenemos?

La prudencia es la capacidad de ver y comprender claramente la naturaleza interior de las cosas. Necesitamos inteligencia y prudencia porque las cosas no siempre son como aparentan ser. Como mamás, necesitamos prudencia para entender qué es lo que atribula a nuestros hijos. Necesitamos prudencia cuando algo está mal en nuestro matrimonio. Necesitamos prudencia cuando una amistad está rota.

¿Cómo obtenemos prudencia? ¡Clamar! Necesitamos creer la Palabra de Dios: «Pidan en mi nombre y recibirán» (Juan 16:24).

Lectura de *La Biblia en un año*

Génesis 16:1–18:15; Mateo 6:1-24; Salmo 7:1-17; Proverbios 2:1-5

Resguardada

¡El Señor concede sabiduría!
De su boca provienen el saber y el entendimiento.
Al que es honrado, él le concede el tesoro del sentido común.
Él es un escudo para los que caminan con integridad.
Él cuida las sendas de los justos
y protege a los que le son fieles.

PROVERBIOS 2:6-8

El Señor sí tiene una relación especial con aquellos que lo aman y lo buscan, que caminan en sus caminos y desean lo que él desea. Dios nunca promete que tendremos vidas libres de problemas, pero si promete que nunca enfrentaremos algo solas. A veces nos olvidamos de que lo único que tenemos que hacer es pedirle sabiduría a Dios cuando la vida se vuelve complicada, cuando estamos confundidas, o cuando estamos tomando una decisión difícil. Jesús dijo: «Pidan en mi nombre y recibirán» (Juan 16:24). El Salmo 23 es un gran salmo de consuelo y esperanza. «El Señor es mi pastor; tengo todo lo que necesito» (Salmo 23:1). Al leer todo este salmo, ves que es más que dulces sentimientos. Es una lista, una lista fuerte de promesas que cubren cada necesidad y cada etapa de la vida, desde tener hambre hasta morir.

Piensa en la frase «Tu vara y tu cayado me protegen y me confortan» (Salmo 23:4). Tanto la vara como el cayado son herramientas para protegernos, no solamente de depredadores, sino también de nosotras mismas. Como ovejas, somos propensas a vagar. Un buen pastor necesita golpear firmemente a una oveja terca, pero para aquellas ovejas que aman estar cerca de él, un pequeño toque es todo lo que se necesita.

Hazlo personal... ¡Vívelo!

Tomemos personalmente la promesa del proverbio de hoy: «Él es un escudo para los que caminan con integridad». Los dardos ardientes del temor, el desánimo, la crítica y la tentación están apuntados hacia nosotras. Pero Dios nos está diciendo que cuando escogemos estar cerca de él, nos resguarda personalmente. No, él no nos pone en una «burbuja santa», pero toma una posición con nosotras y por nosotras. No estamos solas.

Oremos

Señor, a veces sí me siento abrumada y vencida. A veces la maldad parece más fuerte que el bien y lo correcto. Ayúdame a confiar en que estás cerca, sosteniendo tu escudo sobre mi corazón.

Lectura de *La Biblia en un año*

Génesis 18:16–19:38; Mateo 6:25–7:14; Salmo 8:1-9; Proverbios 2:6-15

¡A prueba de fuego!

La sabiduría te librará de la [persona] inmoral,
de las palabras seductoras de la [persona] promiscua.
[Él] abandonó a su [esposa]
y no hace caso del pacto que hizo ante Dios.
Entrar a su casa lleva a la muerte;
es el camino a la tumba.
[La mujer] que [lo] visita está [condenada];
nunca llegará a los senderos de la vida.
PROVERBIOS 2:16-19

La lectura de hoy es una conversación seria y viva de corazón a corazón. Fue escrito como de un padre a un hijo, diciéndole que involucrarse con una mujer inmoral destruiría su vida. Pero yo me tomé la libertad de voltearlo como un aviso a las mujeres acerca de los peligros de ceder a un hombre inmoral. Los principios son exactamente los mismos.

Chicas, en este momento tengo una carga en mi corazón en cuanto a esto. Les puedo contar cientos de historias de familias rotas, hijos lastimados, cicatrices y vergüenza que la mujer siente el resto de su vida porque bajó la guardia de su corazón y jugó con el fuego de sexo pecaminoso fuera del matrimonio. No hagan eso. Si alguien en la oficina, un novio del pasado, un desconocido en Internet o el esposo de otra mujer comienza a coquetear con ustedes, eso es una señal de advertencia. Algunos hombres piensan que la adulación los llevará a donde sea. Denle un portazo a eso. Es mucho más fácil detener algo que nunca empezó que tomar control de la lujuria después de darle rienda suelta.

Así que sean sabias, y nunca se arrepentirán de haber sido necias. ¿Amén? ¡Amén!

Hazlo personal... ¡Vívelo!

¿Cómo puedes hacer que tu corazón sea a prueba de fuego de los escollos de la tentación sexual?

Evita películas, revistas y ambientes indecentes. Encienden chispas de pensamientos, emociones e imágenes indecentes.

La soledad y el aislamiento te hacen emocionalmente vulnerable. Conéctate e involúcrate sirviendo. El servir llenará tu copa emocional y te traerá gozo.

¡Ora! Pídale al Señor que agite tu corazón para enamorarte de nuevo con él. «Deléitate en el Señor, y él te concederá los deseos de tu corazón» (Salmo 37:4).

Lectura de *La Biblia en un año*

Génesis 20:1–22:24; Mateo 7:15-29; Salmo 9:1-12; Proverbios 2:16-22

Confía

Confía en el SEÑOR con todo tu corazón;
no dependas de tu propio entendimiento.
Busca su voluntad en todo lo que hagas,
y él te mostrará cuál camino tomar.

PROVERBIOS 3:5-6

Hay un maravilloso himno en inglés con las palabras: «Confía y obedece, pues no hay otra forma de ser feliz en Jesús más que confiar y obedecer».

Un par de años atrás yo estaba en la ciudad de Nueva York y decidí tomar un *tour* en autobús. Al pasar por el puente de Brooklyn, el guía nos contó una historia fascinante. Cuando el puente recién abrió, miles de personas vinieron para cruzarlo, pero unas semanas después, una mujer que subía los escalones se tropezó y gritó. El grito desencadenó un pánico que el puente estaba a punto de colapsar. En el pánico y la prisa, murieron doce personas. El temor a un colapso permaneció en la mente de la gente, y muy pocos confiaban en el puente. Estaba prácticamente sin uso. Luego le pidieron a P. T. Barnum que llevara a veintiuno de sus elefantes a cruzar el puente. El puente se sostuvo bajo ese peso masivo, y la confianza fue restaurada.

Así que déjame preguntarte: ¿alguna vez has puesto tu confianza *completa*, tu peso *completo* —corazón, alma y mente— en las promesas de Dios? Déjame decirte, no hay mayor emoción, gozo y recompensa. Este verso nunca será completamente tuyo hasta que lo hagas. «Confía en el SEÑOR con todo tu corazón; no dependas de tu propio entendimiento». Él dirigirá tus pasos... porque prometió hacerlo.

Hazlo personal... ¡Vívelo!

«Confía en el SEÑOR con todo tu corazón». Entre los obstáculos de la fe y la confianza están nuestras emociones. ¿Podemos confiar en ellas? ¡No! Las emociones nos pueden hacer descender hasta la angustia, el temor y la depresión. La confianza es una decisión, un acto de obediencia intencional a Dios mismo. ¿Concienzuda e intencionalmente rendirás un área específica de preocupación al cuidado de Dios ahora mismo?

Oremos

Señor, levanto ante ti esta carga. Por favor perdóname por las muchas veces que me he preocupado y he tratado de arreglar las cosas según mi propio entendimiento. Hoy quiero confiar en ti completamente y verte desarrollar tu plan perfecto.

Lectura de *La Biblia en un año*

Génesis 23:1–24:51; Mateo 8:1-17; Salmo 9:13-20; Proverbios 3:1-6

Sé enseñable

No te dejes impresionar por tu propia sabiduría.
   En cambio, teme al SEÑOR y aléjate del mal.
Entonces dará salud a tu cuerpo
   y fortaleza a tus huesos.
PROVERBIOS 3:7-8

«No te dejes impresionar por tu propia sabiduría». Déjame repetir esto para que entendamos, chicas. «No te dejes impresionar por tu propia sabiduría». La frase fundamental: «tu propia». Bueno, repitan esa frase conmigo. Huyan del mal como huirían de una víbora venenosa. Los resultados están en el verso 8.

Regresando a la primera parte, no sean... no sean una sabionda. No estén tan ensimismadas que creen que siempre tienen la razón. Esto implica que la manera de ver las cosas de todos los demás es incorrecta. Esto fastidia a los demás, y muestra una mente cerrada y necedad de parte de ustedes.

Así que no crean que no pueden crecer y aprender. No crean que no necesitan hacerlo. Sean enseñables. Sean receptivas. Tengan hambre de aprender, primero de Dios mismo pero luego también de los demás. Hagan de la vida entera y de cada día en particular un salón de clases.

Algunas de las personas más piadosas y maduras que conozco leen la Palabra de Dios como un niño entusiasmado, pendiente de cada palabra. Sus corazones están abiertos. Les encanta aprender de otros. Siempre están preguntándoles a otros: «¿Que has aprendido del Señor últimamente? Dime. Déjame aprenderlo también».

Amigas, ¿no les encantan las personas así? Pero sobre todo, ¿no quieren ser personas así? ¿Quieren? ¡Yo también!

Hazlo personal... ¡Vívelo!

¿Qué tal si alguien te preguntara: «¿Qué cosa buena has aprendido últimamente?»? Espero que tu respuesta sea más profunda que un consejo para la salud o una nueva receta para hacer pastelitos.

¿Has confiado en una promesa de Dios últimamente? Si no, ¡hazlo! Aprenderás que él es fiel. Y terminarás con una increíble «historia de Dios».

¿Has tomado notas mientras lees una historia en la Biblia últimamente? Mateo 8:23-27 describe el día que una tormenta llegó mientras los discípulos estaban en el mar. Su barca se estaba hundiendo y ellos pensaron que se iban a morir. ¿Por qué no lo lees por ti misma para ver lo que aprendes y cómo se aplica a tus propias tempestades?

Lectura de *La Biblia en un año*

Génesis 24:52–26:12; Mateo 8:18-34; Salmo 10:1-15; Proverbios 3:7-8

Honra al Señor

Honra al SEÑOR con tus riquezas
y con lo mejor de todo lo que produces.
Entonces él llenará tus graneros,
y tus tinajas se desbordarán de buen vino.
PROVERBIOS 3:9-10

Este es tanto un desafío como una maravillosa invitación. La primera parte de esta fórmula para la bendición es «honra al Señor». Déjame decirte: cada cosa que hacemos para el Señor tiene que comenzar aquí, si no, solo será un cumplimiento del deber sin sentido.

Honrar al Señor es siempre recordar que Dios es más que digno de honor. Él es el Rey de majestad. Él es el Dios Todopoderoso. Él es el Dios de todo consuelo y amor. El Señor es honorable. Es nuestro gran privilegio que él nos permita traerle algo. A fin de cuentas, él es el dador de todas las cosas que tenemos para dar. Nunca olvides eso.

Así que cuando escribas tu cheque para dar, sé gozosa, porque el Señor ama a la persona que da con alegría (2 Corintios 9:7). Pero más que tu dinero o tus cosas, te pido darle al Señor de gloria las primicias de ti misma. Dale tu primera hora en la mañana, encuéntrate con él dejando que él organice tus prioridades del día. Hónralo con la manera en que cumples tus compromisos, con la manera que tratas a la gente, con la manera que sirves, con la manera que trabajas. Si eres una maestra de la escuela dominical, da todo tu amor a esos niños. Si eres una ujier en la iglesia, da la bienvenida a las personas como si de verdad están entrando a la casa de Dios y tú eres la portera.

Así que si quieres una vida rica y abundante, vive tu vida entera con este principio: «Trabajen de buena gana en todo lo que hagan, como si fuera para el Señor y no para la gente» (Colosenses 3:23).

Hazlo personal... ¡Vívelo!

¿Hay algún área en tu vida donde has fallado en honrar al Señor? ¿Te has preguntado por qué tu vida parece ser estéril e infructuosa? ¿Creerás en la palabra de Dios? ¿Le pedirás hoy que te muestre una necesidad que puedes llenar? ¡Inténtalo! Verás que es más bendecido dar que recibir.

Lectura de *La Biblia en un año*

Génesis 26:17–27:46; Mateo 9:1-17; Salmo 10:16-18; Proverbios 3:9-10

El Señor disciplina

Hijo mío, no rechaces la disciplina del SEÑOR
ni te enojes cuando te corrige.
Pues el SEÑOR corrige a los que ama,
tal como un padre corrige al hijo que es su deleite.
PROVERBIOS 3:11-12

J. Vernon McGee dijo: «Dios te va a corregir a lo largo de la vida si es que eres su hijo. [...] Esa es una buena evidencia de que le perteneces. [...] Corregir no es castigar. [...] El criminal debe ser castigado; el hijo debe ser corregido».

Así que vamos a considerar la disciplina del Señor en nuestras vidas. Aquí se está conectando directamente con el amor de Dios y aun a su dulce deleite. Piensa en esto. Para un padre es fácil deleitarse en un hijo que es encantador, pero ¿has visto a una niñita que es una malcriada? Está mimada. Es egoísta. Hace berrinches cuando no consigue lo que quiere. ¿Alguna vez has visto a una mujer así? No es agradable para nada.

Ese tipo de comportamiento es un resultado directo de una inclinación obstinada que no tuvo o no cedió a la corrección. Chicas, queridas hermanas, este no es nuestro destino. Tienes un Padre que te ama mucho, mucho. Te ama suficiente para disciplinarte cuando lo necesitas.

Así que si viene la consciencia de algún mal que has hecho, si el Espíritu Santo te ha estado hablando al corazón acerca de algún mal hábito o una mala actitud, ríndete. Porque aquel a quien el Señor ama, él disciplina.

Hazlo personal... ¡Vívelo!

¿Puedes reflexionar sobre tu vida y recordar tiempos en que obstinadamente has escogido tu propio camino y has sufrido las consecuencias? Yo sí. Mi mamá me dijo que una vez estuve parada en una esquina por horas porque no quería pedir perdón. Una vez me senté a la mesa hasta la hora de dormir porque no quería comer mis vegetales. La obstinación infantil es infantil. Dios quiere que crezcamos y dejemos atrás las actitudes infantiles.

Oremos

Señor, muéstrame cuándo he dejado que mi egoísmo y orgullo me encierren. Ablanda mi corazón obstinado y ayúdame a rendirme y a escucharte.

Lectura de *La Biblia en un año*

Génesis 28:1–29:35; Mateo 9:18-38; Salmo 11:1-7; Proverbios 3:11-12

Mejor que el oro

Alegre es el que encuentra sabiduría,
*   el que adquiere entendimiento.*
Pues la sabiduría da más ganancia que la plata
*   y su paga es mejor que el oro.*
La sabiduría es más preciosa que los rubíes;
*   nada de lo que desees puede compararse con ella.*
PROVERBIOS 3:13-15

Toma un momento y hagamos una pausa. Echemos un buen vistazo al mundo. Veamos el valor decreciente de las cosas materiales. Este es un buen momento de ser realistas. El mercado de valores ha caído; los valores de vivienda han caído. Si compras un auto nuevo, el valor disminuye al instante que lo conduces fuera de la agencia. Las mejores modas del año pasado se ven ridículas hoy. Seamos sinceras: aun cosas como nuestra salud y nuestra apariencia se deterioran con nuestra edad. Rendimientos decrecientes.

Primera de Juan dice que este mundo está pasando, así que si eres hija de Dios, necesitas —todos necesitamos— dejar de vivir como si esto fuera todo lo que hay y como si esto fuera lo único que importa. No pretendas como que no haces eso. Se dice que si uno mira el talonario de cheques y la agenda de alguien puede saber qué realmente es importante para esa persona. ¿Qué dicen los tuyos?

Jesús tiene unas cosas muy importantes que decirnos acerca de esto. Si estás prestando atención, deja que él te dé un baldazo de realidad. Dice Mateo 6:19-21: «No almacenes tesoros aquí en la tierra, donde las polillas se los comen y el óxido los destruye, y donde los ladrones entran y roban. Almacena tus tesoros en el cielo. [...] Donde esté tu tesoro, allí estarán también los deseos de tu corazón».

Hazlo personal... ¡Vívelo!

La sabiduría de Dios, su amor y su paz son cosas que el mundo no está vendiendo y cosas que el dinero no puede comprar. Dios nos llama de vuelta a las cosas que realmente importan. Nos llama de vuelta a él: «¿Por qué gastar su dinero en alimentos que no les dan fuerza? ¿Por qué pagar por comida que no les hace ningún bien? Escúchenme, y comerán lo que es bueno; disfrutarán de la mejor comida. Vengan a mí con los oídos bien abiertos. Escuchen, y encontrarán vida. Haré un pacto eterno con ustedes» (Isaías 55:2-3).

Lectura de *La Biblia en un año*

Génesis 30:1–31:16; Mateo 10:1-23; Salmo 12:1-8; Proverbios 3:13-15

Sendas agradables

Con la mano derecha, [la sabiduría] te ofrece una larga vida;
con la izquierda, riquezas y honor.
Te guiará por sendas agradables;
todos sus caminos dan satisfacción.
La sabiduría es un árbol de vida a los que la abrazan;
felices son los que se aferran a ella.
PROVERBIOS 3:16-18

La frase central que capta mi atención es esta: «Te guiará por sendas agradables; todos sus caminos dan satisfacción».

Esta es una buena manera de vivir. Es agradable, agradable para ti y agradable para los que te rodean. Esto me recuerda que no es sabio ser impaciente; no es sabio ser grosera, áspera o criticona de otros. Es sabio ser una pacificadora; es sabio ser amable.

Ser sabia es más que solo ser lista o hábil en la vida.

Santiago nos da una descripción excelente y clara de la sabiduría piadosa que muestra que es tanto práctica como maravillosa. «La sabiduría que proviene del cielo es, ante todo, pura y también ama la paz; siempre es amable y dispuesta a ceder ante los demás. Está llena de compasión y del fruto de buenas acciones. No muestra favoritismo y siempre es sincera» (Santiago 3:17).

Así que en conclusión, queridas chicas, escojan la sabiduría, porque todos sus caminos son agradables y sus senderos son de paz.

Hazlo personal... ¡Vívelo!

Algunas personas ven a la sabiduría como algo pasado de moda, anticuado, solo bueno para la gente mayor que no tiene otra cosa que hacer. ¡No! La sabiduría te abre puertas maravillosas y te lleva en viajes donde solo pocos viajan. La sabiduría llena el corazón con gozo puro, sencillo y exuberante cuando simplemente haces lo correcto. La sabiduría que proviene del cielo está, por ejemplo, «llena de misericordia». Así que, tan solo por la alegría de hacerlo, inténtalo: ¿hay alguien en tu mundo que no merece misericordia? ¿Hay alguien que ha sido grosero o enfadoso? ¿Escogerás mostrar compasión?

Oremos

Señor, por favor ayúdame a tener un corazón dispuesto para perdonar. Ayúdame a decir una palabra agradable o hacer un acto de amabilidad. Sé que amas a las personas difíciles en mi vida; ayúdame a amarlos también.

Lectura de *La Biblia en un año*

Génesis 31:17–32:12; Mateo 10:24–11:6; Salmo 13:1-6; Proverbios 3:16-18

¡Mira hacia arriba!

Con sabiduría el Señor fundó la tierra;
con entendimiento creó los cielos.
Con su conocimiento se abrieron las fuentes profundas de la tierra
e hizo que el rocío se asiente bajo el cielo nocturno.
PROVERBIOS 3:19-20

Crecí en un hogar cristiano nominal. Creíamos en Dios, pero vivíamos como si él estuviera lejos y desinteresado en nosotros. Cuando tenía dieciocho años, una de las primeras clases que tomé en la universidad fue Filosofía de las Religiones del Mundo. Me atraían las cosas espirituales pero tenía muchas preguntas. Algunas de las preguntas eran, *¿Cuál es el significado de la vida?* y *¿De dónde venimos?* El primer día de clases, el profesor levantó una Biblia y preguntó si alguien creía en ese libro. Levanté débilmente la mano, no porque la hubiera leído alguna vez, sino porque de alguna manera sentía que debía ser importante. Con autoridad él dijo, «Es mi objetivo declarado que para el final de esta clase nadie creerá en la Biblia, porque la vida tiene que ver solo contigo; tú eres el centro del universo». Pues, siendo una adolescente de dieciocho años, yo ya vivía como si la vida solo tuviera que ver conmigo. Él me estaba cantando al oído. Así que al final del semestre, me di de baja de la universidad, me fui de casa y viajé a los trópicos de México para «encontrarme».

Dos años y muchos viajes después, me había encontrado, pero no me gustó lo que encontré. Estaba desilusionada, confundida y vacía. Caminando por la playa una tarde, me encontré abrumada con el poder y la hermosura de una puesta de sol tropical. Cayendo de rodillas, clamé: «Dios, sé que eres real, y no te conozco». Yo no sabía que la Biblia dice: «Los cielos proclaman la gloria de Dios y el firmamento despliega la destreza de sus manos» (Salmo 19:1). Pero esa noche, rodeada de tanta majestad, experimenté tanto un asombro como un hambre por conocer a aquel que lo creó todo.

Hazlo personal... ¡Vívelo!

¿Ha pasado mucho tiempo desde que has clamado a Dios, no pidiéndole que haga algo por ti, sino por conocerlo? ¿Ha pasado mucho tiempo desde que saliste afuera y miraste hacia arriba a la hermosa noche estrellada? Dios escuchó mi voz aquella gloriosa noche, y seguramente te escuchará a ti.

Lectura de *La Biblia en un año*

Génesis 32:13–34:31; Mateo 11:7-30; Salmo 14:1-7; Proverbios 3:19-20

No tengas temor

*No hay por qué temer la calamidad repentina
    ni la destrucción que viene sobre los perversos,
porque el SEÑOR es tu seguridad.
    Él cuidará que tu pie no caiga en una trampa.*
PROVERBIOS 3:25-26

No tengas temor. Muchas personas ahora están viviendo en temor constante. Estamos, sin duda alguna, viviendo en tiempos inestables. Quisiera poder decir: «No te preocupes, ¡sé feliz! No hay nada de qué preocuparte», pero eso sería ser ingenua.

Lo que sí te puedo decir es esto: no te preocupes, sino confía en Dios. En tiempos como estos, tenemos un puerto seguro para nuestra alma. «El SEÑOR es tu seguridad».

Déjame sugerir algo. En *La Biblia en un año*, mañana empezamos leyendo la increíble historia de José (en Génesis 37). Es la perfecta ilustración de nuestro proverbio de hoy. ¿Por qué no tomas el tiempo para leerlo también?

La calamidad... sí, vino a la vida de José a través de una serie de circunstancias injustas, pero él no fue destruido porque el Señor era su confianza.

El pie de José no cayó en una trampa por la envidia de sus hermanos, ni cuando perdió su hogar y fue vendido a la esclavitud. Su pie no cayó en una trampa cuando fue tentado por la esposa de Potifar y echado en prisión. Y la última y maravillosa prueba por encima de las otras: por la gracia de Dios, el pie de José no cayó en una trampa cuando sus hermanos se encontraban en necesidad de comida y él estaba en la posición de poderlos haber dejado ir con hambre. Verdaderamente, lo que el hombre propuso para el mal, Dios lo dispuso para un gran bien (Génesis 50:20). ¡Bien hecho, José!

Hazlo personal... ¡Vívelo!

¿Sientes que apenas estás aguantando? A veces me siento como un gato semiahogado arrastrado por las olas a la orilla del mar. ¿Tú también? Luego recuerdo: las tiernas misericordias del Señor nunca fallan. «Grande es su fidelidad; sus misericordias son nuevas cada mañana» (Lamentaciones 3:23). ¿Tomarás un momento ahora mismo para aquietar tu corazón? Imagina las cargas que te pesan. ¿Las levantarás a nuestro misericordioso y buen Padre en los cielos? ¿Dejarás descansar tu corazón con confianza en él? La paz no es la ausencia de tribulación, sino la presencia de Dios.

Lectura de *La Biblia en un año*

Génesis 35:1–36:43; Mateo 12:1-21; Salmo 15:1-5; Proverbios 3:21-26

Yo puedo hacer algo

No dejes de hacer el bien a todo el que lo merece,
cuando esté a tu alcance ayudarlos.
Si puedes ayudar a tu prójimo hoy, no le digas:
«Vuelve mañana y entonces te ayudaré».
PROVERBIOS 3:27-28

Este proverbio tiene un par en el Nuevo Testamento que se encuentra en Santiago 2:15-16, y dice así: «Supónganse que ven a un hermano o una hermana que no tiene qué comer ni con qué vestirse y uno de ustedes le dice: "Adiós, que tengas un buen día; abrígate mucho y aliméntate bien", pero no le da ni alimento ni ropa. ¿Para qué le sirve?».

Buena pregunta: ¿para qué le sirve? Me encanta que a Dios le importa todo esto. Pienso en algunas de las oportunidades desaprovechadas de la Biblia. Pienso en el posadero que negó lugar para María cuando estaba a punto de dar a luz al Hijo de Dios. Pienso en las personas en la época de Noé quienes lo vieron construir ese enorme barco con solo sus hijos. Ellos pudieron haber ayudado.

Así que somos animadas a no dejar pasar las muchas oportunidades a nuestro alrededor. Bien, déjenme mencionar algunas cosas por las cuales orar. ¿Tienes vecinos ancianos? ¿Por qué no les preguntas si necesitan algo la próxima vez que vayas a la tienda? ¿Conoces a una mamá soltera? ¿Por qué no le preguntas si su hijo o hija necesita un nuevo par de zapatos deportivos? ¿Conoces a alguien enfermo? ¿Qué tal si le haces una sopita o un guiso esta semana para llevárselo? ¿Conoces a una familia en la que el papá perdió su trabajo? ¿Qué tal si llenas una bolsa con unas cosas sencillas para la despensa? Jesús dijo: «Les digo la verdad, cuando hicieron alguna de estas cosas al más insignificante de estos, mis hermanos, ¡me lo hicieron a mí!» (Mateo 25:40).

Hazlo personal... ¡Vívelo!

Soy solo uno, pero soy uno. No puedo hacerlo todo, pero puedo hacer algo. Y no dejaré que lo que no puedo hacer interfiera con lo que sí puedo hacer.
—EDWARD EVERETT HALE

Oremos

Señor, por favor muéstrame una cosa que pueda hacer hoy para suplir alguna necesidad o levantar una carga.

Lectura de *La Biblia en un año*

Génesis 37:1–38:30; Mateo 12:22-45; Salmo 16:1-11; Proverbios 3:27-32

Bondad a los humildes

El Señor maldice la casa del perverso,
*   pero bendice el hogar de los justos.*
El Señor se burla de los burlones,
*   pero muestra su bondad a los humildes.*
Los sabios heredan honra,
*   ¡pero los necios son avergonzados!*
PROVERBIOS 3:33-35

«Bondad a los humildes». Este es nuestro tema de hoy. A muchos de nosotros teóricamente nos gustaría ser humildes, pero luego nos damos cuenta de que para ser humildes puede que sea necesario el proceso de ser humillados.

Pero escuchemos lo que 1 Pedro 5:5 nos dice: «Todos vístanse con humildad en su trato los unos con los otros, porque "Dios se opone a los orgullosos pero da gracia a los humildes"».

Aquí vemos que la humildad es una decisión, y el contexto del verso está hablando de relaciones. El orgullo y la terquedad construyen muros, pero la humildad los puede derretir.

Vamos a aplicar esto primeramente al matrimonio. ¿Te ha decepcionado tu esposo? En tu frustración, ¿se la regresaste con palabras o acciones? Ahora tienes un estancamiento. Nadie quiere ceder. Cuando las familias pelean, nadie gana. Sé tú la primera en decir una palabra amable. Sé tú la primera en decir: «Lo siento». Créeme. No importa cómo responde tu esposo, Dios te bendecirá porque él ha prometido que daría su bondad a los humildes. Se ha dicho, «La humildad no es pensar mal de ti mismo. Simplemente es no pensar en ti mismo».

Así que humillémonos bajo la poderosa mano de Dios porque él garantiza que él, Dios mismo, nos levantará.

Hazlo personal... ¡Vívelo!

Seré sincera: es difícil para mí humillarme cuando pienso que tengo la razón o que el otro no la tiene. Pero Dios me ha enseñado pequeños pasos que me ayudan cada vez. (1) Intenta caminar en los zapatos de otros para ver las cosas desde su perspectiva. ¿Cómo se siente? (2) Pregúntate: *¿He sido desconsiderada o poco amable?* Es humillante, porque siempre veo como debería o podría haber hecho las cosas mejor. (3) Llévaselo a Dios; luego (4) Dios mismo te dará el siguiente paso que debes tomar.

Lectura de *La Biblia en un año*

Génesis 39:1–41:16; Mateo 12:46–13:23; Salmo 17:1-15; Proverbios 3:33-35

Consejo paternal

Hijos míos, escuchen cuando su padre los corrige.
  Presten atención y aprendan buen juicio,
porque les doy una buena orientación.
  No se alejen de mis instrucciones. [...]
Mi padre me enseñó:
«Toma en serio mis palabras.
  Sigue mis mandatos y vivirás.
Adquiere sabiduría; desarrolla buen juicio.
  No te olvides de mis palabras ni te alejes de ellas.
No des la espalda a la sabiduría, pues ella te protegerá;
  ámala, y ella te guardará.
PROVERBIOS 4:1-2, 4-6

Quizás al leer esto, tu corazón se entristeció un poco porque nunca tuviste un padre que hablaba contigo y te enseñaba con sabiduría. Quizás eres una madre soltera y quisieras que tus hijos tuvieran un padre que hiciera esto. Tener un padre es algo muy importante. Escucha algunas estadísticas trágicas: el 90% de todos los niños sin hogar y fugitivos y el 71% de desertores escolares vienen de hogares donde el padre está ausente.

Pero aunque quizás te hizo falta esta clase de aporte fuerte y sabio a nivel humano, Dios mismo es capaz de compensarlo. Él está dispuesto y es capaz de tomar ese papel de padre para ti y para tus hijos, dándoles consejo sabio. Él puede pararse junto a ti cuando estás débil. Él puede consolarte cuando estás sola o tienes temor. Él será el Padre que nunca tuviste y siempre quisiste.

Hazlo personal... ¡Vívelo!

«Adquiere sabiduría, desarrolla buen juicio» es el consejo de tu Padre Dios para ti hoy. *Adquiere* y *desarrolla* son las palabras claves. La sabiduría no llega de la noche a la mañana. Aprendemos lo que es correcto mientras leemos el libro de Proverbios. Luego tenemos la responsabilidad de aplicar lo que aprendemos. Cada vez que hacemos lo que sabemos que es lo correcto, forjamos caminos de obediencia en nuestro carácter. ¿Esto tiene sentido? Las decisiones sabias y el buen juicio se convierten en nuestro «nuevo ritmo». ¡Eso es algo buenísimo!

Oremos

Señor, por favor enséñame lo que es correcto y ayúdame a aplicar la sabiduría adquirida.

Lectura de *La Biblia en un año*

Génesis 41:17–42:17; Mateo 13:24-46; Salmo 18:1-15; Proverbios 4:1-6

Corona de belleza

Quien sea que piense que la vida piadosa de la sabiduría es una vida de escasez o aburrimiento o pobreza está completa y absolutamente equivocada. Dios es el Rey de todo el universo. Él solo formó los diamantes del carbón. Él solo creó oro y copos de nieve, cataratas y puestas de sol. A Dios le encanta hacer cosas que tienen belleza y nobleza. Y nosotras, como hijas de Dios, somos en realidad princesas. Romanos nos dice que somos herederas de Dios y coherederas con Cristo; así que ten esto en mente al leer esta hermosa descripción en la lectura de hoy.

> *¡Adquirir sabiduría es lo más sabio que puedes hacer!*
> *Y en todo lo demás que hagas, desarrolla buen juicio.*
> *Si valoras la sabiduría, ella te engrandecerá.*
> *Abrázala, y te honrará.*
> *Te pondrá una hermosa guirnalda de flores sobre la cabeza;*
> *te entregará una preciosa corona».*
> *Hijo mío, escúchame y haz lo que te digo,*
> *y tendrás una buena y larga vida.*
> PROVERBIOS 4:7-10

Coronas. La sabiduría te recompensará con una preciosa corona. Las coronas son tanto valiosas como pesadas. En el Kremlin en Moscú las verdaderas coronas reales usadas por los gobernantes del pasado están en exhibición. Algunas son muy grandes, espesamente incrustadas de joyas. La persona que la lucía siempre estaba consciente de que la traía puesta y consciente de lo que esto significaba. Con una corona venía una gran responsabilidad. Cuando la reina Ester se puso su vestimenta real y su corona, no era solo para reinar sino para servir. Así que, amadas hermanas, pongámonos la sabiduría de Dios como una corona, una corona de nobleza y honor y belleza.

Hazlo personal... ¡Vívelo!

Como mujeres, jugamos muchos papeles: hija, amiga, cocinera, compradora, organizadora, hermana, consejera, ama de casa, maestra, esposa, madre. La pregunta es: ¿haces lo que haces con honor? ¡Abraza la sabiduría! Lo sé, quizás estás pensando: *¡No puedo! Fallo cada vez que intento hacerlo.* De acuerdo; nadie puede lograrlo con fuerzas propias.

Oremos

Señor, aquí estoy de nuevo, como un vaso vacío elevado hacia ti. Por favor lléname de tu sabiduría para que pueda vivir con honor y belleza.

Lectura de *La Biblia en un año*

Génesis 42:18–43:34; Mateo 13:47–14:12; Salmo 18:16-36; Proverbios 4:7-10

Guiada

Te enseñaré los caminos de la sabiduría
y te guiaré por sendas rectas.
Cuando camines, no te detendrán;
cuando corras, no tropezarás.
Aférrate a mis instrucciones; no las dejes ir.
Cuídalas bien, porque son la clave de la vida.

PROVERBIOS 4:11-13

Esta es la imagen siempre recurrente de la vida como una travesía.

Alicia, en *Alicia en el País de las Maravillas*, llegó a una encrucijada en el camino.

—¿Cuál camino debo tomar? —preguntó.

—Pues, depende a dónde quieras ir —respondió el gato de Cheshire.

—No sé —respondió Alicia.

—Entonces —dijo el gato—, el camino no importa.

Pero, querida hermana, tu vida sí importa; así que, es de suma importancia que te dirijas en la dirección correcta. Cada paso que das, cada decisión que tomas, te lleva más adelante en el camino, ya sea para bien o para mal.

Si usas una aplicación de GPS en tu carro, programas la dirección a donde necesitas llegar, tu destino. El GPS entonces te propone el mejor camino y el más corto. Te guía a través del camino con flechas haciéndote saber cuándo y dónde dar vuelta. Una de las mejores cosas es la voz. Si tomas una vuelta incorrecta, dirá algo como, «Haz un viraje en U» o «Recalculando tu curso». El GPS nunca pierde la meta, aun si tú lo haces. Esto es especialmente útil cuando me he confundido, he perdido el camino o me he metido sin querer en una zona peligrosa de noche.

¡Buenas noticias! Dios nos ha dado su GPS personal, persistente e interno: el Espíritu Santo mismo. Sigue sus flechas y obedece su voz.

Hazlo personal... ¡Vívelo!

De verdad me encantan las palabras «Recalculando tu curso». Estas son palabras de esperanza y ayuda. Quizás sientes que has perdido tu camino. ¿Sientes que has llegado a un callejón sin salida? Ánimo. El hecho de que estás leyendo esto ahora mismo es evidencia de que deseas regresar a tu curso. Aférrate de las promesas de Dios para ti hoy: «Te enseñaré los caminos de la sabiduría y te guiaré por sendas rectas».

Lectura de *La Biblia en un año*

Génesis 44:1–45:28; Mateo 14:13-36; Salmo 18:37-50; Proverbios 4:11-13

¡Tenemos que brillar!

Antes de mirar la lectura para hoy, cierra tus ojos y visualiza la imagen tras la frase «como la primera luz del amanecer».

> *El camino de los justos es como la primera luz del amanecer,*
> *que brilla cada vez más hasta que el día alcanza todo su esplendor.*
> *Pero el camino de los perversos es como la más densa oscuridad;*
> *ni siquiera saben con qué tropiezan.*
> PROVERBIOS 4:18-19

«La primera luz del amanecer». Quizás hace mucho tiempo desde que te levantaste lo suficientemente temprano como para ver el amanecer. Verdaderamente vale la pena. Hay algo en ello que te hace sentir como si estuvieras viviendo un momento secreto, casi sagrado. Entre más oscura la noche, más emocionante y dramático es el primer rayo de luz. Una vez que llega la luz, nada puede detenerla. Se vuelve más y más fuerte hasta que ya no hay oscuridad.

Hija de Dios, estamos viviendo en tiempos peligrosos. La oscuridad está bien, bien oscura. Vemos a personas —personas a quienes amamos— cayendo, cayendo en oscuridad. Vemos a jóvenes tomando decisiones necias y pecaminosas, y luego cayendo en una serie de estas decisiones dañinas que marcarán su vida para siempre. Nunca se imaginaron a dónde los llevarían esos primeros pasos.

Así que tenemos que brillar. Tenemos que brillar como un faro puesto en lo alto sobre la roca de la Palabra de Dios, la roca de la verdad, la roca de seguridad. Tenemos que brillar. Jesús dijo: «Ustedes son la luz del mundo, como una ciudad en lo alto de una colina que no puede esconderse» (Mateo 5:14).

Hazlo personal... ¡Vívelo!

Bueno, me siento apasionada sobre este tema. ¡Dios nos está llamando! Es tiempo de que el pueblo de Dios atice los fuegos de nuestro amor por Dios y nuestra pasión por marcar una diferencia en este mundo. Hay personas que nunca han escuchado la buena noticia de que Dios los ama. Hay personas que lo han escuchado pero nunca lo han visto en acción. Él puede usar nuestra vida como esa «primera luz del amanecer». ¡Vamos! Caigamos sobre nuestras rodillas pidiéndole a él que encienda el fuego dentro de nosotras. Si no nosotras, entonces, ¿quién? Si no es ahora, entonces, ¿cuándo?

Lectura de *La Biblia en un año*

Génesis 46:1–47:31; Mateo 15:1-28; Salmo 19:1-14; Proverbios 4:14-19

Cuida tu corazón

Hijo mío, presta atención a lo que te digo.
Escucha atentamente mis palabras.
No las pierdas de vista.
Déjalas llegar hasta lo profundo de tu corazón,
pues traen vida a quienes las encuentran
y dan salud a todo el cuerpo.
Sobre todas las cosas cuida tu corazón,
porque este determina el rumbo de tu vida.
PROVERBIOS 4:20-23

El tema de hoy es la importancia del corazón.

La lectura de hoy dice: «Sobre todas las cosas cuida tu corazón, porque este determina el rumbo de tu vida». Chicas, es posible que éste sea uno de los consejos más importantes que recibiremos. Para nosotras como mujeres, nuestro corazón es un lugar de gran vulnerabilidad; por otro lado, es el lugar de ternura, compasión y amor.

Entonces te pregunto: ¿cuál es la condición de tu corazón? ¿Tienes un corazón quebrantado o herido? ¿Tienes un corazón turbado, un corazón fatigado, un corazón vacío? Peor aún: ¿tienes un corazón frío, duro o amargo?

En nuestro proverbio de hoy, Dios mismo, nuestro Padre Dios, nuestro Gran Médico, nos da su receta, su bálsamo sanador: la Palabra de Dios.

La Palabra de Dios limpia. Libera nuestro corazón. Ablanda y restaura. Es quirúrgicamente nítido y de verdad puede curar completa y permanentemente nuestro corazón. También debemos saber que la Palabra de Dios cuida nuestro corazón con la verdad: el antídoto para la mentira. La Palabra de Dios es la Espada del Espíritu que defiende y protege. Es luz que le da esperanza a nuestro corazón; así que, cuida tu corazón con toda diligencia, «porque este determina el rumbo de tu vida».

Hazlo personal... ¡Vívelo!

Hay una gran cantidad de consejos para el quebrantamiento emocional y espiritual. Tómate una pastilla, haz un viaje, lee un libro, habla con un profesional. Algunas mujeres simplemente se dan por vencidas y se ahogan en su dolor. Pero déjame darte la mejor receta que se le ha dado al hombre (o la mujer). Lee el Salmo 23 tres veces al día por una semana. «Déjalas [las promesas] llegar hasta lo profundo de tu corazón» y verás; él restaurará tu alma.

Lectura de *La Biblia en un año*

Génesis 48:1–49:33; Mateo 15:29–16:12; Salmo 20:1-9; Proverbios 4:20-27

Caja de Pandora

Hijo mío, presta atención a mi sabiduría;
escucha cuidadosamente mi sabio consejo. [...]
Pues los labios de una mujer inmoral son tan dulces como la miel
y su boca es más suave que el aceite.
Pero al final ella resulta ser tan amarga como el veneno,
tan peligrosa como una espada de dos filos.
Sus pies descienden a la muerte,
sus pasos conducen derecho a la tumba.
Pues a ella no le interesa en absoluto el camino de la vida.
Va tambaleándose por un sendero torcido y no se da cuenta.
PROVERBIOS 5:1, 3-6

El proverbio de hoy es una advertencia contundente y seria a los hombres sobre los peligros del adulterio, pero si fueras a mirar casi cualquier programa popular de televisión el día de hoy, el mensaje sería todo lo opuesto. Hacen que el sexo casual parezca un juego inofensivo, donde mientras más juegas, más divertido es. Nada podría estar más lejos de la verdad. Es un juego peligroso, y nadie gana. Si utilizas tus emociones o a las personas como juguetes, se quebrarán, dejando a todos quebrantados.

Chicas, no me importa si tienen catorce o cuarenta y cuatro o setenta y cuatro años. Las mujeres tenemos la capacidad de derribar a los hombres. La situación proyectada en este proverbio es de una mujer que coquetea y adula y hace que un hombre caiga.

Entonces, si esto ha tocado una fibra sensible, si sabes que has estado coqueteando con el peligro, si sabes que has abierto una caja de Pandora, antes que nada, te ruego que te arrepientas. Llama a una amiga piadosa y pídele oración, pídele que te ayude a rendir cuentas, acércate a Dios mismo, quien es capaz de ayudarte a regresar de este camino peligroso de muerte.

Hazlo personal... ¡Vívelo!

Déjame hablar con las mamás por un momento. O estás sembrando semillas buenas o semillas malas en la mente de tus hijos o hijas acerca de su actitud hacia el «sexo casual». ¿Disfrutas la serie de moda que le guiña el ojo al sexo en la primera cita o a parejas viviendo juntas? ¿Compras las revistas que te mantienen al corriente de la vida sexual de las celebridades? Si es así, estás respaldando este tipo de comportamiento, sin importar lo que digas. Lo único que puedo decir es que es tiempo de ocuparte de lo tuyo.

Lectura de *La Biblia en un año*

Génesis 50:1—Éxodo 2:10; Mateo 16:13–17:9; Salmo 21:1-13; Proverbios 5:1-6

Ruina completa

Así que ahora, hijos míos, escúchenme.
Nunca se aparten de lo que les voy a decir:
¡Aléjate de [la adúltera]!
¡No te acerques a la puerta de su casa! [...]
Al final, gemirás de angustia
cuando la enfermedad consuma tu cuerpo.
Dirás: «¡Cuánto odié la disciplina!
¡Si tan solo no hubiera despreciado todas las advertencias!
¿Por qué no escuché a mis maestros?
¿Por qué no presté atención a mis instructores?
He llegado al borde de la ruina
y ahora mi vergüenza será conocida por todos».

PROVERBIOS 5:7-8, 11-14

El proverbio de hoy es una advertencia de mantenerse lejos de la inmoralidad sexual. Aunque fue escrito para varones, se aplica a nuestras hijas también. Aunque fue escrito hace muchos años, menciona la misma clase de daño que ocurre con la inmoralidad hoy. Sabiamente se ha dicho que «el mañana es la mejor razón de hacer lo correcto hoy». Sí, hay placer en el pecado por una temporada, pero cuidado: te pasará factura enorme.

Así que siento que es importante para nosotras como mujeres estar conscientes de las consecuencias devastadoras del pecado sexual. Las infecciones de transmisión sexual se han vuelto una epidemia. Estamos aprendiendo más y más sobre el daño a largo plazo que esto hace al cuerpo. Pero más que esto, el sexo inmoral no solo se mete con tu cuerpo sino que se mete con tus emociones, tus pensamientos y con tu alma. Cada vez que tienes relaciones sexuales con alguien, te unes con esa persona en un lugar profundo. Cuando esta relación se rompe, te arranca una parte de ti. El pecado es un mentiroso. El pecado promete placer sencillo, pero a cambio te da un poderoso y complicado golpe de dolor y problemas.

Hazlo personal... ¡Vívelo!

Quizás estés pensando *si tan solo hubiera sabido antes lo que sé ahora*. Porque todos lo estaban haciendo, tú te dejaste llevar por la presión de tener relaciones sexuales con cualquiera. Ahora puedes mirar atrás y ver un largo camino de decepción y dolor. ¿Y ahora qué? Estoy tan feliz de decir que Dios es el Dios de nuevos comienzos. La pureza es primeramente espiritual, luego se vuelve emocional y física. Jesús vino a redimir y restaurar. ¿Le pedirás y dejarás que te restaure a ser «blanca como la nieve» (Isaías 1:18)?

Lectura de *La Biblia en un año*

Éxodo 2:11–3:22; Mateo 17:10-27; Salmo 22:1-18; Proverbios 5:7-14

Maridos fieles

Bebe el agua de tu propio pozo;
comparte tu amor únicamente con tu esposa. [...]
Deben reservarla solo para los dos;
jamás la compartan con desconocidos.
Que tu esposa sea una fuente de bendición para ti.
Alégrate con la esposa de tu juventud.
Es una cierva amorosa, una gacela llena de gracia.
Que sus pechos te satisfagan siempre.
Que siempre seas cautivado por su amor.
Hijo mío, ¿por qué dejarte cautivar por una mujer inmoral
o acariciar los pechos de una mujer promiscua?
Pues el SEÑOR ve con claridad lo que hace el hombre;
examina cada senda que toma.

PROVERBIOS 5:15, 17-21

Estaba con algunas de mis amigas recientemente quienes me estaban hablando de que sus hijas habían hecho un pacto de pureza. No solo están comprometidas a esperar hasta el matrimonio para tener relaciones sexuales, sino están comprometidas a ni siquiera besarse. Una de las jovencitas les dijo a sus amigas: «Yo no quiero besar a un hombre que podría luego convertirse en el esposo de otra». ¡Bien hecho, muchachas!

¿Pero esto es posible en esta generación? ¿Vale la pena siquiera intentarlo? Ayuda a romper algunas de las falacias sobre el sexo fuera del matrimonio. Los estudios demuestran que las parejas que viven juntas no están más satisfechas, porque no hay compromiso. Los hombres que cohabitan son cuatro veces más propensos a ser infieles que los hombres casados, y las mujeres que cohabitan son ocho veces más propensas que las mujeres casadas, demostrando una vez más que el césped es realmente más verde de este lado de la cerca matrimonial.

Hazlo personal... ¡Vívelo!

Aunque este proverbio está dirigido a los esposos, hablemos ahora de nuestra parte. No te equivoques, hay muchas esposas que hacen que sea muy difícil que sus esposos estén satisfechos en casa. Cuando llega tu esposo a casa, ¿aún estás en tus peores fachas? ¿Hay indicios de comida preparada? ¿Las cuentas dicen que has estado gastando demasiado? Tu esposo merece más, y créeme, hay alguien afuera que le gustaría darle más. Esta noche, prepárale su cena favorita y dale una buena razón por estar cautivado con tu amor.

Lectura de *La Biblia en un año*

Éxodo 4:1–5:21; Mateo 18:1-20; Salmo 22:19-31; Proverbios 5:15-21

Esclavo del pecado

Un hombre malvado queda preso por sus propios pecados;
  son cuerdas que lo atrapan y no lo sueltan.
Morirá por falta de control propio;
  se perderá a causa de su gran insensatez.
PROVERBIOS 5:22-23

La moraleja clara de este proverbio es nunca subestimar el poder del pecado para esclavizarte. Te puede retener como rehén. Escucha esta poderosa descripción: «El pecado te llevará más lejos de lo que jamás quisiste ir. Te dejará más tiempo del que jamás te quisiste quedar y te costará más de lo que jamás quisiste pagar».

Pero para que no tengamos una imagen mental de otra persona que conocemos, cuyo pecado es obvio, y nos sacudimos la cabeza y decimos: «sí, esa pobre persona está arruinando su vida», necesitamos estar conscientes de nuestro propio pecado. El pecado es sutil. Puede que no estés desperdiciando tu vida en el bar, pero tal vez estás albergando orgullo y resentimiento. No te engañes. Ese tipo de pecado también nos puede causar muchos problemas.

Cuando el evangelista Billy Sunday se estaba preparando para una cruzada en una gran ciudad, escribió una carta pidiéndole al alcalde de esa ciudad los nombres de personas que tenían problemas espirituales y necesitaban ayuda y oración. Lo sorprendido que estaba Billy cuando el alcalde le envió toda la guía telefónica de la ciudad.

«Pues todos hemos pecado; nadie puede alcanzar la meta gloriosa establecida por Dios» (Romanos 3:23), «pero si confesamos nuestros pecados a Dios, él es fiel y justo para perdonarnos nuestros pecados y limpiarnos de toda maldad» (1 Juan 1:9). Eso sí que es libertad.

Hazlo personal... ¡Vívelo!

¿Puedes visualizar el agarre que pueden tener los pecados? Son «cuerdas que [te] atrapan y no [te] sueltan». Tomemos un momento y seamos sinceras y específicas. El pecado de la amargura y el resentimiento, por ejemplo, puede cautivar tu mente. Te encuentras reviviendo un dolor una y otra vez. ¿Ves cuánto te conmociona y te ha esclavizado? ¡Corta esas cuerdas! Por el poder de la gracia de Dios, ¡corta esas cuerdas! Hoy, cada vez que esos pensamientos vengan a tu mente, ¿le pedirás a Dios que te ayude a perdonar y olvidar, para que te libere? Pide y *recibirás* (Mateo 7:7).

Lectura de *La Biblia en un año*
Éxodo 5:22–7:25; Mateo 18:21–19:12; Salmo 23:1-6; Proverbios 5:22-23

Necedad financiera

Hijo mío, si has salido fiador por la deuda de un amigo
   o has aceptado garantizar la deuda de un extraño,
si quedaste atrapado por el acuerdo que hiciste
   y estás enredado por tus palabras,
sigue mi consejo y sálvate,
   pues te has puesto a merced de tu amigo.
Ahora trágate tu orgullo;
   ve y suplica que tu amigo borre tu nombre.
No postergues el asunto; ¡hazlo enseguida!
   No descanses hasta haberlo realizado.

PROVERBIOS 6:1-4

El tema de la lectura de hoy es el peligro de enredarse en las transacciones financieras de otras personas. Si hay alguna lección que podemos aprender de la crisis financiera en la que nos encontramos actualmente, tanto pública como personal, podemos ver que no hemos sido sabios. Es riesgoso respaldar a otra persona cuando está involucrada en un negocio riesgoso y no puede valerse por sí misma. ¡Oh, si el capitolio y el mercado de valores y nuestros vecinos escucharan y prestaran atención a la sabiduría de Dios en lo que dice el proverbio de hoy!

Entonces, chicas, ¿qué podemos aprender? Necesitamos ser menos dependientes del crédito para nosotras, para nuestros hijos y para otros. Si no podemos ahorrar para algo que queremos, debemos de verdad evaluar si realmente lo necesitamos.

Cuando mi esposo y yo compramos nuestra primera casa, no teníamos a nadie que nos pudiera dar un pago inicial o avalarnos. La primera casa que intentamos comprar fracasó porque no calificamos. En retrospectiva, fue una bendición. Era una casa en un área que no era buena para nosotros, y era un pago que realmente no podíamos pagar. Entonces, a pesar de que en ese momento parecía algo malo, era algo bueno. Nos enseñó a ser realistas. Pasamos el siguiente año y medio ahorrando. Luego, cuando sí compramos, fue una victoria y una bendición.

Hazlo personal... ¡Vívelo!

¿A Dios en verdad le importan nuestras finanzas? Sí, en realidad le importa. La necedad y el descuido con el dinero han sido la ruina de muchos matrimonios. Muchas amistades han sido destruidas por prestar a alguien que no es sabio con el dinero y no lo devuelve. Seamos ahorradoras sabias y consumidoras frugales.

Lectura de *La Biblia en un año*

Éxodo 8:1–9:35; Mateo 19:13-30; Salmo 24:1-10; Proverbios 6:1-5

Las hormigas no son perezosas

Tú, holgazán, aprende una lección de las hormigas.
  ¡Aprende de lo que hacen y hazte sabio!
A pesar de que no tienen príncipe
  ni gobernador ni líder que las haga trabajar,
se esfuerzan todo el verano,
  juntando alimento para el invierno.
Pero tú, holgazán, ¿hasta cuándo seguirás durmiendo?
  ¿Cuándo despertarás?
Un rato más de sueño, una breve siesta,
  un pequeño descanso cruzado de brazos.
Entonces la pobreza te asaltará como un bandido;
  la escasez te atacará como un ladrón armado.

PROVERBIOS 6:6-11

Tal vez no te des cuenta de que el proverbio que miramos todos los días se toma del proverbio diario de *La Biblia en un año*. Me encanta este plan de lectura. Nos lleva secuencialmente a través de todo el consejo de Dios. Me encanta que los proverbios abordan temas prácticos e importantes de la vida.

La lectura de hoy trata el tema de la diligencia personal y utiliza la pequeña hormiga increíble como ejemplo. Estas diminutas criaturas nos ponen a algunos de nosotros en evidencia. ¿Cuál es el secreto de su éxito? Solo se mantienen en marcha, a pesar de que nadie está mirándolas, diciéndoles que trabajen.

Hija de Dios, considera a la hormiga. Uno de los frutos del Espíritu es el autocontrol porque es un subproducto de la presencia del Espíritu en nuestra vida. Necesitamos empezar por allí. La diligencia debe comenzar, en primer lugar, en las cosas espirituales, buscando primero el Reino de Dios y su justicia. Después es pedirle que prenda un fuego en ti. Pídele a Dios que te dé la ética de trabajo de nuestra sabia y pequeña amiga, la hormiga.

Hazlo personal... ¡Vívelo!

¡Me encanta la hormiga! Ella es la ilustración perfecta del principio de que «¡poco a poco, se vuelve pan comido!». Vamos a aplicar su modelo. Por ejemplo, ¿por qué nunca limpiamos nuestro clóset? Porque, una vez que empiezan a desordenarse, el desorden se apodera de la situación, ¿verdad? Bueno, vamos a revertir el proceso. Ve a tu clóset y pon cinco artículos en su lugar. Yo voy a hacerlo también. Ahora, saborea la pequeña victoria y ese poco te ayudará a querer conquistar otro poco más. ¡Bien, hormigas!

Lectura de *La Biblia en un año*

Éxodo 10:1–12:13; Mateo 20:1-28; Salmo 25:1-15; Proverbios 6:6-11

Gente que causa problemas

¿Cómo son las personas despreciables y perversas?
Nunca dejan de mentir;
demuestran su engaño al guiñar con los ojos,
al dar golpes suaves con los pies o hacer gestos con los dedos.
Sus corazones pervertidos traman el mal,
y andan siempre provocando problemas.
Sin embargo, serán destruidos de repente,
quebrantados en un instante y sin la menor esperanza de recuperarse.

PROVERBIOS 6:12-15

Una persona traviesa. La mayoría de nosotras recordamos a algún niño en la primaria que siempre andaba tonteando, causando problemas y metiendo a otros en problemas. Bueno, algunos niños y niñas pequeños nunca dejan atrás ese tipo de comportamiento.

¿Cuál es el valor de hablar de ellos? Madres, hablen con sus hijos. Enséñenles a no causar problemas ni mirar el mal comportamiento como algo genial y divertido. «No se dejen engañar por los que dicen semejantes cosas, porque "las malas compañías corrompen el buen carácter"» (1 Corintios 15:33). Pero no —por favor no— odien a esos niños tampoco. A veces ellos solo están portándose mal. Tal vez solo desean atención. Tal vez no tienen a nadie en casa que los corrija. ¿Alguna vez has pensado a quien le toca orar por esos niños? Siéntate y escribe los nombres de esos niños que causan problemas y ora por ellos por nombre.

Y mientras estamos en esto, ¿hay gente que causa problemas en tu trabajo o entre tus familiares o en tu iglesia? Quizás estén gritando por atención también. No los odies a ellos tampoco. ¿Alguna vez has pensado a quien le toca orar por ellos por nombre? Quizás, tal vez, ¡seas tú!

Hazlo personal... ¡Vívelo!

Tengo una amiga que tiene un ministerio carcelario. Ella realmente ha encontrado su lugar. Cada día cuando entra, sabe que hablará con alguien que es considerada un «caso perdido». Pero ella también ha visto que para algunas, la prisión es un llamado a «despertar». Ella es una luz mostrándoles el camino fuera de las tinieblas. Pero no tienes que llegar a la prisión para poder encontrar a alguien que necesita eso. ¿Le pedirás a Dios que te asigne solo una persona que necesita un rayo de esperanza? Y después, ¿la iluminarás?

Lectura de *La Biblia en un año*

Éxodo 12:14–13:16; Mateo 20:29–21:22; Salmo 25:16-22; Proverbios 6:12-15

Cosas que Dios odia

Hay seis cosas que el SEÑOR odia,
no, son siete las que detesta:
los ojos arrogantes,
la lengua mentirosa,
las manos que matan al inocente,
el corazón que trama el mal,
los pies que corren a hacer lo malo,
el testigo falso que respira mentiras
y el que siembra discordia en una familia.
PROVERBIOS 6:16-19

Sin duda, no solo debemos poner atención a lo que a Dios le agrada, pero debemos estar vívidamente conscientes de lo que le desagrada. Aquí hay siete cosas. Déjame escoger dos que nosotras como mujeres somos más propensas a hacer, las faltas que vemos en otras y que no vemos en nosotras mismas.

- Ojos arrogantes. Ya conoces «esa mirada», que expresa molestia, mala educación. Es aquella mirada hacia alguien quien crees que es inferior a ti, alguien a quien menosprecias. ¿Alguna vez has escuchado la expresión «si las miradas mataran»? Pues, las miradas de cierta forma sí matan. ¿Has conocido a alguien que te da ganas de achicarte cuando están cerca porque te miran como si fueras basura? Ya no necesito decir más. No hagas eso a los demás.
- Otra cosa que el Señor odia es el causar grietas, causar división. Sembrando pequeñas semillas para hacer que las personas desconfíen el uno del otro. Haciendo resaltar fallas y debilidades. Nunca olvides: Dios odia esto; no lo hagas.

El antídoto para ambos es amor. Jesús dijo, «El amor que tengan unos por otros será la prueba ante el mundo de que son mis discípulos» (Juan 13:35). El amor cubre una multitud de pecados.

Hazlo personal... ¡Vívelo!

Dios odia cuando usamos expresiones faciales para humillar a los demás con el ceño fruncido y miradas matonas. Tengo una amiga que hacía eso sin darse cuenta. Luego se puso frente al espejo y se dio cuenta de que su ceño estaba quedando fruncido permanentemente. El Señor habló a su corazón: «Puedes arreglar tu cara». Parecía ridículo e imposible al principio. Pero sabía que el Señor le había hablado. Dios había ablandado su corazón, y ella decidió practicar en el exterior lo que él estaba haciendo en su interior. ¡Buena idea! Vamos a intentarlo.

Lectura de *La Biblia en un año*

Éxodo 13:17–15:18; Mateo 21:23-46; Salmo 26:1-12; Proverbios 6:16-19

Cuida tu corazón

Nuestro proverbio de hoy nos avisa que cuando viene la tentación sexual, es muy fuerte. Así que la Palabra de Dios debe sostenernos aún más fuerte. Padres piadosos que enseñan a sus hijos a amar la Palabra de Dios les están dando el mejor regalo de protección posible.

> *Hijo mío, obedece los mandatos de tu padre,*
> *   y no descuides la instrucción de tu madre.*
> *Guarda siempre sus palabras en tu corazón. [...]*
> *Pues su mandato es una lámpara*
> *   y su instrucción es una luz;*
> *su disciplina correctiva*
> *   es el camino que lleva a la vida.*
> *Te protegerán de la mujer inmoral,*
> *   de la lengua suave de la mujer promiscua.*
> *No codicies su belleza;*
> *   no dejes que sus miradas coquetas te seduzcan.*
> *Pues una prostituta te llevará a la pobreza,*
> *   pero dormir con la mujer de otro hombre te costará la vida.*
> PROVERBIOS 6:20-21, 23-26

En *La Odisea* de Homero, Odiseo fue advertido de que él y su tripulación navegarían cerca de la tierra de las Sirenas, cuya canción les encantaría y los atraería a su muerte, donde se unirían a otros que habían caído y cuyos huesos se habían podrido. Circe advirtió: «Debes navegar hacia adelante. Amárrate al mástil, y si te tientan, haz que alguien te ate aún más».

Las tentaciones vendrán; no nos engañemos. La Palabra de Dios, escondida, atesorada y obedecida en lo profundo de nuestro corazón, nos mantendrá seguras y guardadas.

Hazlo personal... ¡Vívelo!

La moraleja de las Sirenas es esta: no confíes en tus emociones. No dejes a tu corazón desprotegido. Hay muchas mujeres que no fueron instruidas sobre la moralidad y la prudencia al crecer. Quizás tú no recibiste esas lecciones. Nunca es demasiado tarde. ¡Involúcrate en un estudio bíblico de mujeres! La combinación de convivencia, rendición de cuentas y el crecimiento juntas en la Palabra de Dios es poderosa y maravillosa.

Oremos

Señor, ayúdame a guardar tus palabras en mi corazón; átame más cerca de ti. Por favor cuida mi corazón y mantenme a salvo.

Lectura de *La Biblia en un año*

Éxodo 15:19–17:7; Mateo 22:1-33; Salmo 27:1-6; Proverbios 6:20-26

Vergüenza y desgracia

¿Acaso puede un hombre [o una mujer] echarse fuego sobre las piernas
*   sin quemarse la ropa?*
¿Podrá caminar sobre carbones encendidos
*   sin ampollarse los pies?*
Así le sucederá al hombre que duerme con la esposa de otro hombre.
*   El que la abrace no quedará sin castigo. [...]*
Pero el hombre que comete adulterio es un necio total,
*   porque se destruye a sí mismo.*
Será herido y deshonrado.
*   Su vergüenza no se borrará jamás.*
Pues el marido celoso de la mujer se enfurecerá,
*   y no tendrá misericordia cuando se cobre venganza.*
No aceptará ninguna clase de compensación
*   ni habrá suma de dinero que lo satisfaga.*

PROVERBIOS 6:27-29, 32-35

El proverbio de hoy comienza con una pregunta retórica: «¿Acaso puede un hombre [o una mujer] echarse fuego sobre las piernas sin quemarse la ropa?». La respuesta es «No, por supuesto que no». Estarías loca al pensar que podrías. Entonces, ¿por qué algunas personas piensan que pueden jugar con el fuego del adulterio sin terminar con cicatrices y cenizas? ¿Por qué?

Adulterio: qué fácil es caer en él, pero qué tan profundas son las heridas. Recuerdo que una amiga me contó su historia. Cuando era niña, el mundo de su familia giraba en torno a la iglesia. Todos sus mejores recuerdos son de su tiempo allí con la familia de Dios. Pero un día, cuando ella tenía solo seis años, sus padres tuvieron una reunión con alguien en la oficina de la iglesia. La enviaron afuera. Ella escuchó gritos y maldiciones. Sabía que algo terrible había sucedido y que su madre tenía la culpa. Cuando se fueron, su padre nunca regresó a casa y nunca volvieron a la iglesia. Fue un adulterio. El adulterio cambió toda su infancia.

Hazlo personal... ¡Vívelo!

¿Se ha roto tu corazón por el daño del adulterio en tu propia familia o en la de aquellos que amas? Tal vez eres tú quien cayó. Juan 8 relata el encuentro de Jesús con una mujer «sorprendida en el acto». Tan doloroso como es de leer, termina con un increíble momento de gracia. Jesús dice, simplemente: «Tampoco yo te condeno. Ahora vete, y no vuelvas a pecar» (Juan 8:11, NVI). Nada menos, nada más.

Lectura de *La Biblia en un año*

Éxodo 17:8–19:15; Mateo 22:34–23:12; Salmo 27:7-14; Proverbios 6:27-35

Medicina preventiva

Hijo mío, sigue mi consejo;
atesora siempre mis mandatos.
¡Obedece mis mandatos y vive!
Guarda mis instrucciones tal como cuidas tus ojos.
Átalas a tus dedos como un recordatorio;
escríbelas en lo profundo de tu corazón.
Ama a la sabiduría como si fuera tu hermana
y haz a la inteligencia un querido miembro de tu familia.
Deja que ellas te prevengan de tener una aventura con una mujer inmoral
y de escuchar las adulaciones de una mujer promiscua.

PROVERBIOS 7:1-5

Ahí lo tienes: una aventura amorosa con la Palabra de Dios te hará inmune a las aventuras amorosas con el mundo, la carne o el diablo. ¡Qué genial!

Entonces, exactamente ¿cómo haces eso? ¿Cómo te enamoras de la Palabra de Dios? Déjame darte tres consejos prácticos.

1. Pídele al Señor mismo que despierte tu corazón y te dé un apetito gozoso por su Palabra. Esta es una labor sobrenatural. Por favor, entiende que éste es el tipo de oración que el Señor está feliz de responder.
2. Como me ha ayudado tanto, voy a recomendar que salgas y compres *La Biblia en un año*. Esto te ayuda con el querido hábito de la lectura diaria personal.
3. Memorización de las Escrituras. Inténtalo. Escribe en una ficha tamaño 3 x 5 un versículo que te encantaría saber de memoria. Llévalo a todas partes. Léelo y practícalo. En unos días estará escrito en tu memoria, en tus pensamientos y también en los lugares profundos de tu corazón.

Hazlo personal... ¡Vívelo!

Nuestro proverbio de hoy nos dice que no solo debemos atesorar las palabras de Dios, sino también obedecerlas y vivirlas. Este es el momento de la verdad. Déjame desafiarte a una prueba de siete días. Durante siete días seguidos, lee tu Biblia a primera hora de la mañana y anota dos lecciones que aprendas.

Entonces, no solo guardes tu Biblia y sigas adelante. Aquieta tu corazón y pídele a Dios que te muestre una cosa específica que puedas aplicar a tu vida de inmediato. Algo sorprendente y personal sucede cuando sientes la unción de su Espíritu moviéndose en tu corazón.

Y luego, por supuesto, ¡hazlo! Los resultados en los días venideros ciertamente revelarán las enseñanzas de Dios como tus tesoros preciosos.

Lectura de *La Biblia en un año*

Éxodo 19:16–21:21; Mateo 23:13-39; Salmo 28:1-9; Proverbios 7:1-5

Los pasos de la tentación

Mientras estaba junto a la ventana de mi casa,
*   mirando a través de la cortina,*
vi a unos muchachos ingenuos;
*   a uno en particular que le faltaba sentido común.*
Cruzaba la calle cercana a la casa de una mujer inmoral
*   y se paseaba frente a su casa.*
Era la hora del crepúsculo, al anochecer,
*   mientras caía la densa oscuridad.*
La mujer se le acercó,
*   vestida de manera seductora y con corazón astuto. [...]*
Él la siguió de inmediato,
*   como un buey que va al matadero. [...]*
Era como un ave que vuela directo a la red,
*   sin saber que le costará la vida.*

PROVERBIOS 7:6-10, 22-23

¡Oh, el error fatal de cruzar la calle! Estamos tristemente equivocadas si pensamos que caemos en la tentación de un solo golpe. No, la mayoría del tiempo comienza con algo pequeño y sutil. No es la primera mirada lo que nos hace tropezar; es la mirada persistente que se convierte en la mirada de anhelo. Luego hay una acción que nos lleva peligrosamente cerca. Antes de que nos demos cuenta, al igual que el hombre necio descrito en el proverbio, nos quedamos atrapadas y aprisionadas. Ya sea que se trate de la tarta de chocolate en la encimera, de las películas para mayores de 17 años o de la botella de alcohol en un armario, solo nos toma un momento de debilidad para «cruzar la calle». Es como un imán; cuanto más nos acercamos, más difícil es resistir.

¿Cuál es el consejo de Dios? «Huye de todo lo que estimule las pasiones juveniles» (2 Timoteo 2:22). Rompe la atracción magnética dando la vuelta y alejándote.

Hazlo personal... ¡Vívelo!

Una última palabra para nosotras como madres y amigas: a veces permitimos algo cuestionable en nuestros hogares o en nuestras vidas porque creemos que nunca nos tentará ni nos atrapará. Pero debemos recordar que un amigo débil o un adolescente vulnerable podría usar nuestra libertad como una excusa para cruzar una línea peligrosa a la que no pueden resistir fácilmente. Te insto a que pongas en práctica el consejo de Pablo en Romanos 14:21: «Es mejor no comer carne ni beber vino ni hacer ninguna otra cosa que pudiera causar que otro creyente tropiece». Eso es verdaderamente amor y sabiduría en acción.

Lectura de *La Biblia en un año*

Éxodo 21:22–23:13; Mateo 24:1-28; Salmo 29:1-11; Proverbios 7:6-23

Seducción

El tema del proverbio de hoy es la seducción. Es una llamada de advertencia para no ser influenciada y atraída por la tentación. Mira bien por ese camino antes de pisar pie en esa dirección. Oh, la pena que nos ahorraríamos si pensáramos en dónde terminaría ese camino de placer temporal. Detente y pregúntate qué tipo de daño le haría a tu matrimonio, a tus hijos, a tu testimonio cristiano, a otros que te han considerado como un ejemplo.

> *Por eso, hijos míos, escúchenme*
> *   y presten atención a mis palabras.*
> *No dejen que el corazón se desvíe tras ella.*
> *   No anden vagando por sus caminos descarriados.*
> *Pues ella ha sido la ruina de muchos;*
> *   numerosos hombres han caído en sus garras.*
> *Su casa es el camino a la tumba.*
> *   Su alcoba es la guarida de la muerte.*
>
> PROVERBIOS 7:24-27

Así que ahora miremos honestamente a dos caminos emocionales que nos pueden llevar a nosotras como mujeres a un aterrizaje forzoso en el pecado sexual.

1. En tu oficina, aventuras emocionales comienzan con compartir información personal y sentimientos negativos de tu esposo con un hombre en la oficina. Después se juntan para un café, luego para una cena... y luego ¡peligro!
2. Te encuentras con un novio del pasado e intercambian correos electrónicos. Despertar viejas emociones puede destapar una caja de Pandora y llevar a una vida secreta de fantasías. Comienza como un escape y termina siendo una trampa.

Deja que las señales de advertencia de la sabiduría te detengan aun antes de que comiences.

Hazlo personal... ¡Vívelo!

Los hombres son visuales. Ya sea nuestra intención o no, ellos notan cuando la ropa de una mujer da signos de sensualidad. No es justo para ellos que seamos descuidadas. Entre tú y yo, hay muchas mujeres que necesitan aprender a agacharse frente al espejo antes de salir con ciertas blusas. Una blusa reveladora, una falda corta, unos pantalones ajustados... envían el mensaje equivocado.

No tienes que verte mal vestida para ser discreta. Hay que tener unas discusiones honestas con las jovencitas en nuestra vida. Y hagamos nosotras mismas una revisión de nuestro ropero.

Lectura de *La Biblia en un año*

Éxodo 23:14–25:40; Mateo 24:29-51; Salmo 30:1-12; Proverbios 7:24-27

No hay excusa

¡Escuchen cuando la Sabiduría llama!
    ¡Oigan cuando el entendimiento alza su voz!
La Sabiduría toma su puesto en las encrucijadas,
    en la cumbre de la colina, junto al camino.
Junto a las puertas de entrada a la ciudad,
    en el camino de ingreso, grita con fuerza:
«¡A ustedes los llamo, a todos ustedes!
    Levanto mi voz a toda persona.
Ustedes, ingenuos, usen el buen juicio.
    Ustedes, necios, muestren un poco de entendimiento.
¡Escúchenme! Tengo cosas importantes que decirles.
    Todo lo que digo es correcto,
pues hablo la verdad
    y detesto toda clase de engaño».
PROVERBIOS 8:1-7

No hay excusa. Así llamaré al mensaje del proverbio de hoy. No hay absolutamente ninguna excusa para que nosotras tomemos decisiones necias porque Dios está tan presto para disponer de la sabiduría. Lo único que tenemos que hacer es pausar y orar, y Dios, así como prometió, nos dará la sabiduría en cada encrucijada y para cada necesidad.

George Müller es uno de los grandes héroes de la fe. Albergaba y cuidaba a más de veintitrés mil huérfanos en el siglo XIX sin pedir ayuda a nadie más que a Dios. Cuando buscaba la sabiduría de Dios en un asunto, dijo: «Al principio, busco que mi corazón llegue a un estado tal que no tenga voluntad propia respecto a un asunto determinado. Nueve décimas de las dificultades se superan cuando nuestro corazón está listo para hacer la voluntad del Señor, sea lo que sea». La vida de Müller es una prueba viviente de que Dios es un Dios que escucha nuestros gritos de ayuda y es un Dios que responde.

Hazlo personal... ¡Vívelo!

¿Alguna vez has mirado atrás y te has preguntado por qué tomaste algunas de las grandes decisiones en tu vida? Tal vez te preguntas: *¿Qué estaba pensando?* Yo sí. Lamentablemente, a veces me pregunto *¿Por qué no estaba orando?* Puedo atribuir cada giro equivocado y cada decisión descuidada al hecho de que no busqué de todo corazón, con paciencia, la dirección del Señor y su perfecta voluntad antes de seguir adelante. ¿Estás en una encrucijada? ¿Te detendrás y preguntarás y esperarás a que Dios te dé la sabiduría y la comprensión que necesitas? Tómalo a su palabra; él dirigirá tus caminos.

Lectura de *La Biblia en un año*

Éxodo 26:1–27:21; Mateo 25:1-30; Salmo 31:1-8; Proverbios 8:1-11

Humildad

«Yo, la Sabiduría, convivo con el buen juicio.
Sé dónde encontrar conocimiento y discernimiento.
Todos los que temen al Señor odiarán la maldad.
Por eso odio el orgullo y la arrogancia,
la corrupción y el lenguaje perverso».

PROVERBIOS 8:12-13

En este proverbio, la sabiduría dice que odia el orgullo. Eso es bueno. El orgullo siempre causa problemas y es una señal de insensatez. Así que, si el orgullo está fuera de sincronización con la sabiduría, la humildad está sincronizada. Déjame contarte una historia.

Una pequeña universidad cristiana estaba teniendo dificultades financieras. Un día un hombre muy adinerado vino al recinto universitario, encontró a un hombre canoso vestido en un overol pintando una pared, y le preguntó si podía ver al presidente de la universidad. El pintor le señaló una casa en el recinto y dijo que estaba seguro de que podría ver al presidente allí al medio día.

En el momento designado, el visitante llamó a la puerta del presidente y fue admitido por el mismo hombre que había conocido con un overol, pero ahora estaba en un traje. Cuando el visitante aceptó una invitación para entrar, se dio cuenta de que este hombre era el presidente de la universidad. Hizo una serie de preguntas sobre las necesidades de la universidad y le dijo al presidente que enviaría una pequeña donación. Dos días después llegó un cheque por cincuenta mil dólares. El donante se conmovió por la humildad de un hombre capacitado para su cargo como presidente de la universidad, que no tenía demasiado orgullo como para ponerse la ropa de un obrero y hacer un trabajo que debía hacerse. Esta es una imagen de humildad.

Hazlo personal... ¡Vívelo!

¿Por qué es que la humildad es tan entrañable cuando la vemos en los demás, pero es difícil de lograr en nosotras mismas? Tal vez sea porque no nos estamos inclinando y no practicamos la humildad ante nuestro Dios. Cuando hacemos eso, de alguna manera alivia nuestra necesidad de aferrarnos a nuestros derechos y a tener la última palabra en una disputa. ¿Estás en un punto muerto con tu marido? ¿Tienes un amigo que te ofendió? ¿Alguien ha roto una promesa? Se ha dicho: «Es mejor doblegarse que quebrarse». Toma el consejo de Dios en esto: «Humíllense delante del Señor, y él los levantará con honor» (Santiago 4:10).

Lectura de *La Biblia en un año*

Éxodo 28:1-43; Mateo 25:31–26:13; Salmo 31:9-18; Proverbios 8:12-13

Creados por Dios

Nuestro proverbio hoy nos dice que Dios primero creó la sabiduría antes de crear al mundo.

> *«El SEÑOR me formó desde el comienzo [dice la Sabiduría],*
> *   antes de crear cualquier otra cosa.*
> *Fui nombrada desde la eternidad,*
> *   en el principio mismo, antes de que existiera la tierra. [...]*
> *Antes de que se formaran las montañas,*
> *   antes que las colinas, yo nací,*
> *antes de que el SEÑOR hiciera la tierra y los campos*
> *   y los primeros puñados de tierra.*
> PROVERBIOS 8:22-23, 25-26

El mundo natural que nos rodea es una obra maestra del diseño de ingeniería, de la sabiduría y de la perfección. Pero muchos científicos han mirado nuestro mundo y universo desde una perspectiva evolucionista. Desde esa perspectiva, se dice que el caos, la aleatoriedad y las casualidades explican todo, desde el copo de nieve hasta el instinto maternal sacrificial del pingüino. Sin embargo, Dios mismo definitivamente tiene una explicación más lógica, razonable y creíble: el diseño inteligente. Cuando miramos un edificio o puente bien diseñado, da evidencia de que en algún lugar habría un diseñador inteligente.

Solo estudiando el cuerpo humano en sí da evidencia a favor de un Diseñador Inteligente. ¿Sabías que cada humano pasa aproximadamente media hora como una sola célula, pero dentro de esa única célula había todo el código de ADN escrito para determinar todo, desde el color de los ojos hasta la altura de la persona? Un cerebro humano genera más impulsos eléctricos en un solo día que todos los teléfonos del mundo juntos. Los científicos han contado más de quinientas funciones hepáticas, y no es solo tu dedo que tiene una huella única, sino también tu lengua. Verdaderamente eres una exhibición viviente de la sabiduría de Dios.

Hazlo personal... ¡Vívelo!

Nos podemos maravillar de que Dios diseñó el arcoíris y las cebras. Pero claramente aplicó su toque más personal cuando te creó a ti. ¿Has olvidado eso? Quizás tú creciste en un hogar donde no te sentías realmente querida, o quizás las cosas difíciles de la vida te han dejado sintiéndote insignificante. Desde la perspectiva de Dios, no hay otra como tú. El Salmo 139 dice que él siempre te ha conocido, aun cuando estabas en el vientre de tu madre; eres un ejemplar «maravillosamente complejo».

Lectura de *La Biblia en un año*

Éxodo 29:1–30:10; Mateo 26:14-46; Salmo 31:19-24; Proverbios 8:14-26

Sabiduría: la brillante arquitecta

El proverbio de hoy tuvo un profundo impacto en mí. La sabiduría nos dice que estuvo observando la formación de los grandes elementos de nuestro mundo. Ella observó, comprendió y participó en la determinación de cosas complicadas como la distancia del sol desde la tierra y la ubicación de los depósitos de agua, petróleo y gas en las profundidades de la tierra. Esta misma sabiduría está disponible para ti y para mí. La sabiduría supervisará los procesos y dilemas complicados, multifacéticos y desafiantes que enfrentamos en nuestra vida personal. Sí, esto puede desafiarnos, pero más aún, debería emocionarnos, bendecirnos y darnos una gran seguridad. ¿Por qué nos apoyamos en nuestro propio entendimiento cuando podemos confiar en la sabiduría de Dios?

> *«[Yo, la Sabiduría,] estaba presente cuando él estableció los cielos,*
> *cuando trazó el horizonte sobre los océanos.*
> *Estaba ahí cuando colocó las nubes arriba,*
> *cuando estableció los manantiales en lo profundo de la tierra.*
> *Estaba ahí cuando puso límites a los mares,*
> *para que no se extendieran más allá de sus márgenes.*
> *Y también cuando demarcó los cimientos de la tierra,*
> *era la arquitecta a su lado.*
> *Yo era su constante deleite,*
> *y me alegraba siempre en su presencia.*
> *¡Qué feliz me puse con el mundo que él creó;*
> *cuánto me alegré con la familia humana!*
> *Y ahora, hijos míos, escúchenme,*
> *pues todos los que siguen mis caminos son felices».*

PROVERBIOS 8:27-32

Hazlo personal... ¡Vívelo!

¡Qué obra maestra es el universo! Las estrellas no chocan, el sol sale cada mañana, hay un arcoíris después de una tormenta. Si tu mundo personal está en caos, este es el momento perfecto para arrodillarte y pedirle a Dios que tome el control. ¿Le has pedido que te muestre cuáles son sus caminos con respecto a esto? ¿Te detendrás y orarás ahora mismo?

Oremos

Dios, estoy mirando hacia ti. Ayúdame a visualizar las cosas en el universo que tu sabiduría ha logrado. Con la misma sabiduría que usas para guiar las estrellas y el mar, por favor guíame a mí. Ayúdame a descansar con confianza.

Lectura de *La Biblia en un año*

Éxodo 30:11–31:18; Mateo 26:47-68; Salmo 32:1-11; Proverbios 8:27-32

¡Tu decisión!

«Escuchen mi instrucción y sean sabios [dice la Sabiduría];
    no la pasen por alto.
¡Alegres son los que me escuchan,
    y están atentos a mis puertas día tras día,
    y me esperan afuera de mi casa!
Pues todo el que me encuentra, halla la vida
    y recibe el favor del SEÑOR.
Pero el que no me encuentra se perjudica a sí mismo.
    Todos los que me odian aman la muerte».

PROVERBIOS 8:33-36

¿Alguna vez has visto el programa de televisión *Trato hecho*? En el programa, el concursante estaba parado frente a una selección de puertas. Sabía que había un gran premio detrás de una puerta y un premio indeseable detrás de la otra. Pero era un misterio cuál era cuál. El concursante tenía que adivinar y luego conformarse con su premio. No es así con Dios. Nuestro proverbio de hoy nos dice que Dios no te hace adivinar. La puerta número uno ofrece bendiciones, sabiduría y vida. La puerta número dos es el rechazamiento de la sabiduría y la muerte dañina para el alma. Esto parece una obviedad. Vamos a elegir la puerta número uno.

Pero podrías estar pensando, *Es más fácil decirlo que hacerlo. Cuando me toca una decisión difícil, a veces la opción incorrecta se disfraza como la mejor opción.* Las mujeres han tomado malas decisiones con respecto a los hombres porque eran lobos con piel de cordero. Los esquemas de dinero, las sectas, las opciones de empleo que se ven bien por fuera. ¿Cómo vamos a saber? Santiago 1:5-6 nos da la respuesta perfecta: «Si necesitan sabiduría, pídansela a nuestro generoso Dios, y él se la dará; no los reprenderá por pedirla. Cuando se la pidan, asegúrense de que su fe sea solamente en Dios, y no duden».

Hazlo personal... ¡Vívelo!

Un elemento importante de la sabiduría es la responsabilidad personal. Muchas personas culpan a otros por sus malas elecciones e infelicidad. Es hora de darse cuenta de que todos somos responsables de nuestro propio bienestar emocional y espiritual. ¿Sabías que tienes la medida precisa de alegría, sabiduría, paz y amor de Dios que has elegido tener? Nadie puede hacer esa elección por ti. Hoy, ¿elegirás poner a tocar algo de música de alabanza si te sientes decaída? ¿Te sentarás y leerás el Salmo 33 si estás desanimada? ¿Pondrás todas tus preocupaciones en las manos del Señor si estás cansada y cargada? ¡Es tu decisión!

Lectura de *La Biblia en un año*

Éxodo 32:1–33:23; Mateo 26:69–27:14; Salmo 33:1-11; Proverbios 8:33-36

La sabiduría nos llama a casa

La Sabiduría edificó su casa;
labró sus siete pilares.
Preparó un gran banquete,
mezcló los vinos y puso la mesa.
Envió a sus sirvientes para que invitaran a todo el mundo.
Ahora convoca desde el lugar más alto con vista a la ciudad:
«Entren conmigo», clama a los ingenuos.
Y a quienes les falta buen juicio, les dice:
«Vengan, disfruten mi comida
y beban el vino que he mezclado.
Dejen atrás sus caminos de ingenuidad y empiecen a vivir;
aprendan a usar el buen juicio».

PROVERBIOS 9:1-6

Este proverbio dibuja un cuadro de la sabiduría como una mujer llamándonos a casa. La cena está en la mesa. Es una imagen hermosa y apetecible. De verdad, nunca habrá un lugar más importante que el hogar para aprender y ser nutrida en una vida sabia. Mary Farrar, en su libro *Choices* (Elecciones), escribe: «Durante la mayor parte de la historia conocida, el hogar ha sido central para la mujer. Ha sido su principal lugar de trabajo e influencia y, por lo tanto, el lugar natural para expresar su feminidad. Por lo tanto, a lo largo de la historia [...], lo que tiene que ver con el hogar, tiene que ver con la mujer». Debido a que la estructura del hogar se ha roto en las últimas décadas, las mujeres han luchado con su sentido de identidad y valor. La gente está a la deriva. Anhelamos un lugar al cual pertenecer. Necesitamos redimir el concepto de hogar como algo más que un sitio donde dormir. Chicas, sin importar nuestra edad, estado civil, cómo crecimos o si trabajamos fuera del hogar, somos llamadas a ser amas de casa. La sabiduría nos llama a crear en nuestro hogar un lugar de orden y de bienvenida, calidez y sabiduría.

Hazlo personal... ¡Vívelo!

Sobre todas las cosas, nuestros hogares deben ser hogares piadosos. ¿Le darías un vistazo para ver si hay algo de lo cual te avergonzarías si Dios mismo tocara a la puerta sorpresivamente? ¿Caminarás en oración alrededor de tu casa preguntándole si hay algo que necesitas eliminar? Dicho esto, ¿orarás también sobre cómo agregar algunas cosas a tu casa que reflejen su presencia? Me encanta tener las Escritura en cada habitación de mi casa, practicando lo que dice Deuteronomio 6:9. Puedes ir a mi sitio web (BibleBusStop.com) y descargar Escrituras en inglés que están bellamente diseñadas para poner en cuadros.

Lectura de *La Biblia en un año*

Éxodo 34:1–35:9; Mateo 27:15-31; Salmo 33:12-22; Proverbios 9:1-6

Reprendido en amor

El que reprende a un burlón recibirá un insulto a cambio;
el que corrige al perverso saldrá herido.
Por lo tanto, no te molestes en corregir a los burlones;
solo ganarás su odio.
En cambio, corrige a los sabios
y te amarán.

PROVERBIOS 9:7-8

Se ha dicho que algunas personas prefieren ser destruidas con cumplidos que rescatadas por la crítica.

Pues, es verdad. En el mundo real, puedes ganar la aprobación de algunas personas algunas veces, pero de otras personas, jamás. Entonces, antes que nada, nunca te aventures a corregir a otros sin orar por el discernimiento para saber cuál es cuál. Con algunas personas, tal vez con muchas, no malgastes el aliento. Incluso el comentario más amable, cortés y honesto será torcido, descaminado y malinterpretado. Lo hemos aprendido a duras penas, ¿no? Corregir a un necio es estar descaminado por completo.

Pero no te des por vencido con todos. Recientemente necesitaba tener una conversación franca con una querida amiga. Yo no estaba molesta ni enojada, solamente preocupada. Anhelaba que ella me oyera. Quería que ella supiera que lo que yo le decía no era para herirla sino sinceramente para ayudarla a ser más fuerte y madura. El milagro de los milagros, ella recibió mis palabras y, al final, esto manifestó no que yo era sabia, sino que ella lo es.

Hazlo personal... ¡Vívelo!

La persona sabia ama la represión. Así que, si eres seria en tu decisión de convertirte en una mujer de sabiduría, tienes que bajar tu guardia defensiva. No es bueno si tu familia, amigos o compañeros de trabajo tienen miedo de ser honestos al abordar problemas contigo por temor a tu respuesta. Incluso una crítica injusta y desagradable puede ser una bendición, ya que puede enviarte al pie de la cruz. Allí, el Señor mismo te ayudará a resolverlo para ver si hay un elemento de verdad que debes tomar en serio. Él puede ayudarte a vivirlo en un dolor piadoso y un verdadero arrepentimiento. Es por eso que lo llaman Salvador.

Lectura de *La Biblia en un año*

Éxodo 35:10–36:38; Mateo 27:32-66; Salmo 34:1-10; Proverbios 9:7-8

El temor del Señor

Instruye a los sabios,
*   y se volverán aún más sabios.*
Enseña a los justos,
*   y aprenderán aún más.*
El temor del SEÑOR es la base de la sabiduría.
*   Conocer al Santo da por resultado el buen juicio.*
PROVERBIOS 9:9-10

El temor del Señor. Yo creo que para muchos este es un concepto malentendido. Pero como una y otra vez tanto los Salmos como los Proverbios nos dicen que «el temor del Señor» es clave para obtener sabiduría, necesitamos realmente captar bien lo que es, y luego dejar que nos capture a nosotras.

El temor del Señor. A. W. Tozer, uno de mis autores favoritos, dijo esto: «El truco actual de asustar a la gente para que acepte a Cristo amenazándolos con bombas atómicas y misiles guiados no es bíblico, ni tampoco es efectivo. Al disparar fuegos artificiales frente a una bandada de cabras, es posible que logre reunirlas en un redil; pero ninguna cantidad de miedo natural podrá convertir a una cabra en una oveja. Y tampoco el temor a la invasión [de un enemigo] puede convertir a los hombres impenitentes en amantes de Dios y de la justicia. Simplemente no funciona de esa manera».

Por otro lado, uno de mis momentos favoritos para expresar esto está en Isaías 6:1-5. Isaías acababa de experimentar la muerte de un rey quien él respetaba. Estaba desesperado. Miró hacia arriba y vio al Señor en su trono en el cielo, glorioso, alto y sublime. Isaías sentía un asombro total, lleno de reverencia, y esto lo sacudió. Ahora, eso es el temor del Señor.

Hazlo personal... ¡Vívelo!

¿Tienes miedo de Dios? ¿Temes su castigo? ¿Temes que nunca puedas complacerlo? Este tipo de miedo solo trae tormento y hace que mantengas una relación distante con él. ¿Este miedo falso provino de una relación dura y fría con tu padre o con alguien con autoridad? Por favor, dale a tu Padre celestial la oportunidad de romper ese patrón.

Oremos

Señor, sé que es injusto que te culpe por los errores de otros. Por favor ayúdame a bajar mis defensas y dejarte que me muestres tus tiernas misericordias y tu asombroso poder.

Lectura de *La Biblia en un año*

Éxodo 37:1–38:31; Mateo 28:1-20; Salmo 34:11-22; Proverbios 9:9-10

Vida sabia

La sabiduría multiplicará tus días
  y dará más años a tu vida.
Si te haces sabio, serás tú quien se beneficie.
  Si desprecias la sabiduría, serás tú quien sufra.
PROVERBIOS 9:11-12

Se ha dicho: «La gente no puede decidir su futuro. Pero puede decidir sus hábitos, y sus hábitos deciden su futuro». Muy cierto. Aunque es lo correcto vivir bien y solo eso en sí es una recompensa, también hay muchos, muchos beneficios de tomar decisiones acertadas y correctas.

Así que tomemos un momento para mirar algunos de los beneficios simples, prácticos y personales para nosotras como mujeres al vivir sabiamente.

- *Salud.* Vivir sabiamente nos enseña a ser buenas administradoras de nuestra salud. No es sabio fumar o comer mucha comida chatarra. Es sabio hacer ejercicio y comer bien. No es saludable internalizar la ira y la preocupación. Es saludable vivir de una manera simple y perdonar fácilmente.
- *Belleza.* Una vida sabia es una vida bella. Conozco a muchas mujeres piadosas, inteligentes y sabias de más de ochenta años, y debo decir que creo que son hermosas. La esposa del pastor Chuck Smith, Kay, es una de ellas. Ella es una mujer pacífica, satisfecha y alegre. En realidad, ella brilla.
- *Bendición.* Por último, Jesús dijo: «Hay más bendición en dar que en recibir» (Hechos 20:35). Ser egoísta, vivir solamente para complacernos a nosotras mismas, es una vida solitaria y vacía; en resumen: es una necedad. Vivir para ser una bendición no siempre agrega más días a tu vida, pero seguro, agrega más vida a tus días.

Hazlo personal... ¡Vívelo!

Al leer esto, ¿te arrepientes de no haber aprendido a ser sabia antes? ¿Sientes que has tomado demasiadas malas decisiones y que ahora no calificas para la «vida abundante» que Jesús prometió? ¡Eso está muuuuy mal! Una de las grandes maravillas de Dios es que ama derramar la gracia. ¿Has sido una necia con tu salud, con una relación o con tu lengua? Pídele a Dios que te ayude a resolver un viejo hábito insensato y reemplazarlo con un hábito sabio. Puede sonar trillado, pero hoy es realmente el primer día del resto de tu vida. Sé intencional sobre el cambio. Empieza hoy.

Lectura de *La Biblia en un año*

Éxodo 39:1–40:38; Marcos 1:1-28; Salmo 35:1-16; Proverbios 9:11-12

Una mujer necia

La mujer llamada Necedad es una atrevida
y aunque no se da cuenta es una ignorante.
Se sienta a la entrada de su casa [... y]
Llama a los hombres que pasan por ahí [...].
«Entren conmigo», les dice a los ingenuos.
Y a los que les falta buen juicio, les dice:
«¡El agua robada es refrescante;
lo que se come a escondidas es más sabroso!».
Pero lo que menos se imaginan es que allí están los muertos.
Sus invitados están en lo profundo de la tumba.
PROVERBIOS 9:13-18

Una mujer necia es clamorosa. Ser clamorosa es murmurar, gruñir, rugir, enfurecer, estar preocupada, estar en alboroto, estar en un revuelo, en una conmoción, ser bulliciosa, turbulenta o furiosa.

Aquí hay una gran pista para nosotras. Cada una de estas definiciones describe cualquier cosa menos un espíritu manso y apacible. Por lo general, si las mujeres hacemos un alboroto en el exterior, es porque hay un alboroto en el interior. Una mujer clamorosa atrae a otras personas a su remolino, o tal vez una mejor palabra es sumidero. Sé que el primer nivel de aplicación de este proverbio es el atractivo del pecado sexual, pero en realidad en la aplicación más amplia, puede ser el sumidero de cualquier cosa mala.

Una mujer que está totalmente revuelta por dentro generalmente se está muriendo por atraer a otros a cualquier conmoción que esté sucediendo en ella. Ya que la compañía en la miseria hace a esta más llevadera, ella irrita a otros en la iglesia, en el trabajo, en las amistades y en las familias. Ella en verdad es una mujer necia y clamorosa.

Hazlo personal... ¡Vívelo!

Una cosa que nunca podrías decir sobre los Proverbios es que son sutiles. Recordar que Dios usó al rey Salomón para escribirlos da una pista sobre el tono de este proverbio. Salomón tenía demasiadas esposas, y bastantes de ellas debieron haber sido clamorosas. Pero cualquier esposo, familia o lugar de trabajo que tenga una sola mujer clamorosa tiene una de más. Cuando sientes la tentación de murmurar, gruñir, rugir o gritar, ¿te tomarás un momento antes de desahogarte? Pídele al Señor que calme la tormenta que hay dentro de ti antes de provocar una tormenta a tu alrededor.

Lectura de *La Biblia en un año*

Levítico 1:1–3:17; Marcos 1:29–2:12; Salmo 35:17-28; Proverbios 9:13-18

Un centavo ahorrado es un centavo ganado

Las riquezas mal habidas no tienen ningún valor duradero,
pero vivir debidamente puede salvar tu vida.

PROVERBIOS 10:2

Las crisis económicas de los últimos años dejaron tambaleante a toda la nación de Estados Unidos. ¿Qué pasó? ¿Cómo pudo una nación tan rica y próspera estar en quiebra? Luego miramos a las compañías ricas y de larga data. ¿Cómo llegaron a estar en quiebra? Luego vemos personas muy, pero muy ricas y poderosas. ¿Cómo es que llegaron a la quiebra? Algo salió mal. ¿Por qué? Porque algo no estaba bien.

En Lucas 12:15 Jesús advirtió: «¡Tengan cuidado con toda clase de avaricia! La vida no se mide por cuánto tienen».

Así que, chicas, hijas de Dios, necesitamos regresar a lo básico. Nuestro proverbio de hoy dice: «vivir debidamente puede salvar tu vida». Financieramente no necesitamos un rescate. Pero necesitamos un ajuste.

Aquí hay algunas sugerencias:

- ¿Sabías que si llevas un almuerzo contigo al trabajo, en un año podrías ahorrar alrededor de 2500 dólares?
- Mi amiga me dijo que las mujeres en su iglesia juntaron su ropa usada pero buena y tuvieron un día de intercambio; hubo mucha diversión y mucho dinero ahorrado.
- Mira los especiales del supermercado y compra solo lo que está en oferta. Planea tu menú de acuerdo con lo que está en oferta solamente.
- En lugar de salir a comer con mis amigas, yo normalmente hago una sopa o una ensalada y almorzamos en mi casa.

Como dijo Ben Franklin una vez: «Un centavo ahorrado es un centavo ganado».

Hazlo personal... ¡Vívelo!

Dios está muy interesado en que seamos buenas administradoras de nuestros recursos, y la Biblia tiene más consejos financieros que cualquier otro libro que se haya escrito. La deuda es una esclavitud y una carga. Es tiempo de romper sus garras al ponerte seria y proactiva. Puedes hacerlo un juego. Recluta a tus hijos. Usa un cuaderno para mantener un registro de tus ahorros. En lugar de pararte en la cafetería, haz tu propio café y ponlo en una taza para llevar. Luego calcula el monto ahorrado en un mes y aplícalo directamente a una factura específica. Una probadita de victoria te motivará a buscar otras maneras para ahorrar.

Lectura de *La Biblia en un año*

Levítico 4:1–5:19; Marcos 2:13–3:6; Salmo 36:1-12; Proverbios 10:1-2

Dios provee

El Señor no dejará que el justo pase hambre,
  pero se niega a satisfacer los antojos del perverso.
PROVERBIOS 10:3

Aquí hay una maravillosa promesa de parte de Dios mismo: «El Señor no dejará que el justo pase hambre». Quizás ahora mismo estés en una lucha por llegar a fin de mes y te preguntas si te va a alcanzar. ¿Tus hijos quedarán carentes? ¿Perderás todo y vivirás en la miseria? Como mujeres, estas cosas pueden llegar a ser temores que callamos.

Escucha lo que Harry Ironside dijo al respecto: «Cuales sean las circunstancias externas, el alma del justo es levantada por encima de todas ellas y encuentra una razón para regocijarse en medio de la tribulación».

En momentos como estos, debemos leer las historias de personas que han enfrentado hambrunas y dificultades físicas en el pasado. Siéntate y lee la historia de Elías. Dios usó cuervos para traerle comida (ver 1 Reyes 17:1-6). Luego (en 1 Reyes 17:9-16) Dios alimentó tanto a Elías como a la viuda de Sarepta. ¿La recuerdas? Ella fue la mujer cuyo recipiente de harina nunca se agotó. ¿Y qué tal la historia de José? Perdió todo, realmente todo. Pero a pesar de que su situación fue dura e injusta, hay una línea que se destaca en su historia: «El Señor estaba con él» (Génesis 39:23). Esa es la clave. Cuando leemos Génesis 37, 39 y 40, también se destaca otra cosa. José defendió la rectitud, la integridad. Aun cuando sus bolsillos estaban vacíos, su alma no lo estaba. Dios ha prometido que no permitirá que el alma justa se muera de hambre.

Hazlo personal... ¡Vívelo!

Tu mayor necesidad es la oportunidad de Dios de mostrarte su mayor suministro. Jesús dijo: «Miren los pájaros. [...] El Padre celestial los alimenta. ¿Y no son ustedes para él mucho más valiosos que ellos?» (Mateo 6:26). La respuesta a esa pregunta es sí, ¡por supuesto que eres más valiosa! Hay algo muy dulce en ver a Dios satisfacer una necesidad en tu vida. Le permite a él mostrarte que sí te escucha y que le importas.

Oremos

Señor, vengo solamente a ti con mi necesidad. Que tu suministro satisfaga mi necesidad y me lleve a un nuevo conocimiento de tu amor.

Lectura de *La Biblia en un año*

Levítico 6:1–7:27; Marcos 3:7-30; Salmo 37:1-11; Proverbios 10:3-4

Cosecha de almas

El joven sabio cosecha en el verano,
pero el que se duerme durante la siega es una vergüenza.
PROVERBIOS 10:5

En cuanto a la cosecha, cada una de nosotras es diligente o es floja. Jesús dijo: «Despierten y miren a su alrededor, los campos ya están listos para la cosecha» (Juan 4:35). Él no estaba hablando de una cosecha de trigo. Él estaba hablando de almas: personas que están perdidas pero listas. La pregunta es, ¿estamos listas nosotras? ¿Estamos listas y dispuestas a compartir las buenas nuevas del evangelio con un mundo perdido y moribundo?

Así que, mis amadas hermanas, déjenme animarlas con unas ayudas prácticas.

- El mejor lugar para comenzar es pidiéndole al Señor que te dé una carga para las almas perdidas. Pídele que te ayude a ver a las personas y amar a las personas como él lo hace.
- Mantente preparada. Yo siempre cargo conmigo copias del Evangelio de Juan adondequiera que voy. Debo admitir que soy mucho más valiente cuando tengo algo que ofrecerle a alguien.
- Ora por citas divinas. Dios te dará un «santo jalón» para notar a alguien. Podría ser el cajero o el taxista o simplemente un joven pasando el rato en la plaza.

Recientemente, una señora se me acercó en el estacionamiento del supermercado. Ella estaba vendiendo algo. Hablamos y luego saqué un ejemplar del Evangelio de Juan. Se lo di y simplemente le dije: «Realmente siento que debo darte esto. Habla sobre el amor de Dios y que puedes conocerlo». Levanté la vista y las lágrimas corrían por su rostro. Ella dijo: «Gracias. No tienes idea. Gracias». Sencillo, muy sencillo. Despierta y mira; la cosecha de las almas perdidas y hambrientas está lista.

Hazlo personal... ¡Vívelo!

Estadísticamente, solo el 5% de todos los cristianos han compartido su fe alguna vez. Conozco la razón: miedo al rechazo, miedo al no saber qué decir. Pero déjame decirte que si sigues los tres pasos sencillos que he compartido, te sorprenderás. Notarás a alguien con quien «tienes que» hablar. Hay algunas personas que nunca han escuchado las palabras: «Dios te ama y tiene un plan maravilloso para tu vida». ¿Lo intentarás?

Lectura de *La Biblia en un año*

Levítico 7:28–9:6; Marcos 3:31–4:25; Salmo 37:12-29; Proverbios 10:5

Los buenos recuerdos de los justos

A menudo los Proverbios usan contrastes. Por un lado de la línea estarán las bendiciones y los beneficios de la piedad. Por el otro lado están los resultados finales del egoísmo, la necedad y la impiedad. ¿Cuál es el punto? El punto es que nosotras echemos un vistazo y elijamos. Si elegimos mal, no tenemos a nadie a quien culpar sino a nosotras mismas. Podríamos haber elegido el otro lado, la bendición de la piedad. Es más que solo información. Es una invitación.

> *Los justos se llenan de bendiciones;*
> *las palabras de los perversos encubren intenciones violentas.*
> *Tenemos buenos recuerdos de los justos,*
> *pero el nombre del perverso se pudre.*
> PROVERBIOS 10:6-7

«Tenemos buenos recuerdos de los justos». Este es su legado. Dondequiera que vayan, dejan una fragancia de dulzura, de bondad, de gracia y ánimo.

Necesitamos relacionarnos con personas que hayan vivido así, y una de las mejores maneras en que podemos hacerlo es leer biografías de grandes personas piadosas. Si no has hecho esto por un tiempo, anda a buscar un libro así. Te hará bien.

Así que déjame sugerirte unos.

- *A Passion for Souls* (Una pasión por almas) por Lyle Dorsett es la historia de D.L. Moody, uno de mis héroes personales en la fe.
- Otro que no te deberías perder es *George Müller* por Roger Steer. Su historia hará crecer tu fe y conmoverá tu corazón.
- Cualquier libro sobre Billy Graham. Solo pronunciar su nombre es una bendición. Uno de mis libros favoritos sobre él es *Los secretos del liderazgo de Billy Graham.*

Hazlo personal... ¡Vívelo!

«Tenemos buenos recuerdos de los justos». A veces pensamos que solo las personas famosas tienen un impacto real sobre los que las rodean. Necesitas saber que esto no es cierto en la economía de Dios. Hoy puedes darle una palabra de esperanza a alguien, hoy puedes levantar a alguien en oración, hoy puedes sencilla y sinceramente decirle a alguien que lo quieres y que es importante. Te puedo asegurar que las pequeñas cosas realmente son grandes.

Lectura de *La Biblia en un año*

Levítico 9:7–10:20; Marcos 4:26–5:20; Salmo 37:30-40; Proverbios 10:6-7

Integridad

Las personas con integridad caminan seguras,
pero las que toman caminos torcidos serán descubiertas.
PROVERBIOS 10:9

¿Cuándo fue la última vez que escuchaste una discusión sobre la integridad? Aquí hay una buena definición: la integridad es hacer lo correcto, incluso si nadie te observa.

W. Clement Stone dijo: «Ten el coraje de decir no. Ten el valor de enfrentar a la verdad. Haz lo correcto porque es lo correcto. Estas son las claves esenciales para vivir tu vida con integridad». Bien dicho, Clement.

Abraham Lincoln es bien conocido por muchas cosas, pero hay una palabra que siempre está vinculada a su nombre: Abe el honesto. Cuando era joven, trabajó en una tienda y descubrió que le había cobrado a alguien unos centavos de más, así que caminó millas para devolverlo. Como abogado, defendió a los débiles contra estafadores, cobrando honorarios bajos. No es de extrañarse que, al ver lo incorrecto de la esclavitud, pagara un gran precio para corregirlo.

En Mateo 6, Jesús habló sobre la integridad, no solo ante el hombre, sino ante Dios. Dijo que cuando haces una buena obra, debes hacerlo solamente ante Dios. Acerca de la oración, no ores para que la gente te vea hacerlo, sino ora a tu Padre que está en el lugar secreto; entonces tu Padre te recompensará abiertamente.

Integridad. Mientras observo este rasgo de carácter increíble, casi extinto, sé que me quedo corta, ¡pero también sé que lo quiero! ¿Tú no?

Hazlo personal... ¡Vívelo!

Nuevamente, «Las personas con integridad caminan seguras». Esto significa que si nos proponemos en nuestro corazón hacer lo correcto, nunca tendremos que disimular. Habrá momentos cuando ser una mujer de integridad será difícil. Es más fácil decir una pequeña mentirita o tomar un atajo... o así pareciera. Pero cuando somos tentadas, es cuando podemos lanzar una oración corta de flecha: «Señor, dame la gracia para hacer lo correcto». Tal vez nunca has pensado hacer esto. Has pensado que solo puedes orar en momentos formales de «tiempos de oración». Créeme, oraciones de flecha han sido mi gracia salvadora en múltiples ocasiones. Y si entras en este hábito, será tuya también.

Lectura de *La Biblia en un año*

Levítico 11:1–12:8; Marcos 5:21-43; Salmo 38:1-22; Proverbios 10:8-9

Franqueza

Quien guiña el ojo aprobando la maldad, causa problemas,
pero una reprensión firme promueve la paz.
PROVERBIOS 10:10

Creo firmemente en el contacto visual. Si eres una mami, esta es una parte importante de tu maternidad. Dales a tus hijos contacto visual total de vez en cuando. Déjales saber que estás conectando con ellos. Pero también requiérelo de ellos. Si ellos están mintiendo o evadiendo la verdad, observa atentamente; lo puedes leer por la forma en que tratan de no mirarte. Confróntalos: con amor, pero directamente. Si no los haces rendir cuenta, no es bueno. Ayúdales a saber que tienen que ser honestos por encima de todas las cosas.

Y en las amistades, en cualquier relación importante, es muy bueno reunirse y hablar las cosas cara a cara. ¿Hay alguna amiga que crees que está teniendo problemas? No llames a otra amiga en común a discutirlo; tenemos que dejar de hacer eso. Llámale tú misma. Llévala a tomar un café con leche en una cafetería acogedora. Tómate el tiempo para hacerle saber que ella es importante. Todos descuidamos demasiado nuestras amistades. Si sientes que algo le preocupa, pregúntale si ella confiará en ti lo suficiente como para ser honesta. Asegúrate de que tu objetivo sea fortalecer conexiones, y asegúrate de que tu amiga se sienta segura, incluso si llegan a algunas aguas turbulentas en la discusión. En este momento, muchas personas están pasando por tiempos difíciles. Podemos perder casas y ahorros, pero asegurémonos de trabajar duro para salvar nuestras amistades. ¿Amén?

Hazlo personal... ¡Vívelo!

La mayoría de nosotras no somos muy buenas en la navegación de conflictos y desacuerdos. A veces dejamos que los pequeños problemas se agraven. Luego imputamos motivos equivocados y terminamos con una pared. Si estás en una situación de conflicto con alguien, aquí hay algunos principios importantes para recordar. Muchos desacuerdos provienen de malentendidos. ¿Le pedirás al Señor que te dé discernimiento respecto a los sentimientos y la perspectiva del otro? ¿Elegirás no pensar demasiado? Y luego ¿elegirás, si es posible, pasarlo por alto? «Sean comprensivos con las faltas de los demás y perdonen a todo el que los ofenda. Recuerden que el Señor los perdonó a ustedes, así que ustedes deben perdonar a otros» (Colosenses 3:13).

Lectura de *La Biblia en un año*

Levítico 13:1-59; Marcos 6:1-29; Salmo 39:1-13; Proverbios 10:10

El amor cubre

El odio provoca peleas,
pero el amor cubre todas las ofensas.
PROVERBIOS 10:12

Los miserables, de Victor Hugo, es una maravillosa y hermosa historia de la redención de un exconvicto, Jean Valjean. Cuando fue puesto en libertad condicional, no pudo encontrar trabajo. Un sacerdote lo encontró, lo acogió y le dio comida y refugio. En la noche, Valjean robó los artículos de plata del sacerdote. Fue atrapado por la policía, pero el sacerdote lo salvó alegando que la plata era un regalo. Entonces el sacerdote le dio a Valjean dos candeleros de plata, la última de sus posesiones valiosas. En esta escena del musical, el sacerdote canta estas sorprendentes palabras: primero a los oficiales y luego a Valjean:

Ya podéis dejarlo libre porque dice la verdad.
Agradezco vuestra ayuda, y que Dios os traiga paz.
Y recuerda bien, hermano: nada ocurre sin razón.
Dios te ofrece un gran regalo. Ve y encuentra tu perdón.
Por la sangre de los justos, por la muerte de Jesús.
Dios te va a sacar del pozo. Hoy tu alma ya es de Dios.

Y he aquí la moraleja: nada *sino* amor puede cubrir una multitud de pecados.

Hazlo personal... ¡Vívelo!

«El amor cubre» ha llegado a ser una de mis frases favoritas. Cuando lo digo, se vuelve más que un simple hecho; se vuelve una decisión. Cuando tu amiga llega tarde aunque te rompiste una pata por llegar a tiempo, «el amor cubre». Cuando tu hijo pequeño tira la leche, la mesera olvida tu pedido, tu suegra critica la organización de tu casa, ¿tomarás la decisión de dejar que «el amor cubra»? Es una muy buena táctica, porque como dijo Jesús, «Bienaventurados los misericordiosos, porque ellos alcanzarán misericordia» (Mateo 5:7, RVR60).

Lectura de *La Biblia en un año*

Levítico 14:1-57; Marcos 6:30-56; Salmo 40:1-10; Proverbios 10:11-12

¿Palabras sabias o necias?

Las palabras sabias provienen de los labios de la gente con entendimiento,
pero a los que les falta sentido común, serán castigados con vara.
Las personas sabias atesoran el conocimiento,
pero el hablar por hablar del necio invita al desastre.
PROVERBIOS 10:13-14

Palabras sabias o hablar por hablar. Se ha dicho que incluso un necio puede parecer sabio, hasta que abre la boca.

Entonces, chicas, analicémoslo de verdad. ¿Por qué cosas te conocen las personas que te rodean, quienes te conocen mejor? Cuando la tensión aumenta en cualquier situación, ¿eres quien agrega leña al fuego, o eres la voz de la razón y la paz, de la bondad y la gracia?

Cuando eres criticada, ¿usas tus palabras para devolver la herida? Si tienes la oportunidad perfecta de transmitir esa fea historia sobre alguien, ¿lo haces? Sé honesta: ¿por qué cosas eres conocida? Santiago 3:9-10 dice al respecto: «A veces alaba a nuestro Señor y Padre, y otras veces maldice a quienes Dios creó a su propia imagen. Y así, la bendición y la maldición salen de la misma boca. Sin duda, hermanos míos, ¡eso no está bien!».

Así que, aquí hay un pequeño poema escrito por William Norris:

Si quieres dar una vuelta y no tener una boca suelta
Observa cinco cosas como corresponde:
A quién le hablas; de quién hablas,
Y cómo, y cuándo, y dónde.

Como mi abuelita Gladys decía: «Si no tienes nada bueno que decir, mejor no digas nada».

Hazlo personal... ¡Vívelo!

Para mirar la otra cara de la moneda, Proverbios 25:11 dice: «El consejo oportuno es precioso, como manzanas de oro en canasta de plata». Puedes proponerte en tu corazón encontrar una oportunidad cada día de utilizar tus palabras para animar e inspirar. Cuando tu esposo llegue a casa esta noche, dile una cosa que aprecias de él. Pilla a tus hijos haciendo algo bueno y dales halagos. Escríbele una nota a tu pastor o a tu líder de estudio bíblico para decirles cómo sus enseñanzas te han bendecido. Puedes proponer en tu corazón encontrar una oportunidad cada día de utilizar tus palabras para animar e inspirar. Diles a los empleados en el banco que aprecias su ayuda. Puede que tus palabras amables sean las únicas que escuchen en todo el día.

Lectura de *La Biblia en un año*

Levítico 15:1–16:28; Marcos 7:1-23; Salmo 40:11-17; Proverbios 10:13-14

En los asuntos de nuestro Padre

Las ganancias de los justos realzan sus vidas,
pero la gente malvada derrocha su dinero en el pecado.
PROVERBIOS 10:16

«Las ganancias de los justos realzan sus vidas», lo que no significa más dinero o más cosas, sino mejor calidad de vida. El Salmo 37:16 dice: «Es mejor ser justo y tener poco que ser malvado y rico».

Así que este es un buen momento para pausar y preguntarnos: ¿qué es la vida? ¿Tienes una pasión que cumple el propósito por el cual Dios te puso sobre este planeta? ¿Sabes cuál es? ¿Alguna vez le has pedido a Dios que te muestre cuál es? Porque, como dijo Walker Percy: «Puedes sacar las mejores calificaciones y aun así reprobar la vida».

Jesús nos dio un comienzo claro y sólido que nos libra de simplemente caer en la versión de éxito del mundo. Él dijo: «Almacena tus tesoros en el cielo, donde las polillas y el óxido no pueden destruir, y los ladrones no entran a robar. Donde esté tu tesoro, allí estarán también los deseos de tu corazón» (Mateo 6:20-21).

Cuando pienso en estas palabras tan importantes, me doy cuenta de que las cosas materiales se rompen, pasan de moda y se pierden. En realidad son las personas quienes son importantes. Jesús invirtió en las personas. Así que el propósito más grande que él pudo darnos en esta tierra es amar a las personas. Eso es en verdad vivir la vida.

Como dijo Winston Churchill: «Nos ganamos la vida con lo que obtenemos, pero hacemos una vida con lo que damos». Tienes razón, Winston.

Hazlo personal... ¡Vívelo!

Bueno, chicas, hagamos algo al respecto. Como dijo Jesús: «En los negocios de [nuestro] Padre [nos] es necesario estar» (Lucas 2:49, RVR60). Y el negocio favorito de nuestro Padre son las personas. Él tiene una ternura especial hacia los quebrantados y abandonados, como las viudas y los huérfanos. El dolor de perder a alguien a quien amas permanece muchos años. A menudo nos sentimos ineptos con las personas afligidas porque no sabemos qué hacer o qué decir. No podemos solucionar su dolor. Pero Dios puede usarte para dar un momento de consuelo, una mano en el hombro, una amable tarjeta deslizada en un bolsillo en la iglesia. Te diré la verdad, cuando hagas cualquiera de estas cosas, no solo serás una bendición, sino que en efecto serás bendecida.

Lectura de *La Biblia en un año*

Levítico 16:29–18:30; Marcos 7:24–8:10; Salmo 41:1-13; Proverbios 10:15-16

No rechaces la instrucción

*Los que aceptan la disciplina van por el camino que lleva a la vida,
pero los que no hacen caso a la corrección se descarriarán.*
PROVERBIOS 10:17

Me encanta lo que el comentarista H. A. Ironside dijo acerca de este proverbio: «Solo cuando el hombre aprende a desconfiar de sí mismo y confía solo en la infalible Palabra de Dios, desplegada por el Espíritu Santo, sus pies andan en el camino de la vida. [...] Permítanme, entonces, gustosamente recibir corrección».

El viaje de los hijos de Israel desde Egipto hasta la Tierra Prometida está lleno de lecciones importantes para nosotras. Mientras cruzaban el Jordán, ese río que los separaba de la tierra de ricas bendiciones, se les dijo que siguieran el Arca del Pacto, que contenía la Palabra de Dios. Y luego Dios usó esta frase convincente: «Dado que ustedes nunca antes viajaron por este camino» (Josué 3:4). Esto me fascina. Y he aquí la lección para nosotras: estamos a solo dos meses del comienzo de este nuevo año, y cada día contiene eventos, obstáculos y dilemas. Habrá momentos como encrucijadas, cuando tu elección en un breve momento puede afectar tu vida durante años. Tienes que recurrir a la Palabra de Dios cada mañana, ansiosa y expectante. Deja que te hable. Escribe al menos una verdad que sobresale. Busca una lección e instrucciones para meditar, y luego pídele al Señor que te ayude a aplicarlas. Este es realmente el momento de la verdad. Nuestro proverbio dice: «Los que aceptan la disciplina van por el camino que lleva a la vida».

Hazlo personal... ¡Vívelo!

Reflexionando en las lecciones que podemos aprender del viaje por el desierto, Hebreos 3:10 nos da una idea general de por qué algunos nunca entraron a la Tierra Prometida. Dios dijo: «Su corazón siempre se aleja de mí. Rehúsan hacer lo que les digo». Básicamente, no eran buenos oyentes ni buenos aprendices. Cada vez que sabemos lo que hay que hacer y nos encogemos de hombros o lo posponemos, volvemos a la tierra seca y árida del desierto. No hagamos eso.

Oremos

Señor, enséñame a escuchar tu voz. Luego dame el deseo y el valor para obedecer.

Lectura de *La Biblia en un año*

Levítico 19:1–20:21; Marcos 8:11-38; Salmo 42:1-11; Proverbios 10:17

Odio, rencor y malicia

Encubrir el odio te hace un mentiroso;
difamar a otros te hace un necio.
PROVERBIOS 10:18

Déjenme presentarles a dos hermanas feas que nacen del odio. Ellas son Rencor y Malicia. Y chicas, si les abrimos espacio en nuestro ser, encontraremos que es muy difícil mantenerlas bajo control. Aun si tratamos de ocultarlas, brotarán y cobrarán vida propia.
Definiciones:

- *Rencor* implica una animosidad profundamente arraigada que se deleita en hacer sufrir a los demás o simplemente verlos sufrir.
- *Malicia* sugiere un deseo de lastimar, enfadar o frustrar a otros usualmente con actos vengativos y baladíes.

Es interesante que solo unas cuantas palabras antes de la palabra *malicia* en el diccionario está la palabra *maledicencia*, que es calumnia. Calumnia es simplemente odio convertido en palabras.

Así que seamos sinceras. En Texas dicen: «Tienes un erizo debajo de tu silla de montar». Ese erizo sigue pinzando al caballo, haciéndolo saltar y patear. ¿Tienes un erizo de odio que te está frotando y haciéndote mala? Este odio realmente te está matando; destruirá tu vida, no solo la de los demás. ¿Irás a la cruz? ¿Te arrodillarás hoy y dirás: «Señor Jesús, perdóname, lávame, líbrame con el poder de tu sangre purificadora»?

Hazlo personal... ¡Vívelo!

Dios tiene algunas palabras fuertes que decir acerca de la ira no resuelta: «"No pequen al dejar que el enojo los controle". No permitan que el sol se ponga mientras siguen enojados, porque el enojo da lugar al diablo» (Efesios 4:26-27). ¿Sientes que tu enojo está justificado y, por lo tanto, debes revivirlo y recordarlo? Oh, ¿no ves que es exactamente así como Satanás se afianza? Puede haber comenzado con el pecado de otra persona, pero ahora se ha convertido en el tuyo. ¡Ay! Ahora, apliquemos el ungüento de la Palabra de Dios. «Si confesamos nuestros pecados a Dios, él es fiel y justo para perdonarnos nuestros pecados y limpiarnos de toda maldad» (1 Juan 1:9).

Lectura de *La Biblia en un año*

Levítico 20:22–22:16; Marcos 9:1-29; Salmo 43:1-5; Proverbios 10:18

Demasiadas palabras

Hablar demasiado conduce al pecado.
Sé prudente y mantén la boca cerrada.
PROVERBIOS 10:19

Hay una canción pegajosa escrita por Joe Jones en 1958. Si quieres escucharla, la puedes buscar en Google bajo el título en inglés: «You Talk Too Much». Dice algo así...

Hablas demasiado, estoy muerto de ansiedad,
Hablas demasiado, hasta a mi mascota haces preocupar,
Simplemente hablas, hablas demasiado.

Chicas, necesitamos fijarnos en esto. Algunas cosas simplemente no tienen que ser dichas. Si tienes la tendencia de decir todo lo que cruza por tu cabeza, haz una pausa antes de hablar. Pregúntate: «¿Quisiera que esto se dijera de mí?». Algunas usan la excusa: «Es que debo ser honesta». Hay un tiempo para hablar y tiempo para callar. Si a alguien no se le ve bien el cabello un día o si ha subido de peso, tu honestidad no es amable ni será apreciada.

Esposas, en medio de una discusión con tu esposo, tus palabras pueden irse a pique muy rápidamente. Recuerda lo que dice Proverbios 29:11: «Los necios dan rienda suelta a su enojo, pero los sabios calladamente lo controlan». Arruinar la reputación de alguien y el menosprecio nunca resolverán el problema. Algunas palabras son difíciles de olvidar después de que ya han sido dichas.

Y aquí hay una oración que nos puede encaminar bien: «Que las palabras de mi boca y la meditación de mi corazón sean de tu agrado, oh SEÑOR, mi roca y mi redentor» (Salmo 19:14). Cerraremos con una paráfrasis de Proverbios 10:19: «No hables demasiado, pues fomenta el pecado. Muestra sensatez y ¡cierra la boca!».

Hazlo personal... ¡Vívelo!

Benjamin Franklin dijo: «De un tropiezo al caminar uno puede recuperarse pronto, pero de un tropiezo al hablar es posible que uno nunca lo supere». Al observar la necesidad de domar nuestras lenguas, ¿te ha traído a la mente algo que has dicho que lamentas? ¿Has perdido el control en un momento de ira o has visto que tu dureza y crítica han herido los sentimientos de alguien? Ese es el Espíritu Santo dándote un «santo jalón» de compunción. El mejor momento para hacer las paces es el presente. Levanta el teléfono o escribe una nota dulce hoy. Si tu corazón está en el lugar correcto, Dios te dará buenas palabras y preparará el camino con gracia.

Lectura de *La Biblia en un año*

Levítico 22:17–23:44; Marcos 9:30–10:12; Salmo 44:1-8; Proverbios 10:19

Palabras que nutren

Las palabras del justo son como la plata refinada;
   el corazón del necio no vale nada.
Las palabras del justo animan a muchos,
   pero a los necios los destruye su falta de sentido común.
PROVERBIOS 10:20-21

Chicas, nunca subestimen el poder de las palabras que hablan. Las palabras pueden ser como plata preciosa utilizada para agregar valor adondequiera que vayas y cada vez que hablas. Mark Twain dijo: «La diferencia entre la palabra correcta y la palabra casi correcta es la misma que entre el rayo y la luciérnaga».

Esto nos debería entusiasmar pero a la misma vez cobrar seriedad. Todas sabemos que en ocasiones hemos sido necias, aun destructivas, con nuestras palabras.

Así que David oró: «Que las palabras de mi boca y la meditación de mi corazón sean de tu agrado, oh SEÑOR, mi roca y mi redentor» (Salmo 19:14). Esta es la clave. Para que nuestras palabras sean las correctas, nuestro corazón debe estar bien. Entonces podemos hacer lo que David hizo. Podemos pedirle al Señor mismo que nos dé un sentido de su presencia y un deseo de agradar y honrarlo siempre. Esto nos ayuda a rendir cuentas, y además nos da conciencia de que él nos puede dar sus palabras buenas, correctas, verdaderas y útiles para bendecir a otros. Él nos puede dar palabras perspicaces para una situación complicada. Él puede darnos una palabra suave y pacífica cuando existe tensión en el ambiente. Él nos puede dar palabras de ánimo para alguien que está abatido y palabras amables para los que están dolidos.

Hazlo personal... ¡Vívelo!

Las palabras de consuelo son nutrición en un tiempo de duelo, como el agua para un alma sedienta. El dolor de una pérdida surge de muchas formas. Un divorcio doloroso, un hijo pródigo, un negocio fallido, aun una mudanza puede ser una pérdida que nos aflige. La muerte de alguien que amamos es lo que más pesa. Recuerda por favor que mientras estamos de luto, no necesitamos consejo o soluciones temporales. Puedes pensar en el consuelo como la combinación de dos palabras: *con* y *suelo*. Si conoces a alguien que está de luto, ¿podrías ir a estar *con* esa persona? Tu presencia personal y una mirada amable comunican que te importa. Luego haz que tus palabras pongan el *suelo* de una fortaleza: proveyendo albergue, apoyo y seguridad.

Lectura de *La Biblia en un año*

Levítico 24:1–25:46; Marcos 10:13-31; Salmo 44:9-26; Proverbios 10:20-21

Bendiciones y belleza

La bendición del SEÑOR enriquece a una persona
y él no añade ninguna tristeza.
PROVERBIOS 10:22

Chicas, ésta es una maravillosa y gran promesa de Dios mismo hacia nosotras. Las bendiciones de Dios son el único verdadero producto básico que puede llenarnos tan completamente para poder tener abundancia y riqueza, riqueza interior. Pero «bendición» ¿significa riquezas como el dinero o la salud o la belleza o la popularidad? No. Esas cosas nos pueden dar felicidad temporal, pero *temporal* es la palabra clave. Estas cosas no perduran y tampoco nos pueden dar una satisfacción duradera. A través de los años íconos desde Marilyn Monroe hasta Britney Spears han sido ilustraciones trágicas. Una foto vale más que mil palabras. Tenían todo el dinero, la belleza y popularidad que este mundo ofrece, pero estas mujeres definitivamente tenían problemas, muchos problemas.

Así que, ¿qué significa «bendición»? Literalmente significa el favor de Dios, su sonrisa sobre tu vida, su placer. Y sobre todo, la más grande bendición de su presencia, su amistad. Su presencia nos trae paz y gozo aun cuando los tiempos son difíciles. Él nos consuela en tiempos de dolor y nos da fortaleza cuando somos débiles. Estas son las cosas que el mundo no está vendiendo y que el dinero simplemente no puede comprar.

El apóstol Pablo es un ejemplo perfecto de esto. Cuando estaba en una prisión romana, él dijo, «He aprendido a estar contento» (Filipenses 4:11). Se ha oído decir que «El contentamiento no es obtener lo que quieres sino querer lo que ya tienes».

«La bendición del SEÑOR enriquece a una persona y él no añade ninguna tristeza» (Proverbios 10:22).

Hazlo personal... ¡Vívelo!

Ya que hablamos sobre el tema de las definiciones, hay que echarle un vistazo al concepto de belleza. Existen muchas mujeres quebrantadas de corazón porque cuando se miran en un espejo, no ven un reflejo de belleza según la versión de Hollywood. Necesitamos un baldazo de realidad. Esas mujeres de portadas tampoco se ven tan bien al despertar. Y recuerda, la belleza real está en el interior. La belleza en ocasiones llega en paquetes sencillos. Dios sube el nivel sobre la belleza real en 1 Pedro 3:4: «Vístanse con la belleza interior, la que no se desvanece, la belleza de un espíritu tierno y sereno, que es tan precioso a los ojos de Dios».

Lectura de *La Biblia en un año*

Levítico 25:47–27:13; Marcos 10:32-52; Salmo 45:1-17; Proverbios 10:22

¿Sabia o necia?

Al necio le divierte hacer el mal,
pero al sensato le da placer vivir sabiamente.
PROVERBIOS 10:23

Este proverbio nos muestra a dos mujeres, una necia y una sabia. El punto no es solo mostrarnos la diferencia entre ambas, sino ayudarnos a decidir quién somos en el presente y en cuál de las dos nos queremos convertir.

La primera mujer es necia. Ella encuentra placer en la conducta malvada. Sus juegos causan problemas. Siente un deleite perverso en causar división o en herir los sentimientos de otros. Le atrae el pecado y no importa cuanta aflicción le acarrea a ella o a otros, siempre regresa por más. Es necia porque nunca aprende que el pequeño gramo de placer que obtiene en el momento de pecar después le rinde un kilo de pena. Segunda de Timoteo 3:1-2, 4 nos dice: «En los últimos días, habrá tiempos muy difíciles. Pues la gente solo tendrá amor por sí misma y por su dinero. Serán fanfarrones y orgullosos, [...] serán imprudentes, se llenarán de soberbia y amarán el placer en lugar de amar a Dios».

Mas la segunda mujer es una mujer sabia, una mujer de entendimiento. Salmo 1:1-2 es su mantra: «Qué alegría para los que no siguen el consejo de malos, ni andan con pecadores, ni se juntan con burlones, sino que se deleitan en la ley del Señor meditando en ella día y noche».

Así que, ¿ser sabia o ser necia? Esa es la pregunta. El punto es que elijamos. ¿Quién somos ahora y cuál queremos llegar a ser?

Hazlo personal... ¡Vívelo!

Una parte de llegar a ser sabias involucra llegar a ser cada vez más sensibles a las señales de advertencia y arrepentimiento enviadas por el Espíritu Santo. Por ejemplo, si estás en medio de un grupo de mujeres y alguien comenta algo que detona emociones negativas dentro de ti, tal vez sientas el deseo surgente de responder con una palabra filosa o en represalia. Dios será fiel y en ese mismo momento te dará una «precaución». ¿Cómo suena esa pequeña voz? Puede ser tan sencillo como: «Cierra la boca», «La respuesta apacible desvía el enojo» o «Cuenta hasta diez, Debbi. Cuenta hasta diez».

Lectura de *La Biblia en un año*

Levítico 27:14—Números 1:54; Marcos 11:1-26; Salmo 46:1-11; Proverbios 10:23

Malvado versus justo

Los temores del perverso se cumplirán;
las esperanzas del justo se concederán.
Cuando lleguen las tormentas de la vida, arrasarán con los perversos;
pero los justos tienen un cimiento eterno.
PROVERBIOS 10:24-25

«Los temores del perverso». ¿No es una frase intrigante? ¿Qué es entonces lo que el perverso teme? Piénsalo. Cuando mientes o robas algo, hay ese temor constante a que alguien te vaya a descubrir. Si dices algo malo de alguien, ¿qué tal si se enteran? ¿Qué tal si te ganas una mala reputación?

Temor. Es como una enorme nube de oscuridad, un miedo a que esa cosa que hiciste te va a perseguir. ¿No es así con el pecado? Crees que agregará placer, pero en cambio te estafa. Lo hace, realmente lo hace.

Por el contrario, vivir bien, hacer lo correcto, trae sus propias recompensas. Me encanta que nuestro proverbio nos dice que hacer lo correcto nos da estabilidad. La definición de *estable* es «constante, capaz de mantener o volver a una posición fuerte; no probable que se caiga». Estabilidad. «Los justos tienen un cimiento eterno».

Dejemos que Jesús nos dé una imagen clara. Él dijo: «Todo el que escucha mi enseñanza y la sigue es sabio, como la persona que construye su casa sobre una roca sólida. Aunque llueva a cántaros y suban las aguas de la inundación y los vientos golpeen contra esa casa, no se vendrá abajo porque está construida sobre un lecho de roca» (Mateo 7:24-25).

Mis hermanas, ¡eso sí es mantenerse firme en los tiempos inestables!

Hazlo personal... ¡Vívelo!

Hablar es fácil. Es hora de hacer lo que predicamos. Como explicó Jesús, debemos escuchar la Palabra de Dios y luego ponerla en práctica. Por ejemplo, Santiago 1:27 da una directiva clara: «La religión pura y verdadera a los ojos de Dios Padre consiste en ocuparse de los huérfanos y de las viudas en sus aflicciones». ¿Cómo podemos aplicar esto? Pídele al Señor que te muestre. Es posible que te motive a comprar algunos útiles escolares para los hijos de una madre soltera, o a llevar a esos hijos a un grupo de jóvenes, o simplemente que los busques en el pasillo de la iglesia y les des una palabra de aliento. La vida recta hace cosas buenas.

Lectura de *La Biblia en un año*

Números 2:1–3:51; Marcos 11:27–12:17; Salmo 47:1-9; Proverbios 10:24-25

Procrastinación perezosa

Los perezosos irritan a sus patrones,
*   como el vinagre a los dientes o el humo a los ojos.*
PROVERBIOS 10:26

W. C. Fields dijo: «El hombre más perezoso que he conocido metió granos de maíz palomero en sus panqueques para que se voltearan solos».

Un perezoso es como una babosa, flojo. La definición de *perezoso* es «detestar y evitar el trabajo o la actividad». La procrastinación es el *modus operandi* del perezoso. Mi abuela de Misuri solía decir que esto es «vivir atrasado por un día y corto por un dólar».

Si hay alguien que trabaja contigo o para ti que opera de esta manera, puede ser molesto y frustrante, «como el vinagre a los dientes o el humo a los ojos».

Así que apliquemos esto a nosotras mismas y dejemos que nos impida ser la causa de este tipo de irritación. Hay alegría en ser fiel y diligente, incluso en las cosas pequeñas. ¿Hay algo que alguien te haya pedido que hagas, y aunque dijiste que lo harías, lo has pospuesto? Bien, hazlo. De verdad. Anótalo y hazlo. Y hazlo con alegría, porque entonces todos salen ganando. Será un placer tacharlo de la lista de cosas por hacer, y será un placer para el que ha estado esperando que lo hagas.

Jesús dijo: «Simplemente di: "Sí, lo haré" o "No, no lo haré"» (Mateo 5:37).

Y en Colosenses 3:23-24 se nos dice: «Trabajen de buena gana en todo lo que hagan, como si fuera para el Señor y no para la gente. Recuerden que el Señor los recompensará con una herencia y que el Amo a quien sirven es Cristo».

Hazlo personal... ¡Vívelo!

La diligencia es esfuerzo constante y perseverancia. Es lo opuesto a la procrastinación perezosa. Una de las claves para la diligencia es encontrar algunos hábitos que te ayuden a ser autogestionada y organizada. Aquí hay un consejo. Yo uso pequeños anotadores de color amarillo para organizar mi día. En mi tiempo a solas con el Señor por la mañana, a menudo pienso en quehaceres, llamadas y tareas obligatorias. Cuando las cosas se me ocurren, las escribo en un anotador. Una vez que los veo en papel, puedo abordarlos y luego tener el gusto de tacharlos cuando los termino. Hay un dulce sabor de victoria, especialmente cuando tacho algo que he pospuesto.

Lectura de *La Biblia en un año*

Números 4:1–5:31; Marcos 12:18-37; Salmo 48:1-14; Proverbios 10:26

No desperdicies tu vida

El temor del SEÑOR prolonga la vida,
pero los años de los perversos serán truncados.
Las esperanzas del justo traen felicidad,
pero las expectativas de los perversos no resultan en nada.
PROVERBIOS 10:27-28

Abraham Lincoln dijo: «Al final, no son los años de tu vida los que cuentan. Es la vida en tus años».

Algunas personas piensan que vivir una vida piadosa solo importará en la eternidad. Piensan que si no le dan lugar a Dios y viven para sí mismos, la vida será mejor aquí. Esto no es verdad. De verdad, simplemente no es así.

Recientemente vi una fotografía de Leona Helmsley, una recién fallecida billonaria y dueña de hoteles. Se le veía desdichada. A ella no la recuerdan por algún bien que hizo con todo lo que tenía. Ella es recordada por eliminar a dos de sus nietos de su testamento y por haber dejado doce millones a su perro. Eso sí que es una vida desperdiciada.

Chicas, ¿conocen a alguien que ha vivido una vida mala y egoísta, y ahora no tiene nada importante? Son un buen ejemplo de un mal ejemplo.

Dios tiene un destino diferente para nosotras. Jesús vino para darnos vida y vida en abundancia.

Escuchen lo que Dios nos da como un camino bello pero sencillo para una vida piadosa y significativa aquí en la tierra: «Oh pueblo, el SEÑOR te ha dicho lo que es bueno, y lo que él exige de ti: que hagas lo que es correcto, que ames la compasión y que camines humildemente con tu Dios» (Miqueas 6:8).

Hazlo personal... ¡Vívelo!

A veces me gusta caminar en viejos cementerios. Los mensajes en las lápidas realmente me hacen pensar. Una vez escuché a alguien decir: «Habrá dos fechas en tu lápida. Y todos tus amigos las leerán, pero todo lo que importará es ese pequeño guion entre ellas.

Estás escribiendo tu legado, una página cada día, por las cosas que haces y las palabras que dices. Hoy, ¿le pedirás a Dios que te ayude a vivir con un propósito eterno?

Oremos

Señor, quiero que mi vida cuente para más que solo la suma de mis baratijas y adquisiciones. Por favor llena mi vida con tus propósitos y úsame para traer tu mensaje de amor a otros.

Lectura de *La Biblia en un año*

Números 6:1–7:89; Marcos 12:38–13:13; Salmo 49:1-20; Proverbios 10:27-28

Los caminos de Dios

El camino del SEÑOR es una fortaleza para los que andan en integridad,
*   pero destruye a los que hacen maldad.*
Los justos nunca serán perturbados,
*   pero los perversos serán quitados de la tierra.*
PROVERBIOS 10:29-30

Hoy enfoquémonos en la frase: «El camino del SEÑOR es una fortaleza». Mucha gente nunca entiende los caminos de Dios. Leen Isaías 55:9: «Así como los cielos están más altos que la tierra, así mis caminos están más altos que sus caminos y mis pensamientos, más altos que sus pensamientos», y creen que él es demasiado misterioso para conocer. Pero el punto es que los caminos de Dios son más grandes que los nuestros; por lo tanto, no podemos poner límites a Dios. Él tiene conocimiento y recursos y maneras de cumplir su voluntad que son maravillosamente frescos y enteramente independientes del manejo humano. Chicas, tratamos de manejar nuestra vida con un agarre demasiado fuerte en el volante. Necesitamos relajarnos un poco y darle a él un poco de espacio para conducir.

Uno de los métodos que Dios usa para lograr su gran plan en nuestra vida es esperar, lo cual implica paciencia. Pero nos encantan las soluciones rápidas y la gratificación instantánea, no la paciencia. Recuerda, Roma no fue construida en un día. Tomó cuarenta años en el desierto para preparar a Moisés para dirigir. E incluso Jesús esperó hasta que tuvo más de treinta años para comenzar su ministerio público. Si te has sentido frustrada con el proceso de espera, deseando que Dios no fuera tan lento, Isaías 40:31 tiene una buena palabra para ti: «En cambio, los que confían en el SEÑOR encontrarán nuevas fuerzas; volarán alto, como con alas de águila. Correrán y no se cansarán; caminarán y no desmayarán».

Hazlo personal... ¡Vívelo!

Otra frase en nuestro proverbio de hoy es «Los justos nunca serán perturbados». En el mundo de las plantas, los árboles con raíces superficiales mueren en tiempos de sequía y son tumbados por vientos fuertes. Los árboles con raíces profundas tienen un ancla y no son dependientes del agua en la superficie. El mensaje es, no seas un cristiano superficial quien es llevado por todo viento de falsas doctrinas y novedades por no conocer tu Biblia. Sé un cristiano quien escudriña las Escrituras y toma una posición firme en la verdad.

Lectura de *La Biblia en un año*

Números 8:1–9:23; Marcos 13:14-37; Salmo 50:1-23; Proverbios 10:29-30

Consejos sabios y palabras provechosas

La boca del justo da sabios consejos,
 pero la lengua engañosa será cortada.
Los labios del justo hablan palabras provechosas,
 pero la boca del malvado habla perversidad.
PROVERBIOS 10:31-32

Nuestro proverbio de hoy dice que los justos dan consejos sabios y palabras provechosas. Qué bueno es esto. Meditemos en esto por un momento. Aun Moisés a veces necesitaba consejos. ¿Recuerdas cuando su suegro le dijo que necesitaba repartir su trabajo y recibir ayuda de otros en su liderazgo (ver Éxodo 18:13-26)? Delega. Fue un buen consejo delegar.

Piensa en las veces que necesitabas el consejo sabio de una hermana piadosa. ¿Recibiste lo que necesitabas? Cuando otros vienen a ti, ¿lo esperan de ti? ¿Lo encuentran? Si es así, Dios te bendiga. Mujeres como tú, amiga mía, son escasas.

Te voy a hablar sobre la mejor herramienta que jamás he encontrado para dar consejería, para discipular y para consolar a otros. Es *La Biblia en un año*. Ha sido mi práctica durante años que aconsejo a alguien una vez, pero si les gustaría continuar, les pido que también empiecen a leer *La Biblia en un año*. Encuentro que todas las luchas y los problemas con los que me enfrento personalmente se abordan consistentemente en mi propia lectura diaria. Además, mientras leo, percibo cómo la lectura de un día en particular llega justo a lo que están viviendo los demás. Luego, cuando hablamos, hablamos acerca de la Palabra de Dios y la procesamos a la luz de las cosas que están pasando en la vida de la persona. Lo divertido es que el Señor ya les ha hablado, y ellos mismos son los que señalan las soluciones, no yo. Bastante bien, ¿no?

Hazlo personal... ¡Vívelo!

No hay absolutamente ningún problema o dilema conocido por el hombre (o la mujer) que no sea, al menos en principio, abordado en la Palabra de Dios. ¿Estás luchando con un pecado o un fracaso en tu vida? ¿Necesitas un consejo piadoso? ¿Leerás el Salmo 51:1-19 (que está anotado a continuación como una de nuestras lecturas de hoy)? Mientras lo lees, encontrarás palabras de corrección, misericordia, arrepentimiento, honestidad y restauración. ¡Qué paquete! Nadie conoce tan bien como Dios mismo las complicaciones de tu alma y cómo solucionarlas. ¿Dejarás que sus palabras sean tu última palabra?

Lectura de *La Biblia en un año*

Números 10:1–11:23; Marcos 14:1-21; Salmo 51:1-19; Proverbios 10:31-32

Vivir honorablemente

El Señor detesta el uso de las balanzas adulteradas,
pero se deleita en pesas exactas.
El orgullo lleva a la deshonra,
pero con la humildad viene la sabiduría.
La honestidad guía a la gente buena;
la deshonestidad destruye a los traicioneros.

PROVERBIOS 11:1-3

Immanuel Kant fue un filósofo alemán. Él dijo: «No es necesario que viva feliz mientras tenga vida; pero es necesario que mientras viva, lo haga honorablemente».

Vivir honorablemente. Este no es un concepto muy escuchado en nuestra sociedad. Aunque por un lado esto puede ser muy desalentador, por el otro lado, nos da una gran oportunidad de vivir nuestras vidas en contraste. El apóstol Pablo escribió unas cosas increíbles cuando estaba en la prisión romana. Se dice que lo mantenían encadenado a un soldado romano cada día. En Roma, la vida estaba compuesta de un brutal sistema de todos contra todos; la inmoralidad y el poder eran más populares que la integridad y la virtud. Fue en esa atmósfera que Pablo escribió estas palabras en Filipenses 2:14-15: «Hagan todo sin quejarse y sin discutir, para que nadie pueda criticarlos. Lleven una vida limpia e inocente como corresponde a hijos de Dios y brillen como luces radiantes en un mundo lleno de gente perversa y corrupta».

Entonces, no importa dónde trabajes o vivas, Dios te ha puesto allí para brillar. La honestidad y la humildad realmente brillan en el mundo oscuro. Y como dijo Samuel Johnson, «Es mejor sufrir por el mal que hacerlo».

Hazlo personal... ¡Vívelo!

Quizás no estés encadenada a un soldado romano, pero todas nosotras tenemos situaciones con las que estamos «atascadas». ¿Eres la única cristiana en tu trabajo? ¿Son tan malas las conversaciones en aquel lugar que afligen a tu espíritu? ¡Vive honorablemente! Camina el kilómetro extra, extiende gracia, no te enredes en el politiqueo de la oficina. Honra al Señor.

¿Tu esposo no es creyente? ¡Vive honorablemente! Encuentra maneras de animarlo y respetarlo. Nunca lo eches de cabeza delante de tus amigas en la iglesia. Comparte el evangelio con tus acciones y amor y gratitud más que con tus palabras. Honra al Señor.

¿Tus suegros son personas difíciles? ¡Vive honorablemente! No te tomes las cosas tan personales. Ora mucho y honra al Señor.

Lectura de *La Biblia en un año*

Números 11:24–13:33; Marcos 14:22-52; Salmo 52:1-9; Proverbios 11:1-3

Tesoros eternos

*Las riquezas no servirán para nada en el día del juicio,
    pero la vida recta puede salvarte de la muerte.*
PROVERBIOS 11:4

Riqueza. Parece tener todas las respuestas a nuestras preocupaciones y problemas. Pensamos: *Si solo tuviera dinero, mi vida estaría completa. Entonces sí, tendría el lujo de concentrarme en las cosas de Dios.* Muchas personas creen que con dinero todos los problemas del mundo se resolverían, pero la Biblia nos dice que en el final de los tiempos, las cosas de este mundo —dinero, cosas materiales— serán consumidas. En otras palabras, en el gran esquema, todo nuestro esfuerzo por obtener riquezas materiales será inútil. Entonces, esta es la pregunta que debes hacerte: ¿Qué es la riqueza verdadera para ti? ¿Qué es lo que más valoras? La respuesta a esta pregunta podría cambiar tu vida, porque lo más valioso en este mundo realmente es ser liberado de la muerte y recibir la vida eterna. Jesús dijo: «¿Y qué beneficio obtienes si ganas el mundo entero pero pierdes tu propia alma?» (Marcos 8:36). La salvación se nos ofrece a cada uno de nosotros a través de la sangre preciosa del Cristo resucitado. Jesús es el único sacrificio aceptable. Debíamos una deuda que no podíamos pagar. Él pagó una deuda que no debía. Así que, si elegimos aceptar este regalo, está a nuestra disposición. Qué irónico es que la cosa que más vale, la vida eterna, es un regalo completamente gratis. Si no lo has hecho, ¿aceptarás este regalo hoy? Segunda de Corintios 6:2 dice: «El "momento preciso" es ahora. Hoy es el día de salvación».

Hazlo personal... ¡Vívelo!

La madre Teresa era muy pobre materialmente, pero ahora es rica en eternidad. Ella dio este sabio consejo: «La vida es una oportunidad, benefíciate de ella. La vida es belleza, admírala. La vida es un desafío, enfréntala. La vida es un deber, complétala. La vida es un juego, juégala. La vida es una promesa, cúmplela. La vida es una pena, supérala. La vida es una canción, cántala. La vida es una lucha, acéptala. La vida es una tragedia, afróntala. La vida es una aventura, atrévete. [...] La vida es demasiado preciosa, no la destruyas. La vida es vida, lucha por ella».

Lectura de *La Biblia en un año*

Números 14:1–15:16; Marcos 14:53-72; Salmo 53:1-6; Proverbios 11:4

Como debe de ser

La honestidad dirige los pasos de los justos;
los perversos caen bajo el peso de su pecado.
La justicia rescata a las personas buenas;
los traidores quedan atrapados por su propia ambición.

PROVERBIOS 11:5-6

C. S. Lewis dijo: «El bien y el mal aumentan a un interés compuesto. Es por eso que las pequeñas decisiones que tú y yo tomamos todos los días son de una importancia tan infinita». Hacer lo «correcto» es como una campana de cristal que suena en lo profundo de nuestra alma. Hacer lo incorrecto es como el sonido de las uñas en la pizarra. «El bien» establece un curso que es claro y directo.

No le temas al mañana, hijo del Rey;
Confíaselo a Jesús; «haz lo siguiente».
Hazlo de inmediato; hazlo en oración;
Hazlo con confianza, tienes su protección;
Hazlo con reverencia, [...] su presencia siente;
Deja que él se encargue; «haz lo siguiente».

AUTOR DESCONOCIDO

Recientemente me encontré con la frase «como debe de ser». Ahora cuando estoy en un momento decisivo, escucho esta simple frase y me ayuda a tomar la mejor decisión. Me ayuda a aterrizar bien; a perdonar rápidamente; a dar libremente o a ser paciente «como debe de ser». Me ayuda a reconocer cuando otros aterrizan bien también. Cuando mi amiga pagó su boleto para un retiro, se acordó de una mamá soltera quien no tenía dinero, así que compró dos. Yo pensé, «Sí, así es "como debe de ser"». Una joven adolescente en la iglesia cometió un error. En lugar de echarla con su vergüenza, las mujeres vinieron a ella y la amaron. Ahora, eso sí es verdaderamente «como debe de ser».

Hazlo personal... ¡Vívelo!

Cada vez que tomas una decisión correcta, la siguiente decisión correcta es más fácil y más natural. Es el mismo principio que la erosión. Una vez que se inicia un camino para el agua, los surcos se hacen cada vez más profundos a medida que fluye más agua. Lo mismo es cierto con las actitudes y los pensamientos piadosos. Pruébalo. Por ejemplo, cuanto más rápidamente eliges pasar por alto una acción o palabra grosera, más rápido se restaurará la paz. Estarás menos tensa y serás más resistente para la próxima prueba.

Lectura de *La Biblia en un año*

Números 15:17–16:40; Marcos 15:1-47; Salmo 54:1-7; Proverbios 11:5-6

El hombre perverso perece

Nuestro proverbio de hoy es bastante corto. Nos recuerda que la vida es corta, así que no la desperdicies.

Cuando los perversos mueren, sus esperanzas mueren con ellos,
porque confían en sus propias y deficientes fuerzas.
PROVERBIOS 11:7

¿Qué significa exactamente la palabra *perverso*? Por supuesto significa «un criminal, alguien culpable de crímenes», pero la definición también incluye «uno que es hostil a Dios, culpable de pecado (contra Dios o contra el hombre), el impío».

¿A veces piensas en personas como Hugh Hefner? Él construyó su imperio al influenciar a mujeres jóvenes a cruzar líneas de inmoralidad y ser utilizadas como mercancía. Él hizo esto por un largo tiempo. Su revista introdujo para muchos una adicción a la pornografía de por vida.

Me pregunto: cuando él se encuentre ante el trono de Dios en el Día del Juicio, ¿verá cómo su influencia encaminó a tantas personas en una vía que arruinó su vida? ¿Verá la historia de cada muchacha? ¿Verá niños nacidos a la vida quebrantada de estas mujeres? ¿Verá que su vida solo fue usada para el mal? Fue un ícono y modelo para otros que abrieron clubes e hicieron dinero robando la inocencia de las mujeres.

A los Hugh Hefners de este mundo, les quiero decir: «Ninguna cantidad de dinero te rescatará de la verdad de que desperdiciaste tu vida y arruinaste la de otros». Hefner dijo: «Cuando estás viviendo de un día para otro, no tienes idea de lo que vas a lograr, y ciertamente no tienes idea de lo que viene». Tan cierto, como la Biblia dice claramente: «Cada persona está destinada a morir una sola vez y después vendrá el juicio» (Hebreos 9:27).

Hazlo personal... ¡Vívelo!

«Cuando los perversos mueren, sus esperanzas mueren con ellos». Solo el sonido de esto te hace estremecer. Pero tal vez mientras lo lees hay un sonido de consuelo. Si has sufrido maldad, abuso sexual o abuso de cualquier tipo, es posible que te hayas preguntado si a Dios le importa. La respuesta es sí. Él es misericordioso, pero también es justo. Estas palabras son para ti: «Queridos amigos, nunca tomen venganza. Dejen que se encargue la justa ira de Dios. Pues dicen las Escrituras: "Yo tomaré venganza; yo les pagaré lo que se merecen", dice el SEÑOR» (Romanos 12:19).

Lectura de *La Biblia en un año*

Números 16:41–18:32; Marcos 16:1-20; Salmo 55:1-23; Proverbios 11:7

Rescatados de dificultades

Los justos son rescatados de dificultades,
y estas caen sobre los perversos.
PROVERBIOS 11:8

Aquí hay una promesa muy importante: Dios rescata a los justos de dificultades. Pero ¿esto significa que cuando caminas con Dios, hay una burbuja alrededor de ti, que nunca enfrentarás problemas o momentos difíciles?

No. De verdad quisiera que significara eso, pero no es así. Cuando leemos la Biblia, vemos hombres justos como Job y José y aun Jesús mismo pasar por tiempos más difíciles de lo que podemos imaginar.

Entonces, ¿de qué clase de rescate habla este proverbio? La palabra hebrea para *dificultades* que se usa en este versículo es *tsarah*, que significa «angustia, tribulación». Mmm. ¿Podría esto significar que sin importar la situación, ninguna tribulación exterior te puede oprimir tanto como para derribarte y destruirte por dentro? Este es el mayor y más importante muro de protección, ¿no es así? Podemos perder nuestro trabajo o nuestra casa o incluso nuestra salud, pero es cuando estas cosas roban nuestra paz, nuestra integridad o nuestra fe que nos declaramos en quiebra.

Pablo el apóstol es el ejemplo perfecto. Él amó al Señor y pasó su vida compartiendo el evangelio de manera radical y, sin embargo, pasó por momentos locos y difíciles. Escucha lo que dijo acerca de esto en 2 Corintios 4:8-9: «Por todos lados nos presionan las dificultades, pero no nos aplastan. Estamos perplejos pero no caemos en la desesperación. Somos perseguidos pero nunca abandonados por Dios. Somos derribados, pero no destruidos». Entonces, nuestra promesa de Dios en esto es que cuando los tiempos difíciles te oprimen, él te dará su fortaleza.

Hazlo personal... ¡Vívelo!

¿Qué tipo de problemas estás enfrentando en este momento? Problemas de salud, un niño discapacitado, un padre que envejece, las finanzas, un pleito inquietante... todas estas cosas pueden parecer una montaña a punto de aplastarte. Pero Dios ha prometido que te rescatará. David escribió las palabras del Salmo 56 cuando huía para salvar su vida del rey Saúl. No tenía un lugar seguro donde huir, sino solo a Dios. ¿Lo leerás hoy y dejarás que sus palabras y su confianza en el rescate de Dios te den esperanza?

Lectura de *La Biblia en un año*

Números 19:1–20:29; Lucas 1:1-25; Salmo 56:1-13; Proverbios 11:8

Chismosas

Los que no tienen a Dios destruyen a sus amigos con sus palabras,
*   pero el conocimiento rescatará a los justos.*
Toda la ciudad festeja cuando el justo triunfa;
*   grita de alegría cuando el perverso muere.*
Los ciudadanos íntegros son de beneficio para la ciudad y la hacen prosperar,
*   pero las palabras de los perversos la destruyen.*

PROVERBIOS 11:9-11

Nuestro tema de hoy es el chisme. Los chismosos son traficantes del escándalo. Son entrometidos. Hay un refrán antiguo por estos lares que dice: «Los portadores de cuentos deberían ser colgados de la lengua y los que escuchan cuentos, por las orejas». Bueno, eso lo solucionaría, ¿no? ¿O no sería así? Creo que deberíamos preguntarnos: *¿Por qué? ¿Por qué a veces calumniamos y chismeamos a pesar de que sabemos que es feo?* Lo odiamos cuando otros nos lo hacen, ¿verdad?

Bueno, la verdad es que los chismes no son solo una cuestión de la lengua. En realidad, es una cuestión del corazón. «Pues lo que está en el corazón determina lo que uno dice» (Mateo 12:34). Jerry Bridges escribió un libro con el título provocador *Respectable Sins* (*Pecados respetables*). Él dice: «Disfrutar de los chismes parece alimentar nuestro ego pecaminoso, especialmente cuando la información es negativa. Nos hace sentir santurrones en comparación». Creo que esto nos cala hondo. ¡Ay!

Nuestro proverbio de hoy dice: «Los ciudadanos íntegros son de beneficio para la ciudad». Muy cierto, pero no es solo una ciudad que recibe el beneficio. También un hogar, un ministerio o un grupo de amigos. Chicas, ¿qué piensan? ¿No sería genial si hoy lo único que decimos acerca de alguien o a alguien fuera una bendición? Yo creo que sería genial.

Hazlo personal... ¡Vívelo!

Se ha dicho: «Las grandes mentes discuten ideas; las mentes promedio discuten eventos; las mentes pequeñas discuten personas».

¿Has sido víctima de chismes? Puede afectarte. Realmente no puedes defender tu reputación porque el daño ya está hecho. En el Salmo 57:1, David expresó su técnica de esperanza y supervivencia en momentos como ese: «¡Ten misericordia de mí, oh Dios, ten misericordia! En ti busco protección. Me esconderé bajo la sombra de tus alas hasta que haya pasado el peligro». ¿Te apropiarás de sus palabras? En el refugio de Dios, tu alma encontrará paz.

Lectura de *La Biblia en un año*

Números 21:1–22:20; Lucas 1:26-56; Salmo 57:1-11; Proverbios 11:9-11

No chismeemos

Es necio denigrar al vecino;
*   una persona sensata guarda silencio.*
El chismoso anda contando secretos;
*   pero los que son dignos de confianza saben guardar una confidencia.*

PROVERBIOS 11:12-13

Chuck Swindoll una vez citó un epitafio de una lápida en Inglaterra: «Debajo de esta piedra, un trozo de arcilla, yace Arabella Young, que el 24 de mayo comenzó a callarse».

Arabella Young debe haber sido una chismosa. Me pregunto quién escribió su epitafio. ¿Era alguien cuya reputación o cuyas amistades habían sido dañadas porque Arabella simplemente hablaba de más?

Tal vez —y ahora voy a decir esto con una punzada de tristeza en mi corazón— pero tal vez Arabella fue a las reuniones de oración y mencionaba jugosos trozos de noticias malas para que todos pudieran estar «orando por eso». Pero, ¿has notado que a veces hablamos de los problemas de los demás más de lo que oramos por los problemas de los demás? Debería darnos vergüenza. Arabella debería haber sabido que Dios definitivamente está en contra de los chismes, y nosotras deberíamos estarlo también. De hecho, los Proverbios abordan los pecados de la lengua más de sesenta veces.

Por otro lado, «los que son dignos de confianza saben guardar una confidencia». Johann Lavater dijo una vez: «Nunca hables mal de un hombre si no lo sabes con certeza, y si lo sabes con certeza, pregúntate: "¿Por qué debería decirlo?"».

Hazlo personal... ¡Vívelo!

¿Es realmente un gran problema si chismeamos solo un poco, y solo con nuestras amigas más cercanas? Dejemos que Jesús responda: «Les digo lo siguiente: el día del juicio, tendrán que dar cuenta de toda palabra inútil que hayan dicho» (Mateo 12:36). Por lo tanto, ¿qué podemos hacer cuando otros tornan la conversación a murmuraciones y difamaciones? Cambia la conversación. Dispara una oración espontánea: «Señor, ayúdame a decir algo positivo sobre esa persona». Ya verás; Dios te dará sabiduría en ese momento. Si los chismosos continúan, aléjate amablemente, dejando a una persona menos participando en ese tropel impío.

Lectura de *La Biblia en un año*

Números 22:21–23:30; Lucas 1:57-80; Salmo 58:1-11; Proverbios 11:12-13

Consejeros piadosos

Sin liderazgo sabio, la nación se hunde;
*   la seguridad está en tener muchos consejeros.*
PROVERBIOS 11:14

A menudo, cuando estoy en un aeropuerto, voy a la tienda de revistas y miro los titulares de todas las revistas que ofrecen todo tipo de consejos. Estoy interesada en ver lo que la gente está leyendo. Me pregunto si realmente creen todo lo que leen en esas revistas.

Nuestro proverbio de hoy dice que cuando no hay consejeros, es decir, consejeros piadosos, la gente cae. Las mujeres están cayendo en deudas de tarjetas de crédito sin haber logrado nada. Las mujeres se dejan engañar por la decisión de convivir con sus novios, sin saber que los hombres que conviven con sus novias son estadísticamente diez veces más probables a ser infieles... y además, simplemente está mal. Las mujeres tropiezan cuando recurren a los medicamentos para adormecer el dolor de la vida, en lugar de acudir al Señor en busca de consuelo, gracia o ayuda en momentos de necesidad.

Tengo una amiga querida y sabia que se llama Dotty. Déjame compartir sus pensamientos. Ella dijo: «En los días en que vivimos, tenemos que analizar a las personas a quienes recurrimos cuando buscamos consejos. Necesitamos saber quién está empapado en la Palabra de Dios, quién camina en madurez, quién tiene y muestra una profunda reverencia por el Señor. Esa es la clase de personas a las que debemos recurrir cuando buscamos a esos "muchos consejeros" que nos guíen. Y tenemos que pedirle al Señor que nos convierta en esa clase de mujeres, capaces de dar un consejo piadoso a otras que están en un dilema».

Hazlo personal... ¡Vívelo!

«La seguridad está en tener muchos consejeros». Mientras he caminado con el Señor por más de cuarenta años, he pensado seguido sobre este consejo. Con agradecimiento puedo decir que siempre hemos estado conectados a una congregación de creyentes. Nunca hemos sido personas que brincan de iglesia en iglesia o gente que no se involucra en la comunidad. Puedo levantar el teléfono en cualquier momento y hablarles a varias queridas hermanas y pedirles oración y palabras de consejo sabio. ¿Tienes eso?

Oremos

Señor, por favor ayúdame a dejar de vivir en los bordes de la familia de Dios. Ayúdame a convertirme en parte de la comunidad de una iglesia donde compartimos nuestra vida y nuestras cargas.

Lectura de *La Biblia en un año*

Números 24:1–25:18; Lucas 2:1-35; Salmo 59:1-17; Proverbios 11:14

No des garantía por una deuda

Es peligroso dar garantía por la deuda de un desconocido;
es más seguro no ser fiador de nadie.

PROVERBIOS 11:15

A fines de los años sesenta, el movimiento jipi cantó sobre la paz y el amor. Fue visto como una gran virtud dar y compartir. Ese fue definitivamente el lado bueno. Desafortunadamente, no hubo necesariamente mucho respeto por las virtudes de la mayordomía y la responsabilidad. Debido a esto, unos nuevos términos entraron en el vocabulario jipi: términos como «ser quemado» o «ser estafado».

Nuestro proverbio de hoy te dice que debes ser precavida cuando le prestas dinero a alguien que no conoces muy bien. Podrías descubrir más adelante que la razón por la que necesitaron el préstamo es porque fueron descuidados y necios con el dinero cuando lo tenían.

Bueno. Realmente no puedo evitar decirlo, pero parece un poco loco que el gobierno de Estados Unidos esté rescatando a las compañías que ya sabemos que gastaron en exceso. Ya sabemos que tomaron malas decisiones con la enorme cantidad de dinero que tenían. En Misuri dicen: «Esto es arrojar dinero por un agujero de rata». Prestar dinero sin pedir la rendición de cuentas arroja buen dinero a algo malo, ¿no crees?

Bueno. No puedo evitar decir una cosa más sobre esto. Los Estados Unidos fue fundado sobre principios sabios como se encuentran en la Palabra de Dios, principios de moralidad, principios de solidez financiera, principios de lo correcto y lo incorrecto. Cuando hacemos caso omiso de esto, alguien finalmente tendrá que pagar la cuenta.

Hazlo personal... ¡Vívelo!

Es fácil negarse a dar garantía por el cuñado de tu primo o el vagabundo que vive calle abajo, pero cuando se trata de un familiar cercano, es mucho más difícil. Sé que parece poco comprensivo, pero cuando das garantía por cualquiera, los habilitas a correr un riesgo por el cual tal vez no estén preparados y que los podría hacer sufrir más tarde. Mamás, cuando sus hijos les pidan ayuda para iniciar un negocio o que les presten dinero, sean prudentes. Es arriesgado. A pesar de que es un inconveniente, he visto padres sabios que permiten que los hijos mayores vuelvan a casa mientras ahorran para sus sueños. Luego, cuando lanzan sus proyectos, pueden decir que lo hicieron por cuenta propia.

Lectura de *La Biblia en un año*

Números 26:1-51; Lucas 2:36-52; Salmo 60:1-12; Proverbios 11:15

Bondad en acción

La mujer bondadosa se gana el respeto,
pero los hombres despiadados solo ganan riquezas.
Tu bondad te recompensará,
pero tu crueldad te destruirá.
PROVERBIOS 11:16-17

Este hermoso proverbio nos resalta la bendición de ser una bendición. Aun si solo miráramos esto egoístamente, nos daría ganas de vivir correctamente, sabiendo que es lo correcto para nosotras. «Recuerden lo siguiente: [...] el que siembra abundantemente obtendrá una cosecha abundante» (2 Corintios 9:6).

Uno de mis libros favoritos en el Nuevo Testamento es Filipenses. Y me encanta la extraña historia en el libro de Hechos sobre cómo comenzó la iglesia filipense. Pablo había ido a esa ciudad por el sueño de un hombre que decía: «Ven a ayudarnos». Pero cuando llegó, se encontró con un grupo de mujeres, con las que compartió el Evangelio. Escucha la historia en Hechos 16:14-15: «Una de ellas era Lidia, de la ciudad de Tiatira [...]. El Señor abrió su corazón y aceptó lo que Pablo decía. Ella y los de su casa fueron bautizados, y nos invitó a que fuéramos sus huéspedes. "Si ustedes reconocen que soy una verdadera creyente en el Señor —dijo ella—, vengan a quedarse en mi casa". Y nos insistió hasta que aceptamos».

Ella era una mujer abierta y de buen corazón. Lo consideró un honor ofrecer verdadera hospitalidad. Chicas, ¿pueden imaginarse algunas de las conversaciones que tuvieron lugar en su casa durante las próximas semanas? ¿Vio a otros llegar a ser salvos en su propia sala? Más tarde, cuando llegó la carta a los Filipenses, tal vez fue en su casa donde fue leída por primera vez. Lidia era una mujer de buen corazón que ganó el respeto de los demás.

Hazlo personal... ¡Vívelo!

Ser amable es poseer cualidades comprensivas o generosas. Una mujer de buen corazón hace cosas bondadosas. William Wordsworth se refirió a la «mejor porción de la vida de un buen hombre» como «sus pequeños actos de amabilidad y amor, sin nombre ni reconocimiento». Cuando tu esposo llega tarde, sé amable. Cuando un niño rompe un plato, sé amable. Cuando tu mamá necesita ir al médico, sé amable.

Oremos

Señor, ayúdame a no perderme esos pequeños momentos cuando alguien necesita una palabra o un toque amable.

Lectura de *La Biblia en un año*

Números 26:52–28:15; Lucas 3:1-22; Salmo 61:1-8; Proverbios 11:16-17

Tesoro en el cielo

Los malvados se enriquecen temporalmente,
pero la recompensa de los justos permanecerá.
PROVERBIOS 11:18

Han sucedido muchas cosas en la economía de Estados Unidos en los últimos años. La fortuna de algunos se ha perdido. Este parece ser un excelente momento para repensar la definición de *rico*. ¿Qué es rico? Probablemente hayas escuchado la famosa declaración de John D. Rockefeller. Cuando le preguntaron: «¿Cuánto dinero es suficiente?», dijo: «Solo un poco más».

Frank Herbert dijo una vez: «La riqueza es una herramienta de libertad, pero la búsqueda de la riqueza es el camino hacia la esclavitud». Entonces, ¿cómo equilibramos esto? La princesa Diana tenía su propia versión. Ella dijo: «Dicen que es mejor ser pobre y feliz que rico y desdichado, pero ¿qué tal un compromiso como ser moderadamente rico y un poco temperamental?». Buen intento, princesa Di, pero no es así.

Creo que Henry Ward Beecher lo expresó mucho mejor. Él dijo: «Nadie puede decidir si es rico o pobre mirando su libro mayor. Es el corazón lo que hace que una persona sea rica. Es rica o pobre según lo que es, no según lo que tiene». Eso sí que es cierto. No es lo que tienes dentro del banco, es lo que está dentro de ti.

Pero, por supuesto, Jesús lo expresó mejor que todos. Dijo: «Almacena tus tesoros en el cielo [...]. Donde esté tu tesoro, allí estarán también los deseos de tu corazón» (Mateo 6:20-21). Para confirmar nuestro proverbio: «La recompensa de los justos permanecerá».

Hazlo personal... ¡Vívelo!

¿Cómo almacenas el tesoro en el cielo? ¿Es el dinero que le das a la iglesia o a la caridad? Puede ser. Pero también es más personal y dinámico que eso. En Mateo 25:35-40, Jesús explicó que él valora las cosas pequeñas, como visitar a alguien que está enfermo. Permíteme conectar este tema con el concepto de «andar en el Espíritu». Cuando estamos sintonizadas con el Espíritu de Dios, él nos dirigirá de maneras específicas para bendecir a alguien y para ser «rica para con Dios».

Oremos

Señor, por favor dame ojos para ver y luego la voluntad para hacer las cosas que realmente te importan a ti e importan para la eternidad.

Lectura de *La Biblia en un año*

Números 28:16–29:40; Lucas 3:23-38; Salmo 62:1-12; Proverbios 11:18-19

Lo que Dios detesta

El SEÑOR detesta a los de corazón retorcido,
  pero se deleita en los que tienen integridad.
PROVERBIOS 11:20

Chicas, necesitamos pensar profundamente sobre lo que esto dice. Hay cosas que Dios realmente detesta, y hay cosas que lo bendicen tanto que él realmente se deleita. ¡Este es un concepto sorprendente y atractivo, que personalmente podemos deleitar al Dios que creó las estrellas!

Mmm, veamos: ¿ser una abominación o una delicia? ¿Qué deberíamos elegir?

Primero, ¿qué es lo que es una abominación para Dios? Un corazón retorcido es una abominación. Perverso es otra palabra para describir lo que es falso y distorsionado.

Uno de mis momentos menos favoritos para las mujeres en la Biblia se encuentra en Génesis 27. Rebeca influyó en su hijo Jacob para que mintiera y engañara a su padre para que pudiera recibir la bendición planeada para su hermano mayor. Jacob no se sentía bien al respecto y temía que el engaño le traería problemas. Su madre le dijo: «¡Que la maldición caiga sobre mí, hijo mío! Tú simplemente haz lo que te digo» (Génesis 27:13). Bueno, si lees la historia, verás que sí lo hizo, pero creó una gran brecha en la familia. Jacob tuvo que huir de la ira de su hermano, y Rebeca nunca volvió a ver a su hijo. Pensó que podía hacer las cosas mal para que salieran bien, pero estaba equivocada.

En contraste, veamos lo que Dios ama. Primera de Pedro 3:4 dice: «Vístanse con la belleza interior, la que no se desvanece, la belleza de un espíritu tierno y sereno, que es tan precioso a los ojos de Dios».

Hazlo personal... ¡Vívelo!

Tener un corazón retorcido es ser perversa, falsa. Tener integridad es ser sana, justa, inocente. Dios odia a uno y ama al otro. Y la verdad es que los demás también. Aquellos que te conocen bien, detrás de las escenas, ¿qué dirían? ¿Tus hijos ven que distorsionas la verdad y haces concesiones? ¿Les dices que hagan una cosa mientras tú haces la otra? ¿Oyen que culpas a tu marido (o exmarido) por tu mala actitud? Dios odia estas cosas, y también las odian tus hijos. Con toda franqueza ¡es hora de parar este comportamiento!

Lectura de *La Biblia en un año*

Números 30:1–31:54; Lucas 4:1-30; Salmo 63:1-11; Proverbios 11:20-21

La verdadera belleza

*Una mujer hermosa sin discreción
es como un anillo de oro en el hocico de un cerdo.*
PROVERBIOS 11:22

Esta es una imagen ridícula. Un anillo de oro no pertenece en el feo hocico de un cerdo. Un cerdo vive en el lodo. Del mismo modo, una mujer sin discreción actúa y viste con mal juicio y mal gusto. Ella es sencillamente grosera y egoísta. Por lo tanto, una cara hermosa en una mujer así está fuera de lugar y es un desperdicio.

Josh Billings dijo: «Casarse con una mujer por su belleza es como comprar una casa por su pintura». Tal vez había visto hombres que se enamoraban con una cara bonita y luego vivían vidas desdichadas tratando de hacer feliz a su hermosa esposa. Los estudios han demostrado que cuanto más belleza tiene una mujer cuando es joven, más difícil es para ella envejecer. Entonces, mis queridas hermanas, nadie está diciendo que te descuides y te dejes poner fea. Pero lo que digo es que superes la ansiedad y la prioridad de tener que verte joven y bella.

Veamos ahora el punto principal de este proverbio. El punto principal es que la belleza, la verdadera belleza, va más allá de lo superficial. Entonces, aunque el mundo no afirma esto para nosotras, podemos afirmarlo unas para otras. Mamás, lean historias de grandes mujeres piadosas del pasado como Amy Carmichael y Corrie ten Boom, no solo con sus hijas, sino también con sus hijos. Estas mujeres tenían un brillo interior y son verdaderos ejemplos de Proverbios 31:30: «El encanto es engañoso, y la belleza no perdura, pero la mujer que teme al SEÑOR será sumamente alabada».

Porque la verdadera belleza está en el interior.

Hazlo personal... ¡Vívelo!

Como la falta de discreción es fea, veamos la belleza de la discreción. La discreción no es solo noble, es elegante. Te queda bien, sin importar dónde estés ni cómo te veas. La discreción lleva un aire de autoridad y dignidad. La discreción nos guía con el poder de elegir, ser cuidadosas, discernientes y sabias. Si eres una hija de Dios, tu Padre en el cielo es el gran y noble Rey del universo. ¿Escogerás vivir tu vida hoy para honrarlo, reflejando la nobleza piadosa y la verdadera belleza?

Lectura de *La Biblia en un año*

Números 32:1–33:39; Lucas 4:31–5:11; Salmo 64:1-10; Proverbios 11:22

Deseos justos

Los justos pueden esperar una recompensa,
mientras que a los perversos solo les espera juicio.
PROVERBIOS 11:23

Este proverbio da una imagen de contrastes. Se nos muestra el resultado de la vida justa y el resultado de la iniquidad. Muchas vidas son como un automóvil fuera de control que se acelera directamente hacia un acantilado. Necesitamos luces rojas intermitentes que digan: «Peligro adelante, reduzca la velocidad, gire y conduzca con cuidado en la dirección correcta».

Así que nuestra búsqueda de hoy será descubrir cómo cultivar deseos y apetitos buenos y piadosos que conducen a cosas buenas. No hay mejor lugar para comenzar que pedirle a Dios un nuevo amor por él y un nuevo deseo por su Palabra.

¿Cómo podemos desarrollar un deseo nuevo por Dios? Elije leer la Palabra de Dios todas las mañanas, no solo como un deber cristiano, sino para conocerlo más. Me encanta levantarme antes que nadie, mientras todavía está oscuro. Hay algo emocionante acerca de este tiempo secreto a solas con Dios. Haz un lugar en tu casa que sea tu «lugar santo», tu lugar para encontrarte con Dios. Tengo *La Biblia en un año* allí, mis devocionales favoritos, marcadores, plumas, un diario y mi cuaderno de «cosas por hacer».

Luego, mientras lees, escribe pequeñas notas en el margen. A veces escribo la fecha al lado de una promesa cuando le pido al Señor que me ayude a creer y confiar en él. Subraya las palabras que se destacan, copia las Escrituras. Detente y ora por las lecciones que ves y necesitas aplicar.

«Deléitate en el SEÑOR, y él te concederá los deseos de tu corazón» (Salmo 37:4).

Hazlo personal... ¡Vívelo!

¿Cuál es el resultado de pasar la primera media hora del día con Dios? Él reorganiza tus pensamientos con esperanza. Tal vez despertaste enojada por algo que sucedió ayer en el trabajo, o preocupada por tus hijos o ansiosa por las facturas. Al leer el salmo de hoy, que las palabras te den una nueva confianza para enfrentar tu día: «Oh Dios nuestro salvador [...]. Desde donde sale el sol hasta donde se pone, tú inspiras gritos de alegría» (Salmo 65:5, 8).

Lectura de *La Biblia en un año*

Números 33:40–35:34; Lucas 5:12-28; Salmo 65:1-13; Proverbios 11:23

Reanimando a otros

Da con generosidad y serás más rico;
*   sé tacaño y lo perderás todo.*
El generoso prosperará,
*   y el que reanima a otros será reanimado.*
PROVERBIOS 11:24-25

¿No es esto exactamente lo opuesto a lo que nuestros instintos naturales nos dicen? Cuando nuestra mente natural hace las matemáticas, pensamos: *Da y tendrás menos; acumula y tendrás más.* Pero Jesús nos da la verdadera fórmula: «Hay más bendición en dar que en recibir» (Hechos 20:35).

Aprendí este principio por las malas. Una vez me encontré en un terrible momento de depresión. Estaba decepcionada con las situaciones de la vida, y encima me sentía como un fracaso. Y así seguí hundiéndome más y más. Entonces, un día alguien sugirió que la mejor manera de salir de la depresión era no hacer más cosas para mí misma, sino encontrar a alguien más que necesitara ánimo. Justo en ese tiempo me invitaron a enseñar costura a unos muchachos en un centro de detención juvenil. Fue un paso, y lo tomé. Resultó que el proyecto más popular entre estos adolescentes problemáticos era hacer ositos de peluche. Querían hacer osos de peluche rosados, amarillos y azules. Entonces me dijeron la razón. Querían hacerlos para sus madres y hermanitas y abuelas. Me di cuenta de que eran como yo. En medio de sus dificultades, ellos también necesitaban dar. Porque «es más bendecido dar que recibir». Era la forma de salir de la depresión para ellos y para mí también.

«El que reanima a otros será reanimado».

Hazlo personal... ¡Vívelo!

¿Alguna vez te has sentido desanimada y deprimida? ¿Sientes que simplemente no puedes sacudirte la tristeza? ¿Puedes probar esta fórmula? ¿Puedes mirar alrededor de tu mundo y pedirle a Dios que te muestre a alguien que también está pasando por un momento difícil? No tienes que mirar muy lejos. Entonces, ¿le pedirás que te muestre algo tangible que puedas hacer? Nunca pensé que coser ositos de peluche sería el punto de inflexión para mí. Dios también sabe qué te hará cambiar de rumbo. Mientras reanimas a otros, él te reanimará.

Lectura de *La Biblia en un año*

Números 36:1—Deuteronomio 1:46; Lucas 5:29–6:11; Salmo 66:1-20;
Proverbios 11:24-26

Busca el bien

Si buscas el bien, hallarás favor;
pero si buscas el mal, ¡el mal te encontrará!
PROVERBIOS 11:27

Buscar el bien es una decisión que puede convertirse en un hábito, y luego en un estilo de vida, y luego en una vida. Tristemente, también podemos elegir buscar el mal, lo oscuro o lo feo. Esto podría aplicarse a buscar lo bueno o lo malo en una persona, una situación o una responsabilidad, o incluso en tu iglesia.

¿Y cuáles son las recompensas de buscar el bien? Se nos promete que encontraremos favor, o buena voluntad. La palabra hebrea aquí es *ratson*, que en realidad significa «deleite». Esto tiene sentido. Piénsalo. Hay algunas personas que siempre buscan lo bueno en las personas. Simplemente sabes que ven lo mejor de ti. ¿Qué pasa? Sé que para mí, me inspira. Creo que para la mayoría de nosotras nos ayuda a elevarnos a esa visión. Queremos ser esa buena persona. ¿Y cómo nos sentimos al estar cerca de una persona así? ¡Quedamos encantadas! Porque son una bendición. Chicas, necesitamos recordar este principio.

También debemos recordar que cuando siempre vemos el mal, el defecto, el fracaso en nuestro marido, nuestros hijos, nuestras amigas o nuestra iglesia, se convierte en una profecía autocumplida. No somos una bendición, y desalentamos a las personas. A veces se dan por vencidas. ¿Por qué intentarlo?

El apóstol Pablo escribió las siguientes palabras desde una celda de una prisión en Roma: «Concéntrense en todo lo que es verdadero, todo lo honorable, todo lo justo, todo lo puro, todo lo bello y todo lo admirable. Piensen en cosas excelentes y dignas de alabanza» (Filipenses 4:8).

Hazlo personal... ¡Vívelo!

Hace un par de días no podía dormir. Así que me levanté e hice una lista de personas por las cuales quería orar. A un lado de cada uno de los nombres escribí algo que agradezco y aprecio de ellos. Luego oré. Mi pequeña lista hizo de mi tiempo de oración uno de los momentos más dulces que he vivido, mientras le agradecía al Señor por cada uno. ¿Puedes intentarlo? Antes de que te acuestes esta noche, siéntate y haz una lista de las personas en tu vida a las que quieres. Luego, a un lado de cada nombre escribe algo bueno y ora con agradecimiento.

Lectura de *La Biblia en un año*

Deuteronomio 2:1–3:29; Lucas 6:12-38; Salmo 67:1-7; Proverbios 11:27

Los justos reverdecen

El que confía en su dinero se hundirá,
    pero los justos reverdecen como las hojas en primavera.
PROVERBIOS 11:28

La primera parte de este proverbio no nos advierte contra tener dinero, nos advierte de confiar en nuestro dinero. La definición de *confiar* es «poner tu confianza en, sentirte seguro o a salvo, tener tu esperanza en algo».

Benjamin Franklin tiene una reputación de ser sabio con el dinero; recuerda, él es el que dijo: «Un centavo ahorrado es un centavo ganado». Pero también entendía los peligros del dinero y advirtió: «El que tiene la opinión que el dinero hará todo, bien se puede sospechar de él que hará todo por el dinero».

Entonces, chicas, ¿están pasando por problemas financieros en este momento? Quizás tienes miedo o inseguridad. Estás deprimida. Tú y tu esposo están discutiendo. Estás enojada, tal vez incluso enojada con Dios. Cuando nuestra seguridad emocional está demasiado ligada a nuestra seguridad financiera, entonces si nuestras finanzas se desmoronan, nosotras también. Caemos, y a menudo arrastramos a otros en nuestra caída.

Personalmente, creo que vamos a pasar por más años difíciles. Nuestra economía no se va a recuperar rápidamente. En realidad, el profeta Elías oró por un tiempo de sequía, sin lluvia para su país. ¿Por qué? Porque Elías anhelaba un avivamiento. Y el avivamiento no suele venir en tiempos de prosperidad. Entonces volvamos a la pregunta: ¿en qué o en quién confías? Corrie ten Boom, que sobrevivió un campo de concentración, hizo una declaración notable. Ella dijo: «Nunca sabrás que Jesús es todo lo que necesitas hasta que Jesús sea todo lo que tienes».

Hazlo personal... ¡Vívelo!

«Los justos reverdecen como las hojas en primavera» es nuestra promesa del día. La justicia aquí no se refiere a la perfección sin pecado. Simplemente describe a aquellos que eligieron caminar rectamente. He conocido una cantidad de personas piadosas que no tienen mucho dinero, pero que tienen una vida rica en el fruto del Espíritu. Al leer la lista de frutos en Gálatas 5:22-23, oremos para que Dios nos ayude a prosperar con tales riquezas espirituales. «La clase de fruto que el Espíritu Santo produce en nuestra vida es: amor, alegría, paz, paciencia, gentileza, bondad, fidelidad, humildad y control propio».

Lectura de *La Biblia en un año*

Deuteronomio 4:1-49; Lucas 6:39–7:10; Salmo 68:1-18; Proverbios 11:28

Carga por almas

El fruto del justo es árbol de vida;
Y el que gana almas es sabio.
PROVERBIOS 11:30 (RVR60)

¡Estoy muy entusiasmada por este versículo! «El que gana almas es sabio». Chicas, como hijas de Dios, debemos ocuparnos de los asuntos de nuestro Padre. Dios en realidad ama a la gente, como muestra una canción maravillosa, «Dame tus ojos», por Brandon Heath.

Dame tus ojos un momento
Dame tus ojos para que pueda ver
Todo aquello que se me escapa
Dame tu amor por la humanidad

Hay un hombre justo allí
Traje negro y corbata roja
Demasiado avergonzado para decirle a su esposa
Que no tiene trabajo, que gana tiempo

Tanta gente viene y va
¿Por qué nunca me interesé?

Dame tu corazón para los olvidados
Dame tus ojos para que pueda ver.

Jesús dijo: «Despierten y miren a su alrededor, los campos ya están listos para la cosecha» (Juan 4:35). Tal vez estés pensando: *Yo no puedo compartir el evangelio con otros.* Dios nunca nos manda a hacer algo sin capacitarnos. Marcos 2:14 registra el día en que Mateo dejó su antigua vida para seguir a Jesús. En el siguiente versículo leemos que invitó a todos sus viejos amigos a cenar, con una sola intención. Quería que ellos conocieran al Salvador.

La primera persona que compartió su fe conmigo fue una amiga de la secundaria. Muchos años después, cuando asistí a un reencuentro de la secundaria, oré por citas divinas, llevé ejemplares del Evangelio de Juan para repartir y les dije a las personas cómo Jesús había cambiado mi vida.

Hazlo personal... ¡Vívelo!

La oración siempre es el lugar donde comenzar si quieres compartir el evangelio. Dios te va a mostrar a alguien. Sigue orando y Dios te va a mostrar el siguiente paso. El primer paso puede dar un poco de miedo, pero solo tenemos que «hacerlo asustaditas».

Lectura de *La Biblia en un año*

Deuteronomio 5:1–6:25; Lucas 7:11-35; Salmo 68:19-35; Proverbios 11:29-31

¿Estás creciendo?

Para aprender, hay que amar la disciplina;
es tonto despreciar la corrección.
PROVERBIOS 12:1

Bueno, ¡yo llamaría eso ir al grano! ¿Y sabes qué? A veces la verdad debería doler. El Salmo 32:9 dice: «No seas como el mulo o el caballo, que no tienen entendimiento, que necesitan un freno y una brida para mantenerse controlados».

Dios no se complace en llamarnos tontos o tercos. Entonces, ¿cómo podemos evitar estas trampas? Al ser enseñables. El afán de aprender y crecer y cambiar es realmente un componente fundamental de la sabiduría y el antídoto para la ignorancia.

¿Me permites preguntarte si estás creciendo? Una de las grandes emociones de ser cristianas es que siempre podemos crecer. Me encanta estar cerca de cristianos nuevecitos. Tienen mil preguntas. Pero también me encanta estar cerca de cristianos mayores que están igual de hambrientos. ¿Te has vuelto aburrida y atrofiada? Déjame sugerirte tres maneras de despertar tu apetito:

1. Consigue una biografía cristiana. Cuando leo sobre una vida como la de D. L. Moody o la de George Müller, me siento desafiada e inspirada. Aprendo nuevos conocimientos de algunas de las pruebas y victorias de la vida de ellos.
2. Inscríbete para un estudio bíblico de mujeres. Hay algunas excelentes lecciones escritas por mujeres como Kay Arthur. Sus estudios enseñan cómo profundizar en los tesoros de la Palabra de Dios.
3. Conviértete en una estudiante del creacionismo. No te dejes engañar por la mentira evolucionista. Hay algunos libros y videos interesantes disponibles que hacen que el aprender sobre la Creación sea un verdadero gozo.

Hazlo personal... ¡Vívelo!

«Mis amados hermanos, quiero que entiendan lo siguiente: todos ustedes deben ser rápidos para escuchar, lentos para hablar y lentos para enojarse. [...] No solo escuchen la palabra de Dios; tienen que ponerla en práctica. De lo contrario, solamente se engañan a sí mismos» (Santiago 1:19, 22). Pongamos atención a la exhortación de otros y al convencimiento del Espíritu Santo. Luego hay que llevar a la práctica lo que Dios nos ha mostrado. Seamos enseñables.

Oremos

Señor, ayúdame a tomar realmente en serio las correcciones y los cambios. No quiero ser obstinada y terca. Ayúdame a estar hambrienta por aprender y ansiosa por crecer.

Lectura de *La Biblia en un año*

Deuteronomio 7:1–8:20; Lucas 7:36–8:3; Salmo 69:1-18; Proverbios 12:1

El contraproducente camino del mal

El SEÑOR aprueba a los que son buenos,
  pero condena a quienes traman el mal.
La perversidad nunca produce estabilidad,
  pero los justos tienen raíces profundas.
PROVERBIOS 12:2-3

Me gusta lo que Jon Courson tiene que decir sobre esto: «No es que Dios arrojará juicio sobre el hombre de planes malvados. Es simplemente que permitirá que los propios caminos perversos de ese hombre le sean contraproducentes».

Cuando era niña, me encantaban las caricaturas de «El correcaminos». Ese coyote sarnoso siempre estaba construyendo complejos artilugios para atrapar al correcaminos. Él encendía dinamita, pero estallaba en su cara. Él colocaba rocas para que se cayeran, pero caían y lo aplastaban a él. La diferencia con la caricatura y la vida real es que los contratiempos ocurrían de inmediato. En la vida real, lleva más tiempo.

Entonces, chicas, si hay alguien que las lastima a ustedes o a alguien que aman, cobren ánimo con las palabras del Salmo 37:7-9: «Quédate quieto en la presencia del SEÑOR, y espera con paciencia a que él actúe. No te inquietes por la gente mala que prospera, ni te preocupes por sus perversas maquinaciones. ¡Ya no sigas enojado! ¡Deja a un lado tu ira! No pierdas los estribos, que eso únicamente causa daño. Pues los perversos serán destruidos, pero los que confían en el SEÑOR poseerán la tierra».

En resumidas cuentas: no puedes evitar que otros hagan mal. Pero puedes negarte a dejar que te involucren. Recuerda: «El SEÑOR aprueba a los que son buenos». Esa es una promesa en la que puedes confiar.

Hazlo personal... ¡Vívelo!

¿Has esperado y orado y esperado y orado, pero sin ver alivio? No estás sola. La Biblia nos dice que José esperó trece años antes de que fuera liberado de la esclavitud y de la prisión. Y pasaron al menos nueve años más antes de que viera a su familia. ¡Entonces qué restauración tan asombrosa sucedió (ver Génesis 37–47)! Esperar en Dios no es perder el tiempo. Dios está trabajando tras bastidores y al mismo tiempo, estirándote y refinándote. Él puede usarte para alentar a otros en tiempos difíciles.

Oremos

Señor, ayúdame a confiar en ti mientras obras. Y ayúdame a ceder a la obra que estás haciendo en mí.

Lectura de *La Biblia en un año*

Deuteronomio 9:1–10:22; Lucas 8:4-21; Salmo 69:19-36; Proverbios 12:2-3

Una esposa digna

Una esposa digna es una corona para su marido,
pero la desvergonzada es como cáncer a sus huesos.
PROVERBIOS 12:4

Siempre me interesa saber lo que los hombres tienen que decir sobre un verso como este. Matthew Henry dijo: «El que es bendecido con una buena esposa es feliz como si él estuviera sobre el trono; porque ella es nada menos que una corona para él [...]. El que está plagado con una esposa mala es tan desdichado como si estuviera sobre un estercolero; pues ella es nada mejor que carcoma en sus huesos; [...] ella lo avergüenza».

Es lenguaje un poco fuerte, pero si somos honestas, sabemos que es verdad.

Miremos un buen ejemplo.

Justo antes de que George Bush cediera el cargo de presidente de Estados Unidos, vi un programa con Laura Bush. Ella estaba dando un recorrido por la Casa Blanca. Mientras caminaba, era amable y cortés: no solo educada, sino verdaderamente humilde. Tenía un respeto increíble por la historia de las diferentes habitaciones. Pero una de las cosas que fue especialmente dulce fue que mencionó varias veces en que ella y George se habían reunido con sus amigos en ciertas habitaciones para cenas íntimas. Ni siquiera puedo imaginar cómo sería vivir con las presiones que tuvieron durante ocho años en Washington. Ella claramente no era la vicepresidente, pero ella era la clase de esposa que sabía cómo crear un oasis personal para su marido donde las guerras y la política eran secundarias a lo que había de postre, aunque solo fuera por unas pocas horas. Buen trabajo, Laura Bush. ¡Sabías cómo hacer que incluso el presidente se sintiera como un rey!

Hazlo personal... ¡Vívelo!

Una esposa digna es una esposa que ora. Algunas veces nuestro corazón se pone duro o frío o simplemente distraído en nuestro matrimonio. Stormie Omartian escribe, en *El poder de una esposa que ora*: «Cuando oramos, [...] nuestro corazón se ablanda con respecto a Dios, y obtenemos una visión renovada. Vemos que hay esperanza. Tenemos fe en que él restaurará todo lo que ha sido devorado, destruido y carcomido». ¿Te arrodillarás hoy y elevarás a tu esposo hacia Dios en oración?

Lectura de *La Biblia en un año*

Deuteronomio 11:1–12:32; Lucas 8:22-39; Salmo 70:1-5; Proverbios 12:4

Nuestra vida mental

Los planes de los rectos son justos,
*   pero el consejo de los perversos es traicionero.*
PROVERBIOS 12:5

La palabra *planes* también puede traducirse como «pensamientos». Considérenlo, chicas. ¿Dónde realizamos nuestros planes? Comienzan en nuestra cabeza. Allí es donde formulamos lo que vamos a hacer o decir.

«Los planes de los rectos son justos». Esto nos ofrece la perspectiva del hecho de que nuestra vida mental es extremadamente importante. Algunos dicen: «Eres lo que comes», pero más importante, eres lo que piensas. Por lo tanto, las disciplinas de una mujer piadosa deben incluir la limpieza y la reprogramación de su vida de pensamiento con la Palabra de Dios. El método perfecto para eso se da en el Salmo 119:15: «Estudiaré tus mandamientos y reflexionaré sobre tus caminos». ¿Estás teniendo problemas con tu vida mental? Déjame sugerir la memorización de las Escrituras. Es mucho más fácil de lo que piensas.

Mi amiga Sherri Youngward es la que canta la introducción diaria de la transmisión radial de *Sabiduría para mujeres*. Ella ha grabado un CD con canciones que son completamente Escrituras. Es maravilloso. Lo puedes pedir en su sitio, en sherriyoungward.com. Tócalo vez tras vez mientras estás en tu carro o trabajando en tu casa. Imagina las palabras cubriendo tu mente para limpiarla, para descargar tus pensamientos de lo negativo, y para recablear tus actitudes. La Palabra de Dios tiene poder: puede transformar completamente tu forma de pensar, porque cuando meditas en su Palabra, estás pensando sus pensamientos.

Hazlo personal... ¡Vívelo!

¿Has estado plagada de pensamientos destructivos: condenadoras, temerosas, ansiosas dudas del amor y la bondad de Dios? ¿Tienes ira y malicia, pensamientos celosos, fantasías lujuriosas, pensamientos espirituales sin esperanza u oscuros? Dios nos ha dado herramientas poderosas como la oración, su Palabra y su Espíritu Santo: «Destruimos todo obstáculo de arrogancia que impide que la gente conozca a Dios. Capturamos los pensamientos rebeldes y enseñamos a las personas a obedecer a Cristo» (2 Corintios 10:5).

Oremos

He tratado de ser libre antes; necesito tu poder. Salvador, tú puedes mover montañas. Por favor lávame con el poder de tu sangre. Líbrame de los pensamientos que bloquean tu luz y reemplázalos con la verdad.

Lectura de *La Biblia en un año*

Deuteronomio 13:1–15:23; Lucas 8:40–9:6; Salmo 71:1-24; Proverbios 12:5-7

Serás admirada

La persona sensata gana admiración,
*   pero la persona con la mente retorcida recibe desprecio.*
PROVERBIOS 12:8

¿Qué significa la palabra *admiración*? Pues, lo creas o no, significa brillar con el favor de Dios, ser alabada.

Me gustaría enfocarme en la frase «gana admiración» de este proverbio. Aunque los Proverbios mayormente tratan sobre los temas prácticos de la vida cotidiana en este mundo, de vez en cuando hablan de algo que será cumplido en el futuro.

Hija de Dios, quizás estás en una situación donde es difícil ser cristiana. No encajas con la gente. Si tu esposo no es salvo, no eres animada en las cosas del Señor. A veces no eres apreciada. Quizás hasta tus hijos se burlan de tu manera anticuada de ver la vida. Solo recuerda, una mujer «gana admiración» de acuerdo con su sabiduría.

Charles Wesley escribió: «Mantennos pequeños y desconocidos, valuados y amados solo por Dios».

Primera de Corintios 15:58 nos recuerda: «Por lo tanto, mis amados hermanos, permanezcan fuertes y constantes. Trabajen siempre para el Señor con entusiasmo, porque ustedes saben que nada de lo que hacen para el Señor es inútil».

Nunca olvides que para un hijo de Dios, el aquí y ahora no es todo lo que hay. A veces necesitas pasar zumbando hacia la eternidad, imaginar que estás allí frente al trono en su presencia y escuchar al Rey de reyes decir: «Bien hecho». Ahora eso sí es una «admiración» *real*.

Hazlo personal... ¡Vívelo!

Si estás tratando de ser fiel, nunca olvides que Dios sí ve. Que él brille su favor sobre ti hoy si...

estás cuidando de tu mamá con Alzheimer. Bien hecho.

eres una mamá soltera fielmente tratando de enseñar a tus hijos a amar al Señor. Bien hecho.

eres la única cristiana en tu familia y aun así brillas para Dios. Bien hecho.

eres una esposa joven tratando de aprender a honrar a tu esposo. Bien hecho.

eres una adolescente que ha resuelto mantenerse pura para el matrimonio. Bien hecho.

eres una maestra en la escuela dominical y viertes todo tu corazón en tus clases. Bien hecho.

Lectura de *La Biblia en un año*

Deuteronomio 16:1–17:20; Lucas 9:7-27; Salmo 72:1-20; Proverbios 12:8-9

1 de abril

La simple amabilidad

Los justos cuidan de sus animales,
  pero los perversos siempre son crueles.
PROVERBIOS 12:10

Este proverbio está hablando de la simple decencia, amabilidad y diligencia. Un hombre piadoso o una mujer piadosa es amable. No debería tener ni un trazo de maldad. Realmente, la amabilidad se manifiesta en todas sus acciones, desde no fallar en alimentar al perro hasta no fallar en abrir la puerta a una joven mamá entrando al supermercado con un bebé en brazos. La amabilidad es asegurarse de que nos damos cuenta de las necesidades que nos rodean y luego hacemos lo que podemos y debemos hacer.

El otro lado de este proverbio tiene una declaración interesante: «Los perversos siempre son crueles». Tal vez esto signifique que incluso algunos actos parezcan amables por fuera, pero al final lastiman más de lo que ayudan. En este momento, en nombre de la amabilidad, la organización de salud reproductiva Planned Parenthood entrega condones y provee abortos para las jóvenes. Esta acción es un mensaje de que estás a salvo si no hay consecuencias físicas para la promiscuidad sexual, pero cuando estas mismas jóvenes conducen a casa después de los abortos con un gran vacío en su corazón, no están preparadas para la devastación. Esto es cruel.

¿Sabías que el 33% de todas las mujeres estadounidenses tendrán un aborto, pero casi ninguna de ellas hablará de ello, y algunas nunca se lo dicen a nadie? Permanece como una vergüenza silenciosa y un duelo no resuelto.

Mis hermanas, ahora mismo siento una carga por ustedes que tienen este vacío en su corazón incluso después de muchos años. Enfoque a la Familia publicó un pequeño folleto maravilloso llamado *Sanando el Dolor*. Puedes descargarlo gratis en formato PDF para ti o para alguien más a quien amas a través de la página http://media. focusonthefamily.com/heartlink/pdf/HtH_sanando_el_dolor.pdf?refcd=140108.

Hazlo personal... ¡Vívelo!

Hace un par de años, mi amiga compartió su testimonio, el cual incluía una visita solitaria a una clínica de aborto cuando tenía diecisiete años. Cuando terminó su historia, volteó y me dijo: «Ahora pienso que no me amas». Esta fue mi llamado de atención al dolor que perdura. Mi amiga completó un estudio bíblico en línea del Ministerio Internacional Sanando Corazones y ahora guía a otras mujeres en su camino a la restauración. Tal como mi amiga, ¿estás lista para buscar perdón y sanación?

Lectura de *La Biblia en un año*

Deuteronomio 18:1–20:20; Lucas 9:28-50; Salmo 73:1-28; Proverbios 12:10

¡En marcha!

El que se esfuerza en su trabajo tiene comida en abundancia,
pero el que persigue fantasías no tiene sentido común.
PROVERBIOS 12:11

En nuestro proverbio de hoy tenemos una imagen de dos formas de vivir.

Perseguir fantasías significa ser «autoindulgente, despreocupada o carente de cualquier propósito serio». Obviamente, esto no se recomienda para nosotras como mujeres piadosas.

La otra forma de vivir es en marcha. Debemos ser diligentes y responsables. Lo primero es lo primero. Ningún trabajo será terminado a menos que haya sido comenzado. Si tu casa está sucia o descuidada, soñar despierta no va a cambiarla. Levántate y haz lo primero. Limpia un baño, echa una carga de ropa a la lavadora, pinta una habitación. Empieza con algo. Con la economía como está, tenemos que dejar de comer fuera todo el tiempo. Si vas a estar fuera todo el día, antes de irte pon algo en la olla de cocimiento lento y prepara un sándwich para llevar contigo. Antes de ir al mercado, siéntate con el volante del periódico y revisa lo que está en oferta. Toma tus decisiones sobre lo que vas a comprar según lo que está en oferta esa semana. Si el asado y las papas están en oferta, compra varios. Planea por adelantado. Pon uno en el congelador. Hornea suficientes papas para varios días. Realiza los pequeños pasos de preparación hoy y harás que tu dinero te alcance para más.

Primera de Tesalonicenses 4:11-12 tiene una palabra muy buena y práctica: «Pónganse como objetivo vivir una vida tranquila, ocúpense de sus propios asuntos y trabajen con sus manos, tal como los instruimos anteriormente. Entonces aquellos que no son creyentes respetarán la manera en que ustedes viven, y ustedes no tendrán que depender de otros».

Hazlo personal... ¡Vívelo!

Abril es un buen mes para hacer la limpieza de la casa, así que antes de que el clima mejore, abordemos un «trabajo interior». Pon música de alabanza y organiza un armario, un cajón o un clóset a la vez. El secreto es usar tres contenedores o cajas. El contenedor n.º 1 es para la basura. Es para las cosas que identificas fácilmente del tipo «¿por qué estaba guardando estos marcadores secos o zapatos de tenis gastados?». El contenedor n.º 2 es para los artículos de «donaciones a un amigo o a una tienda de ropa usada». El contenedor n.º 3 es para las cosas que vas a mantener. Estas son las cosas que realmente necesitas y usarás. Cuando termines, disfruta la victoria. ¡Buen trabajo!

Lectura de *La Biblia en un año*

Deuteronomio 21:1–22:30; Lucas 9:51–10:12; Salmo 74:1-23; Proverbios 12:11

Enredo de palabras

Los perversos quedan atrapados por sus propias palabras,
pero los justos escapan de semejante enredo.
PROVERBIOS 12:13

Segunda de Tesalonicenses 1:6 dice: «En su justicia [Dios] les dará su merecido a quienes los persiguen».

Estoy leyendo un libro llamado *Los secretos del liderazgo de Billy Graham* por Harold Myra y Marshall Shelley. El capítulo 5 tiene el título «Amor para los críticos más duros». Aquí hay un extracto: «Todos los líderes reciben críticas. Lo que los hace sobresalir es su respuesta a ellas». Cuando fue atacado injustamente y sin piedad, esta fue la respuesta de Billy Graham: «Por la gracia de Dios, seguiré predicando el evangelio de Jesucristo, y no descenderé para involucrarme en peleas insultantes, sucias y mezquinas sobre cosas no esenciales». Buen trabajo, Billy Graham.

Winston Churchill dijo: «Por tragar palabras malas no habladas, no se ha puesto nadie mal del estómago». Sí, Winston: «Los justos escapan de semejante enredo».

Así que para nosotras como mujeres, no nos dejemos enredar en peleas insignificantes. Si alguien ha dicho algo cruel o falso acerca de ti, échalo de tu mente. Esa es mi nueva imagen visual y mi dicho favorito: «Simplemente échalo» y continúa.

Hace poco me encontré realmente molesta por algunas cosas desagradables que se habían dicho de mí. Dolió. Me dolió saber que otros escucharon. Sería deshonesta si dijera que no pensé en algunas cosas dolorosas como respuesta. Pero luego pensé, *Simplemente no quiero usar mi energía de esa manera. No honra a Dios, no se siente bien una vez que se dice, y, bueno, es solo un asunto feo.* Así que decidí echarlo de mi mente, dárselo a Dios, y seguir adelante.

Hazlo personal... ¡Vívelo!

¿Qué pasa si tú eres la que ha dicho algo que sabes que está mal y es hiriente? Todas necesitamos aprender una habilidad muy antigua y útil llamada *la disculpa*. Aquí están los pasos básicos. Debes asumir la responsabilidad sin culpar. Debes hacer tu disculpa sincera y simple. Y debes decir «lo siento» y decirlo en serio. ¿Lo harás? ¿Lo harás hoy?

El primero en disculparse es el más valiente. El primero en perdonar es el más fuerte. El primero en olvidar es el más feliz.
—AUTOR DESCONOCIDO

Lectura de *La Biblia en un año*

Deuteronomio 23:1–25:19; Lucas 10:13-37; Salmo 75:1-10; Proverbios 12:12-14

El necio se enoja enseguida

Un necio se enoja enseguida,
pero una persona sabia mantiene la calma cuando la insultan.
PROVERBIOS 12:16

A ver, chicas, tomemos consciencia de esto. Seamos sinceras: ¿a veces haces que los demás sientan que tienen que caminar en puntas de pie cuando están a tu alrededor? Déjame mencionar tres cosas que no son excusas: hormonas, tener un mal día, estar de mal humor. Tus hijos o amigas nunca deberían decir: «Ay, ya la conoces... Está de mal humor». Deberíamos sentir vergüenza.

Así que esforcémonos por seguir la segunda parte de nuestro proverbio: «Una persona sabia mantiene la calma cuando la insultan».

Primera de Corintios 13:5 dice: «[El amor] no se irrita ni lleva un registro de las ofensas recibidas». Es más fácil decirlo que hacerlo, sí, pero absolutamente vale la pena hacerlo. Déjame ponerte a prueba en esto. Si estás echando humo por algo —una pelea que tuviste con tu hermana o por alguien del trabajo con quien estás enojada—, ¿la próxima pequeña molestia te provoca estallar como una bomba? ¿Alguna vez te has desahogado con un espectador inocente? La clave aquí es desactivar la bomba.

Para desactivar la bomba, necesitamos vaciar los explosivos. ¿Cómo hacemos eso? No conozco un lugar mejor que el pie de la cruz. ¿Has estado de mal humor, nerviosa, irritable, con poca tolerancia? Cree 1 Juan 1:9: «Si confesamos nuestros pecados a Dios, él es fiel y justo para perdonarnos nuestros pecados y limpiarnos de toda maldad». Arrodillarte ante la cruz, soltando tu ira: esto desactiva la bomba.

Hazlo personal... ¡Vívelo!

Si tienes la tendencia de acumular rencores sobre los asuntos, ¿estarías dispuesta a desarrollar el hábito de hacerte estas preguntas?: *¿Vale la pena pelear por esto? ¿Vale la pena perder el sueño sobre este asunto? ¿Vale la pena dañar mi relación? ¿Qué obtendré realmente si gano o si tomo represalias?*

El conflicto siempre es costoso en tiempo perdido, energía y emociones. ¿Le pedirás al Señor que te ayude a aprender a pasar por alto las ofensas? «Las personas sensatas no pierden los estribos; se ganan el respeto pasando por alto las ofensas» (Proverbios 19:11).

Oremos

Señor, ayúdame a venir a ti cuando comienzo a echar humo. Necesito tu gracia: gracia para mi enfurecido corazón, y gracia para otros también.

Lectura de *La Biblia en un año*

Deuteronomio 26:1–27:26; Lucas 10:38–11:13; Salmo 76:1-12; Proverbios 12:15-17

Mata al monstruo

Algunas personas hacen comentarios hirientes,
*   pero las palabras del sabio traen alivio.*
PROVERBIOS 12:18

De cualquier forma que lo mires, las palabras pueden ser armas. Vamos a centrarnos en la frase *comentarios hirientes*. Esto puede referirse a palabras que ponen a alguien en su sitio. ¿Cuándo hacemos eso? ¿Cuál es el motivo? ¿Por qué siquiera querríamos hacer eso? Déjame decir una palabra: *celos*. Los celos pueden parecerles a los cristianos un pecado aceptable, pero sabes qué, eso no es verdad. No es aceptable para Dios ni para nadie. Shakespeare lo llamó el «monstruo de ojos verdes».

Es un monstruo, y cuando te enfrentas a este monstruo, nunca pienses que el mayor daño viene a los demás. Este monstruo te pondrá a ti en tu lugar. Me gustaría pedirte que digas esto conmigo: «Este monstruo tiene que morir». Si honestamente sabes que has calumniado o criticado duramente, hazte la pregunta: *¿Fue porque estaba celosa?* Si es así, ese monstruo tiene que morir, porque si no lo haces, te usará a ti y a tus palabras para herir a los demás.

Un segundo motivo para decir «comentarios hirientes» es lastimar, herida por herida. Este es otro monstruo, llamado *venganza*. Confucio dijo: «Antes de embarcarte en un viaje de venganza, cava dos tumbas».

Entonces, mis hermanas, ¿qué vamos a elegir nosotras? Se ha dicho que la mayor venganza es el perdón: un perdón verdadero, profundo, dulce y de todo corazón. Esto mata a los monstruos y bendice al Señor. Luego convierte ese perdón en palabras, porque «las palabras del sabio traen alivio».

Hazlo personal... ¡Vívelo!

No podemos cambiar la forma en que otros viven y hablan. Pero podemos tomar en serio las palabras de Efesios 4:29-32 y dejar que sean un filtro y un estándar de «alto nivel» para todo lo que decimos y por qué lo decimos. «No empleen un lenguaje grosero ni ofensivo. Que todo lo que digan sea bueno y útil, a fin de que sus palabras resulten de estímulo para quienes las oigan. No entristezcan al Espíritu Santo de Dios con la forma en que viven. Recuerden que él los identificó como suyos, y así les ha garantizado que serán salvos el día de la redención. Líbrense de toda amargura, furia, enojo, palabras ásperas, calumnias y toda clase de mala conducta. Por el contrario, sean amables unos con otros, sean de buen corazón, y perdónense unos a otros, tal como Dios los ha perdonado a ustedes por medio de Cristo».

Lectura de *La Biblia en un año*

Deuteronomio 28:1-68; Lucas 11:14-36; Salmo 77:1-20; Proverbios 12:18

Promueve la paz

*El corazón que trama el mal está lleno de engaño;
    ¡el corazón que procura la paz rebosa de alegría!*
PROVERBIOS 12:20

Siento la urgencia de aplicar este proverbio a las familias. Hay tanta intriga y confusión en las familias en este momento. Hermanas y hermanos se están atacando unos a otros, peleándose por una herencia, discutiendo sobre cosas insignificantes.

Si estás involucrada en problemas en tu familia, te sugiero que vuelvas a Génesis 37–50 y leas la historia de José y sus hermanos. Es como una gran telenovela, con todos los elementos de los celos, la amargura, los rencores, las mentiras y el engaño. Toma en cuenta que no es solo una historia. Se trata de una familia real: una familia con madrastras y hermanastros. Eso agrega un elemento que definitivamente hace las cosas más complicadas, y luego agregas el elemento de favoritismo, y tienes una verdadera fórmula para problemas. No tengo que explicártelo si lo estás viviendo. No es todo miel sobre hojuelas. En resumidas cuentas: los hermanos de José conspiraron para vengarse de José, y al final, fueron los grandes perdedores.

Como antídoto, 1 Pedro 3:8-9 tiene una fórmula de alegría para nosotras. Léelo detenidamente: «Por último, todos deben ser de un mismo parecer. Tengan compasión unos de otros. Ámense como hermanos y hermanas. Sean de buen corazón y mantengan una actitud humilde. No paguen mal por mal. No respondan con insultos cuando la gente los insulte. Por el contrario, contesten con una bendición. A esto los ha llamado Dios, y él les concederá su bendición».

Hazlo personal... ¡Vívelo!

Las familias pueden ser realmente complicadas, especialmente con familias mezcladas, excónyuges, parientes políticos y exsuegros. Todo, desde quién es invitado a celebrar la Semana Santa a cuestiones de custodia y herencia, puede ser una caja de Pandora emocional. Déjame hacerte una pregunta: cuando hay un conflicto en tu familia, ¿hay alguna diferencia entre la forma en que respondes y la forma en que responden los no cristianos? El conflicto es oportunidad disfrazada; realmente lo es. Puede ser la mejor oportunidad para mostrar la gracia, el amor y la paciencia de Cristo. Hablar es barato. Esta puede ser tu «cita divina» para vivir lo que predicas.

Lectura de *La Biblia en un año*

Deuteronomio 29:1–30:20; Lucas 11:37–12:7; Salmo 78:1-31; Proverbios 12:19-20

Labios mentirosos

El Señor detesta los labios mentirosos,
pero se deleita en los que dicen la verdad.
PROVERBIOS 12:22

Detesta. Eso es una expresión muy fuerte. «El Señor detesta los labios mentirosos».

Entonces, ¿qué es mentir? Es engaño. Aun las verdades a medias son mentiras completas. Una mentira es una falsedad, un fraude. Se utiliza para cubrir el mal. Una mentira es deshonesta. Desplaza la culpa o inclina la historia. Mentir es un mal hábito y un asunto feo. Dios lo detesta.

Escucha lo que Jesús dijo en Juan 8:44: «[El diablo] ha sido asesino desde el principio y siempre ha odiado la verdad, porque en él no hay verdad. Cuando miente, actúa de acuerdo con su naturaleza porque es mentiroso y el padre de la mentira».

Para nosotras como mujeres, muchas cosas con las que batallamos son causadas porque hemos escuchado mentiras. Déjame recomendarte un maravilloso libro por Nancy Leigh DeMoss. Se llama *Mentiras que las mujeres creen y la verdad que las hace libres.*

Este libro trata con los problemas que son causados cuando nos mienten.

Pero hay otro asunto: es cuando *nosotras* mentimos. A veces nos mentimos a nosotras mismas, mentimos a otros, y tristemente inclusive tratamos de mentirle a Dios. El primer paso hacia el arrepentimiento es ser honesta sobre el hecho de que has sido deshonesta. No culpes a ningún otro. Luego, llévalo a la cruz. Es pecado y hay un remedio para el pecado. Con el perdón, podemos detestar la mentira, porque Dios la detesta. Y aquí es donde se encuentra el gozo: cada vez que resistimos decir esa mentira, podemos aferrarnos al hecho de que el Señor se deleita en la mujer que dice la verdad.

Hazlo personal... ¡Vívelo!

Mentir es un asunto feo. Pero nosotras, como mujeres, a veces nos ponemos en posición de que nos mientan. Podemos sentarnos hora tras hora frente al televisor y ver programas que se burlan de la moralidad y la verdad. Hollywood hace que el adulterio y el sexo fuera del matrimonio parezcan inofensivos y normales. Muchas mujeres miran programas de entrevistas que se burlan de Dios y del bien. Basura entra, basura sale. Los medios están empujando los límites de lo falso y la mentira. Ellos llaman bueno a lo malo y malo a lo bueno. Deberían sentir vergüenza. Pero si respaldamos sus mentiras al mirarlas, deberíamos sentir vergüenza nosotras.

Lectura de *La Biblia en un año*

Deuteronomio 31:1–32:27; Lucas 12:8-34; Salmo 78:32-55; Proverbios 12:21-23

Diligencia

Trabaja duro y serás un líder;
sé un flojo y serás un esclavo.
PROVERBIOS 12:24

La diligencia es una determinación entusiasta y una decisión de hacer eso que se debe hacer sin arrastrar los pies, sin holgura.

Mamás, me temo que estamos entrenando a nuestros hijos a ser perezosos. Les estamos enseñando a posponer las cosas al permitirles tomar atajos, dejar las cosas para después y renunciar antes de que el trabajo esté terminado. Cada vez que se salen con la suya sin consecuencias, el hábito se vuelve más profundo.

Sabemos cómo funciona esto. Cuando soy demasiado floja como para arrancar algunas hierbas malas, van a echar semillas y la próxima primavera tengo miles de malezas. Cada vez que pospongo el pago de una factura, tengo que pagar la multa. Una vida perezosa es una vida derrochadora. En lugar de estar al tanto de las cosas, están encima de ti. Es una mala forma de vivir.

He luchado la batalla de la procrastinación toda mi vida. Por ejemplo, me encanta un escritorio limpio, pero odio limpiarlo. Así que apliquemos dos simples pasos mientras limpio mi escritorio desordenado.

1. Escoge algo pequeño y comienza. En este momento tengo montones de libros apilados en mi escritorio. Voy a obtener dos contenedores del tamaño de una caja de zapatos y ordenar los libros en dos categorías. ¡Vaya! Eso solo tomó cinco minutos.

2. Una vez que empiezo, el siguiente paso es fácil. Ahora ordenaré el papeleo en otros dos contenedores. Uno es «para archivar», el otro es «para hacer» (facturas, etc.). Vaya, eso tomó quince minutos. En el proceso, encontré un cupón caducado (¡qué lástima!) y un cargador de teléfono perdido (¡hurra!). Buen trabajo, Debbi.

Hazlo personal... ¡Vívelo!

Si tienes hijos aún en casa o nietos que se vienen a quedar contigo, es importante impartir una ética de trabajo gozosa y diligente. En el mundo real, los beneficios no caen en su lugar hasta que se asume la responsabilidad. Impedimos el desarrollo de los niños cuando ven una película o salen a jugar antes de limpiar el desastre que han hecho en la sala familiar. Enséñales a recoger juguetes cuando estén en la casa de un amigo también. La diligencia es un rasgo aprendido, y feliz es el niño que lo aprende en casa.

Lectura de *La Biblia en un año*

Deuteronomio 32:28-52; Lucas 12:35-59; Salmo 78:56-64; Proverbios 12:24

Un corazón ansioso

La preocupación agobia a la persona;
una palabra de aliento la anima.
PROVERBIOS 12:25

Este proverbio es tan oportuno. La preocupación se nota en la cara de las personas a nuestro alrededor. Sabemos cómo se siente esto. Tal vez despertaste ansiosa esta mañana. Es como un peso en tu mente, en tus hombros y en tu corazón. Entonces, te preocupas. Para muchas de nosotras, preocuparnos casi se siente como la manera de ser responsable. *Pues, si no me preocupo, ¿quién lo hará?* Pero escuché decir: «La preocupación no le quita al mañana sus problemas. Le quita al hoy su fuerza».

Nuestro proverbio de hoy dice «Una palabra de aliento la anima». Entonces, hija de Dios, necesitas una palabra de aliento. En el Salmo 42:5-6, David se hizo la pregunta *¿Por qué?* «¿Por qué estoy desanimado? ¿Por qué está tan triste mi corazón? ¡Pondré mi esperanza en Dios! Nuevamente lo alabaré, ¡mi Salvador y mi Dios!». Escucha a Jesús decirte hoy: «Vengan a mí todos los que están cansados y llevan cargas pesadas, y yo les daré descanso» (Mateo 11:28).

Aquí hay una receta más para la paz. Escríbelo y vívelo: «No se preocupen por nada; en cambio, oren por todo. Díganle a Dios lo que necesitan y denle gracias por todo lo que él ha hecho. Así experimentarán la paz de Dios, que supera todo lo que podemos entender. La paz de Dios cuidará su corazón y su mente mientras vivan en Cristo Jesús» (Filipenses 4:6-7). Ahora eso sí que es quitar el peso.

Hazlo personal... ¡Vívelo!

Quizás estés pensando, *Si tan solo supieras cuán serios son mis problemas.* Por favor entiende que no estoy tratando de minimizar lo que has estado cargando. Un hijo gravemente enfermo, una lucha contra el cáncer, un hijo adicto a las drogas verdaderamente es más de lo que el corazón humano puede cargar solo. Dios sabe lo que estás viviendo y le importa más de lo que jamás comprenderás. «El SEÑOR está cerca de los que tienen quebrantado el corazón; él rescata a los de espíritu destrozado» (Salmo 34:18). ¿Tomarás unos momentos para orar ahora mismo? Creo que quiere darte un sentido fresco y reconfortante de su fuerza para sostenerte a través de este día.

Oremos

Señor, me estoy sintiendo tan débil en estos momentos. Tú dices que tu gracia es suficiente. Desesperadamente necesito gracia y la esperanza de que no estoy sola. Elevo mi carga a ti y te pido hoy que la cargues por mí.

Lectura de *La Biblia en un año*

Deuteronomio 33:1-29; Lucas 13:1-21; Salmo 78:65-72; Proverbios 12:25

Verdadera amistad

El justo es guía de su prójimo,
pero el camino del malvado lleva a la perdición.
PROVERBIOS 12:26 (NVI)

Amistad. Antes que nada, quiero decir que todas nosotras como mujeres, *¡necesitamos amigas!* Necesitamos amigas piadosas. En verdad, mis amistades son algunos de mis más preciados tesoros. C. S. Lewis preguntó: «¿Hay algún placer en la tierra tan grande como un círculo de amigos cristianos alrededor de una fogata?».

Imagínate el momento en que Jonatán eligió a David como amigo. En muchos sentidos estaban a años luz de distancia. Jonatán vivía en un palacio, David era solo un pastor de ovejas. Pero 1 Samuel 18:1 dice: «El alma de Jonatán quedó ligada con la de David» (RVR60). La amistad entre ellos surgió porque individualmente cada uno de ellos tenía una amistad profunda y personal con Dios.

El consejo en nuestro proverbio dice que debemos elegir cuidadosamente a nuestras amistades, y aconseja no mezclarnos con aquellos que tienen rasgos perversos. Así que vamos a enumerar algunos rasgos de los cuales debemos protegernos.

- *Celos.* No te acerques demasiado a alguien que tenga problemas de celos. Ella comenzará a destrozar a otros. Y lucha contra este rasgo en ti misma. No estés celosa cuando tu amiga tenga otras amigas.
- *Mezquindad.* Si eres amiga de alguien mezquino y crítico, aprenderás a ser mezquina y crítica.
- *Mundanería.* ¿Qué tipo de películas miran juntas? ¿Tienes una amiga que prefiera ir de compras que estudiar la Biblia? ¿Y Jesús se sentiría cómodo con las cosas de las que hablan y los lugares a los que van?

Hazlo personal... ¡Vívelo!

Bueno pues, ¿cómo haces y mantienes buenas amistades? Hace muchos años aprendí tres lecciones importantes de Proverbios 18:24: «El amigo verdadero se mantiene más leal que un hermano». En primer lugar, no esperes a que la otra persona sea la primera en ponerse en contacto. En segundo lugar, sé una verdadera amiga, especialmente cuando alguien está atravesando un momento difícil; esto hace que su vínculo sea más dulce y profundo. Tercero, nunca permitas que una amiga tome el lugar de tu amistad con Jesús; él es el que es más unido que un hermano o hermana.

Lectura de *La Biblia en un año*

Deuteronomio 34:1—Josué 2:24; Lucas 13:22–14:6; Salmo 79:1-13; Proverbios 12:26

Sé diligente

Los perezosos ni siquiera cocinan la presa que han atrapado,
pero los diligentes aprovechan todo lo que encuentran.
PROVERBIOS 12:27

Una vida perezosa es una vida derrochadora. Nuestra economía está en crisis. Es hora de que todos despertemos y tomemos en serio la diligencia en los detalles cotidianos de la vida. Esto se llama disciplina y mayordomía. Incluso pequeños cambios hacen una gran diferencia. Puede ser divertido. Haz que tus hijos participen. Pueden recortar cupones y ayudar a comparar precios en línea. Busqué en Google *claves para ser frugal* y encontré muchos sitios web con buenas ideas. Como joven esposa de un pastor, aprendí a estirar el dólar lo máximo posible. Aquí hay algunos hábitos que he usado durante años.

- Planifica las comidas según lo que está en oferta esa semana en el supermercado.
- Cuando los artículos que usas mucho están en oferta, acumula; compra dos.
- Compra un buen café y hazlo en casa. Una bolsa de café dura semanas y cuesta aproximadamente lo mismo que tres tazas en Starbucks.
- Toma algunos refrigerios y botellas de agua en el automóvil para evitar comprar bocadillos caros mientras sales a hacer mandados.
- Saca otra vez tu olla de cocimiento lento. Mete unas papas y un poco de pollo en la mañana; lleva cinco minutos y es maravilloso volver a casa a una comida caliente.
- Haz té helado casero en lugar de comprar refrescos.
- Una olla de caldo de pollo, ensalada y pan de maíz para ocho cuesta menos que una cena para dos en un restaurante.

Benjamin Franklin aconsejó: «Cuidado con los pequeños gastos; una pequeña fuga hundirá un gran barco».

Hazlo personal... ¡Vívelo!

¿Responderás al llamado para ser una mujer diligente? ¿Aplicarás entonces esa diligencia a tu vida de oración? Corrie ten Boom dijo: «No ores cuando te dé la gana. Saca una cita con el Señor y cúmplela. Un hombre es poderoso de rodillas». Una mujer también. Santiago 5:16 nos dice: «La oración ferviente de una persona justa tiene mucho poder y da resultados maravillosos». No debemos tomar este gran privilegio y responsabilidad a la ligera. ¡Debemos ser guerreras y luchar con nuestra arma espiritual, la oración! J. Sidlow Baxter dijo: «Los hombres pueden rechazar nuestras apelaciones, rechazar nuestro mensaje, oponerse a nuestros argumentos, despreciar a nuestras personas, pero están indefensos en contra de nuestras oraciones».

Lectura de *La Biblia en un año*

Josué 3:1–4:24; Lucas 14:7-35; Salmo 80:1-19; Proverbios 12:27-28

Sé enseñable

El hijo sabio acepta la disciplina de sus padres;
el burlón se niega a escuchar la corrección.
PROVERBIOS 13:1

Hay una línea muy clara entre alguien que es sabio y alguien que no lo es. Y una de las marcas definitorias es «un espíritu enseñable».

Una persona necia no aprenderá. Ella ya lo sabe todo. Ella piensa que ella sabe mejor que todos. Entonces estás perdiendo el aliento al intentar hablar de un problema.

Ya sea en el trabajo, en un ministerio, entre amigos o en una familia, todos simplemente dejan en paz a una persona necia, porque si hablan con ella, se sentirá ofendida y a la defensiva. Espero no estar hablando de ti... y espero no estar hablando de mí.

Por otro lado, hay algunas personas preciosas con quienes es una delicia compartir una amistad y el servicio. Son personas abiertas, receptivas, crecientes y con ganas de aprender. Es refrescante. Es fácil confiar en ellas, porque no van a socavar a la gente, guardar rencores o establecerse en una caja defensiva. Además de eso, siento que no solo puedo ministrarles, sino que siempre aprendo de ellas. Una de las grandes claves es que una persona enseñable está constantemente abierta, escuchando y aprendiendo de Dios.

Hebreos 3:7-8 advierte: «Por eso el Espíritu Santo dice: "Cuando oigan hoy su voz, no endurezcan el corazón como lo hicieron los israelitas cuando se rebelaron"».

Entonces, ¿quién eres tú dentro de este cuadro? Y la pregunta importante ahora es, ¿quién quieres ser?

Hazlo personal... ¡Vívelo!

«El hijo sabio acepta la disciplina». ¿Eres madre, supervisora en el trabajo o líder de un ministerio por el cual a veces tienes que corregir o disciplinar a alguien? Puedes hacer que sea más difícil o más fácil de recibir. La definición de *disciplina* es «entrenamiento que desarrolla el autocontrol, el carácter, el orden y la eficiencia». No le pegues con la crítica como un martillo. Cuando disciplinas, no debería ser para castigar, sino para entrenar. Es para ayudar a esa persona a crecer, no solo para tu beneficio, sino también el de dicha persona. La próxima vez, antes de hablar, ¿orarás? Pídele a Dios que te dé palabras que edifican y dirigen, no que derriban y desalientan.

Lectura de *La Biblia en un año*

Josué 5:1–7:15; Lucas 15:1-32; Salmo 81:1-16; Proverbios 13:1

No hables precipitadamente

Con palabras sabias te conseguirás una buena comida,
*   pero la gente traicionera tiene hambre de violencia.*
Los que controlan su lengua tendrán una larga vida;
*   el abrir la boca puede arruinarlo todo.*

PROVERBIOS 13:2-3

Chicas, esta es una buena palabra para nosotras. Nunca seremos mujeres de gracia y honor hasta que consigamos que esta área de nuestra vida esté completamente bajo el control del Espíritu Santo.

El proverbio de hoy nos advierte: no hables precipitadamente. Hablar precipitadamente es decir lo que quieras, sin restricción, sin pensarlo ni preocuparte por las consecuencias. No hagas eso. Nunca hagas eso. Como dijo Will Rogers: «Las personas que montan en cólera siempre experimentarán un mal aterrizaje».

Mamás, debemos recordar que los niños aprenden lo que viven. Si eres rápida para desahogar tu ira contra tus hijos, tu marido o el empleado de la tienda, te resultará contraproducente. O los que te rodean hacen oídos sordos, o verás a tus hijos imitando tu comportamiento.

Muchos niños aprenden mucho sobre la fe de sus padres mientras viajan en el asiento trasero yendo y viniendo de la iglesia. ¿Oyen discusiones y tensiones en camino, pero luego ven cómo presentan otra cara mientras entran por la puerta de la iglesia? ¿Oyen críticas y chismes mientras vuelven a casa? Esto es desconcertante y decepcionante. Santiago 1:26 nos dice: «Si afirmas ser religioso pero no controlas tu lengua, te engañas a ti mismo y tu religión no vale nada».

Hazlo personal... ¡Vívelo!

Tengo una amiga que era gritona cuando era una madre joven. Como cristiana, sabía que estaba mal. Entonces ella se sintió constantemente condenada. Pero no podía parar. Solo un vaso de leche derramado la hacía estallar. Estaba desesperada y clamó a Dios por ayuda. Luego escuchó una enseñanza sobre el Espíritu Santo. Ella aprendió que él podía darle una fuerza que estaba más allá de la suya. Ese mismo día ella gritó desesperadamente a Dios, pidiéndole que viniera y la llenara con su poder sobrenatural... y así lo hizo.

¿Te sientes impotente para cambiar? ¿Te sentarás ahora mismo y clamarás a Dios? Pídele que te llene con su poder dinamita, sabiendo que lo hará, porque él lo prometió.

Lectura de *La Biblia en un año*

Josué 7:16–9:2; Lucas 16:1-18; Salmo 82:1-8; Proverbios 13:2-3

El alma del diligente

Los perezosos ambicionan mucho y obtienen poco,
pero los que trabajan con esmero prosperarán.

PROVERBIOS 13:4

Este proverbio no se trata de ser rico materialmente; se trata de ser rico espiritualmente. Contesta la pregunta importante, ¿por qué? ¿Por qué es que tantos cristianos están espiritualmente secos? No crecen año tras año. ¿Por qué no tienen victoria? ¿Por qué no conocen la Palabra de Dios? ¿Por qué tienen más fruto de la carne que el fruto del Espíritu? En resumidas cuentas: *flojera espiritual.*

Amy Grant cantó una canción que se llama «Fat Baby» (Bebé gordo). Esta es la traducción de la letra de esta canción:

Conozco a un hombre, quizás lo conoces también.
Es difícil saber, quizás hasta seas tú.
Se postraba en el altar, pero eso era todo.
Él es salvo, y eso es lo único que le importa.
Su panza espiritual no tolera mucho.
Una vez por semana, recibe un almuerzo espiritual.
Ha sido bautizado, santificado, redimido por la sangre,
Pero sus devocionales diarios están atascados.
Simplemente es un gordo, ¡un pequeño bebé gordo!

Entonces, una pregunta: ¿Qué tan importante te es tu propia vida espiritual de verdad? No hay un retorno más rico y más dulce de una inversión de tiempo y energía que tener hambre y sed de justicia. Dios mismo nos hace una promesa maravillosa: «Los que trabajan con esmero prosperarán». ¡Y puedes llevar eso al banco espiritual!

Hazlo personal... ¡Vívelo!

Cada día al final de la página está la lectura del día de *La Biblia en un año.* A través de los años he escuchado gente decir: «Oh, yo intenté leer con un itinerario, pero después de un tiempo me di por vencido». Hebreos 5:12 nos desafía a crecer: «Hace tanto que son creyentes que ya deberían estar enseñando a otros. En cambio, necesitan que alguien vuelva a enseñarles las cosas básicas de la palabra de Dios. Son como niños pequeños que necesitan leche y no pueden comer alimento sólido». La madurez espiritual solo viene a aquellos quienes aprenden a comer el maná de la Palabra de Dios por sí mismos. No solo dependas de maestros que te den de comer en la boca. ¿Intentarás de nuevo? Hay algunas lecciones valiosas en la lectura de hoy que te desafiarán, te alimentarán y te ayudarán a crecer.

Lectura de *La Biblia en un año*

Josué 9:3–10:43; Lucas 16:19–17:10; Salmo 83:1-18; Proverbios 13:4

Mi corazón, el hogar de Cristo

Los justos odian las mentiras;
*   los perversos son motivo de vergüenza y deshonra.*
La justicia protege el camino del intachable,
*   pero el pecado engaña a los malvados.*
PROVERBIOS 13:5-6

Odiar las mentiras... ¿Has pensado alguna vez acerca de lo valioso que es? En realidad, ¿has pensado qué tan drásticamente cambia la vida y forma el carácter desarrollar un odio viable, claro y tangible por la falsedad? Es la rectitud que protege nuestra integridad, mientras que el mal nos destruye.

Lo primero y más importante es que debemos odiar todo lo que es falso e incorrecto que se esconde en las esquinas y los armarios de nuestras propias almas. Me encanta el librito *My Heart—Christ's Home* (*Mi corazón, hogar de Cristo*), de Robert Munger. Plantea una imagen de tu corazón como una casa. Jesús viene y entra en cada habitación. Y a medida que lo hace, se inunda de luz. Luego, él te deja saber qué no está bien. Seamos sinceras: ¿ha pasado un tiempo desde que le pediste que hiciera eso por ti? Cuando vemos cosas en nuestro corazón como él las ve, hemos tomado el primer paso para querer este cambio y pedirle que nos libere y nos limpie de todo lo que sea falso o incorrecto.

Luego miramos hacia afuera; necesitamos odiar lo falso y lo incorrecto en este mundo. El hacer concesiones no es parte de una vida piadosa. Santiago 4:4 nos hace una pregunta importante: «¿No se dan cuenta de que la amistad con el mundo los convierte en enemigos de Dios? Lo repito: si alguien quiere ser amigo del mundo, se hace enemigo de Dios».

Hazlo personal... ¡Vívelo!

El ídolo más preciado he conocido,
Cualquiera que este sea,
Ayúdame a arrancarlo de tu trono,
Y adorarte solo a ti.
—WILLIAM COWPER

Oremos

Señor, realmente quiero que mi corazón —toda mi vida— sea tu hogar. Estoy muy consciente de haber hecho pequeñas concesiones que te han desplazado. Anhelo ser una mujer de integridad y vivir como un testimonio de que aquel que ha comenzado la buena obra en mí, la completará. Gracias porque nunca te rindes. En el nombre de Jesús, amén.

Lectura de *La Biblia en un año*

Josué 11:1–12:24; Lucas 17:11-37; Salmo 84:1-12; Proverbios 13:5-6

Fingiendo

Hay quienes son pobres y se hacen pasar por ricos;
  hay otros que, siendo ricos, se hacen pasar por pobres.

PROVERBIOS 13:7

Este proverbio nos da dos extremos del mal rollo de estar obsesionados con las apariencias y el dinero.

Primera de Timoteo 6:10 nos dice que «el amor al dinero es la raíz de toda clase de mal; y algunas personas, en su intenso deseo por el dinero, se han desviado de la fe verdadera y se han causado muchas heridas dolorosas».

Fingir ser rico es una trampa. En primer lugar, ¿a quién le importa? ¡Vaya cosa! El estado de las finanzas de muchas personas en este momento es el resultado final de pensar que es gran cosa. Nos quedamos perdidos en la idea de que «más grande es mejor». Compras una casa más grande y más bonita, y luego tus muebles viejitos y tu automóvil se ven en mal estado. Entonces necesitas actualizar tu ropa, y tus hijos necesitan todo lo nuevo y lo último. Eso puso a muchas personas corriendo la carrera de locos, y hay una trampa —para los locos— en eso. ¡La hay!

Si eres una hija de Dios y has caído en la trampa de vivir más allá de tus posibilidades comprando a crédito, probablemente te sientas muy desesperada en este momento. Ésta es una lección difícil. Te pido que la aprendas y *nunca la olvides*. Delante de Dios, pídele que te rompa el hábito de juzgar el valor de las personas por el automóvil que conducen o por la casa en la que viven.

En Lucas 12:15, Jesús advirtió: «¡Tengan cuidado con toda clase de avaricia! La vida no se mide por cuánto tienen».

Hazlo personal... ¡Vívelo!

Estamos familiarizadas con personas que viven por encima de sus posibilidades solo para exhibición, pero ¿puede ser que alguien que sea rico elija vivir como los pobres? Qué bien que preguntaste. Jesús fue el Príncipe que vivió como un mendigo. Él «adoptó la humilde posición de un esclavo y nació como un ser humano. Cuando apareció en forma de hombre, se humilló a sí mismo en obediencia a Dios y murió en una cruz como morían los criminales» (Filipenses 2:7-8). Alguien me preguntó un día: «¿Por qué haría eso?». Buena pregunta. Lo hizo por amor. ¿Cuándo fue la última vez que le agradeciste por ese increíble amor?

Lectura de *La Biblia en un año*

Josué 13:1–14:15; Lucas 18:1-17; Salmo 85:1-13; Proverbios 13:7-8

El problema del orgullo

El orgullo lleva a conflictos;
    los que siguen el consejo son sabios.
PROVERBIOS 13:10

El orgullo es el tema hoy. Pregunta: ¿Realmente entiendes la naturaleza del orgullo? Es tan fácil verlo en otras personas cuando se jactan excesivamente de sí mismos o menosprecian a los demás. Pero el orgullo es más complicado que eso. El orgullo no siempre se manifiesta en jactancia externa. A veces el orgullo toma la versión de simplemente ponerse testarudo. De autopreservación a toda costa. De arrogancia: nadie podrá demostrar que uno está equivocado. Esto se llama «orgullo obstinado».

El orgullo obstinado es realmente una sentencia de muerte emocional, relacional e incluso espiritual. Es exactamente lo opuesto a tener un espíritu suave, receptivo y enseñable. El orgullo obstinado no perdonará, porque todo es culpa de los demás. El orgullo obstinado no es un colaborador, porque es «a mi manera o de ninguna manera». Si una esposa cree que siempre debe ganar, el marido queda derrotado. Si una madre nunca escucha el lado de la historia de sus hijos, los hijos construyen su propio mundo y la excluyen. El orgullo obstinado está estancado. Te aísla.

Entonces, queridas hermanas, seamos sinceras. No hagas que esta pequeña discusión sea sobre nadie más que de nosotras mismas.

Dios mismo tiene algunos consejos maravillosos en 1 Pedro 5:5: «Todos vístanse con humildad en su trato los unos con los otros, porque "Dios se opone a los orgullosos pero da gracia a los humildes"».

Hazlo personal... ¡Vívelo!

El orgullo magnifica todo lo que está mal con los demás y, al mismo tiempo, minimiza todo lo que está mal en nosotros mismos. Es por eso que el orgullo engendra peleas. ¿Discutes con tu marido? En resumidas cuentas: tú estás irritada no solo por una cosa, sino por muchas. Por lo tanto, nunca se trata de un solo momento de conflicto; estás acumulando diez años de molestia y reaccionando a todo eso. Esto no es sabio. Cuando hacemos esto, hace que seamos una persona muy difícil con quien vivir. Debemos hacer borrón y cuenta nueva. Eso no es solo lo que yo digo, pero eso es lo que Dios dice: «Primero perdonen a todo aquel contra quien guarden rencor, para que su Padre que está en el cielo también les perdone a ustedes sus pecados» (Marcos 11:25).

Lectura de *La Biblia en un año*
Josué 15:1-63; Lucas 18:18-43; Salmo 86:1-17; Proverbios 13:9-10

Fortuna de fraude

La fortuna obtenida con fraude disminuye,
   pero el que la recoge con trabajo la aumenta.
PROVERBIOS 13:11 (LBLA)

Cuando se fundó nuestra nación, los niños aprendieron a leer usando la Biblia. Si la Biblia aún se enseñara en las clases de ciencias sociales y en clases básicas empresariales, la actual crisis económica en nuestro país y en nuestros hogares podría haberse evitado.

Mira este proverbio nuevamente: «La fortuna obtenida con fraude disminuye, pero el que la recoge con trabajo la aumenta». Esto nos da una perspectiva sólida y clara sobre la estabilidad financiera a largo plazo.

La riqueza ganada por la deshonestidad es involucrarte en un esquema Ponzi o piramidal. Todos saben que los que están en la cima ganan solo si los de la parte inferior pierden. La riqueza ganada por fraude es hacer trampa en las declaraciones de impuestos. Es falsificar tu solicitud de crédito para comprar más de lo que puedes pagar. Está mal, y para nosotras como cristianas, está fuera de límites. Padres, no dejen que sus hijos ganen cuando usan atajos tampoco; erosiona la integridad y la responsabilidad.

Recientemente oí por casualidad una discusión entre una madre y su hijo adolescente en la tienda. Él intentaba cansarla para comprarle un suéter nuevo. Ella le dijo que él podría gastar su propio dinero. Pero él no tenía suficiente. Ella le recordó que él no había ganado dinero porque no había cortado el césped, y él lo sabía. Unos momentos más tarde, salieron de la tienda sin el suéter. Buen trabajo, mamá. Tu hijo necesita una buena ética de trabajo más de lo que necesita un suéter nuevo. Esa madre amaba a su hijo lo suficiente como para no ceder.

Hazlo personal... ¡Vívelo!

«El que la recoge con trabajo la aumenta». ¿Estás endeudada? ¿Estás luchando por salir adelante? Déjame presentarte un recurso increíble: los libros de Dave Ramsey. Él tiene listas de maneras de ahorrar dinero y salir de la deuda. Aquí hay solo tres que puedes hacer de inmediato.

- Corta tus tarjetas de crédito. Tritúralas. Quémalas. Colócalas en un compactador de basura. Nunca saldrás de la deuda hasta que dejes de hacer de la deuda una forma de vida.
- Pon dinero en sobres marcados para áreas específicas. Gastas menos dinero cuando usas efectivo.
- Escucha en línea a *The Dave Ramsey Show*. Dave ayuda a millones de personas a encontrar la esperanza con su dinero. Su consejo también te ayudará.

Lectura de *La Biblia en un año*

Josué 16:1–18:28; Lucas 19:1-27; Salmo 87:1-7; Proverbios 13:11

La sala de espera de Dios

La esperanza postergada aflige al corazón,
    pero un sueño cumplido es un árbol de vida.
PROVERBIOS 13:12

Una esperanza postergada es una esperanza que se pospone. Es cuando esperamos que algo suceda, y no sucede cuando esperábamos que sucediera. Lleva más tiempo, a veces mucho, mucho más.

Si eres madre de un hijo pródigo, conoces muy bien el dolor de esta dolorosa espera, esperanza y anhelo. Anhelas ese momento en que tu hijo «entre en razón» y regrese a una relación restaurada contigo y con Dios.

¿Pero puedo darte un buen consejo? No esperes un atajo. Algunas veces solo para tener a nuestros hijos de vuelta, sanos y salvos, con gusto nos conformaríamos. Esto significa que no siempre tenemos su alma y su relación con Dios como nuestra principal preocupación. Los queremos de vuelta. No queremos verlos sufrir ni por su propio pecado. Los rescatamos y les permitimos su comportamiento incorrecto. Pero permíteme decirte, sé que tu corazón se rompe, pero deja que te rompa por su relación rota con el Señor más que por el lamentable estado de sus circunstancias. He visto a madres tener un nuevo ánimo para la paciencia y la esperanza cuando cambian su deseo y sus oraciones con esa perspectiva.

Señor, como sea, cuando sea, lo que sea necesario para recuperar a mi hijo, permítele que venga primero a casa contigo.

Entonces, y solo entonces, madre afligida, cuando se cumpla ese deseo, entonces será para ambos verdaderamente «un árbol de vida».

Hazlo personal... ¡Vívelo!

Esperar... ¡oh, la agonía de esperar! ¿Estás soltera pensando que Dios te ha olvidado? ¿Estás en un matrimonio difícil o deseando tener un bebé? La sala de espera de Dios puede ser muy solitaria. Por otro lado, puede ser el lugar donde te vuelves más desesperada por Dios de lo que jamás lo has sido antes.

Oremos

Señor, no hay ninguno que comprenda el añorar de mi corazón como tú. Estoy avergonzada de que en ocasiones he estado enojada contigo y te he puesto a un lado. Ayúdame a confiar en ti más y a estar satisfecha de que tú puedas llenar esta añoranza de mi corazón contigo mismo.

Lectura de *La Biblia en un año*

Josué 19:1–20:9; Lucas 19:28-48; Salmo 88:1-18; Proverbios 13:12-14

Piensa antes de actuar

Una persona de buen juicio es respetada;
una persona traicionera va directo a la destrucción.
Las personas sabias piensan antes de actuar;
los necios no lo hacen y hasta se jactan de su necedad.

PROVERBIOS 13:15-16

Este proverbio pinta claramente la imagen de que vivir imprudentemente, descuidadamente, e irreflexivamente tiene duras consecuencias. Es una mala forma de vivir.

Y hoy me gustaría dirigirme a las mamás. Todos los niños van a cometer errores. Van a actuar antes de pensar. Es parte de la inmadurez y la inexperiencia. Pero si el lado comprensivo tuyo siempre quiere protegerlos de los baches para que nunca experimenten las dolorosas consecuencias de sus elecciones, no van a aprender nada. De hecho, dado que ser descuidado es más fácil si se salen con la suya, refuerzas el lado débil de ellos y los entrenas a decir: «¿Y qué?».

Pero si les permites experimentar algunos resultados dolorosos de sus errores mientras aún viven bajo tu techo y mientras la mayoría de sus consecuencias no sean potencialmente mortales, las lecciones se les quedarán grabadas mucho más tiempo. Si se dan cuenta de que nadie los va a rescatar la próxima vez que gasten el dinero de su almuerzo en un CD, es posible —no puedo garantizar nada, pero es posible— que lo pensarán mejor para la próxima. Podrían aprender el viejo principio: «No cometas el delito si no quieres cumplir el castigo».

Así que deja que tu hija gaste todo su dinero en un costoso par de *jeans*, pero no la rescates cuando no tenga dinero para zapatos deportivos o labial. Ambas descubrirán que no pasa nada, realmente.

Hazlo personal... ¡Vívelo!

Las personas sabias piensan antes de actuar. Es nuestra responsabilidad ser responsables. Nadie va a aparecer de la nada y administrar nuestra vida por nosotras. Conoces el viejo dicho: «Fallar en planear, es planear fallar». Así que déjame desafiarte a examinar con honestidad un área que sientes que no estás manejando bien. ¿Alguna vez te has sentado específicamente a hablar con Dios al respecto? A mí me encanta sentarme con un cuaderno. En oración, le hago preguntas al Señor y le pido que me dé un plan. Entonces, la parte importante, silencio mi corazón para escuchar. ¿Quieres intentarlo? Estarás gratamente sorprendida.

Lectura de *La Biblia en un año*

Josué 21:1–22:20; Lucas 20:1-26; Salmo 89:1-13; Proverbios 13:15-16

Mensajero fiel

El mensajero malvado acarrea problemas,
  pero el mensajero fiel los alivia.
PROVERBIOS 13:17 (DHH)

Aquí tenemos una fórmula con respecto a dos tipos de mensajeros. Por supuesto, el que es reprendido en este proverbio es el malvado. Entonces, ¿quién es ese? ¿Quién es un mensajero malvado? En primer lugar, un mensajero es aquel que transmite un mensaje sobre alguien o algo. Y una persona malvada es alguien culpable de pecado contra Dios o contra el hombre.

Entonces el mensajero malvado es alguien que *deliberadamente distorsiona* la información. Voy a aplicar esto a nosotras, las mujeres en el cuerpo de Cristo. Como cristianas, todas tendremos que rendir cuentas. Así que sé que he compartido esto antes, pero aquí hay cinco pautas que pueden ayudarnos dramáticamente a mantener nuestras palabras bajo control y nuestro mensaje uno que honra a Cristo. Cuando pasamos información, especialmente sobre otros, necesitamos preguntarnos:

- ¿Es verdad? ¿Estamos seguras?
- ¿Es justo? ¿Estamos representando justamente a alguien? ¿O estamos inclinando los hechos un poco para que ellos se vean mal o nosotras bien?
- ¿Es amable? ¿Te gustaría que alguien dijera esto sobre ti?
- ¿Es necesario? *¿De verdad?* ¿Es necesario que yo diga esto? Es mejor dejar algunas cosas sin decir.
- Aquí hay una pregunta grande, muy perspicaz, que debes hacerte: ¿Tienes algún otro motivo al decir esto sobre otra persona?

Hazlo personal... ¡Vívelo!

La segunda parte de nuestro proverbio de hoy tiene una nota positiva: «Pero el mensajero fiel los alivia». Vamos a comprometernos a utilizar nuestras palabras hoy para edificar y animar.

Oremos

Señor, ayúdame a ser una embajadora tuya. Ayúdame a animar a alguien. Ayúdame a brillar tu luz. ¿Hay alguien pasando por un momento difícil a quien pueda dar una promesa útil y esperanzadora de tu Palabra? Muéstrame cómo formar a mis hijos en su fe. Dame discernimiento. Muéstrame si están batallando. Ayúdame a ser una mensajera de tu evangelio hoy, diciéndole a alguien que lo amas.

Lectura de *La Biblia en un año*

Josué 22:21–23:16; Lucas 20:27-47; Salmo 89:14-37; Proverbios 13:17-19

Compañero de necios

Camina con sabios y te harás sabio;
júntate con necios y te meterás en dificultades.
PROVERBIOS 13:20

Chicas, nunca subestimen la importancia y el poder de la influencia personal. Por lo tanto, mujeres de Dios, hagan su elección de amigas cercanas para su círculo interno muy, muy cuidadosamente.

La advertencia es que si tus amigas son necias, voluntariosas, consistente e impenitentemente necias, se te contagiará y te meterás en problemas.

Entonces, ¿cuáles son algunos patrones necios que incluso las amistades cristianas más cercanas a veces permiten? Déjame sugerir dos áreas: concesiones y criticismo. Cuando estás con amigas, ¿se dan ánimos para hacer concesiones? ¿Qué tal esa película romántica que era chistosa pero vulgar? ¿Qué tal los libros o revistas que se prestan entre ustedes o la forma en que se visten?

Numero dos: criticismo. ¿Se permiten quejarse la una con la otra? ¿Se quejan de sus maridos, de los niños, de la familia, de los amigos, de la iglesia, de los malos hábitos, de malas amistades? Créeme: estas cosas se suman y tienen malos resultados.

Por otro lado, aquellos que caminan con los sabios se volverán sabios. ¿Hay algunas mujeres piadosas en tu iglesia? Puede que no tengan tiempo para ser amigas o para discipularte, pero si están en un estudio bíblico y en las reuniones de oración, júntate con las mujeres piadosas. Si hay una increíble maestra de escuela dominical, pregúntale si necesita una ayudanta. Lee biografías cristianas. Incluso solo en forma de material impreso, las personas sabias y maravillosas pueden influir en nosotras con una perspectiva rica y sabia.

Hazlo personal... ¡Vívelo!

¿Tienes una mala amistad? ¿Qué vas a hacer? ¿Te deshaces de esa amiga? ¿Le dices que ella es una mala influencia? Espera; antes de decir algo, ¿tomarás cinco días para orar fielmente por ella? Mientras oras, el Señor podría mostrarte formas de redirigir la relación. El siguiente paso podría ser decirle honestamente a tu amiga que el Señor ha hecho que te arrepientas de algunas de las cosas que hacen o hablan. Luego puedes invitarla a ser tu compañera de oración una vez a la semana. Si ella es una amiga escogida para ti, el Señor preparará su corazón de antemano. En lugar de perder a una mala amiga, ambas podrían obtener una que es sabia y piadosa.

Lectura de *La Biblia en un año*

Josué 24:1-33; Lucas 21:1-28; Salmo 89:38-52; Proverbios 13:20-23

Atrévete a ser diligente

Quienes no emplean la vara de disciplina odian a sus hijos.
Los que en verdad aman a sus hijos se preocupan lo suficiente para disciplinarlos.
PROVERBIOS 13:24

Disciplina... ¿Qué es la disciplina? El diccionario dice que es «el entrenamiento que desarrolla el autocontrol, el carácter y el orden». Por lo tanto, la disciplina, ya sea que implique un tiempo fuera o reducción de su mesada o quedarse en casa en vez de ir a un evento divertido, tiene un porqué. La disciplina bíblica no es solo para castigar; es para entrenar a los niños, moldear y guiarlos a alejarse de patrones incorrectos e hirientes para que aprendan a tomar buenas decisiones por sí mismos.

Si eso es cierto, ¿por qué sería que un padre o una madre elegiría no disciplinar? Bueno, creo que es porque es difícil; requiere disciplina de nuestra parte.

Nosotras como mamás a veces sentimos ese pequeño temor de que si no cedemos a los deseos y caprichos de nuestros hijos, incluso cuando hacen berrinches, no nos van a querer.

Algunas piensan que los niños necesitan que sus padres sean compinches. *¡No! ¡No!* Los niños necesitan entrenadores, no habilitadores. Si no hay disciplina cuando golpean a su hermana o mienten a su maestro o roban del mostrador de dulces, no tienen una experiencia negativa para disuadirlos de volver a hacerlo. Se salieron con la suya. Un niño que le miente a su maestro más tarde le mentirá a su jefe o a su esposa.

Así que madres, disciplinen, pero sean cuidadosas y dedíquense a la oración. Pídanle a Dios que les dé el castigo correcto para ese niño por esa ofensa en particular en ese momento. La disciplina no es de una sola talla para todos.

Hazlo personal... ¡Vívelo!

Ser mamá es complicado. Justo cuando crees que ya sabes criar a tus pequeñitos, llegan a la edad de ir a la primaria, y luego son adolescentes, y luego adultos. Pero hay una cosa que siempre puedes hacer por ellos que nunca pasará de moda: puedes orar. Estos dos libros te motivarán a ser una guerrera de oración por tus hijos: *Todo niño necesita una mamá que ora,* por Fern Nichols (fundadora de Madres Unidas para Orar Internacional), y *El poder de los padres que oran,* por Stormie Omartian. La oración conecta los recursos del cielo con nuestras necesidades desesperadas aquí en la tierra.

Oremos

Señor, dame una pasión fresca para preocuparme menos y orar más por mis hijos, confiándotelos a ti.

Lectura de *La Biblia en un año*

Jueces 1:1–2:9; Lucas 21:29–22:13; Salmo 90:1–91:16; Proverbios 13:24-25

La mujer sabia edifica

La mujer sabia edifica su hogar,
pero la necia con sus propias manos lo destruye.

PROVERBIOS 14:1

La mujer sabia edifica. Edificar es construir. Es un proceso constructivo, tomando partes y piezas, para unirlas. Edificar es hacer algo fuerte y saludable. Pero derribar es romper, tumbar, destruir y arruinar.

¿Sabia o necia, una constructora o una derribadora? La pregunta es para cada una de nosotras. ¿Quiénes somos? Y luego, ¿realmente quiénes queremos ser? Esto aplica a mujeres casadas y mujeres solteras, madres y abuelas, ancianas y jóvenes. Tu casa es tu vida, tu hogar, tus relaciones, tu integridad, tu propósito de vivir, tu vida en Cristo y tu testimonio para Cristo. Mientras escribía estas cosas, pensé, *Vaya, estas son las cosas importantes.*

Pieza a pieza, me tuve que hacer las siguientes preguntas sinceramente: *¿He ido derrumbando poco a poco al descuidar una relación importante o dejar que un pequeño dolor persista? ¿He sido necia o testaruda o perezosa? ¿He permitido que algo en mi corazón permanezca sabiendo que no es bueno ni saludable ni agradable a Dios?*

Dos imágenes, dos resultados finales. Cada una involucra no solo una gran elección, sino miles de pequeñas elecciones diarias. Entonces, hija de Dios, ¿ser sabia o ser necia? Esa es la pregunta. Y lo maravilloso es que podemos elegir.

Hazlo personal... ¡Vívelo!

Algunas mujeres cometen el trágico error de echar abajo al padre de sus hijos cuando hablan con ellos o delante de ellos. No se dan cuenta de que esto tira abajo el sentido de valor propio del mismo niño. Recientemente a un hombre en nuestra congregación su hija le dijo que él no estaba invitado a su boda. Aunque los padres tienen veinticinco años divorciados, su mamá se rehusó a dejarlo entregar a su hija en su boda o aun asistir a la boda. Fue una decisión egoísta y necia.

Déjame hacerte una pregunta: ¿Estás derrumbando tu hogar? Si lo estás haciendo, ahora mismo es el momento de hacer una pausa y llevarlo a Dios.

Oremos

Señor, por favor perdóname por la forma en que he sido egoísta y necia y por las veces que he sido destructiva. Sé que puedes restaurar los años que comió la oruga (ver Joel 2:25), así que por favor ayúdame a construir y redimir.

Lectura de *La Biblia en un año*

Jueces 2:10–3:31; Lucas 22:14-34; Salmo 92:1–93:5; Proverbios 14:1-2

No te estreses por el desaseo

Sin bueyes un establo se mantiene limpio,
pero se necesita un buey fuerte para una gran cosecha.

PROVERBIOS 14:4

Siempre me ha encantado este pequeño proverbio práctico. Hace una declaración simple sobre las realidades de la vida.

En primer lugar, si alguna vez has estado donde hay ganado, sabes que dejan un desastre. Es mucho trabajo cuidar a los animales de granja. Tienes que palear estiércol y alimentarlos y ponerles el arnés para el trabajo. Entonces la primera parte del proverbio dice que si no tienes bueyes, no tienes nada que limpiar. Pero, ¿quién va a halar la carreta o el arado?

Bien, entonces, ¿cómo se aplica esto a nosotras? Puedo pensar en muchas aplicaciones. En primer lugar, se aplica a las personas. Mucha gente se queja de otras personas. Algunos dicen: «Bueno, me gustaría encontrar la iglesia perfecta, pero hay demasiadas personas imperfectas allí». Así es. Si pudiéramos deshacernos de todas esas personas, no tendríamos que aspirar las aulas o limpiar los baños. Nunca tendríamos problemas para resolver. No tendríamos que tener reuniones de oración o estudios bíblicos u obras de Navidad. Todas esas cosas son mucho trabajo. De hecho, podríamos tener edificios vacíos sin nadie que haga ningún desastre en ningún lado.

O podríamos darnos cuenta de que nos necesitamos el uno al otro. La gente vale la pena. Necesitamos amarnos los unos a los otros y soportar las cargas de los demás. Niños en los pasillos, huellas de deditos en las puertas... no pasa nada. Todas estas cosas son signos de vida, y sí, valen la pena.

Hazlo personal... ¡Vívelo!

Mamis, cuando tus hijos aún están en casa, no te estreses por las cosas pequeñas; redime el tiempo. Aunque Pam Tebow tiene un título en periodismo, ella escogió quedarse en casa para educar a sus cinco hijos en el hogar. Ella fue fiel al enseñarles a memorizar las Escrituras. Estoy segura de que hubo días en que algunos quehaceres se quedaron sin hacer mientras ella hacía lecciones y comidas y llevaba a los niños a sus partidos deportivos. La familia Tebow llegó a ser foco de atención cuando el hijo menor, Tim, ganó el trofeo Heisman. Cuando Tim Tebow escribió Juan 3:16 sobre sus mejillas, millones de personas lo buscaron en Google para ver qué significaba. Bien hecho, mamá Tebow.

Lectura de *La Biblia en un año*

Jueces 4:1–5:31; Lucas 22:35-53; Salmo 94:1-23; Proverbios 14:3-4

El burlón nunca la encuentra

El burlón busca la sabiduría y nunca la encuentra;
pero para el entendido, el conocimiento es cosa fácil.
PROVERBIOS 14:6

El burlón. ¿Quiénes son los burlones en este mundo, y por qué es que realmente pueden buscar y estudiar, pero la verdadera sabiduría se les escapa? ¿Por qué es así? La riqueza, la inteligencia, la edad o la educación no pueden otorgarte ni madurez ni sabiduría. Nuevamente lo pregunto: ¿por qué es así?

La razón principal es que los burlones se burlan de Dios. Se burlan de los absolutos morales. Se burlan de la Biblia y la llaman no confiable, aunque nunca la hayan leído. Se burlan de su necesidad de un salvador porque se burlan del concepto de pecado. Es interesante que muchos burlones nieguen que hay un cielo o un infierno, pero si se les pregunta a dónde irán cuando mueran, dirán: «Al cielo». Puede ser que tengan una calcomanía en su auto que diga: «Salva a las ballenas» y también una que diga: «Protege el derecho al aborto». *Mmm...* ¿Salvar a una ballena, matar a un bebé? Pero por supuesto esto tiene mucho sentido para ellos. ¿No parece extraño que muchos que rechazan la Biblia escogen un libro con un conglomerado de fábulas de la Nueva Era como *El secreto* y piensan que es profundo? ¿Por qué es así? Porque «el burlón busca la sabiduría y nunca la encuentra».

Entonces, ¿cuál es la verdadera clave para desbloquear los depósitos de sabiduría, conocimiento y discernimiento? El temor del Señor.

Proverbios 9:10 nos dice: «El temor del Señor es la base de la sabiduría. Conocer al Santo da por resultado el buen juicio».

Hazlo personal... ¡Vívelo!

Muchas personas se preguntan por qué no entienden o no disfrutan la Biblia. Leen las palabras, pero no reciben el mismo consuelo y esperanza del cual escuchan a otros hablar. ¿Te sientes así? Primera de Corintios 2:14 nos dice: «Los que no son espirituales no pueden recibir esas verdades de parte del Espíritu de Dios. Todo les suena ridículo y no pueden entenderlo, porque solo los que son espirituales pueden entender lo que el Espíritu quiere decir». La Biblia es un libro espiritual. Jesús nos prometió que el Espíritu Santo nos guiará a toda la verdad. ¿Lo volverás a intentar leyendo el Salmo 95? Antes de hacerlo, haz una pausa, calma tu corazón y pídele al Espíritu Santo que abra la Palabra de Dios y te muestre sus tesoros.

Lectura de *La Biblia en un año*

Jueces 6:1-40; Lucas 22:54–23:12; Salmo 95:1–96:13; Proverbios 14:5-6

27 de abril

El plan prudente

*La sabiduría del prudente está en entender su camino,
mas la necedad de los necios es engaño.*
PROVERBIOS 14:8 (LBLA)

Entender nuestro camino, ¡esa sí es una buena idea! La palabra hebrea para «camino» es *derek*. Significa «ruta, curso de la vida o modo de acción». Incluye nuestros hábitos y estilo de vida. No es solo lo que hacemos día a día. Es cómo lo hacemos, por qué lo hacemos, cuándo lo hacemos y hacia dónde nos lleva.

Esto me hace pensar en una Escritura maravillosa, Salmo 37:23: «El Señor dirige los pasos de los justos; se deleita en cada detalle de su vida».

Me encanta esto. Significa que no tenemos que pensar en nuestros planes solas. El Señor está ofreciendo participar activamente. Es por eso —y no puedo repetirlo suficientes veces— que es una trágica y tonta costumbre desperdiciar un día perfectamente bueno al no comenzar con un tiempo en la Palabra de Dios, a los pies del Señor, hablando con él y dejando que él te hable. A menudo guardo un pequeño cuaderno para hacer una lista de cosas que siento que el Señor me trae a la mente. A menudo surgen cosas que ni remotamente son algo que se me hubiera ocurrido. A veces realmente me hace sonreír, los pequeños desvíos divinos que siento que Dios pone en mi corazón.

Entonces, hija de Dios, en este mundo loco, fuera de curso, al revés, no vivas una vida de aleatoriedad. Reconoce al Señor en todos tus caminos, y él realmente dirigirá tus pasos (ver Proverbios 3:6).

Hazlo personal... ¡Vívelo!

Hoy fue un excelente día para mí. Comencé la mañana pidiéndole a Dios que me ayudara a realizar una lista de cosas que tenía por hacer. Escribí doce cosas que he estado dejando para después por estos últimos quince días. No me permití adelantarme a hacer otras cosas que quería hacer hasta que tachara la última cosa en mi lista.

¿Me acompañas en sacar un cuaderno, tomar un momento, y pedirle al Señor que te ayude a hacer una lista de cosas que han estado molestándote? Luego establece una fecha límite. Realiza la primera. Y sigue hasta que termines la última. Entonces puedes recompensarte con una taza de té y una galleta. Sí, ¡a veces también necesitamos un poco de refuerzo positivo!

Lectura de *La Biblia en un año*

Jueces 7:1–8:17; Lucas 23:13-43; Salmo 97:1–98:9; Proverbios 14:7-8

Hacer las paces

Los insensatos se mofan de la culpabilidad,
pero entre los rectos hay buena voluntad.
PROVERBIOS 14:9 (RVA-2015)

Una vez leí un agudo comentario de un ateo que decía: «Si un cristiano es perdonado por robar una vaca, su vecino todavía se queda sin su vaca».

¡Incorrecto! Espero que nosotras como cristianas realmente no vivamos como este ateo cree que vivimos. Eso estaría mal.

Estoy tan agradecida de que el Señor nos haya perdonado, pagando la pena por la culpa, la presencia y el poder del pecado. Pero de todas las personas, debemos nosotras vivir sin reproche. Siempre que sea posible, debemos pagar nuestras deudas y debemos hacer las paces.

Si tomas prestada la cortadora de césped de tu vecino y se rompe, arréglala. Si tomas prestado el automóvil de alguien, devuélvelo con el tanque de gasolina lleno. Si tomas prestado un huevo, devuélvelo con dos. Si hieres los sentimientos de alguien y lo sabes, no solo pidas a Dios que te perdone, dile a la persona que lo sientes. Pídele también que te perdone. Realmente, es bueno para ti y bueno para ella.

En Texas llaman a esto «reparar vallas». En Misuri lo llaman «enmendar las cosas».

En la Biblia, Jesús lo llamó: «Traten ustedes a los demás tal y como quieren que ellos los traten a ustedes» (ver Mateo 7:12, NVI). Y también se llama «amar a tu prójimo como a ti mismo». Porque «entre los rectos hay buena voluntad».

Hazlo personal... ¡Vívelo!

Bueno, aterricemos bien esta verdad. Los líderes religiosos en el tiempo de Jesús hicieron excusas religiosas por no ayudar a sus padres. Jesús les dijo que eso estaba mal. También podemos involucrarnos tanto en nuestras actividades en la iglesia o con nuestros hijos que descuidamos cosas importantes como «honrar a tu padre y a tu madre». Es un mandato. Si tus padres están envejeciendo, es tu tarea asignada por Dios ayudarlos. Sé que no es fácil, pero Dios no dijo que sería fácil; él solo nos enseñó que eso es lo correcto.

Lectura de *La Biblia en un año*

Jueces 8:18–9:21; Lucas 23:44–24:12; Salmo 99:1-9; Proverbios 14:9-10

Cuando el mal parece el bien

*Delante de cada persona hay un camino que parece correcto,
    pero termina en muerte.*
PROVERBIOS 14:12

Este proverbio podría ser el titular del periódico de hoy. Somos una sociedad de personas que piensan que podemos inventar las reglas sobre la marcha. Pero en realidad, porque estamos violando las leyes de Dios, nos está matando.

Pero ahora apliquemos este proverbio no solo a este mundo externo impío, sino a nuestro propio mundo interno personal. Esto puede sorprenderte, pero siento que el Señor quiere que apliquemos este principio a la amargura. Sí, la amargura. Déjame explicar.

«Hay un camino que parece correcto, pero termina en muerte». De alguna manera (de una manera distorsionada) a veces pensamos que retener la ira, la falta de perdón y la amargura es la manera correcta. Creemos que es correcto porque parece proteger nuestros derechos.

Así es como sucede. Estamos lastimadas o enojadas. Luego alimentamos esa emoción porque alguien hizo mal, y eso *sí* estuvo mal. Entonces lo revivimos una y otra vez. Pero la Biblia nos advierte que esto se convierte en una raíz de amargura que envenena a muchos, y así sucede. Afecta nuestros pensamientos, nuestras personalidades, nuestras relaciones, y porque es desobediencia a Dios, afecta nuestra relación con él.

Así que la moraleja de esto es ser amable, bondadosa, perdonadora así como Dios por el amor a Cristo te perdonó (ver Efesios 4:32). Este es el camino correcto, correcto para nosotras y correcto para los demás.

Hazlo personal... ¡Vívelo!

¿Puedes admitir: «Sí, he permitido que la amargura arruine mi vida»? ¿Te gustaría liberarte de esto? En Lucas 6:27-28, Jesús dio una increíble fórmula. Si de verdad intentas usarla, está garantizado que te dará la victoria.

1. Ama a tus enemigos.
2. Haz el bien a los que te odian.
3. Bendice a los que te maldicen.
4. Ora por los que te lastiman.

Bien, yo encuentro esto imposible de cumplir avanzando de la uno a la cuatro. Así que utilizo esta fórmula pero al revés, es decir, el primer paso de victoria para mí es la número cuatro: orar. Cuando comienzo a orar por la persona, el Señor ablanda mi corazón. Luego él me muestra una forma de bendecir a esa persona, y tarde o temprano encuentro la capacidad de amarla.

Lectura de *La Biblia en un año*

Jueces 9:22–10:18; Lucas 24:13-53; Salmo 100:1-5; Proverbios 14:11-12

Angustia

La risa puede ocultar un corazón afligido.
PROVERBIOS 14:13

Me encanta el tierno reconocimiento de la angustia en este proverbio. Todos somos tan complicados, ¿verdad que lo somos, especialmente como mujeres? Nosotras como mujeres nos ocupamos de más de una cosa a la vez aun con nuestras emociones. Hay muchas mujeres a nuestro alrededor cargando un mundo de angustia encima. Quizás aparenten estar bien en el exterior, pero a veces solo un centímetro debajo de la superficie tienen un corazón roto.

Mi amiga tiene un hijo que ella teme que esté viviendo en la calle. Rara vez pasa una hora de su día sin preocuparse por si él tiene hambre o frío o si está en peligro. Por fuera ella sigue en marcha, va al trabajo, va a la iglesia; pero su corazón arde con dolor.

Otra amiga tiene un esposo alcohólico. La vida en su casa es dura y solitaria. Ella está preocupada por el futuro. Ella entra a la iglesia desapercibidamente, se sienta atrás y canta las canciones, pero por dentro su corazón arde con dolor.

Cuando el cajero es muy lento, o escuchas gritos en el apartamento al lado del tuyo, o tu compañero de trabajo está irritable, no solo respondas con impaciencia o enfado. Quizás, solo quizás, detrás de las máscaras que llevan, solo a un centímetro de profundidad, el corazón de cada persona esté ardiendo con dolor.

Isaías 53:3 nos dice que Jesús fue «hombre de dolores, conocedor del dolor más profundo». Esto me recuerda que cuando él miró en los ojos de la desesperanzada mamá soltera o de la jovencita en dificultades, no solo miró su dolor, sino que lo sintió.

«Señor, por favor dame, danos a nosotras, ojos para ver el dolor y que nos importe lo suficiente para ser una fuente de tu dulce consuelo y esperanza».

Hazlo personal... ¡Vívelo!

¿Te duele el corazón? ¿Puede algo bueno salir del sufrimiento? John Kohlenberger, un erudito dotado, fue diagnosticado con cáncer avanzado. Como erudito, se había mantenido alejado de la gente. Pero su enfermedad transformó sus relaciones. En lugar de contactos superficiales, desarrolló profundos lazos con otros que estaban de igual manera pasando por cáncer. «Lo único que lamento —dijo—, es que tardé cincuenta años en llegar hasta aquí y que tomó tener cáncer para abrirme los ojos». Cáncer, el cuidado de un niño discapacitado o la viudez te ponen en un «club» con los demás que están pasando por dificultades similares. ¿Mirarás a tu alrededor y verás quién necesita que ores por ellos y que les des palabras de consuelo y esperanza?

Lectura de *La Biblia en un año*

Jueces 11:1–12:15; Juan 1:1-28; Salmo 101:1-8; Proverbios 14:13-14

No creas todo

¡Solo los simplones creen todo lo que se les dice!
Los prudentes examinan cuidadosamente sus pasos.
Los sabios son precavidos y evitan el peligro;
los necios, confiados en sí mismos, se precipitan con imprudencia.
PROVERBIOS 14:15-16

Primeramente, nuestro proverbio nos dice que el simplón se cree todo. Aquí encontramos un principio muy importante. Solo porque tienes un pensamiento negativo no significa que te lo tienes que creer. Refuta el pensar demasiado o imaginarte demasiado las cosas.

Chicas, apliquemos esto a esa tendencia necia que tenemos en ocasiones como mujeres, llamada «sacar conclusiones apresuradas». En ocasiones instantáneamente suponemos lo peor. Todas sabemos cómo esto sucede en nuestra cabeza. Tu esposo llega tarde del trabajo, tu amiga te cancela una salida a comer. No recibes una tarjeta en el Día de la Madre. Y sacas conclusiones apresuradas. Supones que a nadie le importas.

Así que, en segundo lugar, los prudentes sí examinan sus pasos. No son impulsivos o insensatos. Cuando te das cuenta de que has llegado a una conclusión negativa apresurada, intenta esto: llévalo al Señor. Pídele que te dé perspectiva. Pídele que te muestre lo que es verdadero y que te dé la gracia y la sabiduría para responder sabiamente. Un momento de oración puede salvarte de horas de ansiedad. Estarás asombrada de qué tan rápido el Señor ablanda tu perspectiva y te brinda paz al orar. Otros estarán sorprendidos al ver que se llevan mejor contigo, y eso es algo muy bueno.

Hazlo personal... ¡Vívelo!

Continuemos con el tema «los simplones creen todo lo que se les dice». No solo creemos lo negativo acerca de otros, pero también en ocasiones creemos cosas negativas de nosotras mismas. ¿Alguna vez has pensado *Nunca podré cambiar* o *Nunca lograré ser perdonada completamente por mi pasado*? ¿Te preocupas y crees que lo peor sucederá? ¿Piensas que a Dios no le importas? Estas son mentiras; no las creas. Herbert Lockyer, autor de *All the Promises of the Bible* (Todas las promesas de la Biblia), calculó que existen más de ocho mil promesas en las Escrituras. Tienes que convertirte en una «creyente de promesas». He aquí algunas para que las busques, las escribas y las creas con todo tu corazón:

- ¿Te sientes sola? Hebreos 13:5
- ¿Fatigada? Gálatas 6:9
- ¿En necesidad de provisión? Salmo 37:25; Filipenses 4:19
- ¿Temerosa? Salmo 23:4; Isaías 41:10

Lectura de *La Biblia en un año*

Jueces 13:1–14:20; Juan 1:29-51; Salmo 102:1-28; Proverbios 14:15-16

Enojarse fácilmente

Los que se enojan fácilmente cometen locuras,
y los que maquinan maldad son odiados.
PROVERBIOS 14:17

Enojarse fácilmente. Otra forma de decirlo es «ser geniuda» o «estar de mal humor».

Chicas, ¿tus hijos en algunas ocasiones dicen de ti: «Oh, ya conoces a mi mamá. Está de un humor»? Esto significa, «No te le acerques. Tal vez salgas herido». Una madre que se enoja fácilmente le grita a su hijo en el supermercado. Lo manotea en su enojo. Le dice palabras crueles y degradantes. Una esposa que se enoja fácilmente le echa la bronca a su esposo enfrente de los niños o enfrente de otros. Si el esposo pierde las llaves o da una vuelta equivocada, ella le dice: «¿No puedes hacer nada bien?». No, mujer necia. Tú eres la que no lo está haciendo bien. Tu comportamiento está totalmente fuera de lugar y es necedad.

La segunda parte de este proverbio dice que los que maquinan maldad —los taimados— son odiados. ¿Qué significa esto? Bueno, ser taimado es ser engañoso, artero. Esto incluye el hacer comentarios maliciosos y pequeños insultos o socavando a otros.

Ya sé. Todo esto suena como que estoy siendo muy dura y criticona con las mujeres que son duras y criticonas. Pues sí, así es.

El punto es que a menos que veamos estas cosas por lo que son en nosotras mismas, siempre nos quedaremos cortas de ser quien el Señor nos creó para ser. Siempre recuerda: fuimos creadas para ser mujeres de honor y gracia, reflejando su carácter de amor a otros.

Hazlo personal... ¡Vívelo!

¿Cómo es alguien que se enoja fácilmente? Impaciente. Un día me di cuenta de que estaba muy impaciente. Me tuve que preguntar por qué. Honestamente, me di cuenta inmediatamente de que era puro egoísmo. Yo solo pensaba en lo que yo necesitaba y lo que yo quería lograr y eso hacía que los asuntos de otras personas disminuyeran en importancia. ¡Ay! ¿Has sido enojona o impaciente? ¿Echas humo por dentro o te desahogas?

Oremos

Señor, cuando lleguen esos momentos, cuando se levanta mi impaciencia, controla mi corazón. Ayúdame a ver que tal vez estoy haciendo una montaña de un grano de arena. Ayúdame a respirar profundamente, calmarme y entregarte a ti la situación.

Lectura de *La Biblia en un año*

Jueces 15:1–16:31; Juan 2:1-25; Salmo 103:1-22; Proverbios 14:17-19

Bondad a los pobres

A los pobres hasta sus vecinos los desprecian,
mientras que a los ricos les sobran «amigos».
Denigrar al prójimo es pecado;
benditos los que ayudan a los pobres.

PROVERBIOS 14:20-21

El proverbio de hoy contiene dos partes. La primera nos muestra como suele suceder pero la segunda nos muestra como debería de ser.

Cuando Jesús nos enseñó sobre la vida, habló sobre vida en abundancia y después aclaró la definición de *abundancia*. Él enseñó que la vida dadivosa es una vida rica.

Primera de Juan 3:17-18 dice: «Si alguien tiene suficiente dinero para vivir bien y ve a un hermano en necesidad pero no le muestra compasión, ¿cómo puede estar el amor de Dios en esa persona? Queridos hijos, que nuestro amor no quede solo en palabras; mostremos la verdad por medio de nuestras acciones».

Así es como Jesús describe una maravillosa escena en Mateo 25:31, 34-40: «Cuando el Hijo del Hombre venga en su gloria [...], entonces se sentará sobre su trono glorioso. [...] Entonces el Rey dirá [...]: "Vengan, ustedes, que son benditos de mi Padre, hereden el reino preparado para ustedes desde la creación del mundo. Pues tuve hambre, y me alimentaron. Tuve sed, y me dieron de beber. Fui extranjero, y me invitaron a su hogar. Estuve desnudo, y me dieron ropa. Estuve enfermo, y me cuidaron. Estuve en prisión, y me visitaron". Entonces esas personas justas responderán: "Señor, ¿en qué momento [hicimos tales cosas]?". Y el Rey dirá: "Les digo la verdad, cuando hicieron alguna de estas cosas al más insignificante de estos, mis hermanos, ¡me lo hicieron a mí!"».

Hazlo personal... ¡Vívelo!

Mateo 25 nos muestra que en la eternidad habrá una gran ceremonia de premiación. Pero a diferencia de los Premios de la Academia, no será para los ricos y famosos. Yo pienso que todos nos sorprenderemos de que algunos de los grandes logros, supuestamente monumentales solo obtendrán mención honorífica. Los actos de bondad pequeños, callados, tiernos y compasivos recibirán agradecimientos personales del Rey de reyes. Yo quiero oír eso, ¿y tú?

Oremos

Señor, perdóname cuando menosprecio a los pobres. No me permitas perder los momentos que me rodean para tocar la vida de alguien con bondad, para suplir una necesidad o aliviar una carga. En tu nombre y para tu voluntad, amén.

Lectura de *La Biblia en un año*

Jueces 17:1–18:31; Juan 3:1-21; Salmo 104:1-23; Proverbios 14:20-21

Es fácil hablar

Si trabajas duro, sacarás provecho,
    pero si no haces más que hablar sólo tendrás miseria.
PROVERBIOS 14:23 (PDT)

En resumidas cuentas: es fácil hablar. Podemos aplicar esto a cada faceta de nuestra vida. Déjame decirte que existe virtud y provecho al hacer nuestro mejor esfuerzo, ir un kilómetro extra. El arrastrarnos, el posponer las cosas, decir que todo es una lata es simplemente una mala manera de vivir.

Así que déjame preguntarte: ¿Existen tres áreas en tu vida que deseas mejorar? ¡En la mía también! Es tiempo de hacer una limpieza profunda: así que vamos a escribirlas, y vamos a trabajar, porque es fácil solo hablar.

¿Tienes un clóset que necesitas organizar? Escríbelo. Determina una fecha: «El próximo sábado organizar el clóset de la entrada». No lo pospongas. Hazlo. Te encantarán los resultados porque «el trabajo trae ganancias».

Tal vez necesitas una limpieza profunda en una relación. No lo pospongas. Pídele al Señor que te dé un paso tangible para poder construir un puente con alguien. En ocasiones es difícil ser la primera en dar ese paso, pero recuerda: nuestro proverbio de hoy dice: «Si trabajas duro, sacarás provecho».

¿Y qué tal una limpieza profunda en tu vida espiritual? ¿Cómo te parece despejar un hábito negativo? ¿Por qué no leer un salmo al día por una semana? Sabes lo que dicen: «Si hay polvo encima de tu Biblia, hay suciedad en tu vida».

Sin embargo, si trabajas duro, sacarás provecho.

Hazlo personal… ¡Vívelo!

¿Sabías que en la mayoría de las iglesias el 10% de las personas hace el 90% del trabajo? Si tú no estás involucrada en servir de alguna manera en tu iglesia, lo más probable es que no te sientas muy conectada. No existe mejor manera de construir amistades profundas y duraderas dentro del cuerpo de Cristo que arremangarte y unirte a la obra. Existen miles de pequeños trabajos que se necesitan hacer. Ofrécete de voluntaria para ayudar con las preparaciones de la escuela dominical. Únete al equipo de limpieza o al equipo de hospitalidad que prepara el café; visita los hospitales o sé parte de la cadena de oración. Recuerda: si trabajas duro, sacarás provecho.

Lectura de *La Biblia en un año*

Jueces 19:1–20:48; Juan 3:22–4:3; Salmo 104:24-35; Proverbios 14:22-24

Un testigo verdadero

*El testigo veraz salva vidas,
   pero el testigo falso es un traidor.*
PROVERBIOS 14:25

Este es un proverbio sobrio y serio, pero a su vez, conmovedor. Por un lado, nos dice que una de las razones por las cuales las personas son engañadas es porque creen todo tipo de locuras y cosas destructivas que les dicen los que les mienten. ¡Es cierto! A mí me encanta cuando existe un diagnóstico claro y fácil de entender.

Esto es lo que Pablo escribió en 1 Timoteo 4:1-2: «El Espíritu Santo nos dice claramente que en los últimos tiempos algunos se apartarán de la fe verdadera; seguirán espíritus engañosos y enseñanzas que provienen de demonios. Estas personas son hipócritas y mentirosas, y tienen muerta la conciencia».

Por otro lado, nuestro proverbio de hoy nos dice que un testigo veraz salva vidas. En Hechos 20:26-27, Pablo nos dice: «Declaro hoy que he sido fiel. Si alguien sufre la muerte eterna, no será mi culpa, porque no me eché para atrás a la hora de declarar todo lo que Dios quiere que ustedes sepan».

¿Hay alguien cuya alma te importa mucho? Jesús dijo que la verdad es lo que libera a las personas (ver Juan 8:32). ¿Orarás en este momento sobre enviarles un evangelio de Juan, enviarles un correo electrónico con un verso como Juan 3:16 o decirles que quisieras compartir tu testimonio con ellos en algún momento?

A fin y al cabo, un testigo veraz salva vidas.

Hazlo personal... ¡Vívelo!

Primera de Pedro 3:15-16 nos dice: «Si alguien les pregunta acerca de la esperanza que tienen como creyentes, estén siempre preparados para dar una explicación; pero háganlo con humildad y respeto».

¿Tienes miedo de compartir tu fe? ¿No sabes dónde comenzar? Bill Fay escribió un libro llamado *Share Jesus without Fear (Testifica sobre Jesús sin temor)*. Él sugiere iniciadores de conversación que he utilizado para comunicarme con extraños en aviones, telesillas, hospitales, en todos lados. Mi pregunta favorita es «¿Tienes alguna creencia espiritual?». Es curioso: las personas podrán pausar por un momento, pero después proceden a comentarme lo que piensan. Si prestas atención cuidadosamente y en oración, sabrás cómo debes proseguir. Has roto el hielo.

Lectura de *La Biblia en un año*

Jueces 21:1—Rut 1:22; Juan 4:4-42; Salmo 105:1-15; Proverbios 14:25

Confianza firme

Los que temen al SEÑOR están seguros;
  él será un refugio para sus hijos.
PROVERBIOS 14:26

En otras palabras, los que tienen una reverencia asombrosa por Dios el Padre, Jehová, están a salvo y seguros y son valientes, no porque tienen confianza en sí mismos, pero porque tienen un asombro y una confianza inmovible en el Dios que los ama.

Romanos 8:15-17 nos recuerda: «Y ustedes no han recibido un espíritu que los esclavice al miedo. En cambio, recibieron el Espíritu de Dios cuando él los adoptó como sus propios hijos. Ahora lo llamamos "Abba, Padre". Pues su Espíritu se une a nuestro espíritu para confirmar que somos hijos de Dios. Así que como somos sus hijos, también somos sus herederos. De hecho, somos herederos junto con Cristo de la gloria de Dios».

Recientemente vi un video en YouTube con Michael W. Smith dirigiendo una multitud de personas para cantar «Mi Dios poderoso es». Una y otra vez cantaban la misma estrofa. Mientras miraba los rostros, cada adorador parecía perderse en un lugar muy profundo. Los ojos estaban cerrados; las manos estaban levantadas. Fortaleza y paz parecían envolver a todos. Quizás tú también necesitas reflexionar en estas palabras y dejar que bañen tu alma para darte confianza y esperanza.

Mi Dios, majestuoso Dios del cielo
Gobierna él con gloria, poder y amor
Mi Dios majestuoso es

Hazlo personal... ¡Vívelo!

Nuestro proverbio de hoy habla acerca de la confianza firme y un lugar de refugio. Si te encuentras luchando en contra del temor, estas palabras son justo lo que necesitas. A menudo pensamos que nunca tendremos paz y confianza al menos que cambien nuestras circunstancias y se resuelvan nuestros problemas. Pero como se ha dicho, la paz no es la ausencia de los problemas, es la presencia de Dios. Jesús dijo: «Aquí en el mundo tendrán muchas pruebas y tristezas; pero anímense [ármense de valor; tengan confianza, seguridad y no se desanimen], porque yo he vencido al mundo [lo he privado del poder para hacerte daño y lo he conquistado por ti]» (Juan 16:33). Esas son palabras bastante fuertes, dichas por un Salvador muy fuerte. ¿Confiarás en él? ¿Permitirás que te dé paz?

Lectura de *La Biblia en un año*

Rut 2:1–4:22; Juan 4:43-54; Salmo 105:16-36; Proverbios 14:26-27

7 de mayo

Descarga tus armas

Los que tienen entendimiento no pierden los estribos;
los que se enojan fácilmente demuestran gran necedad.
PROVERBIOS 14:29

La ira es una llamarada. En el Viejo Oeste de Estados Unidos le llamaban a esto tener un dedo para el gatillo. Primero dispara; luego pregunta. Chicas, esto es lo que sucede cuando tienes un arma cargada. Así que sondeemos el asunto verdadero: la ira dentro de ti.

La verdadera causa oculta, si somos sinceras, es enojo sin resolver, enojo implacable. Si tú tienes enojo que no has resuelto, es como lava fundida dentro de un volcán inactivo. Tal vez piensas que solo porque se ha enfriado, está contenido. Pero si te lastimas fácilmente o te irritas rápidamente o te ofendes fácilmente o te enojas rápidamente, tal vez necesitas reconsiderar cuál es el meollo del asunto. Recuerda, «los que tienen entendimiento no pierden los estribos». Entendiéndonos a nosotras, podemos tomar la responsabilidad, y podemos llevarlo a la cruz. El enojo sin resolver pudo haber comenzado con el pecado de otro, pero ahora se ha vuelto pecado en ti. Cuando somos sinceras, podemos ser sanadas. «Si confesamos nuestros pecados a Dios, él es fiel y justo para perdonarnos nuestros pecados y limpiarnos de toda maldad» (1 Juan 1:9).Y esto, amiga mía, es descargar tus armas.

Hazlo personal... ¡Vívelo!

La definición de *ira* es «rabia violenta, furia, cualquier acción llevada a cabo con gran enojo». Si creciste en un hogar lleno de enojo, sabes exactamente como se ve eso. Un poco peor, conoces como se siente. Lo siento mucho. Como una niña pequeña, sabías que no estaba bien. Leyes fueron dadas en el libro de Levítico para gobernar el pueblo de Dios. Fue un sistema legal que tenía cero tolerancia hacia la crueldad. Dios odia que el inocente sufra. El pecado es la fuente de toda la crueldad y sufrimiento en el mundo. Es por ello que Dios odia el pecado: porque te ama. Al acostarte esta noche, que el Dios de consuelo lave todas tus memorias y sane el dolor de tu pasado.

«Tu promesa renueva mis fuerzas; me consuela en todas mis dificultades» (Salmo 119:50).

Lectura de *La Biblia en un año*

1 Samuel 1:1–2:21; Juan 5:1-23; Salmo 105:37-45; Proverbios 14:28-29

Envidia

La paz en el corazón da salud al cuerpo;
los celos son como cáncer en los huesos.
PROVERBIOS 14:30

Envidia, esa malvada sinvergüenza. Envidia dispara a otros y se hiere a sí misma.

Me encanta lo que Henrietta Mears dijo: «La persona que se mantiene ocupada ayudando al que está por debajo no tendrá tiempo para envidiar al que tiene arriba».

Déjame contarte una historia triste. Leonardo da Vinci fue el artista más celebrado de Italia. Se le pidió que presentara bocetos para las decoraciones del gran salón de Florencia. A un poco conocido y joven artista de ese tiempo, Miguel Ángel, se le pidió que también presentara bocetos.

Los bocetos de Leonardo fueron magníficos, en consonancia con su genio. Pero cuando los concejales vieron los bocetos de Miguel Ángel, hubo expresiones de asombro y entusiasmo. La noticia de esto llegó a Leonardo. También escuchó que alguien dijo: «Leonardo se está volviendo viejo». Tristemente, Leonardo nunca pudo sobreponerse a esto. Sus años restantes fueron nublados con tristeza y dolor.

Cuando leí esto, quería decir: «¡Nooooooo!». Pero es verdad. Filipenses 2:3-4 nos da el bello antídoto: «No sean egoístas; no traten de impresionar a nadie. Sean humildes, es decir, considerando a los demás como mejores que ustedes. No se ocupen solo de sus propios intereses, sino también procuren interesarse en los demás».

Hazlo personal... ¡Vívelo!

El columnista Charley Reese escribió: «Si la malicia o la envidia fueran tangibles y tuvieran una forma, sería la forma de un bumerán». Esa es una buena imagen. Ahora vamos a conectarlo con palabras positivas: «Si la bondad o la generosidad fueran tangibles y tuvieran una forma, sería la forma de un bumerán». Esta versión es igualmente cierta. La Biblia enseña que cosechas lo que siembras. Así que no dejemos que nos derrote la actitud mezquina y de corazón pequeño, propia de la envidia. Cuando asoma su cara verde espeluznante en tus pensamientos, sé proactiva. La mejor arma es hablar con amabilidad acerca de la persona que envidias y rápidamente elegir levantar tu actitud hacia Dios. Niégate a entretener un pensamiento envidioso, y aquel pensamiento perderá su poder.

Oremos

Oh Señor, por favor detenme de prisa cuando se levante la envidia. Dame la victoria para resistir y conquistar con el bien.

Lectura de *La Biblia en un año*

1 Samuel 2:22–4:22; Juan 5:24-47; Salmo 106:1-12; Proverbios 14:30-31

Una perspectiva eterna

Los perversos son aplastados por el desastre,
pero los justos tienen un refugio cuando mueren.
PROVERBIOS 14:32

En ocasiones la vida se vuelve difícil y podemos ser tentadas a preguntarnos: ¿vale la pena? ¿Vale la pena resistir el mal y buscar primeramente el reino de Dios y su justicia? Si en este momento te encuentras cansada, tomemos un vistazo hacia las promesas maravillosas que nos regala Dios para nuestro futuro.

Pablo dijo en Romanos 8:18: «Sin embargo, lo que ahora sufrimos no es nada comparado con la gloria que él nos revelará más adelante». Como dice nuestro proverbio, cuando mueren, los justos tienen un refugio. Jesús dijo en Juan 14:2-3: «En el hogar de mi Padre, hay lugar más que suficiente. Si no fuera así, ¿acaso les habría dicho que voy a prepararles un lugar? Cuando todo esté listo, volveré para llevarlos, para que siempre estén conmigo donde yo estoy».

El apóstol Juan reportó: «Entonces vi un cielo nuevo y una tierra nueva, porque el primer cielo y la primera tierra habían desaparecido [...]. "¡Miren, el hogar de Dios ahora está entre su pueblo! Él vivirá con ellos, y ellos serán su pueblo. Dios mismo estará con ellos. Él les secará toda lágrima de los ojos, y no habrá más muerte ni tristeza ni llanto ni dolor. Todas esas cosas ya no existirán más"» (Apocalipsis 21:1, 3-4).

Como dice el antiguo himno: «El cielo es un lugar maravilloso, lleno de gloria y de gracia. Voy a ver el rostro de mi Salvador, porque el cielo es un lugar maravilloso».

Hazlo personal... ¡Vívelo!

Una perspectiva eterna no es una imagen de «castillos en el cielo» o ilusiones. El cielo es un lugar real. Las alegrías que nos esperan allá superarán por mucho las dificultades y los dolores que enfrentamos en la tierra. Como Amy Carmichael dijo, tenemos toda una eternidad para disfrutar nuestras recompensas y solo poco tiempo para ganarlas.

Oremos

Oh Señor Dios, ayúdame a redimir el tiempo y ser una buena administradora de todo lo que me has dado en la tierra. Que mis pruebas me recuerden a agarrarme ligeramente de este mundo y anhelar el día de tu regreso para llevarme a casa a estar contigo.

Lectura de *La Biblia en un año*

1 Samuel 5:1–7:17; Juan 6:1-21; Salmo 106:13-31; Proverbios 14:32-33

El pecado deshonra a una nación

La justicia engrandece a la nación,
pero el pecado es la deshonra de cualquier pueblo.
PROVERBIOS 14:34

Mi primer viaje a una antigua nación comunista fue a Bulgaria en 1993. Me sorprendió lo receptiva que era la gente y lo felices que estaban de conocer estadounidenses. Pero también recuerdo lo triste que era ver que los carteles de Madonna y las revistas pornográficas eran las importaciones más recientes de los Estados Unidos. Me sentí avergonzada. Fue una deshonra para una nación que una vez fue fundada en principios piadosos.

Entonces, ¿qué va a pasar con nosotros como nación? No se puede mirar ni siquiera una faceta de nuestra sociedad que no esté en problemas por una gran razón: el pecado.

El Dr. Ironside lo dijo muy claramente en su comentario sobre este proverbio: «La historia no es más que la ilustración perpetua de lo que aquí se declara. Las naciones, al igual que los individuos, son juzgadas de acuerdo con sus costumbres. Ningún país que abandonó el camino de la justicia nacional ha prosperado durante mucho tiempo. Cuando el orgullo y la vanidad, junto con la codicia y la crueldad, han estado en ascenso, la hora de la humillación no estaba muy lejos».

La justicia enaltece a una nación; así que personalmente sigamos el camino claro y sencillo de Dios hacia la restauración: «Si mi pueblo, que lleva mi nombre, se humilla y ora, busca mi rostro y se aparta de su conducta perversa, yo oiré desde el cielo, perdonaré sus pecados y restauraré su tierra» (2 Crónicas 7:14).

Hazlo personal... ¡Vívelo!

Las soluciones económicas, las maniobras políticas y los programas sociales no son la respuesta a los problemas de una nación en crisis. Nunca lo han sido y nunca lo serán. En la lectura de hoy de *La Biblia en un año* de 1 Samuel, el pueblo se acercó al profeta Samuel y le dijo: «Danos un rey para que nos juzgue así como lo tienen las demás naciones» (1 Samuel 8:5). Dios les dio un hombre alto y guapo: Saúl. Pero Saúl era débil espiritual y éticamente. La nación sufrió. ¿Cambiarás tu esperanza y energía al único programa que sí puede hacer que nuestra nación sea grandiosa de nuevo? ¿Te humillarás, buscarás el rostro de Dios, te arrepentirás verdaderamente y orarás? ¿Orarás con tu familia? ¿Orarás con tus amigas? ¿Orarás a nuestro gran Dios para sanar nuestra gran tierra?

Lectura de *La Biblia en un año*

1 Samuel 8:1–9:27; Juan 6:22-42; Salmo 106:32-48; Proverbios 14:34-35

Una respuesta suave

La respuesta apacible desvía el enojo,
pero las palabras ásperas encienden los ánimos.

PROVERBIOS 15:1

De verdad, de verdad, me encanta este proverbio. ¡Es simplemente brillante! Es una de esas verdades que, una vez que la captas, puede ayudarte por el resto de tu vida.

Una *respuesta apacible* es una respuesta suave. Peter Marshall oró: «Oh Dios, cuando estoy equivocado, hazme fácil de cambiar y cuando tengo la razón, hazme de trato fácil». Esa es una muy buena oración para nosotras.

Mi abuela solía decir: «Puedes atraer más abejas con miel que con vinagre».

Creo que, en la mayoría de los casos, una respuesta suave es una respuesta corta. En una situación incómoda o tensa, menos es más. Es semejante a la afirmación: «¿Qué tal si libraron una guerra, y nadie apareció?». Cuando alguien dice algo que pueda suscitarte, no muerdas el anzuelo. Envía una oración de flecha: pídele rápidamente al Señor que te dé gracia, sabiduría y gentileza para continuar navegando sin más agitación. *Señor, ayúdame a ser un instrumento de tu paz, y ayúdame a morderme la lengua y a mantener la boca cerrada.*

Hice una lista de cuatro respuestas suaves. Intenta usarlas. Dilas suave y sinceramente y ve si no te son útiles.

- Di: «Lo siento. Por favor, perdóname».
- Di: «Gracias. Muchas gracias».
- Di: «¿Cómo puedo ayudar? ¿Qué puedo hacer?».
- A la gente le encanta cuando uno pregunta: «Dime, ¿qué opinas?».

Hazlo personal... ¡Vívelo!

Acabo de recibir un correo electrónico muy desagradable. ¡Uyyyy! Mi primera reacción fue presionar el botón de respuesta y escribir exactamente lo que yo pensaba. Pero antes de enviarlo, me detuve y oré: «Oh Señor, esto duele. Necesito contestar estas duras palabras, ¿cierto? ¿No debería tratar de explicar mi lado?». Podía sentir una respuesta sencilla y directa a mi corazón: «No, no va a ayudar. Ellos no quieren escuchar en este momento». Sé que es verdad. Así que, por la gracia de Dios, lo dejaré en sus manos. ¿Y tú? La próxima vez que te sientas con prisa para responder a un correo electrónico crítico, ¿esperarás y orarás antes de presionar el botón de enviar? No te arrepentirás de las palabras duras si no las escribes.

Lectura de *La Biblia en un año*

1 Samuel 10:1–11:15; Juan 6:43-71; Salmo 107:1-43; Proverbios 15:1-3

Palabras de vida

Las palabras suaves son un árbol de vida.
PROVERBIOS 15:4

Vivimos en un mundo dolido y herido. Jesús vivió rodeado de un mundo dolido también. Simplemente me encanta aquel día que entró en la sinagoga, levantó el rollo de Isaías y leyó estas palabras: «El Espíritu del Señor está sobre mí, porque me ha ungido para llevar la Buena Noticia a los pobres. Me ha enviado a proclamar que los cautivos serán liberados, que los ciegos verán, que los oprimidos serán puestos en libertad» (Lucas 4:18).

Este es nuestro mensaje también. Tenemos palabras de esperanza para un mundo perdido y moribundo. Sí, las tenemos.

Se nos ha dado el ministerio de la reconciliación. Así que tenemos que hablar. Ya paso ahora de los sesenta, y ¿sabes qué? Me encanta. Siento que puedo, sin reservas, acercarme a alguien —un desconocido total que se ve triste— y decirle con plena confianza que Dios lo ama. Puedo darle un Evangelio de Juan y decirle con plena confianza que puede cambiar su vida. Puedo hablar con una mujer joven luchando con el pecado y con plena confianza decirle que el pecado destruirá su vida. Con la rendición, Cristo puede liberarlos. Las palabras tienen poder.

En nuestro ministerio comenzamos a ir a orfanatos en Rusia. Nos encanta llevar regalos y manualidades y divertirnos con los niños. Pero también siento que es vital hablar con ellos acerca de las maravillosas promesas de Dios que se encuentran en la Palabra de Dios. Porque «las palabras suaves son un árbol de vida».

Hazlo personal... ¡Vívelo!

¿Necesitas sanidad? La vida puede ser muy dolorosa. Necesitas palabras que te traigan consuelo y esperanza. Permíteme recomendar tres libros que te darán perspectiva y ánimo. El primero fue escrito por Philip Yancey: *Dónde está Dios cuando duele*. Otro libro que recientemente descubrí es *Grieving the Loss of Someone You Love* (Lamentando la pérdida de un ser querido) por Raymond R. Mitsch y Lynn Brookside. El tercero, por supuesto, es el libro de los Salmos.

Lectura de *La Biblia en un año*

1 Samuel 12:1–13:23; Juan 7:1-30; Salmo 108:1-13; Proverbios 15:4

Tesoro verdadero

En la casa del justo hay tesoros,
*   pero las ganancias del perverso le acarrean dificultades.*
PROVERBIOS 15:6

Isaías 33:6 nos dice: «En aquel día, él será tu cimiento seguro, y te proveerá de una abundante reserva de salvación, sabiduría y conocimiento; el temor del SEÑOR será tu tesoro».

Hace cinco años, el símbolo de estatus era un automóvil nuevo y una casa grande a toda costa, pero acabo de enterarme de que el nuevo símbolo de estatus es estar libre de deudas. Es curioso cómo cambian los tiempos. Me alegra que sea hora de reconsiderar las definiciones de *rico* y *tesoro*.

Déjame contarte una pequeña historia que leí en *Chicken Soup for the Woman's Soul* (*Sopa de pollo para el alma de la mujer*). Una mujer sabia viajaba por las montañas y encontró una piedra preciosa en un arroyo. Al día siguiente, conoció a otro viajero, que estaba hambriento. La mujer sabia abrió su bolsa para compartir su comida. El viajero hambriento vio la piedra preciosa en el bolso de la mujer sabia, la admiró y le pidió que se la diera. La mujer sabia lo hizo sin dudarlo. El viajero se fue, regocijándose porque sabía que la joya valía lo suficiente como para darle seguridad por el resto de su vida. Pero unos días más tarde regresó, en busca de la mujer sabia. Cuando la encontró, le devolvió la piedra y dijo: «He estado pensando. Sé lo valiosa que es esta piedra, pero te la devuelvo con la esperanza de que puedas darme algo mucho más precioso. Si puedes, dame lo que tienes dentro de ti que te permitió darme esa piedra».

Esta pequeña historia redefine la definición de *tesoro*.

Hazlo personal... ¡Vívelo!

«En la casa del justo hay tesoros». ¿Cuáles son tus tesoros más valiosos? Tengo varias amigas que tienen Biblias amadas, gastadas y raídas. Tienen cientos de notas escritas en los márgenes y aun algunas manchas de lágrimas en las páginas. Han escrito el nombre de uno de sus hijos en específico dentro de la cubierta para que esa Biblia le llegue a ese hijo cuando la mamá muera. Si tienes hijos o nietos, esta es una maravillosa tradición. ¿Invertirás tu labor y amor en las cosas que te sobrevivirán?

Lectura de *La Biblia en un año*

1 Samuel 14:1-52; Juan 7:31-53; Salmo 109:1-31; Proverbios 15:5-7

Deleite en oración

El Señor detesta el sacrificio de los perversos,
pero se deleita con las oraciones de los íntegros.
PROVERBIOS 15:8

«El Señor detesta el sacrificio de los perversos». Son palabras bastante fuertes. ¿Entonces por qué? ¿Por qué lo detestaría? Un sacrificio sería algo dado supuestamente para la honra de Dios. Pero para que él lo deteste, debe haber algo mal. Tal vez hay condiciones asociadas. Tal vez es un encubrimiento para el pecado no arrepentido, una intención oculta. ¿O realmente no fue dado a Dios en absoluto, sino para que el dador fuera honrado, como los hipócritas? Jesús dijo: «Les digo la verdad, no recibirán otra recompensa más que esa» (Mateo 6:2). Entonces, aunque dieran un millón de dólares, si lo único que deseaban era un aplauso de los demás, nunca obtendrían ningún aplauso del cielo. Por otro lado, podría sorprenderlos a ellos y a ti que al Señor simplemente le encanta cuando oramos. ¡Qué cosa!

Entonces tal vez desearías poder hacer grandes cosas para Dios. Tal vez sientes que eres pequeña e insignificante. Tal vez desearías que tu cheque de diezmo fuera más grande. No te preocupes, «porque Dios ama a la persona que da con alegría» (2 Corintios 9:7), y él bendice nuestros dones y esfuerzos. Pero la verdad es que él no los necesita. Eres tú a quien él está buscando. Es por eso que le encanta cuando vienes a él en oración. A él le encanta cuando le hablas, cuando le pides su opinión, cuando lo buscas por fortaleza y consuelo. Él ama la oración, porque te ama a ti.

Hazlo personal... ¡Vívelo!

Creo que Dios está llamando a su pueblo a volver a ser personas de oración. ¿Tienes compañeras de oración con las que oras regularmente? ¿Vas a las reuniones de oración en tu iglesia? ¿Tomas un momento en tu día para estar sola con el Señor y orar? Algunas personas piensan que las oraciones son los dones que le damos a Dios. Pero en realidad, la oración es el regalo que nos da él. ¿Aquietarás tu corazón ahora mismo? Me encanta ponerme de rodillas; me ayuda a poner todo mi ser en una posición de reverencia ante él. ¿Invocarás a tu Padre que está en el cielo y pondrás todas tus preocupaciones y ansiedades en las manos de Dios ahora mismo?

Lectura de *La Biblia en un año*

1 Samuel 15:1–16:23; Juan 8:1-20; Salmo 110:1-7; Proverbios 15:8-10

La sombra de muerte

Ni la Muerte ni la Destrucción ocultan secretos al Señor,
    ¡mucho menos el corazón humano!
PROVERBIOS 15:11

No sé si hay algo más misterioso para nosotros como mortales que la muerte.

Hace unos años visité a una mujer en Australia a la que le quedaban pocas semanas de vida, y ella lo sabía. Mientras charlábamos, le pregunté: «Carmen, ¿sabes lo que sucede un minuto después de que mueres?».

Ella dijo: «No tengo idea».

Aquí ella estaba tan cerca de la eternidad, y sin embargo, era un misterio total.

Nunca he estado tan contenta de poder abrir la Palabra de Dios en ese mismo momento y leerle la descripción del cielo. Después leí y le expliqué cómo podía ir allí. Luego le hice la pregunta: «Carmen, ¿hay algo que te impide decir que sí al regalo de salvación de Dios en este momento? ¿Te gustaría decir que sí, pedir perdón por tus pecados y recibir al Salvador en tu corazón?».

Ella dijo que sí. La muerte y la destrucción habían yacido delante de ella, pero ella eligió la vida.

Nunca olvidaré ese día con Carmen. Ella murió físicamente unas semanas más tarde, pero el Señor conocía su corazón. Sabía que lo que ella más necesitaba no eran unos pocos días más en esta tierra. Ella necesitaba un Salvador.

Quizás al leer esto hoy, necesitas saber que el Señor también conoce tu corazón, y él te ama con un amor eterno.

Hazlo personal... ¡Vívelo!

La muerte es un misterio para todos nosotros. Como Carmen, muchos no tienen ni idea lo que les espera del otro lado de ese velo delgado que separa a esta vida de la eternidad. El temor de la muerte persiste en los pensamientos de muchas personas. Si alguien a quien amas tiene una enfermedad terminal o ha muerto, o si tú tienes una enfermedad grave, solo las palabras poderosas y vivas de Dios pueden quitar tu dolor. ¿Abrirás al Salmo 23 y lo leerás en voz alta? Mientras lo haces, imagina al Señor caminando contigo en medio del dolor. «El Señor es mi pastor; tengo todo lo que necesito. [...] Aun cuando yo pase por el valle más oscuro, no temeré, porque tú estás a mi lado» (Salmo 23:1, 4).

Lectura de *La Biblia en un año*

1 Samuel 17:1–18:4; Juan 8:21-30; Salmo 111:1-10; Proverbios 15:11

Arrugas por fruncir el ceño

El corazón contento alegra el rostro;
el corazón quebrantado destruye el espíritu.
PROVERBIOS 15:13

¿Sabías que usas un promedio de cuarenta y tres músculos para fruncir el ceño, pero solo usas un promedio de diecisiete músculos para sonreír? Cada dos mil ceños fruncidos crean una arruga. Entonces, resolvamos esto. Si frunces el ceño diez veces al día, obtendrás dos nuevas arrugas casi cada año.

Entonces chicas, nunca subestimen el poder de la alegría. Es bueno para ti. Es bueno para tu rostro, y es bueno para quienes te rodean. De hecho, la Biblia nos dice que «¡El gozo del Señor es su fuerza!» (Nehemías 8:10) y «el corazón alegre es una buena medicina» (Proverbios 17:22).

Dios nunca quiso que fuéramos cristianas sombrías y negativas. ¿Alguna vez has notado que en la lista de los frutos del Espíritu, los primeros tres son amor, gozo y paz? ¿Te imaginas si esos fueran los rasgos por los que fueras conocida? ¿Te imaginas?

Así que déjame darte una clave que mi esposo me enseñó hace mucho tiempo, lo que alegrará por completo una actitud sombría.

Gratitud. Un día, cuando estaba muy desanimada, él vino detrás de mí y cantó una pequeña canción: «Cuenta tus bendiciones. Cuéntalas una por una. Cuenta tus muchas bendiciones. Mira lo que Dios ha hecho». Tengo que admitir que realmente no quería animarme. Quería mantenerme de mal humor, pero a pesar de eso, no podía sacudirme de esa pequeña canción, y la canción traía pequeñas imágenes de bendiciones con ella, y esas me provocaron una sonrisa.

Hazlo personal... ¡Vívelo!

¿Estás de mal humor? Ígor (el amigo de Winny de Puh) siempre miraba el lado negativo de cualquier situación. ¿Has estado haciendo eso? Yo también lo hago a veces. Entonces recuerdo: «El gozo del Señor es su fuerza». Andar con cara mustia solo te da ganas de andar con cara mustia. Vamos a romper esa nube oscura que flota sobre tu cabeza con una lista de «cuenta tus bendiciones». En el margen de esta página, escribe siete bendiciones en tu vida. Adelante, hazlo ahora. Después, da gracias al Señor por cada una. Vamos. ¿No lo ves? La vida tiene rayos de alegría para ti. Sí tienes razones para sonreír.

Lectura de *La Biblia en un año*
1 Samuel 18:5–19:24; Juan 8:31-59; Salmo 112:1-10; Proverbios 15:12-14

Las mejores cosas en la vida

¿Has abierto el periódico últimamente y visto que la portada no tenía más que malas noticias? Nuestro proverbio de hoy está escrito «para un momento como este». Se trata de mirar el lado positivo, incluso cuando los tiempos son difíciles. Se ha dicho: «el sufrimiento es inevitable, pero la amargura es opcional». Así que léelo con cuidado, querida hija de Dios. Esto es bueno para nuestra alma.

> *Para el abatido, cada día acarrea dificultades;*
> *para el de corazón feliz, la vida es un banquete continuo.*
> *Más vale tener poco, con el temor del SEÑOR,*
> *que tener grandes tesoros y vivir llenos de angustia.*
> *Un plato de verduras con alguien que amas*
> *es mejor que carne asada con alguien que odias.*
>
> PROVERBIOS 15:15-17

Mi amiga acaba de tener un nieto. Le di un marco con la inscripción «Las mejores cosas en la vida no son cosas».

Déjame compartir una historia que ilustra esto. Mi esposo creció en un hogar con muy pocos recursos, pero su mamá tenía una gran política de corazón abierto y puerta abierta. A pesar de que tenía nueve hijos propios, siempre había espacio en su mesa para alguien más. Había jóvenes infantes de marina los fines de semana y niños del vecindario después de la escuela.

George recuerda comer avena todas las mañanas de su infancia, pero para variar su mamá ocasionalmente le echaba colorante de alimentos. Un día era verde. Otro día era naranja. Su casa era la prueba viviente de que es mejor tener un tazón de avena donde hay amor que tener tocino y huevos donde no lo hay.

Hazlo personal... ¡Vívelo!

«Ahora bien, la verdadera sumisión a Dios es una gran riqueza en sí misma cuando uno está contento con lo que tiene» (1 Timoteo 6:6). ¿Lo crees? Aunque tus hijos no tengan todas las cosas materiales que te gustaría darles, ¿crees que aún pueden tener una gran infancia? Sí pueden. Invita a los amiguitos de tus hijos a una noche de juegos con palomitas de maíz y *brownies*. Garantizado, tendrán tanta diversión como en una salida costosa. A las jóvenes adolescentes les encanta hacer manualidades y cocinar pastelitos. ¿Qué tal tú? Si tu presupuesto no te permite salir a cenar, haz una cena a luz de vela para tu esposo cuando los niños están en la cama. O invita a unas amigas a una comida compartida de sopa y ensalada con una película clásica en blanco y negro.

Lectura de *La Biblia en un año*

1 Samuel 20:1–21:15; Juan 9:1-41; Salmo 113:1–114:8; Proverbios 15:15-17

Paciencia apacigua contiendas

El que es iracundo provoca contiendas;
el que es paciente las apacigua.
PROVERBIOS 15:18 (NVI)

Las familias extensas son realmente un regalo de Dios. Conozco a algunas personas que no tienen a nadie en este mundo, ni primos, ni hermanas, ni un tío Juanito. Pero como sabemos, dondequiera que haya una mezcla de gente, las cosas a veces se complican: malentendidos, sentimientos heridos, celos insignificantes.

En Génesis 37 leemos la historia de José. Siempre ha sido uno de mis personajes favoritos. Él era joven, guapo y también el favorito de su padre. Pero tristemente, los otros hermanos lo sabían. Luego, cuando su padre Jacob le hizo a José un hermoso abrigo nuevo, les puso sal en la herida. Era evidencia visual de que papá amaba más a José. Una cosa llevó a la otra. El enojo de los hermanos se convirtió en algo más que una contienda. Casi se convirtió en asesinato.

Bueno, en el 90% de esta historia, José es un asombroso ejemplo de integridad, fidelidad y paciencia, pero solo desearía que al principio, cuando todos eran jóvenes, hubiera manejado las cosas de manera diferente. Ojalá no hubiera hecho alarde de su abrigo o de su sueño. Ojalá no hubiera traído a su padre un mal informe sobre sus hermanos.

Pero igual, solo tenía diecisiete años de edad. Veintidós años más tarde, cuando era mayor y más sabio, realmente fue un hermoso ejemplo de que un hombre paciente puede apaciguar incluso una contienda muy antigua.

Hazlo personal... ¡Vívelo!

Algunas tormentas relacionales no desvanecen rápidamente; requieren paciencia, a veces mucha paciencia. Si tenemos prisa y forzamos a la gente a «superarlo», podríamos empeorar las cosas. Necesitamos dejar que la gente se calme. Pero al mismo tiempo, necesitamos quedarnos tranquilas, perdonar y mantener la puerta abierta. ¿Es geniudo alguien con quien trabajas? ¿O tienes un vecino, un hijo adolescente o un cuñado que es geniudo? El principio importante para nosotras es *mantén la calma*. No te irrites también tú; esto solo contribuye a los problemas. Mantén la calma, ora, sé paciente. Diez años a partir de ahora nadie recordará siquiera de qué se trataba la contienda.

Lectura de *La Biblia en un año*

1 Samuel 22:1–23:29; Juan 10:1-21; Salmo 115:1-18; Proverbios 15:18-19

Honra a padre y madre

Los hijos sensatos traen alegría a su padre;
los hijos necios desprecian a su madre.
PROVERBIOS 15:20

Nuestro tema de hoy es un hijo sensato. Mamás, si están criando a un hijo ahora mismo, tienen una responsabilidad maravillosa pero increíblemente desafiante. No podemos —no debemos— criar a nuestros hijos al azar. Debemos tener objetivos bien definidos, piadosos y dados por Dios.

A la mayoría de nosotras nos gustaría que nuestros hijos fueran sanos, ricos y sabios. Pero si solo pudieras elegir uno de los tres, ¿sería la sabiduría tu primera elección? Solo pregunto.

Sí, por supuesto, lo sé: nosotras, como madres, no podemos hacer que nuestros hijos o hijas se conviertan en nada. Tienen sus propias primeras elecciones. Pero podemos crear un ambiente en que la sabiduría es honrada por encima de la habilidad deportiva o incluso los logros académicos, porque se ha dicho: «Puedes lograr puras buenas notas y aun así reprobar la vida».

¿Le enseñas a tu hijo a honrar a los ancianos, a honrar a sus abuelos, a su pastor? ¿Lo haces rendir cuentas? ¿Le enseñas a cumplir su palabra? ¿Hablas de integridad, honestidad, pureza y conducta noble?

Y mamás, ¿oran por sus hijos? El mundo, la carne y el diablo buscan destruirlos. ¿Te pondrás en la brecha orando de rodillas por ellos?

Hazlo personal... ¡Vívelo!

«Honra a tu padre y a tu madre. Entonces tendrás una vida larga y plena en la tierra que el Señor tu Dios te da» (Éxodo 20:12). La instrucción de Dios es clara y universal. Nosotras como madres, nosotras como hijas, nosotras como mujeres de Dios, necesitamos honrar a Dios tomando esto muy en serio también. Que tus hijos nunca te vean siendo irrespetuosa u odiosa con tus padres, incluso cuando te provoquen. Eso erosiona su sentido del deber sobre honrarte a ti. Enseña a tu hija a notar cómo su novio trata a su mamá. Es una señal de cómo valora la maternidad. Y por último, sé una mujer de honor en todas las áreas: hará que sea mucho más fácil que tus hijos te honren.

Oremos

Señor, ayúdame a ser fiel a tu mandamiento de honrar a mis propios padres. Ayúdame a no irritarme con ellos cuando sean dependientes o padecen de olvido. Que mi honor a ellos sea honor a ti.

Lectura de *La Biblia en un año*

1 Samuel 24:1–25:44; Juan 10:22-42; Salmo 116:1-19; Proverbios 15:20-21

Consejo piadoso

Los planes fracasan por falta de consejo;
muchos consejeros traen éxito.

PROVERBIOS 15:22

Chicas, este proverbio nos dice que necesitamos a otros. Necesitamos a otros para que aporten su perspectiva y consejo piadoso, para no llegar a tener estrechez de miras.

Voy a aplicar esto a dos diferentes áreas: número uno, maternidad; número dos, ministerio.

1. Maternidad. Nunca he conocido a una mamá que dijera: «Ya lo capté. Ya descifré todo esto de ser madre». Porque justo cuando crees que sabes manejar a un niño de voluntad firme que está en sus terribles dos añitos, tu hija mayor está entrando en la hipersensibilidad de la preadolescencia. Así que necesitamos amigas. Necesitamos madres mayores piadosas para darnos consejo. Necesitamos compañeras de oración. Y chicas, necesitamos ser esto para otras también.

2. Ministerio. Los planes, incluso los planes ministeriales, pueden salir mal por falta de consejo. Me encanta trabajar con un equipo. Me encanta tener oración buena y profunda antes de que se haga cualquier planificación. Luego me encanta sentarme alrededor de una mesa y escuchar el aporte y las ideas de otras mujeres. En el mundo de los negocios esto se denomina gestión participativa. En el ministerio esto se denomina vida corporal. Cuando los demás pueden dar su opinión, se vuelven propietarios de la solución. Cuando son propietarios, la gente se siente incluida y necesitada. «Muchos consejeros traen éxito».

Hazlo personal... ¡Vívelo!

Los planes fracasan por falta de consejo en muchas áreas. Hay veces cuando realmente necesitamos la perspectiva de otros.

- Cuando estamos enojadas o lastimadas, podemos tomar decisiones grandes en un instante que pueden causarnos problemas por años.
- Después de la pérdida de alguien a quien amamos, a veces no sabemos qué hacer después. Así que nos congelamos y posponemos asuntos importantes.
- Todas necesitamos una planificación financiera de largo alcance.

En primer lugar, necesitamos asegurarnos de que la primera persona que consultamos en todas las decisiones y toda planificación sea Dios. Pídele que te dirija. Luego sé discriminante y mantén un espíritu de oración en cuanto a los consejos que recibes de los demás. Por último, pregúntate: ¿Esto es sabio? ¿Está bien? ¿Es justo para los demás? ¿Se alinea con las Escrituras?

Lectura de *La Biblia en un año*

1 Samuel 26:1–28:25; Juan 11:1-54; Salmo 117:1-2; Proverbios 15:22-23

Ajustando tus pensamientos

*Los pensamientos del malo son una abominación al SEÑOR,
    pero las expresiones agradables son puras.*
PROVERBIOS 15:26 (RVA-2015)

Nuestro proverbio de hoy nos presenta un positivo y un negativo. Este es un estilo de enseñanza clásico que se utiliza a menudo en los Proverbios. Es muy efectivo porque cuando vemos dos opciones lado a lado, nos ayuda a darnos cuenta de que nuestras decisiones tienen consecuencias.

La elección de hoy tiene que ver con nuestros pensamientos. Dios detesta cuando nos obsesionamos con y seguimos rumiando sobre pensamientos malos. Está mal obsesionarse con pensamientos lujuriosos. Está mal tener pensamientos de malicia y venganza. Los científicos nos dicen que pensamos diez mil pensamientos al día, y desafortunadamente, todas nosotras tenemos pensamientos equivocados que vienen a nuestra mente más de lo que quisiéramos.

Una manera de redirigir nuestros pensamientos es tener un enfoque noble para ocupar nuestra atención. No hay mejor lema para la vida que «en los negocios de mi Padre me es necesario estar» (Lucas 2:49, RVR60). A pesar de que a Jesús lo acusaban de todo, él siempre avanzaba con motivos claros y puros porque sabía que su vida tenía un propósito. No podía perder el tiempo desviándose, incluso en sus pensamientos. Y tú tampoco puedes. Ora hoy para que Dios te dé una misión. ¿Amas a los niños o tienes una carga para los heridos? ¿Te llaman la atención los ancianos, o los adolescentes, o las madres solteras? Zambúllete en servir en un área que captura tu pasión. Aprende todo lo que puedas sobre cómo ser más efectiva en tu llamado. Luego, cuando vienen pensamientos feos, puedes simplemente decir: «Vete, estoy ocupada con los negocios de mi Padre».

Hazlo personal... ¡Vívelo!

Salmo 1:1-6 es un excelente Salmo para memorizar. Pinta una imagen de cómo nuestros pensamientos dan forma a nuestras acciones y luego nuestra vida y luego nuestro destino: «Qué alegría para los que no siguen el consejo de malos, ni andan con pecadores, ni se juntan con burlones, sino que se deleitan en la ley del SEÑOR meditando en ella día y noche. Son como árboles plantados a la orilla de un río, que siempre dan fruto en su tiempo. Sus hojas nunca se marchitan, y prosperan en todo lo que hacen» (Salmo 1:1-3).

Lectura de *La Biblia en un año*

1 Samuel 29:1–31:13; Juan 11:55–12:19; Salmo 118:1-18; Proverbios 15:24-26

Piensa antes de hablar

El corazón del justo piensa bien antes de hablar;
la boca de los perversos rebosa de palabras malvadas.
PROVERBIOS 15:28

Una vez tuve un maestro que solía decir: «No involucres la boca antes de que involucres el cerebro». Piensa antes de hablar. Mejor aún, en una situación delicada, ora antes de hablar. Cuanto más lo hagas, más lo harás. Se convierte en un buen hábito.

Esto nos lleva al tema de la comunicación en general. Oh, cómo desearía que fuéramos todos mejores comunicadores. Oh, cómo desearía que aprendiéramos a hablar mejor las cosas. Muchos de nuestros conflictos se deben a malentendidos. Como es simplemente humano malentenderse, ¿no deberíamos aprender a responder mejor cuando ocurre? Veamos algunos principios para romper con los malos hábitos de comunicación.

- No lo guardes para darle vueltas y vueltas. Hieren nuestros sentimientos y retenemos nuestra reacción. Estamos echando humo bajo la superficie. Lo pensamos demasiado y luego sacamos conclusiones equivocadas. Dejemos de hacer esto.
- Dejemos de hablar con todos los demás, excepto con la persona involucrada. Nada se resuelve al hacer esto. Solo ensanchamos el círculo de lastimados. Así que vayamos con la persona involucrada en primer lugar.
- Oremos. Pongámonos en el lugar de la otra persona. Construyamos puntos de conexión. Y sí, perdonemos.

Para cerrar: «El corazón del justo piensa bien antes de hablar; la boca de los perversos rebosa de palabras malvadas».

Hazlo personal... ¡Vívelo!

Podemos aplicar nuestra lección hoy a la necesidad de analizar a la persona con la que estamos hablando. Esto implica ser una oyente activa. Presta atención, lee el lenguaje corporal, escucha no solo las palabras sino el tono y las emociones. Sea que estés escuchando a tu hijo, tu mamá, tu jefe o una amiga, trata de escuchar lo que quieren decir. Si no entiendes, pídeles que te lo expliquen. Reformula lo que crees que dijeron, y dilo de vuelta a la persona. Al escuchar, pídele al Señor que te muestre lo que está sucediendo en la vida de la otra persona que está contribuyendo al estrés o la ira.

Oremos

Señor, ayúdame a ser una pacificadora. Calma mis emociones cuando me siento lastimada o amenazada. Luego cuando sí hable, permite que te agraden mis palabras.

Lectura de *La Biblia en un año*

2 Samuel 1:1–2:11; Juan 12:20-50; Salmo 118:19-29; Proverbios 15:27-28

Alegría radiante

Una mirada alegre trae gozo al corazón;
*   las buenas noticias contribuyen a la buena salud.*
PROVERBIOS 15:30

Si escuchas mucho las noticias en estos días, podrías empezar a sentirte bastante desalentada. ¿Qué va a ser de nosotros si todas estas cosas malas siguen sucediendo? Bueno, Jesús vivió en el mundo real, y la gente con la que hablaba tenía entonces mucho de qué preocuparse también. Pero esto es lo que les dijo a ellos y a nosotros: «Aquí en el mundo tendrán muchas pruebas y tristezas; pero anímense, porque yo he vencido al mundo» (Juan 16:33).

En Filipenses 4:4 el apóstol Pablo dice: «Estén siempre llenos de alegría en el Señor. Lo repito, ¡alégrense!». Pero espera un minuto, Pablo. Estás escribiendo desde la celda de una prisión en Roma. Estás ahí por culpa de los cargos falsos de gente celosa y malvada. Tu ministerio ambulante ha terminado. No te pertenece nada más que la ropa que llevas puesta. Ni por mencionar que podrías estar enfrentando una sentencia de muerte.

Así que escuchemos lo que dijo de nuevo. «Estén siempre llenos de alegría en el Señor». Es una palabra muy buena para nosotras ahora. Las circunstancias y la gente pueden fallarte, pero el Señor nunca lo hará. Dios prometió que nunca te fallará y jamás te abandonará (ver Hebreos 13:5)

Así que si has estado mal de ánimo, si tus hijos te han visto a ti y a tu esposo peleados y enojados por cuestiones de dinero, si tus pensamientos han estado consumidos con temor, tengo una buenísima receta para ti. Abre tu Biblia al Salmo 27:14: «Espera con paciencia al Señor; sé valiente y esforzado; sí, espera al Señor con paciencia».

Hazlo personal... ¡Vívelo!

La risa y el gozo pueden cambiar un día nublado. Cuando nuestro sobrino de catorce años comenzó a perder su cabello por la quimioterapia, su padre, su abuelo y su tío se afeitaron el cabello juntos. Tomaron algunas fotos divertidas y locas mientras la familia lo apoyaba. Cuando mi amiga Carolyn perdió su cabello, fui con ella a probar pelucas. Había una que no podíamos resistir. Era larga y muy rubia, y le dimos el nombre Lola. Diversión loca y una peluca rubia convirtió nuestro día en un recuerdo. ¿Estás pasando un día nublado, o tal vez lo está pasando alguien que conoces? Comer un helado con chocolate, sostener un gatito en la tienda de mascotas o tomar una taza de té con una amiga podría ser justo lo que el médico recetó.

Lectura de *La Biblia en un año*
2 Samuel 2:12–3:39; Juan 13:1-30; Salmo 119:1-16; Proverbios 15:29-30

Crítica constructiva

Si escuchas la crítica constructiva,
te sentirás en casa entre los sabios.
Si rechazas la disciplina, solo te harás daño a ti mismo.
PROVERBIOS 15:31-32

Crítica constructiva. ¿Existe tal cosa? Sé que la mayoría de nosotras simplemente nos encogemos cuando alguien nos dice: «¿Podemos hablar un momento?». Especialmente cuando percibimos que puede ser una pequeña charla sobre algo que hemos hecho mal. Tal vez esto es porque nunca hemos tenido a alguien que realmente nos amaba lo suficiente como para acercarse y decirnos la verdad, firmemente y, sin embargo, amablemente. La mayoría de nosotras somos cobardes cuando se trata de hablar sinceramente con los demás, incluso cuando nos está rompiendo el corazón verlos cometer graves errores. A través de los años, he perdido unas cuantas amigas intentándolo.

Pero sobre todo este proverbio se dirige a nosotras. Necesitamos ser receptivas, ansiosas por crecer y ansiosas por arrepentirnos cuando nos confrontan con un error en nuestra vida. Entonces, ¿cómo puede suceder esto?

- Lee la palabra de Dios con receptividad personal. Santiago 1:22 dice: «No solo escuchen la palabra de Dios; tienen que ponerla en práctica. De lo contrario, solamente se engañan a sí mismos». Cada mañana percibo que el Señor me habla. Pero algunas mañanas, honestamente, él me dirige unas palabras duras. ¿Es difícil? Sí. ¿Es bueno? Sí. Es mi Padre celestial siendo padre.
- Cuando otros te critican o te corrigen, no seas demasiado sensible, pero mantén un corazón blando. Dawson Trotman dijo: «Hay un grano de verdad en cada crítica. Búscalo y, cuando lo encuentres, regocíjate en su valor».

Hazlo personal... ¡Vívelo!

Nuestra mejor y más consistente fuente de crítica constructiva siempre será el Espíritu Santo. Jesús nos dijo que el trabajo del Espíritu es traer arrepentimiento por el pecado y guiarnos hacia la verdad. Así que el mensaje para ti hoy es, ¿escucharás? Así es como funciona: escuchas un mensaje en la radio sobre un tema y te conmueve el corazón. Luego escuchas el tema repetido en un mensaje en la iglesia, en un libro que alguien recomienda, en una Escritura que lees en la mañana. Dios te está hablando. Lo mejor que puedes hacer es simplemente decir: «Dios, te escucho. Por favor, abre mis oídos para entender y responder y arrepentirme. Gracias por amarme lo suficiente como para no rendirte».

Lectura de *La Biblia en un año*

2 Samuel 4:1–6:23; Juan 13:31–14:14; Salmo 119:17-32; Proverbios 15:31-32

Humildad y honra

El temor del SEÑOR enseña sabiduría;
*   la humildad precede a la honra.*
PROVERBIOS 15:33

El temor del Señor a menudo es mencionado en los Proverbios como el camino a la sabiduría. Así que, ¿qué piensas que significa «el temor del Señor»? Muchos creen que es tenerle miedo a Dios. Algunos tienen un concepto de Dios como un gran policía de tránsito del cielo que está simplemente esperando atraparnos en el momento preciso de hacer algo indebido para podernos castigar. Pero nada podría estar más lejos de la verdad. Dios nos ama. La razón por la que Dios odia y quiere mantenernos lejos del pecado es porque el pecado es malo. Dios sabe que el pecado no solo es malo sino que es malo para nosotras.

Entonces, el concepto correcto del «temor del SEÑOR» es reverencia y respeto. Es una plena confianza y certeza de que los mandamientos y la voluntad de Dios para con nosotras son para liberarnos, para mantenernos seguras y para bendecirnos. Básicamente es como decir: «Dios, tú eres perfecto en todos tus caminos, y por lo tanto, solo es lo justo y bueno someternos completamente a tu autoridad amorosa en cada aspecto de nuestra vida». Cuando escogemos ver cada situación con esta perspectiva, Dios nos da sabiduría para el momento. De verdad, convertirte en una mujer de sabiduría es solo la suma total de mil decisiones diarias, decisiones sabias.

«La humildad precede a la honra». Santiago 4:10 nos recuerda: «Humíllense delante del Señor, y él los levantará con honor». Bueno, eso sí es una gran promesa.

Hazlo personal... ¡Vívelo!

¿Estás en una situación baja y humilde? La historia de David en 1 y 2 Samuel es a la vez conmovedora e instructiva. Él tenía un llamado sobre su vida de ser el reypastor del pueblo de Dios. Su entrenamiento para esa posición incluía ser tratado injustamente, ser acusado falsamente, vivir en cuevas y casi ser asesinado. No tenía a nadie en quien confiar ni quien lo guiara, sino solo a Dios. Nunca subestimes cómo Dios puede usar tus circunstancias actuales para profundizar y prepararte para sus propósitos nobles. ¡Sé fiel en las cosas pequeñas! Sé una sierva gozosa y voluntariamente. Y confía en Dios con todo tu corazón. Jesús dijo: «Los que se humillan a sí mismos serán exaltados» (Lucas 14:11).

Lectura de *La Biblia en un año*

2 Samuel 7:1–8:18; Juan 14:15-31; Salmo 119:33-48; Proverbios 15:33

Intercambio divino

Encomienda tus obras al SEÑOR,
  y tus propósitos se afianzarán.
PROVERBIOS 16:3 (LBLA)

Chicas, este proverbio nos da una forma maravillosa para vivir en medio de un mundo complicado y lleno de problemas. Vamos a analizarlo minuciosamente para poder entenderlo.

Primer paso: «Encomienda tus obras». *Encomendar* significa «entregar, confiar». Nuestras obras son nuestras actividades, nuestras ocupaciones, lo que hacemos, lo que nos dedicamos a hacer y aun lo que nos pertenece. ¿Lo puedes visualizar? A veces sentimos que el peso del mundo está sobre nuestros hombros y estamos constantemente en un acto de equilibrio precario. Necesitamos hacer lo que yo llamo el «intercambio divino». Tenemos que quitarlo de encima de nuestros hombros y ponerlo sobre los hombros poderosos de Dios. Esto incluye la responsabilidad por nuestro esposo o la falta de esposo, por nuestros hijos, nuestras finanzas, nuestras listas de quehaceres, nuestros trabajos, nuestros ministerios, todo. Necesitamos una imagen mental de poner todo enteramente en sus manos y percibir que una gran carga abrumadora es removida de nuestro corazón. ¿Lo puedes visualizar?

La segunda parte de nuestro proverbio es una promesa. «Encomienda tus obras al SEÑOR, y tus propósitos se afianzarán». Cuando sentimos que nuestra vida está segura en sus manos, tenemos la libertad de vivir en el presente con gozo, con un nuevo sentido de propósito y destino.

Salmo 37:4 dice: «Deléitate en el SEÑOR, y él te concederá los deseos de tu corazón».

Hazlo personal... ¡Vívelo!

El hábito frecuente de experimentar el «intercambio divino» puede literalmente revolucionar tu vida. En lugar de solo hablar de ello, ¿te detendrás y en realidad lo harás conmigo en este momento? Sostén tus manos delante de ti, las palmas hacia arriba, cerca de tu hombro izquierdo. Ahora visualiza los temores, los problemas, las personas y las necesidades que pesan sobre tu corazón y mente hoy. Pausa el tiempo suficiente para darte cuenta de que el peso de ellos te ha cansado y cargado. ¿Estás lista para dárselos realmente a Dios? Bien, entonces, a la cuenta de tres, barre con fuerza tus manos delante y arriba a tu derecha como si estuvieras arrojándolos sobre los hombros del Señor. Con gozo y determinación di: «Intercambio divino». Ahora respira profundamente, exhala, y deja que la paz que pasa todo entendimiento inunde tu mente y tu corazón.

Lectura de *La Biblia en un año*
2 Samuel 9:1–11:27; Juan 15:1-27; Salmo 119:49-64; Proverbios 16:1-3

El problema del orgullo

El Señor detesta a los orgullosos.
    Ciertamente recibirán su castigo.
PROVERBIOS 16:5

Orgullo. ¿Qué es y por qué el Señor lo detesta? El orgullo puede ser arrogante, presumido y altivo.

Por supuesto que hay un orgullo que es bueno. Deberías estar orgullosa de tus hijos cuando hacen un buen trabajo o cuando son obedientes o comparten sus juguetes, pero el orgullo puede ser peligroso cuando empezamos a vivir a través de nuestros hijos, empujándolos a ser cumplidores perfeccionistas para el bien de nuestra propia autoestima, o cuando nos jactamos frente a otros, haciéndolos sentir que sus hijos no son tan buenos como los nuestros. El Señor detesta esa clase de orgullo.

El Señor detesta el orgullo que no admite un error. El Señor detesta el orgullo que no pide perdón cuando estamos equivocadas o cuando alguien sale herido. El Señor detesta el orgullo que rebaja a los demás, que nunca deja que alguien más gane, que es criticón y moralizante.

El Señor detesta el orgullo cuando este construye muros en familias, amistades e iglesias. Un muro de orgullo nos mantiene aisladas y solas. Así que, queridas hermanas, dejemos que Dios derribe nuestro orgullo necio y obstinado. Santiago 4:6 dice: «Dios se opone a los orgullosos pero da gracia a los humildes».

La vulnerabilidad es simplemente dejar ver nuestra imperfección. Es ser real. Es lo que nos hace humanas, auténticas y capaces de ser amadas.

Hazlo personal... ¡Vívelo!

Creo que detrás de ese muro de orgullo en algunas personas está el miedo. Tenemos miedo de que si la gente realmente supiera lo imperfectas que nos sentimos, ellos nos manipularían o perderían su respeto por nosotras. Las mamás se sienten así a veces. Tienen miedo de decirles a sus hijos que han cometido un error, así que una vez que han tomado una decisión, no escuchan ni dan un paso hacia atrás ni dicen «lo siento». Déjame hacerte una pregunta. ¿Estás en una situación de enfrentamiento con tu adolescente, esposo o alguien en el trabajo? ¿Eres la que tienes el muro de orgullo, o es la otra persona, o son ambos? Aquí hay noticias sorprendentes que podrían ayudar. Si eres la primera persona en derretir el hielo, no te matará. No, en serio; no te matará. Haz una ofrenda de paz. Un café con leche y un panecito con una notita sencilla pueden erradicar la tensión y liberar a ambos del orgullo.

Lectura de *La Biblia en un año*

2 Samuel 12:1-31; Juan 16:1-33; Salmo 119:65-80; Proverbios 16:4-5

De agrado al Señor

Cuando la vida de alguien agrada al SEÑOR,
hasta sus enemigos están en paz con él.
PROVERBIOS 16:7

Hay dos partes importantes de este proverbio. La parte uno es vivir una vida que agrada a Dios. En el principio de los años ochenta, Kay, la esposa del pastor Chuck Smith, hizo una increíble serie de estudios bíblicos llamada «Agradando el corazón de Dios». Para mí, como una mujer joven y esposa y madre, fue transformador. Aprendí sobre dulce rendición. Aprendí sobre obediencia y confianza y caminar en la luz. Gracias, Kay Smith. No solo enseñaste esta lección, la viviste.

Entonces como ella es uno de los mejores ejemplos que conozco de esta primera parte, de vivir una vida que agrada a Dios, ¿encaja su vida también en el segundo modelo en cuanto a tener paz con los enemigos? A través de los años ellos han tenido muchos amigos, pero algunos enemigos también. Algunos han sido injustos y poco amables.

Pero en sus últimos años mientras hablaba de la gente en la iglesia, su rostro se iluminaba. Siempre compartía los recuerdos bellos. De vez en cuando sonreía y decía: «Oh sí, había algunos enfadosos también, pero Dios los ama y yo también».

En resumen, ¿están ahora en paz con Kay Smith todos los enemigos del pasado? Yo diría que sí, porque no ganaron terreno. No tuvieron la capacidad de conseguir que ella se enojara o se amargara o se volviera mala. Su corazón permaneció en paz. Ella ha sido un testimonio viviente de que cuando la vida de una mujer agrada al Señor, él hace que incluso sus enemigos estén en paz con ella.

Hazlo personal... ¡Vívelo!

¿Tienes un enemigo? La Biblia nos enseña que una respuesta suave aplaca la ira. Nos instruye a bendecir a los que nos maldicen, a ser amables, a perdonar y a ser bondadosas de corazón. Sabemos qué debemos hacer, pero a la hora de la verdad, fracasamos. ¿Sientes que tus respuestas no han complacido al Señor? La condenación no es la solución. El arrepentimiento y la dependencia lo son.

Oremos

Señor, aquí estoy nuevamente. Tú conoces que mi corazón no está bien en cuanto a este enemigo. Por favor perdóname cuando soy débil. Vengo a ti por un toque fresco de poder de tu Espíritu Santo. Pon un cierre a mi boca y tu amor ágape en mi corazón.

Lectura de *La Biblia en un año*

2 Samuel 13:1-39; Juan 17:1-26; Salmo 119:81-96; Proverbios 16:6-7

Tener poco con justicia

*Es mejor tener poco con justicia,
    que ser rico y deshonesto.*
PROVERBIOS 16:8

A la luz de nuestros tiempos económicos, ésta es una verdad de alto valor.

«Es mejor tener poco con justicia, que ser rico y deshonesto». Espero que realmente creas eso, porque hay algunas cosas que el dinero simplemente no puede comprar. Miremos algunas historias de personas que tomaron decisiones difíciles.

Rut dejó su país y sus familiares para regresar a Israel con Noemí. Aunque irían como unas viudas pobres, ella dijo: «Tu pueblo será mi pueblo, y tu Dios será mi Dios» (Rut 1:16).

Mardoqueo desafió a Ester a tomar una posición peligrosa para salvar a su pueblo, diciendo: «¿Quién sabe si no llegaste a ser reina precisamente para un momento como este?». Su respuesta: «Entraré a ver al rey. […] Si tengo que morir, moriré» (Ester 4:14, 16).

En Hebreos 11 se nos da una lista maravillosa de personas que aceptaron pérdida, pobreza, incluso la muerte por su fe y el reino. Noé renunció a su trabajo regular para construir un arca. Moisés renunció a su lugar en un palacio para llevar a su pueblo a la libertad.

Jim Elliot, que fue martirizado en el campo misionero, dijo: «No es necio aquel que abandona lo que no puede guardar para ganar lo que no puede perder».

Pablo dijo en Romanos 8:18: «Sin embargo, lo que ahora sufrimos no es nada comparado con la gloria que él nos revelará más adelante», porque «es mejor tener poco con justicia, que ser rico y deshonesto».

Hazlo personal... ¡Vívelo!

¿Te estás sintiendo pobre hoy? A veces yo sí. Luego miro el sufrimiento de los demás. Pienso en los cristianos alrededor del mundo que sufren por Cristo, y me avergüenzo de mí misma. Primera de Timoteo 6:7-9 nos da a todos un baldazo de realidad. ¿Podrás leerlo y dejar que las palabras te animen porque eres más rica de lo que crees? «Después de todo, no trajimos nada cuando vinimos a este mundo ni tampoco podremos llevarnos nada cuando lo dejemos. Así que, si tenemos suficiente alimento y ropa, estemos contentos. Pero los que viven con la ambición de hacerse ricos caen en tentación y quedan atrapados por muchos deseos necios y dañinos que los hunden en la ruina y la destrucción».

Lectura de *La Biblia en un año*

2 Samuel 14:1–15:22; Juan 18:1-24; Salmo 119:97-112; Proverbios 16:8-9

No dobles estándares

El Señor exige el uso de pesas y balanzas exactas;
*   él es quien fija los parámetros de la justicia.*
PROVERBIOS 16:11

He aquí la historia de la referencia a las pesas y balanzas.

La gente en ese entonces no tenía las cosas preempaquetadas como hoy día. Cuando ibas al mercado a comprar mantequilla o queso, ellos lo pesaban en una balanza y pagabas por peso. En Levítico 19:36, Dios dijo: «Usen balanzas, pesas y medidas justas» (NVI). Desafortunadamente, algunos mercaderes usaban balanzas que pesaban más cuando vendían y una que pesaba menos cuando compraban. Eso simplemente no está bien, ¿cierto?

Como dice la Traducción en lenguaje actual: «Dios quiere que seas honrado en todos tus negocios».

Entonces, chicas, ¿cómo se aplica esto a nosotras? Pues, si tienes un negocio, sé justa. No tomes atajos. No extorciones a nadie. Me encanta la política, "promete poco y cumple mucho".

Si trabajas en un negocio, trabaja un día completo de trabajo. Si trabajas en una guardería, trata a esos niños como quisieras que trataran a los tuyos. Si trabajas como cocinera en un restaurante, maneja la comida como quisieras que manejaran la tuya.

Algunos cristianos piensan que pueden tener dos vidas: una que se vive dentro de la iglesia y otra que se vive afuera en el mundo real. No es así. Primera de Corintios 6:20 nos dice: «Porque Dios los compró a un alto precio. Por lo tanto, honren a Dios con su cuerpo».

Hazlo personal... ¡Vívelo!

Dios odia el doble estándar. Chicas, tenemos un doble estándar cuando hablamos de otras pero no estamos dispuestas a aguantar la crítica. ¿Te ofendes con las cosas más insignificantes? ¿Te ofendes cuando sientes que tus necesidades no son suplidas y, sin embargo, no eres realmente sensible a las necesidades de los demás? Vamos a aplicar esto a tu pastor y líderes en tu iglesia. No tienes idea de cuántas necesidades de tantas personas están constantemente en sus pensamientos. Además de eso, tienen sus propias familias y luchas personales. Tu crítica puede atravesarles el corazón. ¿Orarás y pedirás al Señor que te muestre una manera esta semana para levantarlos y hacerles saber que aprecias todo lo que hacen?

Lectura de *La Biblia en un año*

2 Samuel 15:23–16:23; Juan 18:25–19:22; Salmo 119:113-128; Proverbios 16:10-11

El rey detesta las fechorías

El rey detesta las fechorías,
*   porque su gobierno se basa en la justicia.*
El rey se complace en las palabras de labios justos;
*   ama a quienes hablan con la verdad.*
PROVERBIOS 16:12-13

Bueno, chicas, no estamos en contacto con muchos reyes, ¿verdad? Pero tenemos personas que son nuestros jefes u ocupan puestos de responsabilidad bajo las cuales servimos: si eres una maestra, tu director; si eres mesera, el gerente de turnos; si trabajas en un hospital, la enfermera de cabecera. Quienquiera que sea, su vida es miserable cuando los empleados por debajo de ellos no son confiables, pero se benefician cuando tienen trabajadores honestos.

Así que esta es una gran oportunidad para nosotras como cristianas de vivir nuestra fe en Dios de una manera práctica y consistente. Jesús dijo: «Dejen que sus buenas acciones brillen a la vista de todos, para que todos alaben a su Padre celestial» (Mateo 5:16).

José es un gran ejemplo de esto, incluso cuando fue injustamente puesto en prisión. Escucha esto: «El Señor estaba con José en la cárcel y le mostró su fiel amor. El Señor hizo que José fuera el preferido del encargado de la cárcel. Poco después el director puso a José a cargo de los demás presos y de todo lo que ocurría en la cárcel. [...] El Señor estaba con él y lo prosperaba en todo lo que hacía» (Génesis 39:21-23).

¿Lo ves? El guardia de la cárcel confió en José, realmente porque *podía* confiar en José. Es algo bueno.

Hazlo personal... ¡Vívelo!

La Cámara de Comercio de los Estados Unidos estima que el 75% de todos los empleados roban al menos una vez; la mitad de estos roban repetidamente. Uno de cada tres fracasos empresariales es un resultado directo del robo por parte de los empleados. Estas son estadísticas asombrosas. Si trabajas en un restaurante o en tiendas o incluso en un consultorio médico, el propietario de la empresa probablemente ha visto a la gente traicionar su confianza.

Como cristiana en el lugar de trabajo, tienes una gran oportunidad de vivir lo que predicas de una manera tangible. Sé una buena administradora de los recursos de tu jefe. Haz un trabajo que no te pidieron que hicieras. Ayuda a alguien más a ponerse al día si están atrasados. Ora por alguna tarea en la que están trabajando, pidiéndole al Señor que te muestre si puedes hacerla de manera más eficiente. Incluso si tu jefe no se da cuenta, el Rey de reyes y Señor de señores te observa.

Lectura de *La Biblia en un año*

2 Samuel 17:1-29; Juan 19:23-42; Salmo 119:129-152; Proverbios 16:12-13

Aplacando la ira

El enojo del rey es amenaza de muerte;
el sabio tratará de aplacarlo.

PROVERBIOS 16:14

Quizás te preguntes qué tienen que ver «reyes enojados» contigo. Bueno, podemos ver al «rey» como cualquiera que tenga una posición de poder o autoridad o influencia en tu vida o circunstancias. Este podría ser un jefe, un maestro, un miembro del consejo. Podría ser un arrendador o incluso alguien en tu familia.

Entonces, ¿qué haces cuando tal persona está enojada? Puede que no sea potencialmente mortal, pero sabemos que la ira puede escalar y causar problemas.

Lo primero que tienes que preguntarte es *¿He contribuido al problema?* Sí, puede ser que los «reyes» en tu vida sean irrazonables y difíciles, pero ¿estás dispuesta a ver tu propia responsabilidad? ¿Los has menoscabado? ¿Has dado señales no verbales de irrespeto? ¿Has sido perezosa en hacer lo que esperaban y requerían?

Si la respuesta es sí, entonces la cosa sabia y piadosa es hacer lo que puedas para aplacarlo. Aplacar significa pacificar o calmar. Arréglalo, di que lo sientes. No solo cumplas con tu trabajo: haz más, ve el kilómetro extra.

¿Y si su ira es injustificada? Bueno, la cosa es que aún sentirás su impacto. La sabiduría recomienda que hagamos lo que podemos hacer para aplacarlo.

En cualquier caso, nunca te equivocarás cuando comienzas orando por ellos. Que Dios te dé discernimiento respecto a lo que los ha puesto de mal humor. Que te dé su gracia para responder con sabiduría y humilde bondad.

Hazlo personal... ¡Vívelo!

Conozco mujeres que están casadas con unos hombres muy enojados. ¿Esa eres tú? ¿Sientes que no puedes hacer nada para aplacar su ira? Creo que el temor y las heridas del pasado a menudo son la causa. Pareciera que se desahogaran e incluso desafiaran a todos a odiarlas porque creen que son incapaces de ser amadas. Se convierte en una profecía autocumplida. ¿Cómo puedes sobrevivir en tal situación? Es asombroso cómo la selección del Salmo para hoy en *La Biblia en un año* (Salmo 119:153-176) parece estar escrito justamente para ti. ¿Lo leerás? Deja que las palabras te den consuelo y esperanza.

Lectura de *La Biblia en un año*

2 Samuel 18:1–19:10; Juan 20:1-31; Salmo 119:153-176; Proverbios 16:14-15

Escogiendo el mejor camino

Nuestro proverbio hoy nos da una imagen mental importante. Hay dos caminos en la vida, y cada una de nosotras debe escoger. Un camino se dirige hacia arriba. Jesús lo llamó el camino «angosto», que nos lleva a la vida. Pero el otro camino es una cuesta resbaladiza. Cada paso en ese camino nos lleva hacia abajo. Jesús lo llamó el camino «ancho», que lleva a la destrucción.

> *El camino de los íntegros lleva lejos del mal;*
> *quien lo siga estará a salvo.*
> PROVERBIOS 16:17

Hebreos 12:1 nos dice: «Quitémonos todo peso que nos impida correr».

Queridas chicas, el camino de los rectos es evitar el pecado y todo lo que se parece a él y conduce hacia él. Debemos desarrollar discernimiento, sensibilidad y un odio al pecado dentro de nuestra propia alma. Cada vez que sentimos una punzada de celos o resentimiento o egoísmo o avaricia u orgullo o falta de perdón, debemos verlo por lo que es, y hacer que muera.

Una vez conocí a la mujer cristiana más maravillosa que brillaba con su pasión y amor por el Señor, pero se dejó lastimar en cierta situación y se enojó con otro líder en su iglesia. No quería perdonar. Luego se enojó con otros que no se unían a su perspectiva negativa. Su luz se ha apagado. Sí, todavía está ocupada con las cosas del ministerio, pero su luz se ha apagado. Ella dejó que su resentimiento persistiera, y la llevó al mal camino.

Hazlo personal... ¡Vívelo!

Se ha dicho que la manera correcta de vivir es vivir bien. Así que, ¡vamos! Quiero desafiarte hoy a pedirle a Dios que te ayude a elegir «el camino de los íntegros».

Lee Filipenses 4:4-8. ¿Has estado preocupándote por todo, pero orando por nada? Detente y ora ahora mismo, levantando tus cargas a Dios. ¿Hace tiempo ya que con sinceridad le has dado las gracias a Dios? Haz una pausa para alabar y agradecerle específicamente por tres cosas. ¿Tu mundo ha estado lejos de ser pacífico? Deja que su paz caiga sobre tu corazón y te tranquilice. ¿Has estado rumiando sobre algo que alguien hizo que te lastimó? Pídele a Dios que lave tus pensamientos hoy y que los reemplace por cosas buenas.

Lectura de *La Biblia en un año*

2 Samuel 19:11–20:13; Juan 21:1-25; Salmo 120:1-7; Proverbios 16:16-17

Orgullo destructivo

El orgullo va delante de la destrucción,
y la arrogancia antes de la caída.
PROVERBIOS 16:18

Qué advertencia tan sobria, seria e importante es esta para nosotras, queridas hermanas. El orgullo es una opinión sobrevalorada de uno mismo. Es pensar que siempre estás en lo correcto o eres mejor o más importante que otra persona. Entonces, ¿cómo causa destrucción esta actitud? Bueno, destruye las relaciones. El orgullo trata a otros como si sus sentimientos o deseos u opiniones no importaran; solo tus propios sentimientos y deseos y opiniones importan. El orgullo puede destruir nuestro matrimonio. Chicas, podemos empezar a pensar y a tratar a nuestro marido como si no pudiera hacer nada bien o decir nada bien. Por si no reconocemos cómo a veces comunicamos esto, permítanme darles tres señales que a veces usamos.

- «Está bien». Decimos «Está bien» para poner fin a una discusión. Esta es nuestra señal de que tenemos razón, y necesitan callarse.
- Fuerte suspiro. Esto es en realidad una palabra. Un suspiro fuerte significa que los consideras sin remedio, y que te has dado por vencida con ellos.
- Podemos usar las palabras «lo haré yo misma». Esto significa que solas podemos hacerlo bien.

Hazlo personal... ¡Vívelo!

El conflicto en las relaciones es inevitable. Es lo que hacemos con él lo que importa. Estas son algunas buenas pautas.

- No seas sarcástica ni exagerada. ¿Cómo te gusta a ti cuando alguien hace eso? No te gusta. Así que no lo hagas tú.
- Elección del momento oportuno: no empieces una discusión seria cuando estás cansada, hambrienta o apurada.
- Elige un lugar para hablar que sea cómodo para ambos. Si estás en un lugar público, no hagas un escándalo.
- Recuerda que el objetivo no es triunfar sobre la otra persona. El objetivo es la resolución. Sigue apuntando a la meta. Incluye algunas declaraciones positivas y afirmativas en tu conversación.
- Reconoce tus errores. Discúlpate sinceramente.
- Trata de encontrar la manera en que ambos lleguen a una resolución con la que ambos puedan estar de acuerdo.

Lectura de *La Biblia en un año*

2 Samuel 20:14–21:22; Hechos 1:1-26; Salmo 121:1-8; Proverbios 16:18

Confianza simple e inocente

Nuestro proverbio de hoy es sobre lo dulce de la simplicidad. La vida rápida, yo primero, ha estallado a todo nuestro alrededor. Para nosotras como cristianas es tiempo de volver a los fundamentos de la humildad, receptividad, y la simple confianza en el Señor.

> *Es mejor vivir humildemente con los pobres,*
> *que compartir el botín con los orgullosos.*
> *Los que están atentos a la instrucción prosperarán;*
> *los que confían en el SEÑOR se llenarán de gozo.*
>
> PROVERBIOS 16:19-20

«Es mejor vivir humildemente». Mejor es una palabra tan común. Normalmente no me molestaría buscar esta palabra en el diccionario, pero escucha su definición. *Mejor* es «agradable, excelente, de gran valor, alegre, feliz, próspero y amable». Es increíble que todo este bien surge cuando somos felices y conformes con los lugares bajos y las cosas humildes en esta vida.

Jesús habló un día sobre sentarse en los primeros lugares y en los últimos lugares. Él dijo que los fariseos siempre se aseguraban de sentarse en los mejores asientos todo el tiempo. ¿En serio? Eso es mucho trabajo. Siempre estás comparando. Siempre estás maquinando para que las cosas salgan a tu favor.

Pero ¿recuerdas aquel día que le trajeron a los niños a Jesús y los discípulos querían despedirlos? Seguro que pensaban que los niños no eran dignos del tiempo del Salvador. «Cuando Jesús vio lo que sucedía, se enojó con sus discípulos y les dijo: "Dejen que los niños vengan a mí. ¡No los detengan! Pues el reino de Dios pertenece a los que son como estos niños. Les digo la verdad, el que no reciba el reino de Dios como un niño nunca entrará en él"» (Marcos 10:14-15). Esta es una buena palabra.

Hazlo personal... ¡Vívelo!

La definición de *simple* es «no complicado, fácil de hacer, no lujoso ni elegante». Realmente no hay mejor imagen de esto que una niña sosteniendo la mano de su padre. Ella está segura y es libre para disfrutar del viaje. Cierra los ojos. ¿Puedes imaginarte como esa niñita con una mano pequeña? ¿Puedes imaginar a tu Padre Dios que te sostiene y te guía? «No han recibido un espíritu que los esclavice al miedo. En cambio, recibieron el Espíritu de Dios cuando él los adoptó como sus propios hijos. Ahora lo llamamos "Abba, Padre"» (Romanos 8:15). ¿Tomarás un momento para hacer una pausa, respirar profundamente y apoyarte sobre la fuerza, la sabiduría y el amor de tu Padre?

Lectura de *La Biblia en un año*

2 Samuel 22:1–23:23; Hechos 2:1-47; Salmo 122:1-9; Proverbios 16:19-20

Palabras dulces aumentan el saber

El sabio de corazón es llamado prudente,
  y la dulzura de labios aumenta el saber. [...]
El corazón del sabio hace prudente su boca
  y añade gracia a sus labios.
PROVERBIOS 16:21, 23 (RVR95)

A menudo pensamos en la sabiduría brotando de la cabeza. Ser sabio es ser inteligente. Pero la sabiduría, la verdadera sabiduría, habita en el corazón. Escucha la hermosa descripción de la sabiduría piadosa en Santiago 3:17: «La sabiduría que proviene del cielo es, ante todo, pura y también ama la paz; siempre es amable y dispuesta a ceder ante los demás. Está llena de compasión y del fruto de buenas acciones. No muestra favoritismo y siempre es sincera».

Nuestro proverbio hoy dice que una mujer sabia «hace prudente su boca», y es fácil aprender de ella. Entonces, mamás, uno de tus roles primarios con tus hijos es enseñar. Tenemos momentos formales de enseñanza cuando ayudamos con la tarea o les enseñamos a recoger sus camas. Pero ten en cuenta que hay mil momentos informales para enseñar. Están aprendiendo de ti todo el tiempo, no solo de lo que dices sino de cómo lo dices. Aprenden de lo que haces y cómo lo haces. Aprenden de ti cómo responder a las decepciones de la vida. ¿Qué haces cuando se les cae la botella de kétchup, o el perro mastica un zapato, o el lavaplatos se descompone? Pequeñas crisis diarias. ¿Somos severas? ¿Nos desquitamos? ¿Culpamos a otros?

Si te das cuenta de que tus palabras están enviando el mensaje equivocado, ¿qué puedes hacer? No necesitas lavarte la boca. Tienes que ir a la cruz y limpiar tu corazón.

Hazlo personal... ¡Vívelo!

Si creciste en una familia donde los regaños y el castigo eran más prevalentes que la bondad y la paciencia, sabes en tu corazón que no funcionó. Sin embargo, a menudo caemos en los hábitos que aprendimos en casa. Es hora de romper el molde y hacer las cosas a la manera de Dios. Aprende a ser una porrista. Si otros sienten que les estás instruyendo para su beneficio y que crees en ellos, el aprendizaje es divertido. ¿Usarás tus palabras para levantar a otros? Encuentra algo para halagar. Relájate. Da oportunidad a los demás. Deja que la sabiduría de Dios te recuerde que «la dulzura de labios aumenta el saber».

Lectura de *La Biblia en un año*

2 Samuel 23:24–24:25; Hechos 3:1-26; Salmo 123:1-4; Proverbios 16:21-23

Palabras amables son dulces

Las palabras amables son como la miel:
dulces al alma y saludables para el cuerpo.
PROVERBIOS 16:24

Palabras amables. Tengo que decir que no hay palabras en el universo que tengan más poder para nuestro bien que las palabras de Dios. Jeremías dijo: «Cuando descubrí tus palabras las devoré; son mi gozo y la delicia de mi corazón, porque yo llevo tu nombre, oh SEÑOR Dios de los Ejércitos Celestiales» (Jeremías 15:16).

Palabras dulces. Los Salmos son una fuente de ánimo y consuelo. Los Proverbios nos dan consejo sólido y práctico. Las Epístolas nos enseñan cómo vivir. Apocalipsis nos da una imagen de nuestro futuro eterno, y los Evangelios nos dan una imagen fresca de Jesús.

Déjame darte algunos ejemplos que podrían ser justo las palabras dulces y robustas que necesitas hoy para darte esperanza y fuerzas.

¿Estás cansada y desanimada? ¿Sientes que ya no puedes seguir adelante? La Palabra de Dios dice: «Los que confían en el SEÑOR encontrarán nuevas fuerzas; volarán alto, como con alas de águila. Correrán y no se cansarán; caminarán y no desmayarán» (Isaías 40:31).

¿Te sientes sola o abandonada? «Pues Dios ha dicho: "Nunca te fallaré. Jamás te abandonaré"» (Hebreos 13:5).

¿Estás triste? El Salmo 34:18 dice: «El SEÑOR está cerca de los que tienen quebrantado el corazón; él rescata a los de espíritu destrozado».

Por último, ¿estás preocupada? ¿Tienes temor por el futuro? Jesús dijo, «¡No tengan miedo, mi pequeño grupo de discípulos! Dios, el Padre de ustedes, quiere darles su reino» (Lucas 12:32, TLA). Recuerda: «El SEÑOR es mi pastor; tengo todo lo que necesito» (Salmo 23:1).

Hazlo personal... ¡Vívelo!

Tengo pasajes de las Escrituras por todos lados en mi casa. Y me encanta dar Escrituras enmarcadas a los demás para los cumpleaños, para los que están de luto, para los regalos de inauguración de casa, y siempre para las nuevas mamis. Cuando encuentro hermosos marcos en oferta, compro varios. Con todos los gráficos sorprendentes que se pueden hacer en la computadora, junto con suministros de papelería, es fácil imprimir una Escritura y añadir hermosos adornos. Puedes ir a mi página web, BibleBusStop.com, para descargar una variedad de diseños. Junio es un mes cuando a menudo damos regalos de graduación y de bodas. ¿Añadirás una Escritura enmarcada? Ora sobre las Escrituras a medida que las das. Es divertido ver las Escrituras que he dado como regalos exhibidas en hogares muchos años después.

Lectura de *La Biblia en un año*
1 Reyes 1:1-53; Hechos 4:1-37; Salmo 124:1-8; Proverbios 16:24

Lo malo parece recto

*Delante de cada persona hay un camino que parece correcto,
    pero termina en muerte.*

PROVERBIOS 16:25

Esta misma afirmación se hace en Proverbios 14:12. Dado que la repetición es la madre del aprendizaje, Dios debe querer que entendamos esto: «Hay un camino que parece correcto, pero termina en muerte».

Así que, chicas, pensemos en algunas de las maneras en que podríamos quedar atascadas, pensando que estamos haciendo lo correcto para nosotras o para nuestros hijos, pero que, al final, nos lastimarán. Permítanme enumerar algunas.

Puede parecer correcto, cuando sus hijos están en ligas de deportes y sus juegos son los fines de semana, no ir a la iglesia durante toda la temporada de béisbol, pero eso termina haciendo que sus hijos se distancien del grupo de jóvenes, y aprenden que un pequeño trofeo de plástico es más importante que honrar a Dios.

Muchas mujeres solteras creen que nunca serán felices a menos que se casen. Piensan que deben transigir moralmente para ganarse a un hombre, y que cualquier hombre es mejor a no tener hombre.

Algunas mujeres casadas piensan que solo pueden ser felices si su esposo cambia o gana más dinero, o si se deshacen de su esposo por otro. Así que dejan de orar por sus esposos. Se conforman con un corazón moribundo.

A veces pensamos que nuestros hijos estarían mejor si trabajáramos fuera del hogar para comprarles cosas lindas. Pero olvidamos que los niños necesitan a una mamá más de lo que necesitan cosas lindas. Hay ocasiones en las que parece correcto ser irrespetuosa con la suegra, o mirar una serie atrevida en la televisión, o dejar de diezmar cuando el dinero está escaso, porque «hay un camino que nos parece correcto como mujeres, pero termina en muerte».

Hazlo personal... ¡Vívelo!

¿Se te ocurre una ocasión en la que tomaste una decisión que parecía buena en el momento, pero resultó ser mala? Yo sí. Nuestra comprensión humana es errónea y miope. Es por eso que es emocionante que Dios se ofrezca para que su sabiduría esté disponible para nosotras en cualquier momento. Santiago 1:5 es una invitación y una promesa: «Si necesitan sabiduría, pídansela a nuestro generoso Dios, y él se la dará; no los reprenderá por pedirla». ¿Le pedirás que te guíe hoy?

Lectura de *La Biblia en un año*

1 Reyes 2:1–3:2; Hechos 5:1-42; Salmo 125:1-5; Proverbios 16:25

No hables maldad

El hombre perverso [o la mujer perversa] cava en busca del mal,
Y en sus labios hay como llama de fuego.
PROVERBIOS 16:27 (RVR60)

La Nueva Traducción Viviente lo dice de la siguiente manera: «Los sinvergüenzas crean problemas; sus palabras son un fuego destructor».

Aquí miramos el daño que la guerra de palabras puede traer. Como hijas de Dios, debemos honestamente mirar la imagen de lo que Dios está llamando comportamiento perverso.

Es cavar en busca de chismes. ¿Algunas veces estás ansiosa por escuchar un mal informe sobre otra persona? ¿Miras los programas de escándalos o lees las revistas de escándalos? Si oyes hablar del pecado de alguien, ¿en ocasiones encuentras una satisfacción interior? Eso es malo.

El comportamiento perverso es difundir las malas noticias. ¿Estás ansiosa por decirle a otra persona lo que sabes u oyes, incluso si sospechas que es solo la verdad a medias? Nuestro proverbio hoy dice que el mal está en los labios de una persona perversa como una llama de fuego.

Santiago 3:6 dice: «La lengua es una llama de fuego. Es un mundo entero de maldad que corrompe todo el cuerpo. Puede incendiar toda la vida, porque el infierno mismo la enciende».

Entonces, ¿qué es lo que hacemos cuando escuchamos un mal informe sobre alguien, especialmente si es un hermano o una hermana en el Señor? La siguiente pregunta es, ¿qué es lo que *debemos* hacer?

Déjame decirte: la primera y a veces la última persona con la que deberíamos hablarlo es Dios mismo. Podemos ser parte del problema, o podemos ser parte de la solución al orar, porque «el amor cubre gran cantidad de pecados» (1 Pedro 4:8).

Hazlo personal... ¡Vívelo!

Santiago 3:9-11, 13 nos da una advertencia firme e instrucción sobre las palabras. Necesitamos pegarlo a nuestros celulares y a nuestras pantallas de computadoras. Por favor lee las palabras cuidadosamente y en oración. «Con la lengua bendecimos a nuestro Señor y Padre, y con ella maldecimos a las personas, creadas a imagen de Dios. De una misma boca salen bendición y maldición. Hermanos míos, esto no debe ser así. ¿Puede acaso brotar de una misma fuente agua dulce y agua salada? [...] ¿Quién es sabio y entendido entre ustedes? Que lo demuestre con su buena conducta, mediante obras hechas con la humildad que le da su sabiduría» (NVI).

Lectura de *La Biblia en un año*

1 Reyes 3:3–4:34; Hechos 6:1-15; Salmo 126:1-6; Proverbios 16:26-27

El chisme separa amigos

El alborotador siembra conflictos;
*   el chisme separa a los mejores amigos.*
PROVERBIOS 16:28

Hoy vamos a tener una charla honesta y franca sobre el chisme. Dios odia el chisme. Vamos a dejar eso en claro de una vez.

En primer lugar, el chisme no es útil. ¿De qué sirve saber algo malo, especialmente cuando no se puede hacer nada al respecto?

Un mandamiento muy claro del Señor es «Haz a los demás todo lo que quieras que te hagan a ti» (Mateo 7:12). Permíteme preguntar: ¿qué parte del chisme, la charla negativa, los comentarios críticos y la calumnia quieres que la gente comparta de ti? Así que piensa antes de hablar. ¿Cuál es tu motivo?

No es justo. Nunca quiero oír algo sobre alguien a sus espaldas. Eso no es justo. El patrón bíblico es que si algo está mal, hay que encararlo con esa persona en privado.

La naturaleza humana tiende a creer lo negativo. Si solo escuchas un lado de una historia, se te queda grabado, y puedes empezar a dudar de alguien que antes valorabas y en quién confiabas. El chisme puede separar incluso a los mejores amigos.

Entonces, ¿qué podemos hacer y qué debemos hacer cuando alguien menciona chismes negativos? Pues, drásticamente cambiar de tema. No prestes oído a eso. Cuando alguien persiste, hasta me he salido del cuarto, amablemente pero determinadamente. Ora, ora que Dios corrija el mal, y ora para que el Señor lave tu corazón y te haga un utensilio de palabras de gracia, no palabras de chisme y basura.

Hazlo personal... ¡Vívelo!

¿Te preguntas por qué hay tantos proverbios que hablan sobre calumnias y chismes? Tal vez es porque hay tanta calumnia y chismes. Estamos desensibilizadas. Si ves alguna comedia popular en la televisión, burlarse de otros es la norma. Ninguna amistad o relación es sagrada. Las telerrealidades, los tabloides de Hollywood, los programas de entrevistas y realmente casi todos los programas en la televisión tienen un diálogo continuo de comentarios mordaces. Cuanto más observemos estas cosas, más se convertirá en la norma para nosotras.

Oremos

Señor, despiértame y sacúdeme. No quiero llegar a ser igual que el mundo. Por favor ayúdame a notar y luego rechazar el escuchar chismes, tanto en la televisión como en la vida real. Luego, sobre todo, ayúdame a no ser la que los habla.

Lectura de *La Biblia en un año*

1 Reyes 5:1–6:38; Hechos 7:1-29; Salmo 127:1-5; Proverbios 16:28-30

Corona de canas

*Las canas son una corona de gloria
  que se obtiene por llevar una vida justa.*
PROVERBIOS 16:31

Permítanme hablar una palabra a ustedes, señoras de más de cincuenta. Si reciben con los brazos abiertos esta etapa de su vida, puede ser la más dulce de todas. Puedes ser una luz brillante delante de las mujeres jóvenes a tu alrededor, porque hay muchas madres jóvenes que no tienen a nadie para darles consejos piadosos. No tienen a alguien que les enseñe cómo estar en la Palabra por sí mismas. No tienen a nadie que les enseñe a respetar o amar a sus esposos. Ellas no saben cómo ser amas de casa o mantener un presupuesto o preparar comidas equilibradas.

En Tito 2:3-5, a las mujeres mayores se les dice que deben «vivir de una manera que honre a Dios. No deben calumniar a nadie ni emborracharse. En cambio, deberían enseñarles a otros lo que es bueno. Esas mujeres mayores tienen que instruir a las más jóvenes a amar a sus esposos y a sus hijos, a vivir sabiamente y a ser puras, a trabajar en su hogar, a hacer el bien y a someterse a sus esposos. Entonces no deshonrarán la palabra de Dios».

Así que me gustaría desafiar a algunas de mis hermanas de cabello plateado. Tomemos los próximos años de nuestra vida y preguntémosle al Señor cómo podemos invertirlos. Pídele a Dios que te muestre varias mujeres jóvenes a quienes puedes animar. ¿Hay alguna esposa joven que puedes invitar a tu casa para enseñarle a hacer tamales o pasteles o a aprovechar las ofertas en el mercado? ¿Hay alguna mujer joven que puedes tomar bajo tu ala para la rendición de cuentas durante su proceso de compromiso? ¿Hay alguna joven esposa de un pastor por quien puedas orar todos los días y enviarle notas de aliento? Porque «las canas son una corona de gloria que se obtiene por llevar una vida justa».

Hazlo personal... ¡Vívelo!

Si eres una mujer joven, estás viviendo en tiempos muy desafiantes. Estás inundada por todos lados con información falsa sobre las percepciones de la femineidad y la maternidad, el matrimonio y el éxito. En efecto necesitas a alguien mayor y sabia para alentarte y guiarte como Elisabet animó a María. El Señor ha levantado a muchas mentoras que están disponibles a través de libros, sitios web y videos. Permíteme mencionar dos de mis favoritas: Fern Nichols (Madres Unidas para Orar Internacional, madresunidasparaorar.org) y Emilie Barnes (autora de *Survival for Busy Women* [Supervivencia para mujeres ocupadas]).

Lectura de *La Biblia en un año*

1 Reyes 7:1-51; Hechos 7:30-50; Salmo 128:1-6; Proverbios 16:31-33

Paz y tranquilidad

Mejor es un bocado seco y con él tranquilidad,
que una casa llena de banquetes con discordia.
PROVERBIOS 17:1 (LBLA)

Discordia. ¿Qué es discordia? Discordia es «pleitos, luchas, conflicto, competencia y contención».

Así que seamos realistas. ¿Cuál es el estado actual de tu corazón, alma y mente? ¿Estás constantemente luchando y reaccionando? ¿Eres muy defensiva y protectora? ¿Estás frustrada, nunca satisfecha? Vivimos en un mundo que alimenta esto. Nos rodea, pero la única vez que realmente se vuelve peligroso no es cuando está a nuestro alrededor, sino cuando está en nosotras.

Nuestro proverbio hoy habla de simplicidad, solo un bocado de pan. Es suficiente si tienes la tranquilidad y la paz.

El apóstol Pablo es un gran ejemplo para nosotras. Sabemos que escribió el libro de Filipenses desde una celda de la prisión en Roma. Tal vez algunos días todo lo que tenía para la cena era un bocado de pan, pero desde esa celda nos dio el verdadero secreto de la paz y la tranquilidad en un mundo preocupante. Él dijo: «Regocíjate en el Señor. Otra vez digo "Regocíjate". El Señor está cerca. Así que no se preocupen por nada, sean agradecidos por todo, y oren que la paz de Dios guarde su corazón y su mente en Cristo Jesús» y «he aprendido a estar contento en cualquier estado que estoy; porque todo lo puedo en Cristo que me fortalece» (Filipenses 4:4-7, 11-12, paráfrasis de la autora).

Hazlo personal... ¡Vívelo!

El gozo de la sencillez, eso es lo que necesitamos hoy. Es verano. El mundo afuera está lleno de vida; salgamos a dar un paseo. Detente y habla con un vecino. Busca nidos de pájaros en los árboles. Quédate quieta: escucha los sonidos a todo tu alrededor. Mira arriba: el azul del cielo o la forma de las nubes puede ser simple gozo. Siéntate y mira las hormigas ocupadas. Trata de encontrar una mariquita. Respira profundamente. Ten una pequeña charla con Dios tu Padre y dile todas las cosas que te gustan del mundo que él creó.

El mundo es de mi Dios; su eterna posesión.
Eleva a Dios su dulce voz la entera creación.
El mundo es de mi Dios; conforta así pensar.
Él hizo el sol y el arrebol, la tierra, cielo y mar.
—MALTBIE D. BABCOCK

Lectura de *La Biblia en un año*

1 Reyes 8:1-66; Hechos 7:51–8:13; Salmo 129:1-8; Proverbios 17:1

Fuego refinador

El fuego prueba la pureza del oro y de la plata,
*   pero el SEÑOR prueba el corazón.*
PROVERBIOS 17:3

El calor de las pruebas y las dificultades son para nosotras como el calor que el orfebre aplica a un trozo de oro que quiere convertir en un hermoso anillo dorado. Las impurezas no son visibles, porque están incrustadas en el núcleo de esa forma sólida. El orfebre debe sostener el oro sobre la parte más caliente de la llama. A medida que se derrite a un estado líquido, las impurezas se liberan y suben a la superficie. Esta escoria puede entonces ser desnatada hasta que la superficie esté despejada. El orfebre nunca quita sus ojos del metal precioso para que no se quede en el fuego demasiado tiempo o el tiempo insuficiente. ¿Cómo sabe que el oro es puro, completamente refinado? Cuando mira hacia abajo y puede ver su propio rostro reflejado.

¿Puedes ver cómo se aplica esto a nosotras? ¿Estás pasando por algo tan duro que sientes que te estás derritiendo? Cuando tu hijo está enfermo en el hospital, un médico acaba de encontrar un tumor o tu madre tiene un derrame cerebral, la vida cambia mucho. De repente las cosas tontas y frívolas que solían parecer tan importantes ya no lo son. Deja que la escoria flote a la superficie, cosas como la autosuficiencia, la autocompasión, la ambición egoísta, los celos y el orgullo.

Una de las cosas que debemos recordar, sin embargo, es que esto no es castigo. Es el fuego de refinamiento. Dios ha confiado en ti para pasar por esta cosa realmente difícil para demostrar «que su fe es auténtica. Está siendo probada de la misma manera que el fuego prueba y purifica el oro, aunque la fe de ustedes es mucho más preciosa que el mismo oro. Entonces su fe, al permanecer firme en tantas pruebas, les traerá mucha alabanza, gloria y honra en el día que Jesucristo sea revelado a todo el mundo» (1 Pedro 1:7).

Hazlo personal... ¡Vívelo!

¿Cómo obtienes una nueva esperanza y fuerzas cuando estás en medio de una prueba? Lee los Salmos. Son canciones para tu alma. Muchos fueron escritos cuando David estaba pasando por circunstancias dolorosas. Los Salmos te dan palabras para expresar honestamente tus bajos más bajos. Luego te dan palabras de victoria y confianza en Dios.

Oremos

Señor, ayúdame a rendirme, a no pelear contra tu obra. Ayúdame a ver tu amor y confiar en tu propósito de redención para hacerme un utensilio digno para el uso del Maestro.

Lectura de *La Biblia en un año*

1 Reyes 9:1–10:29; Hechos 8:14-40; Salmo 130:1-8; Proverbios 17:2-3

Compasión en acción

Los que se burlan del pobre insultan a su Creador;
los que se alegran de la desgracia de otros serán castigados.
PROVERBIOS 17:5

Burlarse de una persona pobre o alegrarse por el desastre en la vida de alguien es menospreciarla, como si fueras mejor que esa persona, no por quién es sino por las circunstancias que la han rebajado. Están desamparados y podemos verlos como sin esperanzas. Pero nunca olvidemos que, al no ser por la gracia de Dios, nosotras podríamos estar en su lugar.

Entonces, ¿quién es el pobre en este mundo, aquel cuya vida se enfrenta a un desastre? Un grupo muy grande es niños de acogida. Se quedan sin un hogar propio, yendo de un lugar a otro, vulnerables y sintiéndose rechazados.

Una iglesia en Florida, Calvary Chapel Fort Lauderdale, se sintió tan conmovida por la difícil situación de estos niños, que sabían que tenían que involucrarse. De esto, Dios engendró un ministerio llamado 4KIDS del sur de la Florida. Esto es lo que dice el sitio web de la iglesia:

«Todos los días en el sur de Florida, un promedio de ocho a doce niños son retirados de sus hogares como resultado de abuso, abandono o negligencia. 4KIDS es una organización fundada para satisfacer las necesidades físicas, emocionales, sociales y espirituales de estos niños. Desde 1999 hemos proporcionado vivienda y cuidado a miles de niños».

Voy a cerrar diciendo que creo que no es casualidad que estés leyendo esto hoy. Creo que Dios quiere recalcar en el corazón de alguien que Dios ama a estos niños. No se ha olvidado de ellos. Están desamparados pero no sin esperanza. Y quizás te use a ti.

Hazlo personal... ¡Vívelo!

La gente es pobre en muchas maneras además de monetariamente. ¿Cómo podemos poner nuestra compasión en acción? Aquí hay unas formas tangibles.

- ¿Conoces a un niño que tiene problemas con su tarea? Ofrece darle tutorías una vez por semana para ayudarle con su lectura o matemáticas.
- Ofrece ayudar a una persona mayor con un aventón al doctor o con la jardinería.
- La oración es el regalo más grande. Haz una pausa y ora ahora mismo por alguien que está pasando por un momento difícil.
- Un libro o una tarjeta divertida pueden añadirle una sonrisa al día monótono de alguien.

Lectura de *La Biblia en un año*

1 Reyes 11:1–12:19; Hechos 9:1-25; Salmo 131:1-3; Proverbios 17:4-5

El hogar y corazón de abuelita

Los nietos son la corona de gloria de los ancianos.
PROVERBIOS 17:6

Definitivamente, los nietos son uno de los regalos más dulces que Dios jamás ha otorgado. «Vi una calcomanía en un carro que decía: «De haber sabido que los nietos son tan increíbles, los hubiera tenido a ellos primero».

Recuerdo aquel momento cuando vi a mi nieta, Hannah, por primera vez. Definitivamente fue amor a primera vista. Cuando cumplió tres años, le regalé una maletita rosa. Cuando ella la empacaba, quería decir que iba a ir a la casa de abuelita. Un día yo estaba esperando a que viniera y se quedara a pasar la noche. Ella estaba emocionada. Yo estaba emocionada. Luego escuché su pequeña y loca forma de tocar la puerta. Corrí para abrirla y ella aventó sus manitas arriba y dijo: «¡Es tu niña!». Me encantó.

Con los nietos, los abuelos tienen el gran privilegio de ser una fuente de amor incondicional. Ser un pequeño creciendo en este mundo complicado de hoy día no es fácil. Quiero desafiarte. Ora por tus nietos aunque no hayan nacido todavía. Ora por ellos fielmente. Ora las Escrituras sobre ellos. Ora las promesas de Dios sobre ellos e invierte en ellos espiritualmente.

Déjame recomendar algunos recursos excelentes para tener en casa para las ocasiones en que vengan de visita. Kenneth Taylor compiló una maravillosa Biblia de niños que todos tienen que tener llamada *La Biblia en cuadros para niños*. Mantén una lista de buenas películas cristianas. Invierte en películas de naturaleza como *Incredible Creatures That Defy Evolution* (Increíbles criaturas que desafían la evolución) que demuestran la maravilla de la creación de Dios.

Hazlo personal… ¡Vívelo!

Déjame hablar a las que tienen hijos pródigos adultos. No dejes que tu corazón entre en desaliento porque tus nietos no están siendo criados en un hogar piadoso. Una de mis más queridas amigas, Jan Vance, se convirtió en una increíble mujer de Dios primordialmente porque sus abuelos fueron una influencia piadosa. Cuando puedas, siembra semillas en la vida de tus nietos. Regálales música cristiana junto con su regalo de cumpleaños. Cuando son adolescentes, necesitan especialmente tus oraciones. En particular, necesitan tu amor incondicional. Dios te ha encomendado con una maravillosa y santa oportunidad de dejar que tus «buenas acciones brillen a la vista de todos, para que todos alaben a [tu] Padre celestial» (Mateo 5:16).

Lectura de *La Biblia en un año*

1 Reyes 12:20–13:34; Hechos 9:26-43; Salmo 132:1-18; Proverbios 17:6

No te dejes llevar por la mentira

Las palabras elocuentes no son apropiadas para el necio,
mucho menos las mentiras para el gobernante.

PROVERBIOS 17:7

Este proverbio nos dice que no siempre obtenemos lo que esperamos. No esperamos que un necio hable con elocuencia. Esperamos distinguir inmediatamente que alguien está hablando neciamente porque sonará necio. Inmediatamente sonaría mal. Pero eso no es exactamente como son las cosas. Recuerda, Satanás es el rey del espejismo. Se le podría llamar «Satanás el trucha». En Génesis 3 disimuló sus intenciones cuando habló con Eva. Sus palabras sonaron tanto lógicas como llamativas. Insinuó que Dios estaba reteniendo algo bueno, algo que ella realmente necesitaba y realmente quería. Satanás hizo parecer que Dios es tacaño. Eva escuchó y actuó con base en esa mentira. Pero Dios estaba reteniendo el fruto del árbol solo porque les traería dolor a los humanos. Eva fue una mujer necia.

Como mujeres sabias y piadosas, debemos tener discernimiento. No creas todas las mentiras disfrazadas que escuchas en un programa o en un libro, sin importar cuán elocuentemente son presentadas.

Debemos ser bereanos. Según el libro de los Hechos, los judíos bereanos tomaron lo que habían escuchado y luego buscaron en las Escrituras para ver si estaba en acorde con la Palabra de Dios. A veces una mentira necia toma tan solo un pedacito de verdad y la tuerce para hacerla un engaño peligroso. Entre mejor conocemos la verdad, será menos probable que seamos engañadas a creer en la fina falsificación.

Hazlo personal... ¡Vívelo!

Si estás leyendo esto ahora mismo y hay alguien, tal vez en la oficina, en el gimnasio o en Internet, quién te está pescando, tentándote a hacer algo que sabes que está mal, *¡despierta!* Si te sientes sola como soltera o en un matrimonio infeliz, eres especialmente vulnerable. Hace tres días una mujer vino a mí sollozando. Ella está teniendo una aventura romántica con un hombre en el trabajo y su corazón está ahora desgarrado. Sabe que solo traerá devastación a sus cuatro hijos y que destruirá su hogar.

Por favor, quiero suplicarte, clama a Dios ahora mismo y pídele que guarde tu corazón. Si ya has caído, clama a él en arrepentimiento. Él es el Dios de gracia y de verdad.

Lectura de *La Biblia en un año*

1 Reyes 14:1–15:24; Hechos 10:1-23; Salmo 133:1-3; Proverbios 17:7-8

El amor cubre

El que cubre la transgresión busca amistad,
pero el que divulga el asunto aparta al amigo.
PROVERBIOS 17:9 (RVA-2015)

¿Qué significa esto? Significa que es fácil amar a alguien que te respalda. Así que si quieres ser amada, sé amable. Busca lo mejor en los demás porque esto saca lo mejor en los demás. Por otro lado, la mayoría de nosotras conocemos personas quienes han tenido algo malo que decir de todos: un espíritu crítico, quejas, suponiendo lo peor. Te desgasta y te desalienta. Yo creo que la mayoría de nosotras ya tenemos esa pequeña voz interna que nos molesta y nos dice: *Eres un fracaso. Nadie te necesita. ¿Por qué no lo puedes hacer bien?* Vamos, amigas, escojamos ser esa voz que le dice a otros: «Oye, tú puedes hacerlo. Vuélvelo a intentar. Confío en ti».

Ahora apliquémoslo. ¿Tu esposo hizo algo necio? ¡Olvídalo! Deja que ese incidente sea enterrado y tira la pala. ¿Tu hijo tuvo una mala jugada o reprobó matemáticas? ¿Tu hija tuvo un pequeño choque? ¿Tu hermana subió unos kilitos? Respáldalos. En estas cosas, ¿por qué no los dejamos tranquilos? ¿Podemos ser un refugio y un colchón de caída suave en sus tiempos de dolor privado, problemas y equivocaciones?

Me encanta esta definición de amistad: un amigo es alguien que te ve fracasar y no piensa que eres un fracaso. Aún mejor, Pedro dijo: «Lo más importante de todo es que sigan demostrando profundo amor unos a otros, porque el amor cubre gran cantidad de pecados» (1 Pedro 4:8).

Hazlo personal... ¡Vívelo!

Cuando olvido que yo cometo errores también, soy más dura con los demás. Admítelo: tú también. Dejemos que Jesús nos ponga en línea: «No juzguen a los demás, y no serán juzgados. Pues serán tratados de la misma forma en que traten a los demás. El criterio que usen para juzgar a otros es el criterio con el que se les juzgará a ustedes. ¿Y por qué te preocupas por la astilla en el ojo de tu amigo, cuando tú tienes un tronco en el tuyo? [...] ¡Hipócrita! Primero quita el tronco de tu ojo; después verás lo suficientemente bien para ocuparte de la astilla en el ojo de tu amigo» (Mateo 7:1-3, 5).

Lectura de *La Biblia en un año*

1 Reyes 15:25–17:24; Hechos 10:24-48; Salmo 134:1-3; Proverbios 17:9-11

¡Cuidado con los osos!

*Es menos peligroso toparse con una osa a la que le han robado sus crías
que enfrentar a un necio en plena necedad.*
PROVERBIOS 17:12

Aquí hay una advertencia. No te metas con los cachorros de una mamá osa. Ella puede ser despiadada. Esta clase de fuerza sin rienda es comparada con el comportamiento desquiciado y desenfrenado de un necio.

¿Cuándo ocurre esto y cómo es? El tribunal de divorcio es un ejemplo clásico. Puede ser un lugar desquiciado, de venganza a cualquier precio. Los celos son necios y los que son propensos a ellos pueden destruir amistades y ministerios. Las peleas familiares sobre la herencia pueden ser desatadas, actuando sobre antiguos resentimientos de la niñez. ¿Has escuchado la frase *tierra quemada*? Cuando un ejército enemigo cruzaba la frontera hacia Rusia, Pedro el Grande quemó muchos kilómetros de las granjas y cultivos de su propia gente, solo para que el ejército invasor no tuviera comida. Tierra quemada.

Así que, hija de Dios, si estás en la zona de guerra de una persona necia, aquí hay algunas cosas para recordar:

- La razón y lo correcto usualmente no las detendrá.
- No respondas a su necedad desquiciada con tu propia necedad desquiciada.
- Realmente el único lugar seguro es tierra más alta.

El Salmo 46:1 dice: «Dios es nuestro refugio y nuestra fuerza; siempre está dispuesto a ayudar en tiempos de dificultad».

Hebreos 4:16 nos recuerda: «Acerquémonos con toda confianza al trono de la gracia de nuestro Dios. Allí recibiremos su misericordia y encontraremos la gracia que nos ayudará cuando más la necesitemos».

Hazlo personal... ¡Vívelo!

Cuando alguien imprudentemente ventila su enojo, a menudo cae sobre los inocentes. Esta es una buena advertencia para nosotras como madres. Nosotras como mujeres a veces dejamos que las frustraciones y la amargura se acumulen contra nuestro marido (o exmarido). Luego, de repente, algo pequeño que hace uno de nuestros hijos desencadena esa ira y él o ella recibe la descarga de todo el peso almacenado. Es confuso y doloroso y totalmente injusto. Si esto ha sucedido, no es demasiado tarde para enmendarlo. ¿Irás a tu hijo o hija y le pedirás perdón? Lean Efesios 4:26 juntos. Luego pídele a tu hijo o hija que se arrodille y ore contigo ante el trono de la gracia.

Lectura de *La Biblia en un año*

1 Reyes 18:1-46; Hechos 11:1-30; Salmo 135:1-21; Proverbios 17:12-13

¡Abandona las peleas!

*Comenzar una pelea es como abrir las compuertas de una represa,
así que detente antes de que estalle la disputa.*

PROVERBIOS 17:14

Efesios 4:26 dice: «"No pequen al dejar que el enojo los controle". No permitan que el sol se ponga mientras siguen enojados». Honestamente, a veces estoy tan frustrada que tengo reflejos lentos para responder. Nunca puedo pensar en esa cosa ingeniosa, punzante para contestar en el momento de ira. Pero en realidad estoy agradecida. A veces es mejor que te quedes muda.

Tantos problemas son causados cuando la ira se enciende y las palabras se utilizan como armas. Una palabra áspera conduce a una palabra hiriente, que conduce a miradas y acciones de odio y el daño va más y más profundo entre más persiste. Detente. Simplemente detente. Alguien dijo: «El que perdona, termina esa pelea». Y George Herbert dijo: «El que no puede perdonar a otros destruye el puente por donde él mismo tiene que pasar».

En Génesis 13:8-9 los que cuidaban los animales de Abram tuvieron un conflicto con los que cuidaban los animales de Lot. Había problemas territoriales; así que Abram fue a Lot y le dijo: «No permitamos que este conflicto se interponga entre nosotros [...]. Después de todo, ¡somos parientes cercanos! Toda la región está a tu disposición. [...] Si tú quieres la tierra a la izquierda, entonces yo tomaré la tierra de la derecha».

Buen trabajo, Abram, y buen ejemplo. Podría haber peleado por sus derechos y probablemente hubiera ganado, pero él se negó a sus derechos y le dio la elección a Lot. Al final, Abram sí ganó, porque «Dios bendice a los que procuran la paz».

Hazlo personal... ¡Vívelo!

Tengo un conflicto en una relación ahora. La situación que causó el conflicto no se puede volver a hacer. Ya está en el pasado. Así que ahora tengo que tomar una decisión. Puedo repasar los detalles y eventos una y otra vez en mi mente. Pero eso solo mantiene fresca la frustración. En veinte años, ninguno de esos detalles importará en lo más mínimo. Lo que sí importa es que realmente aprecio a la otra persona. Delante de Dios, me he comprometido a dejar que reine el amor. Cuando pensamientos de ira aparecen en mi cabeza, él me ayuda a convertirlos en oraciones.

¿Tienes un desacuerdo o disputa sin resolver? Como lo dice nuestro proverbio de hoy, soltemos el asunto. Luego deja que reine el amor.

Lectura de *La Biblia en un año*

1 Reyes 19:1-21; Hechos 12:1-23; Salmo 136:1-26; Proverbios 17:14-15

Los necios son necios

¿De qué sirve el dinero en la mano del necio
para adquirir sabiduría, si no tiene entendimiento?
PROVERBIOS 17:16 (RVA-2015)

Esta es una pregunta interesante. ¿Por qué es que un necio podría tener todos los beneficios que lo harían sabio y veraz y bueno si él quisiera, y aun así desperdicia cada oportunidad? Son desperdiciados en él.

¿Por qué a veces vemos padres piadosos quienes hacen todo lo que pueden por sus hijos mientras los hijos hacen todo lo que pueden por destruir la vida de sus padres? Eligen amigos desenfrenados, rompen todas las reglas de la familia que fueron creadas para guiar y protegerlos, y rompen el corazón de sus padres.

¿Por qué? ¿Por qué algunas personas tienen a una persona cristiana en su vida quien nunca pierde la esperanza en ellos, que año tras año los invita a la iglesia, les comparte el evangelio y ora por sus almas? Y, sin embargo, año tras año... nada. Se vuelven cada vez más resueltos a creer en todo lo que los medios dicen y rechazan todo lo que Dios dice.

¿Por qué? ¿Por qué algunas de las más queridas esposas cristianas tienen maridos que eligen vivir una vida aparte y en el mundo? No tienen idea de por qué su esposa tiene gozo y paz, incluso cuando hay tiempos difíciles. Hay una Biblia en su cocina y pasajes de las Escrituras en sus paredes, pero el corazón de estos maridos parece ser un muro de bloques.

¿Por qué? ¿Por qué todas estas personas necias tienen todas estas posibilidades de saber la verdad? «Pues Dios amó tanto al mundo que dio a su único Hijo, para que todo el que crea en él no se pierda, sino que tenga vida eterna. Dios no envió a su Hijo al mundo para condenar al mundo, sino para salvarlo por medio de él» (Juan 3:16-17).

Hazlo personal... ¡Vívelo!

Volvamos esta pregunta a nosotras mismas. ¿Hay un área de tu vida que la necedad ha conquistado repetidamente? ¿Sigues siendo necia con tu dinero, con tus palabras, con tu temperamento? ¿Por qué? ¿Por qué te rindes cuando sabes que solo trae problemas?

Oremos y busquemos tanto la percepción como el poder de Dios mismo para romper el control de nuestra naturaleza débil.

Oremos

Señor, ayúdame a entender por qué continúo fracasando en superar algunos hábitos débiles en mi vida. Por favor dame resolución fresca para la victoria, confiando que «Todo lo puedo hacer por medio de Cristo, quien me da las fuerzas» (Filipenses 4:13).

Lectura de *La Biblia en un año*

1 Reyes 20:1–21:29; Hechos 12:24–13:15; Salmo 137:1-9; Proverbios 17:16

Una amiga fiel

En todo tiempo ama el amigo,
y el hermano nace para el tiempo de angustia.
PROVERBIOS 17:17 (RVA-2015)

Este proverbio nos muestra por qué necesitamos amigos. También nos muestra no solo lo que necesitamos en un amigo o una amiga, sino cómo necesitamos ser como amiga. La pregunta es, ¿quién eres?

Todo el mundo ama a un ganador. A todo el mundo le encanta conocer y estar con alguien que tiene mucho a su favor y que es bien respetado por la gente bien respetada. Es divertido estar en el círculo correcto. Incluso en las iglesias y los ministerios hay un círculo «popular» y los no tanto. Esa es la naturaleza humana, pero los lazos profundos no se hacen en piscinas poco profundas.

En la Biblia vemos una imagen de amistad entre Jonatán y David. La verdadera prueba de esa amistad fue cuando David era un marginado. No era políticamente correcto que Jonatán se quedara cerca de David. Podría haberse distanciado y no haberse arriesgado. Pero él hizo una elección. Él pagaría el precio para caminar junto a su amigo como el marginado, porque en ese momento era cuando su amigo más lo necesitaba. «De probada eficacia» significa que hay una prueba que muestra la eficacia. Una vez más, la pregunta es: ¿quién eres?

Pero ninguna discusión sobre amigos puede estar completa sin hablar del amigo que es más leal y dulce que todos. Como dice el himno: «Oh, qué amigo nos es Cristo, él llevó nuestro dolor [...] ¿Te desprecian tus amigos? Dilo a Cristo en oración; en sus brazos gozo tierno hallará tu corazón».

Hazlo personal... ¡Vívelo!

Ahora, pregúntate honestamente: *¿Soy una amiga que ama en todo tiempo?* Después que escribí esta oración, inmediatamente pensé en alguien que se mudó a una casa en otra ciudad. Es difícil empezar de nuevo. He estado pensando en ella. Así que me detuve y levanté el teléfono solo para hacerle saber que la tengo en mente. Esta semana, hagamos un poco más de eso mismo. Mientras manejas a la iglesia el domingo, ¿le pedirás al Señor que te dé un momento de «ser una amiga»? Busca ministrar a alguien que es nueva, una viuda, una madre de un hijo discapacitado o una mujer aún recuperándose de un divorcio. Mientras llenas la copa de amistad de otros, tu propia copa se llena.

Lectura de *La Biblia en un año*

1 Reyes 22:1-53; Hechos 13:16-41; Salmo 138:1-8; Proverbios 17:17-18

Calmando disputas

Al que le gusta pelear, le gusta pecar.
PROVERBIOS 17:19

¿Eres argumentativa? ¿Sientes que constantemente tienes que decir la última palabra, probar tu punto, mostrar por qué los otros están equivocados? ¿Tienes que tener una opinión sobre todo?

Cuando hay una controversia en las noticias sobre política, ¿sientes que tienes que seguir todos los detalles aunque no haya nada que puedes hacer al respecto? ¿Te enojas con las personas que hablan en los programas de entrevistas pero aun así continúas viéndolos?

Cada vez que hay algún tipo de conflicto en la iglesia, ¿te involucras o mínimo tienes que estar al tanto? ¿Escoges un lado y luego defiendes tu posición?

Espero que no esté ofendiendo a nadie. Mentira. Espero que sí. La realidad es que de verdad espero que esto esté llegando a alguien por allí. Disputar no es bueno. Nuestro proverbio es bien realista: «Al que le gusta pelear, le gusta pecar». Si crees que eso es directo, escucha Eclesiastés 10:12: «Las palabras sabias traen aprobación, pero a los necios, sus propias palabras los destruyen».

Así que tranquilízate. Suéltalo. Segunda de Timoteo 2:24 dice: «Un siervo del Señor no debe andar peleando, sino que debe ser bondadoso con todos, capaz de enseñar y paciente con las personas difíciles».

Santiago 1:20 dice: «El enojo humano no produce la rectitud que Dios desea».

Hazlo personal... ¡Vívelo!

¿Discutir y culpar son parte de tu cultura familiar? La Palabra de Dios ofrece una buena perspectiva en Santiago 4:1-3: «¿Qué es lo que causa las disputas y las peleas entre ustedes? ¿Acaso no surgen de los malos deseos que combaten en su interior? Desean lo que no tienen, entonces traman y hasta matan para conseguirlo. Envidian lo que otros tienen, pero no pueden obtenerlo, por eso luchan y les hacen la guerra para quitárselo. Sin embargo, no tienen lo que desean porque no se lo piden a Dios. Aun cuando se lo piden, tampoco lo reciben porque lo piden con malas intenciones: desean solamente lo que les dará placer».

Oremos

Señor, cuando alguien es irritable o irritante, ayúdame a mantener un corazón calmado y una lengua silenciosa.

Lectura de *La Biblia en un año*

2 Reyes 1:1–2:25; Hechos 13:42–14:7; Salmo 139:1-24; Proverbios 17:19-21

La alegría es buena medicina

El corazón alegre es una buena medicina,
pero el espíritu quebrantado consume las fuerzas.
PROVERBIOS 17:22

Quiero hacerte algunas preguntas. ¿Eres una hija de Dios? ¿Es el gran Dios del universo tu Padre celestial? ¿Te ama con un amor inquebrantable? ¿Ha perdonado tus pecados y te ha lavado blanca como la nieve? ¿Es fiel a sus promesas? ¿Confías que nunca te dejará o te abandonará? ¿Es Dios tu fortaleza y fuerza? ¿Confías que tu nombre está escrito en el libro de la vida? Cuando te despertaste esta mañana, ¿recordaste que en la casa de tu Padre hay muchas mansiones y que Jesús fue a preparar un lugar para ti? ¿Recuerdas que Jesús dijo: «Aquí en el mundo tendrán muchas pruebas y tristezas; pero anímense, porque yo he vencido al mundo» (Juan 16:33)?

Sin importar qué circunstancia nos enfrentamos hoy, ¡tenemos todas las razones en el mundo para estar de buen ánimo!

George Müller fue conocido por ser el «Padre de los Huérfanos». Suplir las necesidades de miles de niños lo enseñó a mirar a Dios y solo a Dios por las necesidades de todos ellos. A pesar de esta gran responsabilidad, se decía que él mismo tenía el rostro alegre de un niño. Esto es lo que dijo que era su secreto: «El Señor me enseñó que el primer asunto al que tenía que atender cada día era alegrar mi espíritu en el Señor, nutrir mi yo interior». Esto lo hacía comenzando su día en la Palabra de Dios: leyendo, deteniéndose para orar, y luego leyendo más hasta que todo su peso descansaba sobre los hombros anchos del Señor, no sobre los suyos.

Hazlo personal... ¡Vívelo!

¿El peso de tu mundo descansa sobre tus hombros hoy? ¿Te sientes aplastada y seca? Esto no es bueno. Me atrevería a decir que no tienes ninguna alegría. ¿Olvidaste que la alegría del Señor es tu fuerza?

El 26 de mayo, te enseñé a hacer el «intercambio divino». Extiende tus palmas e imagina las cargas que llevas en tus manos. Ahora levanta esas cargas y remuévelas de tus hombros, apoyándolas sobre los hombros anchos del Señor. Inhala profundamente. Exhala. Ahora que su gozo fluya en ti como una buena medicina.

Lectura de *La Biblia en un año*

2 Reyes 3:1– 4:17; Hechos 14:8-28; Salmo 140:1-13; Proverbios 17:22

¿Soborno o bono?

Nuestro proverbio hoy arroja luz sobre una de las razones por las que vemos tanta injusticia en el mundo.

> *Los perversos aceptan sobornos a escondidas*
> *para pervertir el curso de la justicia.*
>
> PROVERBIOS 17:23

Sobornos secretos, intenciones ocultas. Hay injusticia en las cortes, en la política, en la oficina, aun entre familias e iglesias. Las cosas no siempre son justas, ¿cierto?

Pero Dios nos da una imagen de cómo deben de ser en Deuteronomio 16:19: «Por ninguna razón tuerzas la justicia ni muestres parcialidad. Jamás aceptes un soborno, porque el soborno nubla los ojos del sabio y corrompe las decisiones de los íntegros».

Un soborno no tiene que ser dinero. Puede ser cualquier cosa que se da para «animar» a alguien a hacer o permitir algo que está mal. Judas fue sobornado con dinero para traicionar a Jesús. Pilato fue sobornado por la presión política y la popularidad para condenar a Jesús. Pedro fue sobornado a negar a Jesús por su propio instinto de protegerse. Los sobornos pueden venir de afuera y pueden venir de adentro. En resumidas cuentas: lo que sea que recibas a cambio, siempre es incorrecto dejarte llevar por el mal.

Dios nos da un contraste sencillo y sin embargo maravilloso con una fórmula para vivir correctamente delante de él y de otros: «Oh pueblo, el Señor te ha dicho lo que es bueno, y lo que él exige de ti: que hagas lo que es correcto, que ames la compasión y que camines humildemente con tu Dios» (Miqueas 6:8). Elisabeth Elliot solía reducirlo en un pequeño lema para la vida: «Haz lo siguiente».

Hazlo personal... ¡Vívelo!

Dicen que sobornar siempre te hace salir adelante. Algunos padres viven este lema. Cuando sus pequeños hacen un berrinche, los sobornan dándoles lo que quieran para que dejen de llorar. Los adolescentes a menudo fastidian a su mamá para anular las decisiones de su papá. Esto recompensa el mal comportamiento. El soborno sí que te ayuda a salir adelante... ¡pero en la dirección equivocada! Si has caído en esa trampa, prueba una nueva técnica, «refuerzo positivo». Cuando tus hijos hacen una tarea bien, comparten, trabajan duro en una asignación, reconoce el bien que hacen. Recompénsalos con palabras y ocasionalmente con un regalo o beneficio de bono «de casualidad».

Lectura de *La Biblia en un año*

2 Reyes 4:18–5:27; Hechos 15:1-35; Salmo 141:1-10; Proverbios 17:23

Pródigos

El tema de hoy es pródigos y aquellos que los aman.

> *Los sensatos mantienen sus ojos en la sabiduría,*
> *pero los ojos del necio vagan por los confines de la tierra.*
> *Los hijos necios traen dolor a su padre*
> *y amargura a la que los dio a luz.*
> PROVERBIOS 17:24-25

Nota que la primera parte de nuestro proverbio es el diagnóstico oficial de la razón por la que los hijos son pródigos. No escogieron la sabiduría. Algo necio los cautivó, y paso a paso tomaron decisiones que los llevó más y más lejos de lo correcto y lo bueno, más y más lejos no solo de ti, sino de Dios.

En Lucas 15:13-14, Jesús dijo: «El hijo menor empacó sus pertenencias y se mudó a una tierra distante, donde derrochó todo su dinero en una vida desenfrenada. Al mismo tiempo que se le acabó el dinero, hubo una gran hambruna en todo el país, y él comenzó a morirse de hambre».

Para nosotras como madres esto es difícil. Odiamos ver a nuestros hijos sufrir. Queremos arreglar las cosas por ellos pero, como lo dijo Vance Havner: «Si alguien le hubiera dado una cama y una torta, el pródigo nunca hubiera regresado a casa».

Así que, ¿qué podemos hacer? Orar. Tengo una amiga que tiene una hija pródiga. No está usando drogas o viviendo en la calle. Es una pródiga por amargura y dureza de corazón. Esta mamá a menudo le pregunta a Dios: «¿Hay algo que puedo hacer?». Repetidamente, el Señor la acerca a él, la consuela, y le dice: *Ora*. «La oración ferviente de una persona justa tiene mucho poder y da resultados maravillosos» (Santiago 5:16).

Hazlo personal... ¡Vívelo!

«Los hijos necios traen [...] amargura a la que los dio a luz». Mamis, esta es una clara advertencia para nosotras. Tenemos que tener mucho cuidado en guardar nuestro corazón. Rebelión, terquedad, inconsciencia, promesas rotas, decisiones necias... todo esto trae desilusión a una madre. Si sabes que te has vuelto enojada y dura por la frustración y la angustia, ¿vendrás conmigo ahora mismo ante el trono de la gracia?

Oremos

Señor, tú conoces la angustia tan profunda que siento por este hijo y sabes que esto ha endurecido mi corazón. Por favor restáurame y ayúdame a acercarme más a ti para el consuelo y la paz que necesito. Hazme sabia y a la vez tierna, confiando en ti.

Lectura de *La Biblia en un año*

2 Reyes 6:1–7:20; Hechos 15:36–16:15; Salmo 142:1-7; Proverbios 17:24-25

La situación resbaladiza

Está mal castigar al justo por ser bueno
o azotar a los líderes por ser honestos.
PROVERBIOS 17:26

Ahora mismo en nuestra sociedad hay mucha presión: presión para castigar a aquellos que toman una postura por lo que es correcto. No es políticamente correcto hablar en contra del aborto o hablar en pro de la moralidad.

Algunos quieren aprobar leyes que penalicen a doctores y enfermeros que se niegan a realizar abortos debido a convicciones morales.

Algunos quieren aprobar leyes haciéndolo un crimen de odio el oponerse al matrimonio homosexual o el oponerse a que la homosexualidad sea enseñada a los estudiantes de primer grado en la escuela. Es interesante y triste que en nuestras escuelas una maestra puede vestirse como una bruja en Halloween, pero no pueden cantar villancicos de Navidad. Es legal que un maestro asigne una novela que clasifique para mayores de 18, pero no puede orar en el aula. En resumidas cuentas, cristianas: a medida que la oscuridad del mundo se oscurece más y más, nos costará más y más defender la verdad, compartir que Jesús es el único Camino y Verdad y Vida.

Alan Redpath escribió: «Estamos preparados para servir al Señor solo por sacrificio. Somos aptos para el trabajo de Dios solo cuando hemos llorado sobre él, cuando hemos orado al respecto, y luego somos habilitados por él para enfrentar el trabajo que hay que hacer. Que Dios nos dé un corazón que sangre, ojos bien abiertos para ver, mentes que están claras para interpretar los propósitos de Dios, voluntades que son obedientes y una determinación que es totalmente inquebrantable al hacer el trabajo que él quiere que hagamos».

Hazlo personal... ¡Vívelo!

Dicen que si pones una rana en una olla de agua hirviendo, de un salto se saldrá. Pero si la pones en agua fresca, y luego gradualmente le subes el calor, la rana no notará la amenaza hasta que ya sea demasiado tarde. Cuando los cambios graduales en una sociedad son una situación resbaladiza y en declive, no podemos permanecer complacientes. No todas tenemos el llamado de organizar una protesta y marchar. Pero todas somos llamadas a orar: «Si mi pueblo, que lleva mi nombre, se humilla y ora, busca mi rostro y se aparta de su conducta perversa, yo oiré desde el cielo, perdonaré sus pecados y restauraré su tierra» (2 Crónicas 7:14).

Lectura de *La Biblia en un año*

2 Reyes 8:1–9:13; Hechos 16:16-40; Salmo 143:1-12; Proverbios 17:26

El silencio es oro

El verdadero sabio emplea pocas palabras;
    la persona con entendimiento es serena.
Hasta los necios pasan por sabios si permanecen callados;
    parecen inteligentes cuando mantienen la boca cerrada.
PROVERBIOS 17:27-28

¿No te encanta lo mucho que estamos aprendiendo en el libro de Proverbios acerca de las palabras? Aquí aprendemos que a veces el silencio es oro. Por supuesto que hay muchas veces cuando es bueno hablar de las cosas, cuando es bueno hablar palabras alentadoras, ser amable, instruir, compartir tu fe.

Pero también hay momentos en que las acciones valen más que mil palabras. Muchas personas dicen que cuando están sufriendo, no necesitan que la gente venga a conversar. Ellos no necesitan que la gente les dé un montón de consejos para tratar de animarlos. Solo necesitan el consuelo del compañerismo, alguien que les preste un oído, alguien que llore con ellos o simplemente hacerles saber que les importa.

Nuestro proverbio hoy dice: «El verdadero sabio emplea pocas palabras». Así que déjame terminar con una lista de ocasiones en las que menos es más.

- Quejarse. Si tienes el deseo de quejarte, honestamente, quédatelo. En realidad nadie quiere escucharlo.
- Criticar. Con esto, igual.
- Sarcasmo. De alguna manera creemos que el sarcasmo es ingenioso. En realidad, no lo es. A menudo tiene un lado cortante, y en realidad es un hábito muy malo.
- Y por último, pero no menos importante, el chisme. Si no puedes parar, intenta usar cinta adhesiva. No, en serio. Lo que sea necesario, solo deja de hacerlo.

Hazlo personal... ¡Vívelo!

Todavía estoy sonriendo acerca de la franqueza de nuestro proverbio hoy: «Hasta los necios pasan por sabios si permanecen callados; parecen inteligentes cuando mantienen la boca cerrada».

Hagamos una lista de las cosas que podemos hacer que muestran que «las acciones valen más que mil palabras». Tengo una relación tensa con una amiga que no está lista para «hablar». He expresado atención y preocupación en palabras, pero ahora necesito hacer lo que predico. ¿Realmente me importa? Entonces Dios me está llamando a ser fiel para orar por ella. Dios me está pidiendo que rechace continuamente los pensamientos amargos y enojados. Y Dios me está llamando a hablar amablemente de ella cuando se menciona su nombre. Y cuando no puedo, el silencio es oro.

Lectura de *La Biblia en un año*

2 Reyes 9:14–10:31; Hechos 17:1-34; Salmo 144:1-15; Proverbios 17:27-28

¡Amigabilidad es divertida!

La gente poco amistosa solo se preocupa de sí misma;
se opone al sentido común.

PROVERBIOS 18:1

Nuestro tema de hoy es la falta de amigabilidad. Es interesante que aquí se nos dice que la falta de amigabilidad es egoísta, y no tiene sentido común tampoco. Como se ha dicho, «una vida enfrascada en sí misma hace un bulto muy pequeño».

Y Dios está de acuerdo. Dios nos creó para amar y para necesitar a la gente (no de una manera malsana, no de una manera que ponga a la gente encima de Dios). Jesús dijo: «El amor que tengan unos por otros será la prueba ante el mundo de que son mis discípulos» (Juan 13:35).

En 1964 Barbra Streisand cantó una canción llamada «People» (Gente) que dice: «La gente que necesita gente es la gente más afortunada del mundo. Somos niños que necesitan a otros niños, y sin embargo dejamos que nuestro orgullo adulto oculte toda la necesidad en el interior, actuando más como niños que los niños».

Chicas, seamos amigables. Este puede ser un mundo muy solitario. ¿No sería lindo si solo por ser amigable hoy podríamos alegrarle el día a alguien? Aquí hay algunas pequeñas cosas amistosas que podemos hacer al azar.

- Mira la etiqueta de nombre en las camareras o empleadas en la tienda y salúdalas por su nombre. Pregúntales si saben que Dios las ama.
- Dile a alguien hoy que tiene la razón o que es inteligente o que hizo un buen trabajo.
- Sonríele a alguien que se ve sola: una anciana, una madre cansada.
- Y aquí hay una buena: deja que alguien vaya delante de ti cuando estás detenida en tráfico.

Hazlo personal... ¡Vívelo!

Ahora permíteme darte unos consejos sobre ir de la amigabilidad a una relación. Me encanta ir a la iglesia. Me encantan las alabanzas y la enseñanza. Me encanta ver al pueblo de Dios. Pero la mayoría de nosotras sabemos que podemos mantenernos muy superficiales y no conocer de verdad a nadie. Seamos intencionadas. Este domingo, pon un cuadernito en el forro de tu Biblia con el propósito específico de aprender un nuevo nombre. Mientras estás en esto, pídele a la persona que conociste una petición de oración también. Luego a través de la semana ora por esa persona por nombre. Si haces esto cada semana por tres meses, conocerás doce nombres nuevos. Más importante aún, habrás invertido en la vida de varias personas por medio de la oración. Esto sí es ser amigable.

Lectura de *La Biblia en un año*

2 Reyes 10:32–12:21; Hechos 18:1-22; Salmo 145:1-21; Proverbios 18:1

Aprendiendo a escuchar

A los necios no les interesa tener entendimiento;
solo quieren expresar sus propias opiniones.
PROVERBIOS 18:2

Bueno, esta es una declaración fuerte. Los necios, aparentemente, solo piensan que hay un lado de la historia: su lado. Olvídate de tratar de ayudarlos a entender tu lado. En sus mentes están decididos. Creo que la mayoría de nosotras conocemos a alguien así. Pero lo más importante que podemos aprender hoy sobre esto es... no ser así.

Santiago 1:19 nos dice: «Mis amados hermanos, quiero que entiendan lo siguiente: todos ustedes deben ser rápidos para escuchar, lentos para hablar y lentos para enojarse».

Así que aprendamos a ser mejores oidoras. Aquí hay unos consejos medio al azar.

- Todos saben mínimo una cosa que tú no sabes. Es increíble lo que puedes aprender cuando escuchas.
- Haz más preguntas. Cuando las personas hacen comentarios y tú no estás de acuerdo, pregúntales porqué creen eso. Quizás cuando te expliquen podrás entenderles mejor, pero quizás ellos verán también que no tienen una explicación válida.
- Escucha con más que solo tus oídos. La gente emite señales emocionales de cómo se sienten. Pon atención.
- Deja que otros hablen primero. Escúchalos hasta el fin. No interrumpas.
- Usa respuestas de afirmación y confirmación como «Escucho lo que me estás diciendo». A veces repíteles una palabra clave.
- Y una de las cosas más importantes que puedes hacer cuando escuches es hacer contacto visual.

Hazlo personal... ¡Vívelo!

Ya que estamos en el tema de aprender a ser buenas oidoras, ¿puedo hacerte una pregunta muy importante? ¿Sabes escuchar la voz de Dios? Jesús dijo: «Mis ovejas escuchan mi voz; yo las conozco, y ellas me siguen» (Juan 10:27). ¿Eres nacida de nuevo? ¿Su Espíritu vive dentro de ti? Si es así, el Señor mismo puede y te hablará. Aquí hay una herramienta para ayudarte. Busca el Salmo 146:1-10. Mientras lees, subraya las palabras o las frases que parecen importantes. Encierra en un círculo dos que sobresalen. Ahora escribe dos lecciones sobre las dos verdades que encerraste, por ejemplo, verso 7: «El Señor libera a los prisioneros». Pídele al Señor que te hable al corazón referente a las lecciones que descubriste y que te muestre cómo aplicarlas. Allí está, ¿ves? Solamente por pausar y escuchar, oíste.

Lectura de *La Biblia en un año*

2 Reyes 13:1–14:29; Hechos 18:23–19:12; Salmo 146:1-10; Proverbios 18:2-3

Arroyo de aguas vivas

Las palabras sabias son como aguas profundas;
la sabiduría fluye del sabio como un arroyo burbujeante.

PROVERBIOS 18:4

Mientras leo esto, despierta en mi corazón un profundo deseo de tener tal arroyo refrescante que fluye de mi vida. ¿Y tú? ¿Cuál es la fuente? ¿Cómo nos llenamos de palabras refrescantes? Según Juan 7:37-39, Jesús dijo: «"¡Todo el que tenga sed puede venir a mí! ¡Todo el que crea en mí puede venir y beber! Pues las Escrituras declaran: 'De su corazón, brotarán ríos de agua viva'". (Con la expresión "agua viva", se refería al Espíritu, el cual se le daría a todo el que creyera en él)». Ese es el secreto. Echemos un vistazo a tres pasos a tomar.

1. Acércate a Jesús. Pasa tiempo con él en privado, sin prisa, permitiendo que su Espíritu te llene y te refresque. Muchos cristianos se conforman con una probadita ocasional de Jesús. Desarrollar un tiempo a solas con el Señor puede ser la cosa más maravillosa y transformadora que jamás podrías hacer. Si no tienes esto, me encantaría ayudarte. Ve a mi sitio web, BibleBusStop.com. He publicado un mensaje en inglés que te encaminará a través de unos pasos prácticos.

2. ¡Alimenta tu fe! Mientras pasas tiempo con el Señor, tu confianza crece. Aprende sus promesas. El Espíritu Santo te recordará a confiar en sus promesas. Si hay un mandamiento, ¡hazlo! Donde haya instrucción, obedécela. Pon tu fe en marcha.

3. Por último, hay cierto fluir. Esto es lo que Jesús prometió que sucedería. Cuando te acercas a él, escuchas su Palabra, caminas en el Espíritu y en la verdad, estás saciada. Entonces serás el utensilio de Dios listo para servir a los demás. Es entonces que verás su sabiduría, amor y palabras de vida fluyendo como agua viva a través de ti para otros.

Hazlo personal... ¡Vívelo!

Miremos nuevamente esta promesa en Juan 7:37-39. Jesús dijo: «¡Todo el que tenga sed puede venir a mí! ¡Todo el que crea en mí puede venir y beber! Pues las Escrituras declaran: "De su corazón, brotarán ríos de agua viva"». ¿Tienes sed, estás verdaderamente deseando vivir diferente y ricamente, saciada del Espíritu? Dios está listo si tú lo estás.

Oremos

Señor, reconozco que a menudo vengo a ti solo por cosas materiales y ayuda física. Perdóname. Vengo a ti ahora necesitada y sedienta. Por favor sáciame y lléname hasta rebosar con tu agua viva refrescante.

Lectura de *La Biblia en un año*

2 Reyes 15:1–16:20; Hechos 19:13-41; Salmo 147:1-20; Proverbios 18:4-5

Buscando problemas

Con sus palabras, los necios se meten continuamente en pleitos;
*   van en busca de una paliza.*
La boca de los necios es su ruina;
*   quedan atrapados por sus labios.*
PROVERBIOS 18:6-7

Cuando éramos niños solíamos decir: «Se la está buscando», «Se está disparando solo» o «Está buscando problemas».

Lo que hay que notar aquí es que este tipo de necio es alguien que conmociona a otros. Él los conmociona, los enfada, los ofende y sobre todo, hace que sea difícil estar cerca de él. Ahora, antes de empezar a pensar en todas las personas que sabemos que hacen eso, calcémonos el zapato primero.

Mamás, ¿hay momentos en que la tienes tomada con tus hijos? Esto significa que por alguna razón estás frustrada con ellos. Tal vez has tenido algunas discusiones tensas y ahora no pueden hacer nada bien. Mamá, estás cargando un resentimiento. Esta brecha solo va a profundizar si no haces la paz con esto. ¿Irás a la cruz? ¿Quieres ir a tu cuarto, cerrar la puerta y hablar con Dios? Ora y entrégalo.

¿Eres argumentativa? Tal vez es con tu marido, discutiendo sobre el dinero o heridas del pasado o sobre quién se supone que debe sacar la basura; o con tu madre, todavía discutiendo, enojada por las pequeñas cosas que ella dice; o es alguien en el trabajo con quien discutes sobre religión. Solo tienes que registrar estas palabras una vez más en tu mente: «Los necios se meten continuamente en pleitos; van en busca de una paliza».

Hazlo personal... ¡Vívelo!

Abraham Lincoln dijo: «Ningún hombre resuelto a hacer lo mejor de sí mismo tiene tiempo para contención personal». En nuestro matrimonio, nuestras amistades y con nuestros hijos, tenemos que escoger nuestras batallas. Recuerda: no vale la pena pelear por algunos asuntos. ¿Estás en malos términos con tu adolescente por su estilo de cabello o con tu hermana por quién va a heredar los aretes de perla de mamá? Si logran su voluntad, nadie va a morir. Estas cosas no involucran transigir tu moralidad ni causan daños serios. Reserva tu resolución para las cosas que afectarán asuntos más grandes. Y cuando necesites ponerte firme, hazlo por causa del amor, honrando a Dios y mostrando gracia en el proceso.

Lectura de *La Biblia en un año*

2 Reyes 17:1–18:12; Hechos 20:1-38; Salmo 148:1-14; Proverbios 18:6-7

Srta. Chismosa

*Los rumores son deliciosos bocaditos
que penetran en lo profundo del corazón.*
PROVERBIOS 18:8

Escucha lo que tenía para decir Matthew Henry acerca de los chismosos: «Fingen estar gravemente afectados por las desgracias del tal y tal y de sufrir por ellos, y pretenden que es con el más grande dolor y renuencia imaginable que hablan de ellos. Aparentan como si ellos mismos estuvieran heridos por ello, pero en realidad se regocijan en la iniquidad, están orgullosos de la historia y la cuentan con orgullo y placer. Así aparentan ser sus palabras, pero bajan como veneno a la parte más interior de la barriga».

Que interesante. Matthew Henry vivió hace trescientos años, y aun así, cuando leo sus comentarios, pareciera que describe a la misma mujer que conozco, aquella que le encanta contar sus jugosas historias de los problemas de otros. Tiene una apariencia tan compasiva, que casi pensarías que le importa, pero en realidad lo único que le importa es que ella está enterada de cosas que otros no. Si has sido una víctima de la Srta. Chismosa, ¿no te encantaría poderle decir cuánto esto lastima?

Necesito usar mis últimas palabras para hablar con aquellas que han sido lastimadas por el chisme. No dejes que el veneno de otras chismosas se convierta en tu veneno. Necesito confesarles que hace dos años, yo sí lo hice. He estado enojada con alguien que me hirió con sus palabras chismosas. Pero ahora yo soy la que estoy mal. Así que si esta eres tú, ¿te unirás conmigo? Confieso que la amargura es igual de mal. «Señor, por favor perdónanos. Perdona a aquellos que nos han herido y perdónanos a nosotras por estar enojadas con ellos».

Hazlo personal... ¡Vívelo!

¿Has sido la víctima de las palabras crueles de alguien? Tengo la historia perfecta para ti. Según 2 Reyes 18, Senaquerib, el rey de Asiria, envió un mensaje odioso al rey Ezequías, el rey de Israel. Se aseguró de que toda la gente lo escuchara. En el capítulo 19, leemos que el rey Ezequías hizo algo digno de notarse. No amenazó, ni se intimidó, ni se defendió. Simplemente llevó la carta al templo, la extendió delante del Señor y oró que Dios viera y escuchara. Básicamente dijo: «Señor, léela tú». Dios vio y escuchó y sí que actuó.

Lectura de *La Biblia en un año*

2 Reyes 18:13–19:37; Hechos 21:1-17; Salmo 149:1-9; Proverbios 18:8

El nombre del Señor

El nombre del SEÑOR es una fortaleza firme;
*   los justos corren a él y quedan a salvo.*
PROVERBIOS 18:10

Esta es una promesa poderosa e importante para ti de Dios mismo. ¿Estás preocupada hoy? ¿Estás enfrentando problemas, oposición, persecución? El nombre del Señor es una fortaleza firme. ¿Estás asustada, desanimada o abrumada? El nombre del Señor es una fortaleza firme.

Tenemos que darnos cuenta de que cada título, cada nombre para Dios dado en la Biblia, no es solo lo que se le llama. Cada nombre describe quién es. ¿Has perdido el camino? ¿Estás confundida? Él es la Luz del Mundo. ¿Necesitas dirección o protección? Él es el Buen Pastor. Te lleva junto a arroyos tranquilos. Él restaura tu alma.

No hay necesidad demasiado grande para su gran poder. ¡Porque él es Dios Todopoderoso! ¿Estás afligida con un corazón roto? Él es el Dios de todo consuelo. Él es la verdadera Vid, la principal Piedra Angular, el Padre Eterno, el Príncipe de Paz. Él es tu Emanuel, Dios con nosotros. He aquí el Cordero de Dios que quita el pecado del mundo.

Así que, hija de Dios, necesitamos ser estudiantes de, coleccionistas de y creyentes en los maravillosos, múltiples y majestuosos nombres de nuestro asombroso Dios. Y entonces tenemos que correr hacia la presencia de su persona como si fuéramos a una torre poderosa e inquebrantable, y estaremos a salvo.

Hazlo personal... ¡Vívelo!

Cuando estudiamos los nombres de Dios, aumenta nuestra confianza en su carácter. Empezamos a conocerlo. Aprendemos que es digno de confianza, poderoso, noble y bueno. ¿Te falta confianza en Dios? La confianza es la certeza, la creencia firme, la entrega, la dependencia. Esta es la esencia de la verdadera fe. Cuando nuestra fe es superficial, nos derrumbamos y entramos en pánico cuando los problemas vienen a nuestra vida. En realidad, deshonramos a Dios al dudar y al preocuparnos. Pero cuando conocemos a nuestro Dios, nos apoyamos profundamente en sus brazos fuertes y capaces.

Salmo 139 habla de la omnisciencia de Dios. ¿Lo buscarás y lo leerás antes de irte a la cama esta noche? *Yahveh-sama* es el nombre hebreo que significa «el Señor está allí». Dios te conocía antes de que nacieras, y él estará allí para que puedas clamar a él hasta el final de tus días.

Lectura de *La Biblia en un año*

2 Reyes 20:1–22:2; Hechos 21:18-36; Salmo 150:1-6; Proverbios 18:9-10

¿Arrogante o humilde?

La arrogancia va delante de la destrucción;
la humildad precede al honor.

PROVERBIOS 18:12

¿Somos humildes o somos arrogantes cuando tratamos con otros?

Hace unos días estaba con un grupo de mujeres piadosas y estábamos discutiendo un problema. El problema es que en el verano a veces las mujeres vienen a la iglesia vistiendo ropas que son muy descubiertas e inmodestas. Esto distrae mucho y puede llevar a los hombres a tropezar. Así que la pregunta es, ¿cómo podemos ayudar amablemente a estas mujeres a darse cuenta de la necesidad de vestirse modestamente sin ser duras y sin ofenderlas? Algunas de mis más queridas amigas que ahora son esposas de pastores me cuentan que la primera vez que vinieron a la iglesia, llevaban una minifalda o una blusa de escote halter. Nunca se les ocurrió que esto estaba mal.

- No seas arrogante. La arrogancia es tener o mostrar gran orgullo en uno mismo y desdén o desprecio por los demás. Si hacemos que las mujeres se sientan tontas o imperfectas o inferiores, las aplastaremos, y es posible que no vuelvan.
- Ora primero. Ora por la sabiduría, la gracia y el tacto gentil. En otras palabras, sé humilde y dulce con aquella mujer por la que Cristo murió. Escucha el maravilloso consejo que se da en 2 Timoteo 2:24-26: «El siervo del Señor no debe ser contencioso sino amable para con todos, apto para enseñar y sufrido; corrigiendo con mansedumbre a los que se oponen, por si quizás Dios les conceda que se arrepientan para comprender la verdad y se escapen de la trampa del diablo, quien los tiene cautivos a su voluntad» (RVA-2015).

Hazlo personal... ¡Vívelo!

Jesús es nuestra imagen más precisa y hermosa de la verdadera humildad. Por supuesto que era impecable, completamente justo. Y sin embargo, los pecadores más desesperados fueron atraídos hacia él. Se sentían seguros en su presencia porque *estaban* seguros en su presencia. Esto me desafía y me humilla; ¿a ti también? Honestamente, ¿cómo se sienten en nuestra presencia los que están lastimados o pobres o perdidos? ¿Somos arrogantes o humildes?

Oremos

Señor, rompe mi corazón por el quebrantado y débil. Ayúdame a reflejar tu tierno cariño al más pobre y al más débil, así como tú lo haces. Que tu corazón humilde esté latiendo dentro de mí y que tu amor esté brillando a través de mí.

Lectura de *La Biblia en un año*

2 Reyes 22:3–23:30; Hechos 21:37–22:16; Salmo 1:1-6; Proverbios 18:11-12

Aprendiendo a escuchar

*Precipitarse a responder antes de escuchar los hechos
es a la vez necio y vergonzoso.*

PROVERBIOS 18:13

Necesitamos ser mejores oidoras. Estoy convencida de que muchos problemas son porque solo nos entendemos a medias. No hemos aprendido a hablar las cosas y a escucharnos. Honestamente, desearía ser mejor en esto. Mis padres no se sentaban a conversar asuntos serios con nosotros. Aún hoy, siento que tengo mucho que aprender.

El libro *El ADN de las relaciones* tiene un excelente capítulo titulado «La comunicación emocional: Escuchar con el corazón». Compartiré cuatro de sus puntos:

1. «Pasar de las palabras a las emociones». Quizás tu amiga te pregunta por qué no llegaste a tiempo, o te dice que está enojada que olvidaste una cita. Detrás de su enojo está realmente un sentir de que no le importas. Está herida.
2. «Permite que las emociones de los demás te conmuevan». No digas: «No deberías sentirte así», o «Ah, solo supéralo». Las personas se sienten amadas cuando saben que te importan.
3. «Comunicarse es entenderse, no determinar quién tiene la razón». Si siempre estás tratando de mostrar que tienes la razón y que la otra persona está equivocada, nadie gana.
4. «La comunicación eficaz comienza con la seguridad». La crítica y las amenazas causan que otros se cierren.

En resumidas cuentas: Hay que ser mejores oidoras. Tenemos que ser rápidas para escuchar y lentas para hablar.

Hazlo personal... ¡Vívelo!

La próxima vez que te encuentres en una conversación importante, practica el arte de escuchar cuidadosamente. Esto es igual de valioso en una conversación agradable que cuando hay conflicto. Aquí hay unas habilidades para «escuchar activamente».

- No hagas varias cosas mientras escuchas. Voltear a mirar tu celular o echarle un vistazo al reloj o la televisión es un mensaje que dice que solo estás ahí a medias.
- Haz un par de preguntas que muestren tu interés.
- Reafirma diciendo algo como: «Qué interesante» o «Te escucho».

Oremos

¡Señor, ayúdame! Sé que no he escuchado a los demás como me gustaría que me escucharan. Ayúdame a ser paciente. Y, sobre todo, ayúdame a escuchar con un corazón de amor.

Lectura de *La Biblia en un año*

2 Reyes 23:31–25:30; Hechos 22:17–23:10; Salmo 2:1-12; Proverbios 18:13

Sostenida

El ánimo del hombre le sostendrá en su enfermedad,
pero ¿quién sostendrá a un ánimo angustiado?
PROVERBIOS 18:14 (RVR95)

Mi querida amiga Carolyn fue diagnosticada con cáncer de mama hace dos años. Después de una mastectomía, tuvo que pasar por seis meses de quimioterapia y seis semanas de radiación. Perdió todo su cabello, incluso sus pestañas. Además de eso, ella tiene dos niños pequeños que cuidar. Pero debo decir que ha sido increíble verla pasar por esto. Es un ejemplo viviente del hecho de que «el gozo del SEÑOR es su fuerza» (Nehemías 8:10). A veces, alejarse del Señor y abandonar la comunión es lo primero que nosotras como mujeres hacemos cuando estamos enfermas o pasando por un momento difícil. Carolyn hizo todo lo contrario. No solo continuó permitiendo que sus amigas le ministraran a ella sino que continuó ministrando a los demás.

Podemos tolerar enfermedad *física* y dolor, pero nuestro proverbio dice: «¿Quién sostendrá a un ánimo angustiado?" La respuesta para nosotras las mujeres es, nadie. Si estás leyendo hoy y has sido herida, si tienes un corazón roto, los doctores pueden medicarte, pero no pueden curarte. Así que por favor escribe Isaías 61. Si lo lees una y otra vez por diez días seguidos, encontrarás que es una receta poderosa. Jesús vino a sanar al quebrantado de corazón. Él puede convertir tus cenizas en belleza. Jesús fue un «hombre de dolores, conocedor del dolor más profundo» (Isaías 53:3). En el Salmo 23:3 David declara algo que necesitas saber. Él dijo: «[El Señor] restaura mi alma" (LBLA). Y, querida hermana, él puede y lo hará: te restaurará.

Hazlo personal... ¡Vívelo!

¿Alguna vez te has roto un hueso? Cuando miras los rayos X, es fácil ver la línea irregular. Pero un espíritu roto no se puede ver en una radiografía o en una resonancia magnética. Peor aún, a veces es difícil entender la verdadera razón por la que llegamos al punto de desesperación. Como mujeres somos muy complicadas; ni siquiera nos entendemos a nosotras mismas. ¿Te sientes con el ánimo por el suelo hoy, aplastada, desesperada, herida? Dios tiene algo que decirte: «Yo te sostengo de tu mano derecha: yo, el SEÑOR tu Dios. Y te digo: "No tengas miedo, aquí estoy para ayudarte"» (Isaías 41:13).

Lectura de *La Biblia en un año*

1 Crónicas 1:1–2:17; Hechos 23:11-35; Salmo 3:1-8; Proverbios 18:14-15

Dos lados de la historia

El primero en presentar su caso parece inocente,
hasta que llega la otra parte y lo refuta.
PROVERBIOS 18:17 (NVI)

Hay que recordar siempre que hay dos lados de la historia. Mamis, cuando uno de tus hijos viene corriendo, llorando a raudales y culpando a su hermano, hay dos lados de la historia.

Cuando alguien en la iglesia se enoja con el pastor o con el maestro de la escuela dominical o un líder de estudio bíblico, hay dos lados de la historia. Cuando tu hija recién casada te habla por teléfono y quiere desahogarse referente a su nuevo esposo, hay dos lados de la historia.

Así que aquí hay algunos consejos para ayudarnos a diferenciar entre los hechos y la ficción.

- Considera la fuente. El otro día oí a alguien hablar y hablar de alguien. Era crítico e injusto, pero consideré la fuente. Esa persona es a menudo crítica e injusta, así que lo consideré con cautela.
- Considera el motivo. ¿Detectas una punzada de celos o amargura o malicia? La malicia tiene una forma de torcer la verdad.

Y por último, cuando estés contando tu lado de la historia, sé honesta. No tuerzas los detalles a tu favor. Me lo digo a mí tanto como a ti. Todas podemos ser culpables de esto. Pero un pequeño truco que me ayuda a mantenerme en lo correcto es tratar de contar la historia como si la otra persona estuviera presente. No digamos algo a espaldas de alguien que no le diríamos en su cara.

Hazlo personal... ¡Vívelo!

Se ha dicho que «una verdad a medias es una mentira total». A veces escuchamos las verdades a medias de nuestras voces y sentimientos internos. No confíes en tus emociones; a menudo te mienten. Una vez los discípulos cruzaban el mar de Galilea con Jesús cuando una gran tormenta azotó su bote. Jesús permaneció durmiendo pacíficamente. Lo despertaron con las palabras: «¿No te importa que nos ahoguemos?» (Marcos 4:38). ¿Te preguntas eso hoy? ¿Miras tu vida hecha añicos y te preguntas si Dios sabe o se preocupa? Los discípulos olvidaron que Jesús estaba allí con ellos en la tormenta. Esta es toda la verdad. ¿Le llamarás y le pedirás que calme las olas de miedo y agitación, no solo a tu alrededor, sino en ti?

Lectura de *La Biblia en un año*

1 Crónicas 2:18–4:4; Hechos 24:1-27; Salmo 4:1-8; Proverbios 18:16-18

Construye un puente

Un amigo ofendido es más difícil de recuperar que una ciudad fortificada.
Las disputas separan a los amigos como un portón cerrado con rejas.
PROVERBIOS 18:19

Hoy vamos a charlar sobre los amigos ofendidos. Estoy segura de que alguien leyendo esto hoy tiene una seria ruptura con alguien que era cercano a ti. Puedo verte ahora. Tienes tus brazos emocionales doblados como una ciudad fortificada.

William Blake dijo una vez: «Es más fácil perdonar a un enemigo que perdonar a un amigo». Creo que debe haber hablado por experiencia. Entonces, ¿cómo perdonamos y hacemos borrón y cuenta nueva con alguien en quien confiábamos y amamos tan profundamente? Se dice que «Las heridas que vienen de los más cercanos, hieren más profundamente».

Tales divisiones son tan viejas como la humanidad. Esaú estaba enojado con Jacob. Los hermanos de José estaban enojados con José. Incluso Pablo y Bernabé tuvieron un serio desacuerdo y separación. Y en el cuarto capítulo del libro de Filipenses, Pablo se dirigió a dos mujeres, Evodia y Síntique. Quién sabe cómo comenzó su problema, pero cuando Pablo escribe, están estancadas. Les recuerda que sus nombres están escritos en el libro de la vida. Tal vez estaba insinuando que sus mansiones en el cielo podrían estar lado a lado, así que más valía que se reconciliaran ahora. ¿Qué hay que sea tan serio que no podamos simplemente construir un puente y atravesarlo?

Primera de Juan 4:20-21 nos desafía. «Si alguien dice: "Amo a Dios", pero odia a otro creyente, esa persona es mentirosa [...]. Y él nos ha dado el siguiente mandato: los que aman a Dios deben amar también a sus hermanos creyentes».

Hazlo personal... ¡Vívelo!

¿Cuál es el secreto para restaurar las relaciones rotas? Primero, deja de ser tan testaruda. Comienza a soltar tus propios sentimientos lastimados. Deja ir tu orgullo; aférrate al amor. ¡Sé tenaz! Nunca te rindas en el amor. Nunca dejes de recordar el bien que hay en la otra persona. «Nadie jamás ha visto a Dios; pero si nos amamos unos a otros, Dios vive en nosotros y su amor llega a la máxima expresión en nosotros» (1 Juan 4:12). Así que sigue volviendo a Jesús, pidiéndole que te llene de su compasión y gracia. Entonces, vívelo. Pídele que te dé una acción tangible para construir un puente de bondad. Luego, hazlo, porque «el amor durará para siempre» (1 Corintios 13:8).

Lectura de *La Biblia en un año*

1 Crónicas 4:5–5:17; Hechos 25:1-27; Salmo 5:1-12; Proverbios 18:19

Palabras para recordar

La lengua puede traer vida o muerte;
    los que hablan mucho cosecharán las consecuencias.
PROVERBIOS 18:21

Hoy, hablemos del asombroso poder de las palabras para el bien.

Nunca me cansaré de recordar lo que se dice en Proverbios 31:26 sobre la mujer piadosa: que «la ley de la clemencia está en su lengua» (RVR95). Hagamos que ese sea nuestro lema personal. Seamos proactivas en esto.

Leí una historia sobre una maestra que pidió a sus alumnos que escribieran lo más bonito que pudieran pensar acerca de cada uno de los otros estudiantes de su clase. Ella compiló las listas y dio a cada uno de ellos los comentarios que los demás habían escrito sobre ellos. Muchos se sorprendieron; todos sonreían mientras los leían. Unos años más tarde, Mark, uno de los estudiantes, murió en Vietnam. Su maestra y muchos de esos mismos estudiantes asistieron al funeral. Su padre tenía la billetera de Mark. Cuidadosamente sacó de ella una hoja de papel desgastada. «Pensamos que tal vez podrían reconocer esto», dijo. Fue la misma lista que Mark había recibido en su aula. Otros estudiantes se reunieron alrededor. Charlie sonrió con un poco de timidez: «Todavía tengo mi lista; está en el cajón de mi escritorio». Marilyn dijo: «La mía está en mi diario». Vicki abrió su bolso y mostró al grupo su lista desgastada y hecha andrajos. «La llevo conmigo en todo momento. Creo que todos guardamos nuestras listas».

Parece una cosa tan pequeña, hablar palabras amables a otro. Pero esta historia nos recuerda que estas son las palabras que todos estamos hambrientos por escuchar. Son como semillas que profundizan y nos desafían a cambiar nuestra vida para bien.

Hazlo personal... ¡Vívelo!

Nunca puedes hacer algo amable demasiado pronto, porque nunca sabes qué tan pronto será demasiado tarde.

Les pediré que se unan a mí hoy para declarar este día un día de palabras amables, alentadoras, amorosas y reflexivas. Durante las próximas veinticuatro horas, reto a todas a dedicarnos a esta misión.

Oremos

Señor, por favor trae personas a mi mente y personas en mi camino que necesitan saber que son valoradas. Usa mis palabras como armas de esperanza para derrotar el desánimo. Usa mis palabras para edificar a aquellos que se sienten cansados y derrotados.

Lectura de *La Biblia en un año*

1 Crónicas 5:18–6:81; Hechos 26:1-32; Salmo 6:1-10; Proverbios 18:20-21

Ella le hace bien

El que encuentra esposa encuentra el bien
y alcanza la benevolencia de Jehová.
PROVERBIOS 18:22 (RVR95)

Claramente, el diseño de Dios para el rol de una esposa es que ella traiga bien a la vida de su esposo. La definición de *bien* es «agradable, excelente, valioso, amable, correcto, beneficioso».

En el relato de la creación (ver Génesis 1 y 2) cada vez que Dios creó algo, dijo: «Es bueno». Pero entonces, después de que él creó a Adán, el Señor Dios dijo: «No es bueno que el hombre esté solo. Haré una ayuda ideal para él» (Génesis 2:18).

Queridas hermanas, estoy hablando con todas nosotras: estés soltera o casada, el plan original de Dios para nosotras es ser de bendición, que nuestra presencia en cualquier situación sea de ayuda. Me temo que muchas mujeres buscan a un hombre para llenar sus carencias, nunca dándose cuenta de que fuimos creadas para dar, no solo para recibir.

Proverbios 31:10-12 dice: «Mujer virtuosa, ¿quién la hallará? Su valor sobrepasa largamente al de las piedras preciosas. El corazón de su marido confía en ella y no carecerá de ganancias. De ella recibe el bien y no el mal todos los días de su vida» (RVR95).

Mi buena amiga Jeanette es un gran ejemplo. Permítanme contar su historia. Jeanette tiene varias hijas mayores, pero su esposo Ken anhelaba un hijo. Luego la oportunidad se presentó de que adoptaran un bebito varón. ¿Qué debería hacer ella? Esto significaba un drástico cambio de estilo de vida para ella. Pero Jeanette dijo que sí. Eligió honrar a su esposo y su pequeño niño Ben ha sido una bendición para ambos. ¡Bien hecho, Jeanette!

Hazlo personal... ¡Vívelo!

Hay muchas mujeres infelices en el mundo. Están insatisfechas con lo que tienen, insatisfechas con sus situaciones, insatisfechas con cómo las personas las tratan. Lo puedes ver en sus rostros. Si está casada, su esposo es infeliz también. Ellas se aseguran de esto. Mal de muchos, consuelo de todos. Si has caído en el pozo del «pobre de mí», es tiempo de salirte. Deja que el cambio comience contigo. Hoy es el día de preguntarle a Dios cómo puedes «hacer bien» a tu esposo. Si esto no ha sido tu meta últimamente, quizás lo sorprendas. Ora por él, cocínale su cena favorita, y «hazle bien».

Lectura de *La Biblia en un año*

1 Crónicas 7:1–8:40; Hechos 27:1-20; Salmo 7:1-17; Proverbios 18:22

Amigable

El hombre [o la mujer] que tiene amigos [o amigas] debe ser amistoso [amistosa],
y amigos hay más unidos que un hermano.
PROVERBIOS 18:24 (RVR95)

Creo que dos de las grandes habilidades que podemos aprender en esta vida son, en primer lugar, atesorar a nuestros amigos, pero más que eso, aprender a ser una amiga que es un tesoro para los demás.

Hace unos días tuve un día para nada bueno, terrible, lleno de frustración. Probablemente lo principal es que yo estaba de gruñona. Estaba cansada. Estaba tratando de hacer varias cosas a la vez y nada estaba saliendo bien. En fin, yo estaba de mal humor. Entonces mi amiga trató de ayudar y fui gruñona con ella. ¿Cuál fue su respuesta? Ella apareció más tarde con una tarjeta chistosa de una niña llorando porque su helado se había derramado en su regazo. Me hizo reír —reírme de mí misma— y ella se rio conmigo. ¡Buen trabajo, Barbie!

Emily Dickinson, al meditar sobre la prosperidad y la fama, dijo: «Mis amigos son mis bienes». Tengo que concordar. Los verdaderos amigos te aman en la dicha y en la adversidad.

Samuel Coleridge dijo: «La amistad es un árbol de refugio».

Se ha dicho: «Un amigo es alguien que entiende tu pasado, cree en tu futuro y te acepta como eres hoy día. Un amigo es alguien con quien te atreves a ser tú mismo». Agregaré, una amiga verdadera y piadosa es alguien que observa tus debilidades y no habla de ellas a tus espaldas. Ella ora por ti, te perdona y te motiva a crecer.

Proverbios 18:24 dice: "El hombre [o la mujer] que tiene amigos [o amigas] debe ser amistoso [o amistosa], y amigos hay más unidos que un hermano" (RVR95).

Hazlo personal... ¡Vívelo!

¿Te sientes sola hoy? ¿Te preguntas por qué simplemente no pareces conectarte y hacer amistades duraderas? Permíteme hacerte una pregunta: ¿Estás albergando resentimiento porque alguien te ha fallado en el pasado? ¿A menudo reconsideras las heridas pasadas? Tal vez has levantado un muro, temiendo que te lastimen de nuevo. No le tengas tanto miedo al dolor; es parte de la vida. ¿Le pedirías al Señor que te ablande el corazón y te cambie?

Oremos

Oh Señor, este muro alrededor de mi corazón me está encerrando, impidiendo que dé y que reciba verdadera amistad; estoy consciente de eso. Por favor ayúdame a perdonar y a abrir mi corazón nuevamente.

Lectura de *La Biblia en un año*

1 Crónicas 9:1–10:14; Hechos 27:21-44; Salmo 8:1-9; Proverbios 18:23-24

Echar la culpa

La necedad del hombre [o de la mujer] le hace perder el rumbo,
y para colmo su corazón se irrita contra el SEÑOR.
PROVERBIOS 19:3 (NVI)

Jon Courson dice: «Un hombre necio no escucha al Señor, no busca al Señor ni camina con el Señor; pero, cuando termina en problemas, ¿a quién culpa? Al Señor».

Así es. Eso es exactamente lo que vemos en la vida de tantas personas. Quiero hablar de cómo nosotras como mujeres tomamos malas decisiones. Causamos problemas, hacemos enojar a las personas y quemamos naves, pero luego culpamos a todos los demás, incluso a Dios. ¿Sabes qué? El juego de echar la culpa no tiene ganadores. No hay premio. Nadie siente lástima por nosotras. Solo cavamos nuestro propio hoyo más profundo.

Así que, si esta eres tú, si encuentras que tu vida es un desastre enredado, simplemente deja de apuntar tu dedo a todos los demás. Aun si otros te han hecho mal, lo que haces ahora y cómo vives tu vida de hoy en adelante depende completamente de ti. Dios realmente está a tu favor. No le cierres la puerta y no les cierres la puerta a otros que te aman y te quieren ayudar.

Déjame darte una pequeña fórmula que te puede dar un lugar donde comenzar. Busca en tu Biblia Santiago 4:7-10: «Sométanse, pues, a Dios. Resistan al diablo, y él huirá de ustedes. Acérquense a Dios, y él se acercará a ustedes. Limpien sus manos, pecadores y purifiquen su corazón, ustedes de doble ánimo. Aflíjanse, lamenten y lloren. Su risa se convierta en llanto, y su gozo en tristeza. Humíllense delante del Señor, y él los exaltará» (RVA-2015).

No importa cuán profundo es tu hoyo, no hay hoyo tan profundo que el brazo largo de nuestro Padre en el cielo no pueda alcanzar para sacarte de allí.

Hazlo personal... ¡Vívelo!

La responsabilidad personal es una señal verdadera de sabiduría y madurez. El día que dejemos de culpar a otros (a nuestra madre, a nuestro exnovio o esposo, nuestra suegra, nuestra iglesia y especialmente Dios) finalmente estamos madurando.

Una vez que estemos dispuestas a tomar la responsabilidad personal por nuestras propias acciones y actitudes, podremos ver que Dios está a nuestro favor. Él suplirá toda la fortaleza y dirección que necesitamos para tener una vida rica y abundante.

Lectura de *La Biblia en un año*

1 Crónicas 11:1–12:18; Hechos 28:1-31; Salmo 9:1-12; Proverbios 19:1-3

Verdadera amistad

Las riquezas atraen muchos amigos;
la pobreza los aleja a todos.
PROVERBIOS 19:4

Salomón está haciendo un comentario triste, no sobre la forma en que las cosas deberían ser sino en cómo, tristemente, las cosas son a menudo. Como sabemos, Salomón era muy rico, famoso y poderoso. Quizás a veces se preguntaba si algunas de las personas que parecían ser sus amigos realmente no lo eran. En cierto modo, eso sería muy triste. J. H. Jowett una vez dijo: «La verdadera medida de nuestra riqueza es cuánto valdríamos si perdiéramos todo nuestro dinero».

Entonces, ¿cuál es el mensaje y la lección para nosotras como mujeres? No seas una amiga de buenos tiempos. Vivimos en un mundo tan solitario. Por lo tanto, Proverbios 18:24 nos dice: «El hombre [o la mujer] que tiene amigos debe ser amistoso [amistosa]» (RVR95). La mejor forma de tener una amiga es siendo una.

Puedes divertirte saliendo a comer o saliendo de compras con una amiga, pero cuando caminas con ella en sus dificultades, estarán unidas de por vida. Cuando David perdió el favor del rey y vivía como fugitivo, Jonatán le fue un verdadero amigo. Primera de Samuel 23:16 nos dice: «Jonatán, el hijo de Saúl, fue a ver a David en Hores, y a darle ánimo fortaleciendo su confianza en Dios» (DHH).

Proverbios 17:17 dice: «Un amigo es siempre leal, y un hermano nace para ayudar en tiempo de necesidad».

Déjame cerrar contando unas cosas divertidas, importantes y dulces que diferentes amigas han hecho por mí que me han bendecido. Jewell vino con una canasta llena de fruta de su jardín. Lynne me envió un paquete por correo. Peggy me llamó para conversar sobre lo que leímos aquella mañana en *La Biblia en un año*. Maggy me llamó para orar y Christy me envió unos dibujos que sus hijos hicieron para mí.

Hazlo personal... ¡Vívelo!

¿Sabías que Dios te puede dar «visión divina»? Sí puede. ¿Te gustaría ser su embajadora de amor? Cierra tus ojos y ora: «Señor, ¿hay alguien que necesita recibir un mensaje de alegría?». Continúa preguntando hasta que él ponga alguien sobre tu corazón. Luego pídele que te dé una manera secreta de enviarle algo a esa persona que pueda impartirle gozo, una serendipia. Secretamente hazle llegar una maceta de flores, dinero en un sobre, una tarjeta de regalo para el mandado, un libro edificativo... Deja que el Señor te muestre. Te aseguro que tú serás la de la sonrisa más grande al final del día.

Lectura de *La Biblia en un año*

1 Crónicas 12:19–14:17; Romanos 1:1-17; Salmo 9:13-20; Proverbios 19:4-5

Pobre

Los parientes del pobre lo desprecian;
¡cuánto más lo evitarán sus amigos!
Por más que el pobre les ruegue,
los amigos ya no están.

PROVERBIOS 19:7

Cuando estás pasando por tiempos difíciles, es mucho más difícil cuando estás sola. Nuestro proverbio de hoy dice que cuando más necesitamos compañerismo, consuelo y la ayuda de otros, es a menudo cuando menos posibilidades hay de encontrarlo. Job descubrió que era verdad. Escuchen sus lamentosas palabras en Job 19:14, 19: «Mi familia se ha ido y mis amigos íntimos se olvidaron de mí. [...] Los que yo amaba se han puesto en mi contra». ¡Vaya! Sí que se siente muy decaído, y tenemos que recordar que él no había hecho nada malo. No fue debido a su propio pecado contra Dios u otros que estaba afligido.

Si estás en un lugar donde te sientes muy, pero muy pobre, y muy, muy sola, ¿a quién puedes recurrir? No hay nadie mejor que Dios mismo. Él nos ha dado el libro de los Salmos para consolarnos y animarnos. Mientras leo los Salmos, siempre veo que no soy la única que está pasando dificultades y sintiéndome desanimada. Pero luego las palabras me guían de ese punto bajo a un lugar más alto. Me recuerdan que el Señor no me ha olvidado ni abandonado. Una de las razones por las que me encanta leer *La Biblia en un año* es que provee un Salmo para leer cada día.

La lectura de hoy incluye el Salmo 10:14: «Pero tú ves los problemas y el dolor que causan; lo tomas en cuenta y los castigas. Los indefensos depositan su confianza en ti; tú defiendes a los huérfanos».

Hazlo personal... ¡Vívelo!

Abraham Lincoln no solo fue un gran presidente; fue un gran hombre. Nació en condiciones deplorables, su hijo Willie murió a los once años, se enfrentó con oposición política intensa y luego vio a un país soportar una guerra civil. Como Jesús, fue un hombre de dolores y familiarizado con el sufrimiento. Y sin embargo conocía uno de los grandes secretos de la vida: «Aliviar el quebranto del otro es olvidar el de uno mismo». ¿Buscarás hacer esto hoy?

Lectura de *La Biblia en un año*

1 Crónicas 15:1–16:36; Romanos 1:18-32; Salmo 10:1-15; Proverbios 19:6-7

Testimonios

Adquirir sabiduría es amarte a ti mismo;
los que atesoran el entendimiento prosperarán.
PROVERBIOS 19:8

En resumidas cuentas: la vida sabia y piadosa es la vida buena.

Esposas, no importa dónde vivan o quién sea su marido, la esposa sabia es la esposa bendecida. Conozco a una mujer que tiene un marido muy gruñón. Él es obstinado, orgulloso y se niega a ir a la iglesia, pero Dios le ha dado a ella la dosis más dulce y poderosa de sabiduría y gozo. Es una luz para todos a su alrededor. Hace años el Señor le dio el versículo «La mujer sabia edifica su hogar, pero la necia con sus propias manos lo destruye» (Proverbios 14:1). Bueno, ella podía ver que a pesar de que su marido estaba tomando malas decisiones, ella no necesitaba hacer lo mismo. Eligió «deleitarse en el Señor» y él la ha prosperado, a pesar de sus circunstancias.

Tengo otra amiga que es soltera; para ser exactos, es divorciada. Su marido por muchos años vivió una vida secreta, y luego la abandonó. El padre de su esposo, que era ya mayor, vivía con ellos y se quedó aun cuando su hijo abandonó la familia. Janie estaba destrozada pero no amargada. Escogió caminar por el sendero de la humildad y la gracia. Su suegro permaneció bajo su cuidado durante muchos años. Sus hijas inicialmente batallaron con sentimientos de traición y abandono. Ahora ambas están casadas y sirviendo a Dios. Janie se aferró de la roca del amor de Dios; permaneció cerca a su familia de la iglesia y continuó escogiendo sabiduría. Su vida es un testimonio vivo de que Dios prospera al piadoso.

Hazlo personal... ¡Vívelo!

¿Cuál es tu historia? ¿Hay un momento en que una gran tormenta azotó tu vida? ¿Clamaste a Dios? ¿Viste su fidelidad en las dificultades? Entonces tienes un testimonio. Tu testimonio puede alentar a otros. Apocalipsis 12:11 dice: «Ellos lo han vencido [a Satanás] por medio de la sangre del Cordero y por el testimonio que dieron». Dibuja tres círculos en un papel. En el primer círculo escribe tu dilema (la vida sin Cristo o una dificultad como creyente). En el segundo escribe cómo Dios envió ayuda y esperanza. En el tercer círculo describe el fruto y la alegría de ver la mano de Dios en tu vida. Ese es tu testimonio. Ahora, ¿lo compartirías con alguien?

Lectura de *La Biblia en un año*

1 Crónicas 16:37–18:17; Romanos 2:1-24; Salmo 10:16-18; Proverbios 19:8-9

Lenta para la ira

La discreción del hombre le hace lento para la ira,
y su gloria es pasar por alto una ofensa.
PROVERBIOS 19:11 (LBLA)

La Nueva Traducción Viviente dice: «Las personas sensatas no pierden los estribos; se ganan el respeto pasando por alto las ofensas».

Discreción es una palabra que casi nunca escuchamos, y honestamente, algo que casi no vemos tampoco. La palabra hebrea es *sekel*, que primero que nada significa «inteligencia», pero no es una inteligencia que solo se mantiene en tu cabeza. Es una inteligencia que te da sensatez, buen juicio que se traduce en acciones sabias. La discreción es aplicada aquí a cómo respondemos a las desilusiones, las frustraciones y los fracasos de otros. ¿Somos rápidas para airarnos o lentas? Esta es la verdadera prueba.

Chicas, pongamos esto a prueba en nuestra vida cotidiana. Cuando vemos un plato sucio en el fregadero o calcetines tirados en el piso, ¿nos fastidia? Cuando alguien toma nuestro lugar de estacionamiento o raya nuestro coche, cuando nuestros hijos pierden sus libros de matemáticas o nuestro marido olvida nuestro cumpleaños, ¿nos fastidia? Cuando nuestra amiga no devuelve nuestra llamada telefónica o el banco comete un error, ¿nos fastidia? En el transcurso de nuestros días, cientos de cosas pueden salir mal. Si respondemos con ira, incluso silenciosamente echando humo, esta es una mala y poco inteligente manera de vivir, mala para nosotras y mala para los demás. Por otro lado, piensa en una ocasión en la que cometiste un error y alguien fue paciente contigo, gentil y dulce. ¡Qué sorpresa! ¡Qué soplo de aire fresco! Se ha dicho, «errar es humano; perdonar, divino».

Hazlo personal... ¡Vívelo!

Hablé una palabra con ira a uno que era mi amigo.
Como con un cuchillo lo corté profundo, una herida que era difícil reparar.
Esa palabra, dicha sin pensar, quisiera que ambos pudiéramos olvidar.
Pero su eco vive y la memoria da el recuerdo todavía.
—C. A. LUFBURROW EN «THE ECHO» (EL ECO)

Si no aprendemos de nuestros errores, estamos destinadas a repetirlos. La gracia gana amigos e influye en la gente. Practica la gracia, habla gracia y la gracia volverá a ti.

Lectura de *La Biblia en un año*
1 Crónicas 19:1–21:30; Romanos 2:25–3:8; Salmo 11:1-7; Proverbios 19:10-12

Plic... Plic... Plic...

La mujer contenciosa es gotera constante [...]
mujer prudente, herencia del Señor.
PROVERBIOS 19:13-14 (RVC)

Contenciosa. *Contenciosa* significa «argumentativa, lista para iniciar una pelea».

Nuestro proverbio hoy nos dice que «la mujer contenciosa es gotera constante», plic, plic, plic. ¿Alguna vez has escuchado una descripción de la tortura china de agua? La víctima está atrapada para impedir el movimiento. Ponen agua que gotea lentamente en la frente de la víctima, quien puede ver cada siguiente gota. Durante un largo e incesante tiempo, la persona se pone histérica. Plic, plic, plic, sin nunca parar. Cuando una gota aterriza, sabes que hay otra en camino. ¿Puedes ver que nosotras como mujeres podemos hacer lo mismo con el hábito de ser negativas? Miradas punzantes, palabras negativas, críticas, insultos, nunca dejando que nuestro marido tenga la razón o sea respetado. Esto es quizás peor que un tormento físico. Atraviesa el alma. ¿Ves cómo esto desgasta a todos?

Por otro lado, una esposa prudente es herencia del Señor. Sí, de hecho, una esposa que es llena de gracia y sabiduría es un regalo. «Toda buena dádiva [...] desciende de lo alto» (Santiago 1:17, RVR60). Y así, como esposas y como mujeres en cualquier relación, tenemos que saber que Dios puede y nos cambiará. Si hemos caído en un mal hábito, este sería un momento perfecto para ser honesta con la necesidad de cambiar. También es un buen momento para mirar hacia arriba, clamar y pedirle al Señor mismo que nos haga esposas prudentes que son de bendición.

Hazlo personal... ¡Vívelo!

Una encuesta se realizó preguntándoles a los hombres por qué les eran infieles a sus esposas. Te sorprenderá la razón número cuatro: «Mi esposa es un fastidio. Se goza haciéndome sentir como basura, molestándome, peleando y menospreciándome». Por supuesto, esa no es una buena excusa, pero evidentemente ha alejado a muchos hombres en busca de silencio y/o apoyo. Una esposa prudente bien puede que tenga la misma cantidad de problemas para encarar en su matrimonio, pero los maneja con amabilidad. ¿Te tomarás esto en serio?

Lectura de *La Biblia en un año*

1 Crónicas 22:1–23:32; Romanos 3:9-31; Salmo 12:1-8; Proverbios 19:13-14

Instrucciones para la vida

El que obedece la ley de Dios se protege a sí mismo;
el que la desprecia morirá.
PROVERBIOS 19:16 (PDT)

La traducción en inglés *The Message* lo dice así: «Guarda las reglas y guardarás tu vida; vivir de manera negligente te matará» (traducción libre).

Tal vez eres una de esas personas que nunca lee los manuales. Abres la caja cuando obtienes un nuevo electrodoméstico, lo enchufas y sigues presionando los botones hasta que hace lo que quieres que haga. No me preguntes cómo lo sé. Bueno, aquellas de nosotras que hacemos eso nos damos cuenta de que nunca le sacamos el máximo provecho a ese aparato, y para cuando nos damos cuenta, ya perdimos el manual. Pero a veces es más que solo molesto. Es peligroso descuidar la lectura de las instrucciones. Una vez quise quitar cera vieja de mi piso. Pensé: *Mezclaré cloro y amoníaco. Eso lo limpiará muy bien.* No había leído en la etiqueta que esa combinación es tóxica. Una hora de rodillas respirando esos gases me envió directo al hospital con daño pulmonar.

Mi historia es un buen ejemplo de cómo podemos crear situaciones tóxicas en nuestra vida al no aplicar la sana instrucción práctica de los Proverbios.

Déjame compartir una serie de proverbios que, así como una sarta de perlas, cuando es obedecida, guardará tu vida:

- La respuesta apacible desvía el enojo (15:1).
- El que confía en su dinero se hundirá, pero los justos reverdecen (11:28).
- Una esposa digna es una corona para su marido, pero la desvergonzada es como cáncer a sus huesos (12:4).
- Los necios creen que su propio camino es el correcto, pero los sabios prestan atención a otros (12:15).
- No te dejes impresionar por tu propia sabiduría. En cambio, teme al Señor y aléjate del mal (3:7).

Hazlo personal... ¡Vívelo!

Mientras has leído los Proverbios estos últimos meses, ¿hay algunos que realmente han sobresalido para ti? ¿Han punzado tu corazón, más aún no los has aplicado? Se ha dicho: «Saber y no hacer es no saber en verdad». En Santiago 1:22, Dios nos habla francamente: «No solo escuchen la palabra de Dios; tienen que ponerla en práctica. De lo contrario, solamente se engañan a sí mismos».

Lectura de *La Biblia en un año*

1 Crónicas 24:1–26:11; Romanos 4:1-12; Salmo 13:1-6; Proverbios 19:15-16

Bondad hacia los pobres

Si ayudas al pobre, le prestas al SEÑOR,
     ¡y él te lo pagará!
PROVERBIOS 19:17

Una cosa que he aprendido en mi vida es que nunca puedes dar más que Dios.

A veces pienso en ese niñito en Juan 6 que le dio todo su almuerzo a Jesús para que el resto de las cinco mil personas allí ese día pudieran comer. Es ridículo que pensara que su pequeño almuerzo podría hacer alguna diferencia. Y, por supuesto, está el hecho de que debe haber considerado que si entregaba su almuerzo, entonces no tendría almuerzo. Pero, debido a que el niñito acababa de escuchar a Jesús enseñar el Sermón del monte, él le había oído decir: «Por eso les digo que no se preocupen por la vida diaria, si tendrán suficiente alimento y bebida, o suficiente ropa para vestirse. [...] Busquen el reino de Dios por encima de todo lo demás y lleven una vida justa, y él les dará todo lo que necesiten» (Mateo 6:25, 33). Y como aún era joven y aún era capaz de creer que lo que dice Dios tiene más peso que lo que las circunstancias parecieran decir, lo hizo. Entregó todo. En ese momento de entregar su almuerzo, se puso totalmente, completamente en las manos del Señor, voluntariamente. *Mmm.* ¿Te puedo dirigir una palabrita ahora? ¿Alguna vez has hecho esto de verdad? ¿Puedes imaginar lo que sintió este niñito cuando vio lo que el Señor hizo con su almuerzo?

Así que, si Dios pone un santo llamado sobre tu corazón al ver una necesidad, no tengas temor. Dios tiene una maravillosa economía. Confía en él, porque «Si ayudas al pobre, le prestas al Señor, ¡y él te lo pagará!».

Hazlo personal... ¡Vívelo!

Permíteme darte un ejemplo. ¿Crees en proteger a los nonatos? ¿Eres provida? ¡Demuéstralo de verdad! Muchas mujeres recurren al aborto porque se sienten absolutamente desesperadas. Tengo varias amigas cuyo proyecto de vida es proporcionar recursos y apoyo y asesoramiento a través de los centros de embarazo de crisis. Detrás de cada una de ellas hay un pequeño ejército de personas amorosas, cada una haciendo una pequeña parte. Algunas dan dinero, algunas proporcionan aventones a las citas del médico, algunas tejen cobijitas de bebé, algunas están disponibles para el cuidado personal y emocional. Haz una diferencia; involúcrate.

Lectura de *La Biblia en un año*

1 Crónicas 26:12–27:34; Romanos 4:13–5:5; Salmo 14:1-7; Proverbios 19:17

Una palabra para mamás

Disciplina a tus hijos mientras haya esperanza;
de lo contrario, arruinarás sus vidas.
Los que pierden los estribos con facilidad tendrán que sufrir las consecuencias.
Si los proteges de ellas una vez, tendrás que volver a hacerlo.
PROVERBIOS 19:18-19

Adam Clark dijo: «Este es un concepto duro para un padre. Nada afecta el corazón de un padre tanto como el llanto y las lágrimas de su hijo. Pero es mejor que el niño tenga razón de llorar cuando la corrección puede ser saludable para su alma, que el padre tenga razón de llorar después cuando el niño es adulto y sus malos hábitos están sellados de por vida».

El Duque de Windsor comentó: «Lo que más me impresiona de los Estados Unidos es la forma en que los padres obedecen a sus hijos». Qué triste.

Recientemente mi amiga Christy se quedó con nosotros un par de días con sus tres hijos pequeños. Fue una bendición ver cómo es de amorosa y sabia como madre. Lo que me encantó fue que tenían la libertad de ser simplemente niños, y sin embargo hasta el pequeño de cuatro años comprendía que había límites. Esto fue claro en el momento cuando el hijo de Christy cruzó los límites y fue demasiado brusco con su hermanita. Christy intervino. No solo detuvo el mal comportamiento, sino que se detuvo para explicarle por qué y oró con él. Accidentes como leche derramada o vasos quebrados se trataban como debían tratarse, como accidentes. Pero asuntos de carácter y amabilidad y verdad y lo correcto se trataban instantánea, amable y firmemente. ¡Buen trabajo, Christy!

Hazlo personal... ¡Vívelo!

Nuestro proverbio de hoy nos aconseja ser rápidas a la disciplina, pero lentas a la ira. Mamis, un mal temperamento es una herramienta de crianza muy inútil. Les enseña a los niños a tenerte miedo. Ellos desconfiarán de ti o te evitarán o te imitarán. Oh, teme el día que veas tu mal comportamiento mostrado en su mal comportamiento. La disciplina, por otro lado, ayuda a los niños a sentirse seguros. Si se explican los límites, los niños aprenden los porqués junto con los qués. ¿Has fallado en el pasado? ¿Quién no? Hoy es un nuevo día.

Oremos

Oh Señor, es mucha responsabilidad criar hijos correctamente. Me siento abrumada e incapaz. Así que vengo a ti, el Padre perfecto. Por favor guíame con tu sabiduría y cubre mis equivocaciones.

Lectura de *La Biblia en un año*

1 Crónicas 28:1–29:30; Romanos 5:6-21; Salmo 15:1-5; Proverbios 19:18-19

Los buenos planes de Dios

Escucha el consejo y acepta la corrección,
*   y llegarás a ser sabio.*
El corazón humano genera muchos proyectos,
*   pero al final prevalecen los designios del SEÑOR.*
PROVERBIOS 19:20-21 (NVI)

Vivimos en un mundo con sobrecarga de información. Los consejos nos llegan desde todas direcciones. Pero, sobre todo, Dios quiere desempeñar el papel primordial de mentor y consejero en nuestra vida. Su Palabra está llena de explicaciones y ejemplos de buenas y malas decisiones y de los resultados de cada uno.

Esta es una de las razones por las que nunca me canso de alentar a la gente a leer *La Biblia en un año*. Hay tantos cristianos que simplemente no están familiarizados personalmente con las lecciones de la vida de Abraham o de la vida de Lot, de Saúl y de David. No están leyendo los Proverbios todos los días o las epístolas. Si esa eres tú, por favor ora sobre conseguir una y empezar a leerla hoy. Dios quiere encontrarse contigo con maná fresco y consejos oportunos de su Palabra.

Hace unos años estaba luchando con algunas grandes decisiones. Yo había estado orando, pidiendo al Señor que me dirigiera. Sucedió que estaba con unos amigos en el Gran Cañón. Al ver la puesta del sol, me sentía abrumada por el poder y la majestad de un Dios que crearía tal obra maestra. A la mañana siguiente, abrí mi *Biblia en un año* para leer el Salmo del día. Al leer las palabras, podía percibir la voz del Señor que decía en el Salmo 32:8: «Te haré entender y te enseñaré el camino en que debes andar. Sobre ti fijaré mis ojos» (RVA-2015).

Entonces aquella mañana, rodeada por el Gran Cañón, me sentí segura, rodeada del Dios quien lo hizo.

Hazlo personal... ¡Vívelo!

Quiero hacerte una pregunta. ¿Vives la mayor parte de tus días tomando tus propias decisiones y haciendo tus propios planes? Honestamente, ¿qué tan seguido le preguntas a Dios su opinión? Él está interesado en tanto los asuntos mayores como los menores, porque está interesado en ti. Él sabe lo que está por delante. Escucha su voz diciéndote: «Yo sé los planes que tengo para ustedes. [...] Son planes para lo bueno y no para lo malo, para darles un futuro y una esperanza» (Jeremías 29:11).

Lectura de *La Biblia en un año*

2 Crónicas 1:1–3:17; Romanos 6:1-23; Salmo 16:1-11; Proverbios 19:20-21

Audiencia de uno

El temor del SEÑOR conduce a la vida;
da seguridad y protección contra cualquier daño.
PROVERBIOS 19:23

Cuando respetas y honras al Señor, cuando valoras su Palabra por encima de todas las demás opiniones, cuando confías en él y lo obedeces incluso cuando te pone fuera de favor con la opinión popular, estás viviendo frente a lo que se ha llamado «la audiencia de uno. Delante de todos los demás no tienes nada que ganar, nada que perder y nada que temer». Como lo dice Max Lucado, estás buscando solo los «aplausos del cielo». Los problemas pueden venir, puedes sufrir externamente, pero todo está bien con tu alma. Pablo dijo: «A pesar de todas estas cosas, nuestra victoria es absoluta por medio de Cristo, quien nos amó» (Romanos 8:37).

Daniel se enfrentó con un desafío tremendo cuando se invocó una ley que hizo ilegal orar (ver Daniel 6). Daniel se enfrentó a una decisión. Podía temer y honrar a Dios, o temer y honrar al hombre. Escogió a Dios. Él oró. Fue capturado y condenado a muerte, y luego arrojado a un pozo de leones hambrientos. ¡Esto no parece correcto! Fue rescatado del foso de los leones. Y su confianza fue un testimonio de fe en un Dios que está contigo y te sostiene en cualquier foso oscuro y peligroso.

Charles Gordon escribió: «Cuanto más ves en la vida, más siente uno, para poder evitar naufragios, la necesidad de navegar según la estrella polar, es decir, en una palabra, dejárselo a Dios y nunca prestar atención a los favores o sonrisas del hombre; si te sonríe Dios, ni la sonrisa ni el fruncido de los hombres puede afectarte».

Hazlo personal... ¡Vívelo!

¿Cómo es temerle al Señor al enfrentar los problemas diarios, cotidianos y rutinarios de la vida? Daniel es conocido por estar en el foso de los leones, pero la mayor parte de su vida consistió en la honestidad e integridad diaria en su lugar de trabajo. «Se distinguió Daniel. [...] No encontraron de qué acusarlo porque, lejos de ser corrupto o negligente, Daniel era un hombre digno de confianza» (Daniel 6:3-4, NVI). No robaba lápices ni revisaba su correo electrónico personal en horas de trabajo. Fue un buen ejemplo de lo que es ser un buen ejemplo. ¿Serás fiel en honrar a Dios en las pequeñas cosas? Entonces, cuando los grandes desafíos vengan, «No tendrás nada que ganar, nada que perder y nada que temer».

Lectura de *La Biblia en un año*

2 Crónicas 4:1–6:11; Romanos 7:1-13; Salmo 17:1-15; Proverbios 19:22-23

No aprendas a palos

Si castigas al burlón, los ingenuos aprenderán una lección;
  si corriges al sabio, será aún más sabio.
PROVERBIOS 19:25

¿Alguna vez has notado que una persona necia siempre tiene que aprender a palos? Son burlones. Los burlones piensan que están por encima de las reglas. Piensan que las advertencias y los principios de la Palabra de Dios no les aplican.

Chicas, ¿hay algún área de desobediencia que simplemente no piensas que tienes que renunciar?

Tal vez es la forma en que tratas a tu madre. Estás resentida por la necesidad de ayudarla, estás resentida con algunas cosas del pasado, siempre estás irritada con ella. Tu amarga actitud volverá para atormentarte, porque no solo le haces daño a tu madre; deshonras a Dios. Tal vez hay un pecado secreto en tu vida que sigues sin soltar. El Espíritu Santo te sigue enviando punzadas de corrección; sabes que está mal. ¿Te das cuenta de que no solo estás descuidando su influencia; te estás burlando de su autoridad en tu vida? Esta es una decisión necia. ¿Tienes que esperar hasta que las consecuencias de ese pecado azoten tu vida antes de que entiendas?

Por otro lado, los sabios son sensibles a la guía del Espíritu Santo. Así que déjame hacerte una pregunta. Cuando lees tu Biblia o escuchas un mensaje de la Palabra de Dios, ¿estás hambrienta por aprender y cambiar y crecer? ¿Tomas en serio sus lecciones e indicaciones? ¿Estás cansada de aprender a palos? ¡Yo sí! Entonces seamos rápidas para escuchar la corrección del Señor, porque una sola amonestación al sabio es suficiente.

Hazlo personal... ¡Vívelo!

¿Ha pasado un tiempo desde que sentiste la corrección del Espíritu Santo? Eso no es necesariamente una buena señal. Me parece que algunas de las personas más maduras y profundamente piadosas que conozco son cada vez más sensibles al pecado en su vida. No viven en la condenación, pero tienen una pasión por la pureza, no solo en los demás, sino en sí mismos. Recuerda lo que Dios dijo a la iglesia de Laodicea: «Yo corrijo y disciplino a todos los que amo. Por lo tanto, sé diligente y arrepiéntete de tu indiferencia» (Apocalipsis 3:19).

Lectura de *La Biblia en un año*

2 Crónicas 6:12–8:10; Romanos 7:14–8:8; Salmo 18:1-15; Proverbios 19:24-25

Mamá y papá

*Los hijos que maltratan a su padre o echan fuera a su madre
son una deshonra pública y una vergüenza.*

PROVERBIOS 19:26

«Maltratar a un padre». Al decir esta frase, pienso en las hijas cuyo padre no es merecedor de respeto o amor o perdón. Honestamente, merece ser maltratado porque maltrató a sus hijas. Una vez más, lo único que puedo decir es: «Dos errores no hacen un acierto».

La paternidad es tanto una posición como un rol. Si tienes un padre que todavía está vivo, incluso si él fue un mal padre, como hija de Dios, estás asignada a él. Hay una fuerte posibilidad de que nadie más en la faz de la tierra ora por él o muestra verdadero amor ágape a ese hombre. Si él no se lo merece, y muchos no lo merecen, entonces es aún más una obra del Espíritu de la gracia de Dios dentro de ti permitirte amar a las personas repugnantes. Jesús nos dijo: «Si solo amas a los que te aman, ¿eso qué?».

Déjame decirte la verdadera clave aquí. Deja que Dios, el Padre, asuma el rol de padre para ti. Deja que te trate como su hija, que llene tu copa, que te afirme y te anime. Entonces tu corazón no estará tan necesitado. Serás libre y llena del amor que fuiste creada para dar.

Segundo, es algo vergonzoso echar fuera a tu madre. No hagas esto tampoco. Para algunas mujeres, su mamá solo la saca de sus casillas. No soportan estar con ellas. Nuevamente, si tú eres hija de Dios, esta no es una opción para ti. Estás asignada por Dios mismo para amarla. «El amor es paciente y bondadoso. [...] ¡El amor durará para siempre!» (1 Corintios 13:4, 8).

Hazlo personal... ¡Vívelo!

Ahora vamos a dar vuelta a la tortilla y hablar sin pelos en la lengua. Si eres madre, no hagas que sea difícil para tus hijos amarte. ¿Eres microgestora? ¿Estás siempre renegando? ¿Eres difícil de complacer? ¿Fallas en escuchar a tus hijos? Si están casados, ¿criticas a sus cónyuges? No seas criticona; guarda tus consejos para los problemas grandes. ¿Me explico? En otras palabras, sé una mujer que es fácil de amar y de respetar.

Lectura de *La Biblia en un año*

2 Crónicas 8:11–10:19; Romanos 8:9-25; Salmo 18:16-36; Proverbios 19:26

Propensos a vagar

*Hijo mío, si dejas de atender a la corrección,
te apartarás de las palabras del saber.*
PROVERBIOS 19:27 (NVI)

Dos cosas están claramente vinculadas aquí; presentan una advertencia y una realidad. Si dejas de escuchar la Palabra de Dios, te desviarás. Hay un viejo himno en inglés con las palabras «Propenso a vagar, Señor, lo soy, propenso a dejar al Dios que amo».

Espero que conozcas tu naturaleza humana lo suficientemente bien como para saber que tu corazón es propenso a vagar también. ¿Has oído decir, «Si hay polvo encima de tu Biblia, hay suciedad en tu vida»? Nunca subestimes el poder del mundo, la carne y el diablo para plantar sutilmente semillas de deseo que te alejarán. Pero tampoco subestimes el poder de la Palabra de Dios para mantenerte a salvo, y —si te alejas— para regresarte, limpiarte y restaurarte.

Así que, si no lees la Palabra de Dios todos los días como tu ancla y comida, eres vulnerable. El mero conocimiento intelectual tampoco es suficiente. Henry Blackaby dice: «El pueblo de Dios tiene conocimiento intelectual, pero poca experiencia de corazón y de vida con Dios». Blackaby recomienda que guardes un diario mientras lees. «Cuando percibes que Dios habla a tu corazón —dice— no dejes que esos pensamientos se te escapen. Escríbelos para que puedas repasarlos». También es un gran defensor de la aplicación. Cada día haz la pregunta: «Dios, ¿qué quieres que haga en respuesta a la lectura de hoy?».

*Oh, de la gracia soy gran deudor;
¡Cada día más y más!
Deja que tu bondad, como un grillete;
Una a ti mi corazón errante.*
—ROBERT ROBINSON EN EL HIMNO «COME, THOU FOUNT OF EVERY BLESSING»
(VEN, OH FUENTE DE TODA BENDICIÓN, TRADUCCIÓN LIBRE)

Hazlo personal... ¡Vívelo!

He estado caminando con el Señor por muchos años. He conocido a muchas, muchas personas que en un tiempo estaban «encendidas para Cristo». Parecía que nunca se saciaban de las cosas de Dios. Amaban la Palabra y la adoración. Amaban la convivencia. Pero luego se distrajeron o simplemente se ocuparon con la vida. Se desvanecieron y ahora están muy lejos. ¿Esa eres tú? Oh, por favor, escucha: vuelve. No es demasiado tarde. Vuelve a casa con Dios el Padre; vuelve a la comunión con el Señor Jesús. Vuelve a la alegría de saciarte con el Espíritu Santo.

Lectura de *La Biblia en un año*

2 Crónicas 11:1–13:22; Romanos 8:26-39; Salmo 18:37-50; Proverbios 19:27-29

Sobrias y seguras

Pendenciero es el vino y agresivo el alcohol,
quien se pierde en ellos no llegará a sabio.
PROVERBIOS 20:1 (BLPH)

Agustín dijo una vez: «La embriaguez es un demonio halagador, un dulce veneno, un pecado agradable; quien lo tiene, no se tiene a sí mismo».

En primer lugar, quiero decir que no soy legalista con respecto al alcohol. Sé que muchos cristianos beben una copa de vino con las comidas y nunca sienten ni el más mínimo problema. Pero, por otro lado, 1 Corintios 8:9 dice: «Deben tener cuidado de que su libertad no haga tropezar a los que tienen una conciencia más débil».

Así que compartiré solo un par de razones por las que mi esposo y yo hemos optado por no incluir el alcohol en nuestra vida por el bien de los demás.

- Niños. Nunca se sabe si uno de tus hijos o sus amigos o tus nietos verán tu pequeña libertad como un gran respaldo. Mis padres tenían un gabinete de licores bien surtido. Cuando era adolescente, una de mis amigas me convenció a tomar un poco de cada botella y diluirlo con agua. Fue fácil y me gustó. No pasó mucho tiempo antes de que estuviéramos bebiendo fuera de casa.

- Otros están observando, necesitados de un modelo a seguir. Una vez me senté en el área del bar de un restaurante con mi hermana bebiendo una Coca-Cola. Todo el rato estaba preocupada de que si una de las jóvenes del estudio bíblico me viera, iba a creer que estaba bebiendo y podría sentirse decepcionada porque tal vez alguien en su vida había arruinado su vida bebiendo, o que ella se debilitaría en su determinación de permanecer fuera de los bares ella misma. Para mí, algunas libertades simplemente no valen la pena.

Hazlo personal... ¡Vívelo!

¿Está Dios estropeando tu diversión cuando advierte contra la bebida? Aquí hay algunas estadísticas muy tristes. De acuerdo con los Centros del Control y la Prevención de Enfermedades, el abuso de alcohol mató a un promedio de unos ochenta mil estadounidenses cada año del 2001 al 2005, acortando la vida de estas personas por un promedio de treinta años. Un promedio de treinta y seis mil personas murieron cada año por cirrosis hepática y otras afecciones relacionadas con el alcohol, mientras que cuarenta y tres mil murieron en accidentes. Debido al alcohol, los niños crecen en la pobreza y el abuso, los matrimonios se arruinan y la vida de muchas personas se queda en ruinas.

¿Eres una bebedora a escondidas? ¿Esto ha creado una pérdida o un peligro? ¿Orarás y le pedirás al Señor que te guíe a buscar ayuda y libertad?

Lectura de *La Biblia en un año*

2 Crónicas 14:1–16:14; Romanos 9:1-24; Salmo 19:1-14; Proverbios 20:1

Evita la contienda

Rugido de león es la furia del rey;
*   quien provoca su enojo se juega la vida.*
Honroso es al hombre evitar la contienda,
*   pero no hay necio que no inicie un pleito.*
PROVERBIOS 20:2-3 (NVI)

Seis palabras volátiles resaltan: *rugido, furia, provoca, enojo, contienda* y *pleito*. Pintan un cuadro del tipo de atmósfera preocupante en que muchas de nosotras a veces podemos encontrarnos. Es cierto, no siempre podemos evitar el hecho de que las personas que nos rodean y las personas que tienen autoridad sobre nosotras sean gruñonas a veces. A veces incluso se agitan peligrosamente. No siempre podemos cambiarlas, pero sí tenemos el poder de elección para nosotras. Podemos elegir no devolverles el gruñido. Dios dice que esto es honorable. Me gusta el comentario contundente: «No hay necio que no inicie un pleito». Se ha dicho: «El que te hace enojar, te ha conquistado».

Gary Smalley, en su libro *El ADN de las relaciones*, dice: «En todas las luchas de poder, las personas se convierten en adversarios instantáneos; ocupan posiciones opuestas e intentan aplastar a su oponente. ¿Y sabes qué? Cada vez que sucede, Satanás está muy complacido».

Bueno, entonces, si eres una hija de Dios, complacer a Satanás al alimentar las contiendas no debería ser una opción. Jesús dijo: «Dios bendice a los que procuran la paz, porque serán llamados hijos de Dios» (Mateo 5:9). Y en Filipenses 4:5 tenemos esta buena palabra: «Que su amabilidad sea evidente a todos. El Señor está cerca» (NVI).

Hazlo personal... ¡Vívelo!

¿Alguna vez has oído la expresión «No te metas con una osa a quien le han robado sus cachorros»? La mayoría de las personas enojadas están molestas porque sienten que le han robado algo llamado «felicidad». Podrían estar desquitando su frustración contigo, pero a menudo no se trata de ti en absoluto. Solo se están desahogando. Lo que realmente les falta es gozo.

El gozo viene del Señor. Así que, ¿cómo está tu cociente de alegría? ¿Ya le has dado las gracias al Señor hoy por su amor? ¿Te acordaste de que tu nombre está escrito en el cielo, que tus pecados son perdonados y que los pensamientos de Dios hacia ti son tan numerosos como la arena del mar? Si es así, regocíjate. Que el gozo del Señor sea tu escudo y tu fuerza.

Lectura de *La Biblia en un año*

2 Crónicas 17:1–18:34; Romanos 9:25–10:13; Salmo 20:1-9; Proverbios 20:2-3

¿Eres perezosa?

El perezoso no ara al comienzo de la estación;
buscará en el tiempo de la siega y no hallará.
PROVERBIOS 20:4 (RVA-2015)

La Nueva Traducción Viviente lo pone de la siguiente manera: «Los que por pereza no aran en la temporada correspondiente no tendrán alimento en la cosecha».

Así que hoy, el tema de sabiduría tiene que ver con diligencia y puntualidad. Salomón dijo estas famosas palabras sobre la importancia del tiempo:

[Hay un] tiempo de plantar y tiempo de arrancar lo plantado; [...]
Tiempo de destruir y tiempo de construir;
Tiempo de llorar y tiempo de reír;
Tiempo de estar de duelo y tiempo de bailar; [...]
Tiempo de guardar y tiempo de arrojar; [...]
Tiempo de callar y tiempo de hablar.
ECLESIASTÉS 3:2-4, 6-7 (RVA-2015)

La lección importante para nosotras como mujeres es no dejar pasar la oportunidad de hacer lo correcto e importante. Hay ciertos momentos que simplemente no vuelven a repetirse. En la plantación de un cultivo, si no aras, no se puede plantar las semillas. Si no plantas, nada crecerá. Esto se aplica a cada área de nuestra vida. Se aplica a las relaciones. Necesitamos invertir en ellas. Se aplica a ser fiel en las cosas pequeñas de las que eres responsable. Mamis, esto se aplica a prestar atención a esos momentos enseñables con tus hijos y se aplica a tu vida espiritual también. Una búsqueda diligente tras las cosas de Dios nunca te dejará con las manos vacías o con el corazón vacío.

He puesto algunos recursos emocionantes en inglés en mi sitio web para ayudarte a invertir en tu vida espiritual. La dirección es BibleBusStop.com.

Hazlo personal... ¡Vívelo!

La diligencia trae una cosecha de cosas buenas, pero la negligencia solo trae remordimientos. ¡Comienza hoy! Planta semillas de fe en tu alma. Romanos 10:17 nos dice: «La fe viene por oír, es decir, por oír la Buena Noticia acerca de Cristo». Este es un gran ejercicio que dará buenos frutos. Piensa en una cualidad que necesitas en tu vida, como la alegría, la paz, la fe o la pureza. Luego ve a la concordancia en la parte posterior de tu Biblia y busca cinco Escrituras sobre ese tema y escríbelas. Léelas a menudo y verás que las semillas crecen y dan fruto.

Lectura de *La Biblia en un año*

2 Crónicas 19:1–20:37; Romanos 10:14–11:12; Salmo 21:1-13; Proverbios 20:4-6

Un legado viviente

*Los justos caminan con integridad;
    benditos son los hijos que siguen sus pasos.*

PROVERBIOS 20:7

Integridad. *Integridad* significa entereza, rectitud y equidad. Esto es vivir bien con Dios y con el hombre. Qué cosa tan poco común pero maravillosa de contemplar. Los que nos rodean: hijos, familias, vecinos e incluso extraños, son bendecidos por una vida que es una bendición.

Déjenme contarles una pequeña historia del libro *Nuestro pan diario*.

El reportero Clarence Hall siguió a las tropas estadounidenses alrededor de Okinawa en 1945. Se acercó a una pequeña ciudad que se destacó como un hermoso ejemplo de una comunidad cristiana. Él escribió: «Habíamos visto otros pueblos de Okinawa, uniformemente descuidados y desesperanzados; por el contrario, este brillaba como un diamante en un montón de estiércol. En todas partes fuimos recibidos con sonrisas y reverencias dignas. Orgullosamente los dos ancianos nos mostraron sus casas impecables, sus campos en terrazas [...] y sus graneros».

Hall no vio prisiones ni borrachos y el divorcio era desconocido. Se enteró que un misionero estadounidense había venido treinta años atrás. Mientras estaba en el pueblo, había conducido a dos ancianos de la ciudad a Cristo y los había dejado con una Biblia japonesa. Estos nuevos creyentes estudiaron las Escrituras y empezaron a dirigir a otros vecinos del pueblo a Jesús. El conductor del *jeep* de Hall dijo que estaba sorprendido por la diferencia entre este pueblo y los demás a su alrededor. Él comentó: «Así que esto es el resultado de solo una Biblia y un par de ancianos que querían vivir como Jesús».

Hazlo personal... ¡Vívelo!

¿Algunas veces piensas cuál es tu legado? Cuando dejas una habitación o dejas un trabajo o finalmente dejas esta vida terrenal, ¿qué efecto dejarás atrás? ¿Otros recordarán actos desinteresados de consideración y servicio? ¿Recordarán que vieron a Jesús en ti?

Segunda de Corintios 2:14 dice: «¡Gracias a Dios!, quien nos ha hecho sus cautivos y siempre nos lleva en triunfo en el desfile victorioso de Cristo. Ahora nos usa para difundir el conocimiento de Cristo por todas partes como un fragante perfume».

Oremos

Señor, esto realmente me hace pensar. Tengo una Biblia, ¿pero las palabras en las páginas realmente viven en mi vida? Quiero hacer una diferencia para bien. Hoy, que mi vida refleje la tuya, expresando la dulce fragancia de Cristo.

Lectura de *La Biblia en un año*

2 Crónicas 21:1–23:21; Romanos 11:13-36; Salmo 22:1-18; Proverbios 20:7

Un corazón puro

¿Quién puede decir: «He limpiado mi corazón;
soy puro y estoy libre de pecado»?
PROVERBIOS 20:9

Horace Smith dijo: «Cuando un hombre orgulloso piensa lo mejor de sí mismo, entonces Dios y la humanidad piensan lo peor de él».

Recuerdo a J. Vernon McGee hablando sobre uno de sus compañeros de habitación de la universidad. Llegó a casa un día y dijo: «J. Vernon, he llegado a la perfección sin pecado». El problema era que cuando cualquier cosa iba mal, siempre lo consideraba culpa de todos los demás.

Jesús habló en Lucas 18:11-14 sobre aquellos que confían en ellos mismos, aquellos que pensaban que eran piadosos y despreciaban a otros. Así que contó una historia acerca de dos hombres en el templo, un fariseo y un recaudador de impuestos. «El fariseo, de pie, apartado de los demás, hizo la siguiente oración: "Te agradezco, Dios, que no soy como otros: tramposos, pecadores, adúlteros. ¡Para nada soy como ese cobrador de impuestos! Ayuno dos veces a la semana y te doy el diezmo de mis ingresos". En cambio, el cobrador de impuestos se quedó a la distancia y ni siquiera se atrevía a levantar la mirada al cielo mientras oraba, sino que golpeó su pecho en señal de dolor mientras decía: "Oh Dios, ten compasión de mí, porque soy un pecador". Les digo que fue este pecador —y no el fariseo— quien regresó a su casa justificado delante de Dios. Pues los que se exaltan a sí mismos serán humillados, y los que se humillan serán exaltados».

Siempre que leo esta historia, me da pena ajena por el fariseo. ¿Cómo podía estar tan ensimismado que no podía ver qué tan ridículo era eso para Dios? Luego recuerdo que Jesús no dijo esta historia para que los fariseos entendieran. Lo dijo por mí.

Hazlo personal... ¡Vívelo!

Podemos llegar a ser muy semejantes al fariseo en esta historia. David fue al Señor con un deseo profundo de ser como un libro abierto, anhelando que él lo limpiara y lo cambiara. ¿Orarás estas palabras, luego aquietarás tu corazón, pidiéndole a Dios que sea completamente honesto contigo? «Examíname, oh Dios, y conoce mi corazón; pruébame y conoce los pensamientos que me inquietan. Señálame cualquier cosa en mí que te ofenda y guíame por el camino de la vida eterna» (Salmo 139:23-24).

Lectura de *La Biblia en un año*

2 Crónicas 24:1–25:28; Romanos 12:1-21; Salmo 22:19-31; Proverbios 20:8-10

30 de julio

La conducta del muchacho

Aun a los niños se les conoce por su modo de actuar,
*   si su conducta es o no pura y recta.*

PROVERBIOS 20:11

Henry Wadsworth Longfellow escribió este poema:

Había una pequeña niña, quien tenía un pequeño rizo, justo a media frente.
Cuando se portaba bien, era muy buena en verdad,
Pero cuando se portaba mal, era horrible.

¿Qué puede hacer una madre? ¿Qué hacemos cuando estamos preocupadas por el comportamiento de nuestros hijos? ¿Cómo podemos criar hijos piadosos?

La respuesta número uno es, ¡ora! Nunca subestimes el poder de una madre que ora. Permíteme hablar acerca de un maravilloso ministerio llamado Madres en Oración. Fern Nichols (la fundadora) es una madre como tú. Permíteme citar desde su sitio web en inglés: «Cuando sus hijos entraron en la secundaria, ella tenía las mismas aprensiones. Pero más allá de esos temores estaba una profunda confianza en que Dios, y solo Dios, podía proteger y guardar a sus hijos. Solo Dios podría cambiar la vida de sus amigos, entrenadores y maestros. Ella sabía que si las madres se reunían para clamar a Dios por las necesidades y preocupaciones de los niños y las escuelas, él no solo escucharía esas oraciones, sino que las respondería. Fern llamó a madres afines quienes se reunían cada semana para orar por sus hijos y la escuela, y así comenzó el primer grupo de Moms in Touch, ahora llamado Madres en Oración. Lo que comenzó tan sencillamente en 1984 se ha convertido en una comunidad mundial de madres orando en todos los estados de Estados Unidos y en más de 140 países de todo el mundo». Qué recurso tan maravilloso. Puedes buscar en Google «Madres en Oración» y conectarte a un grupo o iniciar uno en tu iglesia o escuela.

Hazlo personal... ¡Vívelo!

«Aun a los niños se les conoce por su modo de actuar». Recientemente los científicos han descubierto que el tipo de personalidad está escrita en el código del ADN. Si tu hijo es callado y pensativo o platicador y social, él o ella nació con esa tendencia. Cada personalidad tiene sus fortalezas y debilidades. No trates de hacer que un niño callado sea el alma de la fiesta. Pero tampoco dejes que se aparte y se desconecte. Como padres, podemos reforzar y alentar el carácter noble, la diligencia y la mayordomía. De nuevo, en resumidas cuentas: sé la mejor fan de tus hijos y su guerrera de oración más fiel.

Lectura de *La Biblia en un año*

2 Crónicas 26:1–28:27; Romanos 13:1-14; Salmo 23:1-6; Proverbios 20:11

¡Mira y ve!

Los oídos para oír y los ojos para ver:
ambos son regalos del SEÑOR.

PROVERBIOS 20:12

¿Cuándo fue la última vez que le diste las gracias a Dios por la capacidad de ver y oír? ¿Alguna vez te has preguntado cómo sería si no pudieras? Estamos tan inmersos en vistas y sonidos artificiales hechos por el hombre que a menudo descuidamos las maravillas del mundo natural de Dios. Así que, solo por diversión, quiero invitarte a salir y mirar a tu alrededor.

Ya que es verano, hay muchos insectos para ver. Incluso la pequeña hormiga es intrigante. Mira esas pequeñas patas delgadas. ¿Sabías que una hormiga puede levantar cincuenta veces su peso? Es como si tú levantaras tres automóviles a la vez. Es divertido ver los girasoles: el girasol se orienta en dirección al sol en todo momento durante todo el día, comenzando el día mirando hacia el este y finalizando hacia el oeste.

¿Alguna vez has madrugado solo para ver salir el sol? Es una vista misteriosamente majestuosa. Luego, en lo fresco de la noche, recuéstate en el césped para mirar fijamente a las estrellas como cuando eras una niña. Absorbe la maravilla y la belleza.

¿Y qué sonidos en el mundo de Dios te estás perdiendo? ¿Los sonidos de los pájaros a primera hora de la mañana, el sonido de la risa de un niño, el dulce ronroneo de un gatito? Me encanta el sonido de los grillos en una noche de verano. Aquí está un dato interesante sobre los grillos: Si cuentas el número de chirridos en quince segundos y luego le sumas treinta y siete, el número que se obtiene te dirá la temperatura exterior aproximada (Fahrenheit). ¡Eso es asombroso!

Hazlo personal... ¡Vívelo!

Aunque sí tenemos ojos y oídos, a menudo nos perdemos completamente otra faceta de la vida. No miramos los rostros y las lágrimas silenciosas de las personas que tenemos a nuestro alrededor. ¿No deberíamos darnos cuenta de ellos? Creo que la respuesta es sí. Ya sea el hombre de la esquina sin hogar o la mujer sola que vive al lado, Dios quiere que los veas como personas que él ama.

Oremos

Primero que nada, ni siquiera puedo recordar una vez diciéndote gracias, Señor, por darme la vista y la audición. Me doy cuenta ahora de que son tanto un regalo como una responsabilidad. Gracias. Ayúdame a ver a mi alrededor cada día para observar tus maravillosas obras.

Lectura de *La Biblia en un año*

2 Crónicas 29:1-36; Romanos 14:1-23; Salmo 24:1-1; Proverbios 20:12

1 de agosto

La flojera

Si te encanta dormir, terminarás en la pobreza.
¡Mantén los ojos abiertos y tendrás comida en abundancia!
PROVERBIOS 20:13

La flojera frente a la diligencia es el tema de este proverbio práctico. Esto no es un estímulo para ser una adicta al trabajo, pero es un estímulo para usar nuestro tiempo sabiamente. No te quedes en la cama, pero tampoco desperdicies tus horas de vigilia.

Recuerdo que como madre joven yo siempre me sentía frustrada. Simplemente no sabía cómo administrar mi tiempo o mi hogar. Luego me encontré con un pequeño y maravilloso libro titulado *Sidetracked Home Executives: from Pigpen to Paradise* (Ejecutivas de hogar desviadas: De cochinero a paraíso), por Pam Young y Peggy Jones. Me encantó que fue escrito por dos mujeres que por naturaleza no tienen todo bajo control. Aprendieron de la desesperación, y su libro me ayudó a mí también. Este es realmente el principio de Tito 2. Pablo le dijo a Tito que alentara a las mujeres mayores a que enseñaran a las mujeres más jóvenes «a amar a sus esposos y a sus hijos, a ser sensatas y puras, [y] cuidadosas del hogar» (Tito 2:4-5, NVI). Muchas mujeres crecieron en nuestra sociedad sin aprender ciertas cosas muy básicas sobre cómo mantener un hogar. Entonces, si compartimos entre nosotras lo que hemos aprendido para mejorar nuestra casa, nos ayudaremos unas a otras, y todas necesitamos eso.

¿Te gustaría ser una mejor y más prudente administradora de tu tiempo? Pídele al Señor que te muestre recursos. Emilie Barnes también tiene algunos libros maravillosos sobre este tema. Y tal vez hay una mujer que conoces, una mujer mayor piadosa, a quien puedes pedir que ore por ti y te enseñe algunas cosas que ha aprendido sobre ser una buena administradora de su tiempo y su hogar.

Hazlo personal... ¡Vívelo!

Mamis, saborear el ritmo más lento del verano no es ser floja. Durante el año escolar parece que tienes que apresurarte, apresurarte, apresurarte. Aprovecha las pequeñas oportunidades para disfrutar el momento. Si hace calor afuera, ve a la biblioteca pública para pasar la tarde leyendo. Echa un vistazo a los libros sobre aves e insectos locales. Prepara un pícnic y camina hacia el parque en el fresco de la noche. Invita a los niños del vecindario a pasar un rato leyendo historias de la Biblia que incluya una manualidad y una merienda. Alguna noche sorprende a tu familia anunciando que el platillo principal para la cena es helado y duraznos.

Lectura de *La Biblia en un año*

2 Crónicas 30:1–31:21; Romanos 15:1-22; Salmo 25:1-15; Proverbios 20:13-15

Asuntos de dinero

Tal vez sea agradable ganarse el pan con engaños,
pero uno acaba con la boca llena de arena.
PROVERBIOS 20:17 (NVI)

El engaño es mentira. Es incorrecto. No es verdadero. Es una farsa.

Para alguien que engaña, hay un placer en la sensación de astucia que se siente después de salirse con la suya con un fraude exitoso. Hace poco revisé el papeleo de una mujer mayor que había confiadamente invertido la mayor parte de sus ahorros de vida en una cuenta que haría que su dinero estuviera indisponible, con poca ganancia, durante muchos años. El corredor había invertido una hora, había conseguido su firma y había ganado miles de dólares inmediatamente. Eso debe haber parecido un trato muy agradable para él. Tal vez salió a cenar esa noche pensando lo listo que era. Pero, en realidad, ¿quién es el mayor perdedor? Esta querida mujer solo perdió dinero. El corredor que se aprovechó de ella ganó una pobreza de alma como un bocado de arena.

También podemos darle un giro a esto, porque el consumidor puede ser igual de engañoso. Ha habido una epidemia de personas que falsifican sus solicitudes de crédito para obtener préstamos para comprar ese automóvil lindo o esa casa o ir de vacaciones, pero después no pueden hacer el pago. Esto también es como un bocado de arena.

Este sería un buen momento para insertar Proverbios 3:6: «Busca su voluntad [del Señor] en todo lo que hagas, y él te mostrará cuál camino tomar». Entonces, ¿quieres hacer algo? ¿Tienes que tomar una decisión? ¿Estás haciendo una elección? Haz una pausa y ora: «Señor, ¿es esto correcto? ¿Está bien? ¿Te complace?». Esta pequeña pausa te ayudará a evitar terminar con la boca llena de arena.

Hazlo personal... ¡Vívelo!

Como mujeres sabias y piadosas, seamos buenas administradoras de nuestro dinero. Pero más que eso, seamos generosas. Recientemente una madre joven con niños pequeños vino a la iglesia. Ella tenía algunas necesidades inmediatas. Mi amiga quería ayudar pero vio que solo tenía un dólar en su bolso. Luego se acordó de un dinero guardadito. Era para comprarse un artículo frívolo más tarde. Sacó ese dinerito y se lo pasó a la mujer. Las lágrimas de agradecimiento en los ojos de esa madre joven se adentraron en el corazón de mi amiga. Ella se fue ese día no más pobre sino más rica.

Lectura de *La Biblia en un año*

2 Crónicas 32:1–33:13; Romanos 15:23–16:9; Salmo 25:16-22; Proverbios 20:16-18

¡Expulsemos el chisme!

El chismoso anda por ahí ventilando secretos,
  así que no andes con los que hablan de más.
PROVERBIOS 20:19

Chicas, una mujer que cuenta cuentos es una chismosa, alguien dando vueltas hablando historias que ella sabe o piensa que sabe, y a una chismosa lo que más le gusta es contar todos los detalles jugosos sobre secretos e historias.

Hay dos lados en esto, y ambos son un aviso.

En primer lugar, ten cuidado. No te sientas halagada cuando alguien viene a compartir una primicia sobre alguien. Ten en cuenta que no pasará mucho tiempo antes de que ella esté chismorreando con alguien más acerca de ti. No escuches cuentos, porque es difícil olvidarlos una vez que los has escuchado, incluso cuando sabes que no son ciertos. Proverbios 26:22 dice: «Los rumores son deliciosos bocaditos que penetran en lo profundo del corazón». Amistades, familias e incluso iglesias han sido destrozadas por los chismes.

En segundo lugar, no *seas* una chismosa. Se dice que te has convertido en una persona madura cuando guardar un secreto te da más satisfacción que transmitirlo. William King dijo una vez: «Un chismoso es alguien que te habla sobre otras personas. Una persona aburrida es alguien que te habla de sí mismo. Y un conversador brillante es aquel que te habla de ti».

Entonces el chisme es simplemente un mal negocio. Si el deseo de nuestro corazón realmente es agradar a Dios y bendecir a la gente, terminemos con los chismes. Expulsémoslos. No los escuchemos, ni los disfrutemos, ni los transmitamos.

Hazlo personal... ¡Vívelo!

¿Quisieras que el mundo fuera mejor? Déjame decirte que hacer.

Resguarda tus acciones, mantenlas rectas y verdaderas.
Abandona los motivos egoístas de tu mente, que tus pensamientos sean limpios y elevados.
Puedes crear un pequeño Edén de la esfera que ocupas.
¿Quisieras que el mundo fuera más sabio? Pues, supón que haces un comienzo,
Acumulando sabiduría en el álbum de tu corazón;
No desperdicies ni una sola página en tonterías; vive para aprender, y aprende para vivir.
Si quieres dar a otros sabiduría, debes tú obtenerla, antes de dar.
—ELLA WHEELER WILCOX EN «WISHING» (DESEANDO)

Lectura de *La Biblia en un año*

2 Crónicas 33:14–34:33; Romanos 16:10-27; Salmo 26:1-12; Proverbios 20:19

Mamá y papá

Si insultas a tu padre o a tu madre,
se apagará tu luz en la más densa oscuridad.
PROVERBIOS 20:20

Estas son palabras serias. Hay algunas instrucciones en la Biblia que pueden ser difíciles de entender. Pero el mandato de Dios de honrar a tus padres no es una de ellas. Entonces, ¿por qué es que tantos, incluso cristianos, se han permitido ignorar esto por completo?

Algunas personas se preguntan: ¿realmente necesitamos relaciones familiares? A veces es mucho más fácil amar a las personas de lejos o a corto plazo. ¿No pueden los buenos amigos llenar la brecha familiar? Chuck Swindoll dijo: «Una familia es un lugar donde los principios son forjados y perfeccionados en el yunque de la vida cotidiana». Sí, hay tiempos y personalidades desafiantes. Es entonces cuando debemos confiar en el Señor para que nos ayude a amarlos a través de lo bueno y lo malo.

¿Has dejado que los defectos de tus padres te saquen de quicio? Ten en cuenta: si no puedes dejar pasar algo, si no puedes resistir el impulso de ser grosera o desagradable, realmente es un reflejo de ti. Tú eres la niña que nunca maduró. Es tu propio brillo interior e integridad que, como una lámpara, está apagado y oscurecido.

Entonces, chicas, déjenme preguntarles, ¿ha sido un rato desde que llamaste a tu mamá para decirle que la amas? Si se está poniendo viejita y algo irritable, no te lo tomes personalmente. Mi mamá me dijo: «Cariño, envejecer no es para cobardes». Si uno de tus padres vive solo, es especialmente importante que escuchen tu voz y que tú estés al tanto de ellos. Tienes la oportunidad divinamente designada para ser un punto positivo en su día y un consuelo en su vida.

Hazlo personal... ¡Vívelo!

Mientras lees esto, ¿estás pensando, *quisiera simplemente poder levantar el teléfono y llamar a mi mamá o papá, pero ya no están?* Ya sea que fallecieron hace un mes o hace muchos años, aún hay un vacío en tu corazón y aún los extrañas. Déjame decirte que hay muchas mujeres mayores —hombres también— que les encantaría que los adoptaras. Invítalos a las fiestas de cumpleaños o a comer después del servicio. Ora y pídele al Señor que ponga a alguien en tu vida y en tu corazón. Ambos serán más ricos; llenarás dos vacíos a la vez.

Lectura de *La Biblia en un año*

2 Crónicas 35:1–36:23; 1 Corintios 1:1-17; Salmo 27:1-6; Proverbios 20:20-21

Renunciando a la venganza

No digas: "Devolveré el mal". Espera al Señor y él te salvará.
PROVERBIOS 20:22 (RVR-2015)

A veces nos sorprende que alguien nos haga algo malo o injusto. ¿Cómo se atreven? ¿Cómo pudieron hacer eso? El mal simplemente nos pega fuerte. Pero el golpe más fuerte es cuando lo interiorizamos y meditamos sobre él y lo reproducimos en nuestra imaginación y, lo peor de todo, dejamos que nuestros pensamientos se concentren en cómo nos desquitaremos. Allí es cuando la araña, el diablo mismo, nos atrapa en su malvada red. Somos consumidas, y a menudo no se trata de ojo por ojo, sino de una venganza que quiere herir más profundamente y escalar el daño que nos hicieron. Chicas, por favor no se enreden en esa horrible trampa. Llévenlo directamente al Señor y entréguenselo.

Romanos 12:17-19 dice: «Nunca devuelvan a nadie mal por mal. [...] Hagan todo lo posible por vivir en paz con todos. Queridos amigos, nunca tomen venganza. Dejen que se encargue la justa ira de Dios. Pues dicen las Escrituras: "Yo tomaré venganza; yo les pagaré lo que se merecen", dice el Señor».

Primera de Pedro 3:9 dice: «No respondan con insultos cuando la gente los insulte. Por el contrario, contesten con una bendición. A esto los ha llamado Dios, y él les concederá su bendición».

Recuerda, Jesús no prometió que todo en esta vida sería justo, bueno o correcto. De hecho, él dijo: «Aquí en el mundo tendrán muchas pruebas y tristezas; pero anímense, porque yo he vencido al mundo» (Juan 16:33).

Hazlo personal... ¡Vívelo!

La última parte de nuestro proverbio de hoy hace una promesa intrigante: «espera al Señor y él te salvará». ¿Qué quiere decir eso? ¿Cómo se relaciona con nuestro deseo de retribución cuando nos tratan injustamente? Bueno, por cierto significa que debemos ser pacientes. Ojalá no fuera así, pero a veces toma mucho tiempo equilibrar las escalas. Es por eso que debemos rendir nuestras ofensas rápidamente en la custodia del Señor. Mientras más nos aferremos a ellas, más dolor soportaremos. ¿Qué hay de la parte de liberación? Bueno, si realmente entregas cada parte de la situación al Señor, verás que ocurre un milagro. Te despertarás un día y te darás cuenta de que estás completamente liberada de su control.

Lectura de *La Biblia en un año*

Esdras 1:1–2:70; 1 Corintios 1:18–2:5; Salmo 27:7-14; Proverbios 20:22-23

El Señor guía nuestros pasos

El Señor dirige nuestros pasos,
entonces, ¿por qué tratar de entender todo lo que pasa?
PROVERBIOS 20:24

La vida a veces parece un misterio. Incluso en el transcurso de un día podemos tener un pequeño plan ordenado, y en algún punto del camino las interrupciones e incluso los desastres pueden ocurrir inesperadamente y sin invitación. Voy a hacerte una pregunta importante: cuando esto sucede, ¿qué te sucede a ti? ¿Honestamente? ¿Tienes el hábito de responder con frustración o enojo? Debo admitir que a veces lo hago. Esto ocurre cuando tengo un control estricto sobre lo que llamamos «mi vida», «mi plan», «mi camino», «mi voluntad» y «mi tiempo».

Pero luego encontramos la Escritura que dice: «Confía en el Señor con todo tu corazón; no dependas de tu propio entendimiento» (Proverbios 3:5).

Santiago 1:2-3 dice: «Tengan por sumo gozo cuando se encuentren en diversas pruebas sabiendo que la prueba de su fe produce paciencia» (RVA-2015). Y, por supuesto, Romanos 8:28 dice que «para los que aman a Dios, todas las cosas cooperan para bien, esto es, para los que son llamados conforme a su propósito» (LBLA).

Así que hoy quiero dejarte un desafío. Tal vez tienes una situación que no entiendes. ¿Puedes mirar hacia arriba? ¿Le pedirás a Dios que haga de esto una aventura? ¿Le pedirás que te ayude a confiar en él por completo y luego a ayudarte a buscar los tesoros y las lecciones que él tiene para ti en esta situación?

Recuerda siempre, no sabemos lo que depara el futuro, pero sabemos quién tiene control del futuro.

Hazlo personal... ¡Vívelo!

Me encanta escuchar testimonios, historias sobre personas enfrentando engaños y malas jugadas que la vida les avienta. A veces me parte el corazón escuchar de una tragedia o una dificultad extrema. Sin embargo, un testimonio no es testimonio hasta que comparten la parte «pero Dios». Esto es cuando cuentan de como Dios usó esa misma tragedia para ponerlos en una posición de ser usados para alcanzar un alma, o para ver su mano suplir sobrenaturalmente, o para cambiar completamente el curso de su camino anterior. ¿Estás en las profundidades de algún valle o frente a una barricada en tu vida? Dios está escribiendo tu libro. ¿Confiarás en él? ¿Te rendirás? ¿Seguirás su dirección?

Lectura de *La Biblia en un año*

Esdras 3:1–4:23; 1 Corintios 2:6–3:4; Salmo 28:1-9; Proverbios 20:24-25

El foco reflector de Dios

El rey sabio esparce a los perversos como trigo,
y luego los atropella con su rueda de trillar.
La luz del SEÑOR penetra el espíritu humano
y pone al descubierto cada intención oculta.

PROVERBIOS 20:26-27

Este proverbio describe el llegar al fondo de las cosas. Un líder sabio se da cuenta de que las personas no siempre tienen motivos puros. Incluso en una iglesia o una familia a veces hay intenciones ocultas que no son buenas ni piadosas.

Entonces, ¿cómo se aplica esto a ti y a mí? Bueno, he aprendido muchas veces a través de los años que las mujeres somos complicadas. Algunas veces hacemos cosas dentro de amistades o ministerios o familias que son destructivas, pero de alguna manera las enmascaramos como si fueran correctas, incluso para nosotras mismas. La Biblia nos dice: «Nada hay tan engañoso y perverso como el corazón humano. ¿Quién es capaz de comprenderlo?» (Jeremías 17:9, DHH). En realidad, cuando se trata de mujeres, los hombres siempre se están quejando de que no nos entienden. La verdad es que las mujeres a veces no nos entendemos a nosotras mismas.

De nuevo, nuestro proverbio dice: «La luz del SEÑOR penetra el espíritu humano y pone al descubierto cada intención oculta». Esto puede parecer una mala noticia, pero en realidad son buenas noticias. ¿Por qué querríamos ser ciegos y engañar a nuestro propio corazón? Dejemos que la luz de la Palabra de Dios brille profundamente en nosotros. Dejemos que nos muestre la verdad y nos dé la gracia de ser honestos ante Dios, y luego pidámosle valor y fuerza para cambiar.

Hazlo personal... ¡Vívelo!

Cuando el foco reflector del Señor te muestra una actitud o acción que no es correcta, ¿cómo puedes llevar a cabo ese cambio? Es fácil ignorarlo hasta que quedes ciega a ello nuevamente. Me doy cuenta de que veo con mayor claridad cuando leo la Palabra de Dios en la mañana. Cuando él habla a mi corazón, escribo un apunte en mi diario o en el margen de mi *Biblia en un año*. Luego, en lugar de continuar con mi lectura, tranquilizo mi corazón y dejo que él hable. La oración siempre debe incluir escuchar como también hablar con Dios. ¿Puedes cambiar bajo tus propias fuerzas? No. «"No es por el poder ni por la fuerza, sino por mi Espíritu", dice el SEÑOR de los Ejércitos Celestiales» (Zacarías 4:6).

Lectura de *La Biblia en un año*

Esdras 4:24–6:22; 1 Corintios 3:5-23; Salmo 29:1-11; Proverbios 20:26-27

El poder del amor

El amor inagotable y la fidelidad protegen al rey;
su trono se afianza por medio de su amor.
PROVERBIOS 20:28

Chicas, apliquemos este proverbio a nuestro propio reino. No, no somos reyes literales, ni reinas, en este caso. Pero sí tenemos áreas de influencia que el Señor nos ha confiado, y necesitamos tener la perspectiva de Dios sobre el éxito y la seguridad verdadera.

El amor y la fidelidad son los factores más importantes para que estemos a salvo y seguras. Esa no es exactamente la forma en que se retratan las cosas en los medios. Para que una mujer esté a salvo, se dice que primero debe cuidarse a sí misma. Ella debe defender sus derechos a toda costa. Pero podemos ver a nuestro alrededor a todos los hogares rotos y la vida solitaria de muchas personas para darnos cuenta de que esa es una fórmula para el desastre, no para el éxito.

En la Biblia, la reina Ester es el ejemplo perfecto de hacer algo arriesgado por amor. Su predecesora fue la reina Vasti. Ella era hermosa y poderosa, pero usó sus derechos para defender sus derechos. Esto le costó a ella tanto su posición como su matrimonio. Más tarde, cuando Ester se convirtió en reina, se enfrentó con un dilema. Los derechos e incluso la vida de personas inocentes fueron amenazados. Ella podía permanecer en silencio y mantenerse a salvo, o podía arriesgar su posición y hablar. Su primo Mardoqueo la desafió a que tal vez ella había alcanzado su posición «para un momento como este» (Ester 4:14). El amor la obligó a ser fiel a una mayor responsabilidad. Dios la honró y la usó para salvar a muchos. Tengo la sensación de que, al mostrar una belleza interior, Ester ganó respeto, no solo de aquellos a quienes ayudó, sino también de parte de su marido.

Hazlo personal... ¡Vívelo!

El tema del proverbio de hoy es «el poder del amor». Amy Carmichael dijo: «Puedes dar sin amar, pero no puedes amar sin dar». Dejemos que las palabras de 1 Corintios 13:4-8 enciendan nuestro corazón con pasión para amar: «El amor es paciente y bondadoso. El amor no es celoso ni fanfarrón ni orgulloso ni ofensivo. No exige que las cosas se hagan a su manera. No se irrita ni lleva un registro de las ofensas recibidas. No se alegra de la injusticia sino que se alegra cuando la verdad triunfa. El amor nunca se da por vencido, jamás pierde la fe, siempre tiene esperanzas y se mantiene firme en toda circunstancia. [...] ¡El amor durará para siempre!».

Lectura de *La Biblia en un año*

Esdras 7:1–8:20; l Corintios 4:1-21; Salmo 30:1-12; Proverbios 20:28-30

Intervención divina

El corazón del rey es como un arroyo dirigido por el SEÑOR,
quien lo guía por donde él quiere.
La gente puede considerarse en lo correcto según su propia opinión,
pero el SEÑOR examina el corazón.
PROVERBIOS 21:1-2

El libro de Ester (capítulos 5 y 6) habla de una historia intrigante que ilustra esta verdad. El malvado Amán odiaba a todos los judíos, especialmente a Mardoqueo, el primo de Ester. Siendo el consejero de confianza del rey, Amán era un enemigo peligroso. Un día fue a casa, regresando del palacio, a tramar la muerte de Mardoqueo en la horca. Pensaba presentar el plan al rey la mañana siguiente para recibir la aprobación. «Esa noche el rey no podía dormir, entonces ordenó a un asistente que le trajera el libro de la historia de su reino para que se lo leyeran» (Ester 6:1). Mientras él escuchaba, se dio cuenta de que Mardoqueo una vez le había salvado la vida exponiendo un complot para matarlo. La mañana siguiente el rey ordenó a Amán a honrar a Mardoqueo como si fuera realeza. Sale sobrando decir que el plan del villano fue frustrado. ¡Qué cambio de eventos! ¿Fue coincidencia? No, fue la intervención divina.

Jon Courson comenta: «Ya que Dios está en el trono, no tenemos que entrar en pánico por las políticas del gobierno. [...] No debemos transpirar, hacer pucheros, entrar en pánico o tramar. En cambio, debemos orar, sabiendo que Dios tiene el control completo. Y cuando lo hagamos, estaremos en paz».

¿Alguien en poder tomó decisiones que te hacen sentir impotente? Al mirar la economía actual y el gobierno, ¿estás preocupada? ¿Estás desanimada? ¿Tienes miedo? Recuerda, recuerda siempre: Dios está en el trono, y su trono se llama «el trono de la gracia».

Hazlo personal... ¡Vívelo!

Todas podemos pensar en personas con las que no estamos de acuerdo. Nos encantaría cambiar su forma de pensar. Más importante aún, nos encantaría cambiar su corazón. Pero el corazón de ciertas personas no cambiará nunca. Vemos esto con el faraón cuando Moisés dijo: «Deja ir a mi pueblo». ¿Qué hacemos con las dos realidades: Dios puede cambiar el corazón, pero algunos se niegan a ser cambiados? Tenemos que asegurarnos de que no seamos de la última categoría, obstinadas y estancadas. Lo creas o no, tú y yo a veces estamos equivocadas. A veces somos nosotras las que necesitamos «intervención divina».

Oremos

Señor, aquí estoy con un corazón abierto. Que sea como un arroyo en tus manos.

Lectura de *La Biblia en un año*

Esdras 8:21–9:15; 1 Corintios 5:1-13; Salmo 31:1-8; Proverbios 21:1-2

Agradable al Señor

Al SEÑOR le agrada más cuando hacemos lo que es correcto y justo
que cuando le ofrecemos sacrificios.
PROVERBIOS 21:3

El tema de hoy es agradar al Señor. Difícilmente hay un tema que me intrigue y me emocione más. ¿Te imaginas? Dios, quien diseñó la bella complejidad del copo de nieve, el vuelo majestuoso del águila y las alturas rocosas del monte Everest, puede estar complacido con la gente común como tú y como yo? Enoc fue un hombre que vivió en un tiempo de la historia en el que los hombres eran peligrosamente malvados. Pero, contra la corriente de los demás, Enoc caminó con Dios. «Lo conocían como una persona que agradaba a Dios» (Hebreos 11:5).

Esto me conmociona. Quiero agradar al Señor, ¿tú no? Entonces, ¿qué significa esto? ¿Qué podemos hacer? A Dios le pertenece el ganado en mil colinas; él no necesita nuestro dinero. Su poder divino puede mover montañas, pero nosotras somos débiles, meramente humanas. El proverbio de hoy nos da una clave importante: el Señor está complacido cuando hacemos lo correcto. Cuando leemos acerca de Enoc, no nos informan sobre ninguna obra grande y poderosa que haya logrado. No fue pastor de una gran iglesia ni ganó grandes guerras. Parece que él era como nosotros, que vivió una vida anónima y simple, enfrentando lo que se le presentara. Pero él no era anónimo en el cielo. Este es el misterio y la maravilla de la vida cristiana. Debe haber un elemento secreto. Las grandes y pequeñas batallas en nuestra alma con respecto a las elecciones y a la entrega son vistas y aplaudidas y finalmente empoderadas por el mismo Dios que colocó las estrellas en su lugar.

Hoy, entonces, tú y yo elegimos. Yo elijo caminar con Dios. Que podamos sentir su presencia, honrar sus caminos y escuchar su dulce voz diciendo: «Bien hecho, hija mía. Bien hecho».

Hazlo personal... ¡Vívelo!

«Le pedimos a Dios que les dé pleno conocimiento de su voluntad y que les conceda sabiduría y comprensión espiritual. Entonces la forma en que vivan siempre honrará y agradará al Señor, y sus vidas producirán toda clase de buenos frutos [...] a medida que aprendan a conocer a Dios más y más» (Colosenses 1:9-11).

Regresemos a la dulce sencillez de levantar nuestro corazón a nuestro Padre en el cielo y simplemente vivir para agradar su corazón.

Lectura de *La Biblia en un año*

Esdras 10:1-44; 1 Corintios 6:1-20; Salmo 31:9-18; Proverbios 21:3

Altivo no es santo

Los ojos altivos, el corazón orgulloso
y la lámpara de los malvados son pecado.
PROVERBIOS 21:4 (NVI)

De vez en cuando necesitamos buscar el significado de ciertas palabras como el de *altivo*. Significa «desdeñosamente orgulloso; creído; despectivamente arrogante; lleno de contención y arrogancia».

Una vez conocí a una mujer que era muy rica, muy alta y muy talentosa. Yo era pobre y joven. Soy de estatura muy baja y en ocasiones me sentía inadecuada. Recuerdo que cuando estaba en presencia de ella me sentía pequeña y defectuosa. Ella tenía una forma de menospreciar o incluso pasar por alto a la gente. Pero ella fue un buen ejemplo para mí... de un mal ejemplo. Aprendí lo que era ser menospreciada y desdeñada. Más importante aún, aprendí que nunca desearía que los demás se sintieran así por culpa mía.

Los ojos altivos muestran un corazón orgulloso. Se dice que los ojos son el reflejo del alma. A veces miro en los ojos de alguien y veo la oscuridad. Jesús dijo: «Tu ojo es como una lámpara que da luz a tu cuerpo. Cuando tu ojo está sano, todo tu cuerpo está lleno de luz; pero cuando tu ojo está enfermo, todo tu cuerpo está lleno de oscuridad» (Mateo 6:22-23).

Una mirada altiva puede hacerte encoger; como dicen, una mirada puede matar. Pero solo una dulce mirada de bondad envía un mensaje más poderoso que las palabras. Imagínate conmigo una mirada de amistad hacia alguien nuevo en la iglesia, una mirada de compasión por una nueva viuda, una mirada de comprensión hacia la madre de un pródigo y una mirada de perdón hacia alguien que ha cometido un error. Sí, hija de Dios, así es como debería de ser.

Hazlo personal... ¡Vívelo!

Lamento decirlo, pero a veces las personas religiosas que les gusta participar en cosas de la iglesia pueden ser muy altivas. Los fariseos eran altivos; menospreciaban a los pecadores como si estuvieran por encima de ellos. Muchas personas abandonan la iglesia porque sintieron desprecio cuando necesitaban compasión. Escucha, la iglesia no es una exhibición de gente brillante. Es un hospital, un refugio seguro; es una familia. Incluso en el mejor de los casos, todos somos pobres mendigos que les dicen a otros mendigos dónde conseguir pan. Amo a la iglesia porque cuando realmente vivimos lo que somos, Dios nos usa para rodear a los que están solos y heridos. ¿No harás esto? Si no ahora, ¿cuándo? Si no tú, ¿quién?

Lectura de *La Biblia en un año*

Nehemías 1:1–3:14; 1 Corintios 7:1-24; Salmo 31:19-24; Proverbios 21:4

La necedad tiene sus consecuencias

En la lectura de hoy, leeremos estos tres versos cuidadosamente. Dios no solo nos está informando sobre los resultados de ser sabia en la vida, sino también nos está mostrando que la necedad tarde o temprano arruinará nuestra vida. Mi esposo a veces parafrasea Gálatas 6:7: «Cosechas lo que siembras». Luego él dice: «No puedes sembrar patatas y después pensar que cosecharás tomates».

> *Los planes bien pensados y el arduo trabajo llevan a la prosperidad,*
> *pero los atajos tomados a la carrera conducen a la pobreza.*
> *La riqueza fruto de una lengua mentirosa*
> *es una neblina que se esfuma y una trampa mortal.*
> *La violencia de los perversos arrasará con ellos,*
> *porque se niegan a hacer lo que es justo.*
> PROVERBIOS 21:5-7

Los Proverbios antes se leían en las escuelas públicas, y los padres los leían a sus hijos. Pero muchos niños están siendo educados sobre la moralidad e integridad por medio de la televisión, la Internet y los videos de música. Quizás sería más correcto decir que están aprendiendo inmoralidad y a no ser éticos. Sé que es fácil prender el canal de Disney o las caricaturas para mantener a tus hijos ocupados y entretenidos, pero a veces necesitamos sentarnos y ver qué es lo que están viendo. Las estrellas de estos programas se vuelven sus héroes, pero la mayoría de estas estrellas no son héroes en lo más mínimo.

Quizás no podamos cambiar lo que otros están haciendo, pero podemos tomar la decisión de buscar ser sabias en nuestra propia vida y en nuestro hogar. A menos que nosotras como madres piadosas, como mujeres piadosas, no tengamos un ancla moral, las corrientes fuertes de la maldad descarada que están arrastrando abajo a las personas a todo nuestro alrededor nos va a arrastrar a nosotras junto con nuestras familias a ese mismo agujero oscuro.

Hazlo personal... ¡Vívelo!

No vayamos con la corriente. Jesús dijo que nosotros, como pueblo de Dios, debemos ser luces brillantes que iluminan. «Nadie enciende una lámpara y luego la pone debajo de una canasta. En cambio, la coloca en un lugar alto donde ilumina a todos los que están en la casa. De la misma manera, dejen que sus buenas acciones brillen a la vista de todos, para que todos alaben a su Padre celestial» (Mateo 5:15-16). Esta es nuestra misión y privilegio. La gente a nuestro alrededor está perdida; que sea nuestra pasión brillar el amor de Dios como un faro en la noche oscura.

Lectura de *La Biblia en un año*

Nehemías 3:15–5:13; 1 Corintios 7:25-40; Salmo 32:1-11; Proverbios 21:5-7

13 de agosto

Una mujer pendenciera

*Más vale habitar en un rincón de la azotea
que compartir el techo con mujer pendenciera.*
PROVERBIOS 21:9 (NVI)

Esta descripción es una llamada de atención para nosotras como mujeres. Oh, qué fácil es adoptar el patrón de regañar y quejarse. De alguna manera nosotras, como mujeres, casi sentimos que es nuestro deber. Si no señalamos los defectos y errores de todos, ¿quién lo hará?

Pensé que citaría a un hombre, Matthew Henry, sobre este tema. Él dice: «Qué gran aflicción es para un hombre tener a una mujer regañona y quejumbrosa por esposa, que en cada ocasión, y a menudo sin ocasión alguna, estalla en histeria, y le reprende a él o a los que la rodean [...]. Hace que un hombre se avergüence de su elección y su gestión».

Uno de los hábitos en los que puede llegar a entrar una mujer es sentir que tiene derecho a estar de mal humor. Cuando estamos de mal humor, podemos fácilmente estar molestas, ser criticonas y duras. Podemos tratar mal a alguien porque «estamos de mal humor». ¿Sabes qué? No tenemos derecho a hacer eso, y nadie más tiene la obligación a ser receptor. Entonces, chicas, simplemente dejemos de hacer eso. De verdad.

Ahí está. Esto no es bonito. Entonces, ¿cómo podemos romper este mal hábito? Creo que el primer paso es ver que no solo molesta a los demás, sino que está mal.

Pídele al Señor que te perdone. Pídeles a otros que te perdonen. Luego, pídele al Señor que te llene de nuevo con su amoroso, gentil y amable Espíritu Santo.

Hazlo personal... ¡Vívelo!

¿Has sido dura, irritable y rápida para enojarte, pero no sabes cómo cambiar? El primer paso es tener el deseo. ¿Quieres cambiar? Si es así, bien. El siguiente paso es mirar la fuente. ¿Has dejado que el resentimiento de tu pasado o presente se acumule? Nosotras hacemos eso, ya lo sabes. ¿Lo llevarás a la cruz y le pedirás al Señor que libere tu corazón para que puedas perdonar? El siguiente paso es arrodillarte y pedirle al Señor que te llene completamente de nuevo con su Espíritu Santo. «La clase de fruto que el Espíritu Santo produce en nuestra vida es: amor, [...] paciencia, gentileza, bondad, [...] y control propio» (Gálatas 5:22-23).

Lectura de *La Biblia en un año*

Nehemías 5:14–7:73; 1 Corintios 8:1-13; Salmo 33:1-11; Proverbios 21:8-10

Confía y obedece

Si castigas al burlón, los ingenuos llegan a ser sabios;
si instruyes al sabio, será aún más sabio.
PROVERBIOS 21:11

Básicamente el Señor nos está diciendo que podemos aprender por las buenas o por las malas. Muchas personas tienen un rastro de cicatrices y bagaje porque hicieron una mala elección tras otra. Oh, cómo le encantaría al Señor evitarnos todo eso. Un pastor influyente lo dice sin rodeos: «Elije pecar, elije sufrir». De principio a fin, los Proverbios nos imploran que no pequemos para que no suframos.

D. L. Moody dijo: «Las Escrituras no fueron dadas para aumentar nuestro conocimiento sino para cambiar nuestra vida». Una persona sabia aprende de la instrucción. Entonces el verdadero aprendizaje de la Palabra de Dios debe incluir la aplicación. Como dice Howard Hendricks: «La aplicación es la clave de la educación cristiana; porque saber y no hacer es no saber en absoluto». Santiago nos dice: «No solo escuchen la palabra de Dios; tienen que ponerla en práctica. De lo contrario, solamente se engañan a sí mismos» (Santiago 1:22).

Entonces, ¿cómo podemos establecer un patrón transformador de crecimiento en santidad y en una vida sabia? «Desarrollando un tiempo a solas» al final de este libro es una guía fácil de usar que brinda pasos simples y útiles. Convertirse en un lector bíblico diario es definitivamente un primer paso importante. Mientras lees, busca y escribe una lección que puedas aplicar. Haz una pausa para orar, pidiéndole al Señor que te ayude personalmente a llevarla a cabo. Nuestro Dios es nuestro Padre celestial. Deja que sea un Padre para ti, que te instruya, que te oriente y que te guíe. Él te dará fuerza y gozo mientras cedes y sigues su guía.

Hazlo personal... ¡Vívelo!

Déjame darte un ejemplo de cómo el Señor nos instruye en su Palabra. En Nehemías 9:19-21 el pueblo recordó la fidelidad de Dios cuando los Israelitas viajaron por el desierto. «En tu gran misericordia no los abandonaste para que murieran en el desierto. [...] La columna de fuego les mostraba el camino. [...] Enviaste tu buen Espíritu para que les enseñara, y no dejaste de alimentarlos con maná del cielo. [...] ¡No se les desgastó la ropa!».

Mientras lees esta historia, hazla personal. Detente y recuerda las muchas veces que Dios ha sido fiel contigo. Considera los desafíos que estás enfrentando hoy. Pregúntate: ¿Dios es bueno? ¿Él es capaz? Luego ora pidiéndole que te ayude a dejar de preocuparte y comienza a confiar en que él te sacará adelante.

Lectura de *La Biblia en un año*

Nehemías 7:73–9:21; 1 Corintios 9:1-18; Salmo 33:12-22; Proverbios 21:11-12

Dando con sencillez

Los que tapan sus oídos al clamor del pobre
tampoco recibirán ayuda cuando pasen necesidad.
PROVERBIOS 21:13

Una de las mayores búsquedas que podemos tener en esta vida es ser una persona según el corazón de Dios como lo fue David. Esto podría parecer una expresión extraña para algunos, porque realmente no piensan que el Dios Todopoderoso y soberano tenga un corazón. Pero a lo largo de la Biblia vemos a un Dios que ama y que es tierno con los débiles, los heridos y los pobres. Jesús dijo que cuando visitamos a los que están solos o alimentamos a los hambrientos, «en la medida en que lo haces a los más insignificantes, lo haces a él» (Mateo 25:40, parafraseado).

Es sorprendente cómo los momentos aparentemente pequeños pueden afectar nuestra vida en grandes formas. Mi abuelo era un granjero de Misuri. Nunca tuvo mucho dinero, pero era rico en todas las cosas que una niña como yo admiraba. Tenía pollitos y terneros en la primavera. Y podía convertir un área de tierra en una maravilla de verduras y sandías. A propósito cultivaba más frutas y verduras de lo que necesitaba. Un día cargamos su viejo auto hasta el borde con todo, desde judías verdes hasta patatas. Luego los entregamos a la familia cuyo padre estaba sin trabajo, a la viuda calle abajo y a la madre soltera con muchos hijos.

Mi abuelo me enseñó a pescar, conducir un tractor y ordeñar una vaca. Pero este día de donar con sencillez fue su mejor lección. No, no tenía mucho dinero, pero para mí era el hombre más rico del mundo.

Hazlo personal... ¡Vívelo!

Proverbios 31 describe a mi heroína personal, la mujer piadosa y sabia. Ella es trabajadora y creativa, pero también es tierna de corazón y generosa. Dice en el verso 20: «Tiende la mano al pobre y abre sus brazos al necesitado».

¿Sencillamente inclinarás tu cabeza en este momento y le pedirás a Dios que te use para llenar una necesidad específica? Después mantente abierta y ansiosa para ver a quién, en dónde, cómo y qué.

Oremos

Señor, abre mis oídos, mis ojos y mi corazón a alguien en necesidad. Ayúdame a reconocer tu santo jalón y a seguir tu guía.

Lectura de *La Biblia en un año*

Nehemías 9:22–10:39; 1 Corintios 9:19–10:13; Salmo 34:1-10; Proverbios 21:13

Ofrenda de paz

El regalo en secreto calma el enojo;
    el soborno por debajo de la mesa aplaca la furia.
PROVERBIOS 21:14

Por supuesto Dios nunca respaldaría el uso de regalos y sobornos para pervertir la justicia. Pero lo que esto está diciendo es que un regalo dado de una manera sutil y suave puede desarmar la ira de alguien. Mira la historia de Nabal y Abigail (ver 1 Samuel 25). Los hombres de David habían sido de gran beneficio en proporcionar protección a los rebaños de Nabal. David envió un mensaje pidiéndole a Nabal que les diera comida a las tropas de David, pero Nabal fue grosero y egoísta. Él se negó. David estaba furioso. En respuesta determinó atacar y matar a todos los miembros de la casa de Nabal. Cuando la sabia Abigail oyó, inmediatamente reunió una generosa cantidad de comida y se encontró con David en el camino. Ella se inclinó y le pidió que tomara el regalo y se salvara de tomar venganza en sus propias manos.

Y para nosotras, ¿qué podemos aprender de esto? ¿A veces sería útil suavizar la ira de alguien con un regalo? Creo que sí. ¿Tú y tu esposo han estado discutiendo sobre cuentas y finanzas? ¿Ha habido tensión y estrés en la casa? ¿Qué tal sorprenderlo cocinando su cena favorita una noche y tenerla lista cuando llegue a casa? Eso es construir un puente.

Tal vez estés experimentando tensión con tu suegra. Una tarjeta dulce y un ramo de flores pueden derretir el hielo. Si tienes un adolescente en casa, hay momentos en los que sientes que siempre estás peleando, estableciendo reglas y consecuencias. ¿Qué tal pedir pizza y dejar que invite a sus amigos? ¿Una amiga ha estado distante porque sus sentimientos fueron heridos? ¿Necesitas una ofrenda de paz? Altamente recomiendo chocolates.

Hazlo personal... ¡Vívelo!

«El regalo en secreto calma el enojo». Nuestro proverbio de hoy nos recuerda que cuando tenemos una riña con alguien, no todos tienen que saberlo. Las relaciones son restauradas mejor en privado y personalmente. ¿Hay alguien a quien necesitas extenderle una ofrenda de paz? ¿Lo harás hoy? ¡Sé una pacificadora! Extiende sinceramente un obsequio de amabilidad gentil y cosecha la bendición de la reconciliación.

Lectura de *La Biblia en un año*

Nehemías 11:1–12:26; 1 Corintios 10:14-33; Salmo 34:11-22; Proverbios 21:14-16

Persiguiendo el placer

Los que aman el placer se vuelven pobres;
los que aman el vino y el lujo nunca llegarán a ser ricos.
PROVERBIOS 21:17

Perseguir el placer finalmente te dejará sin nada, ni siquiera placer. Te dejará vacía y necesitada, llena de vergüenza y condenación.

En la preparatoria o en la universidad, está la tentación de ver a los jóvenes populares y fiesteros como los suertudos. Cuando eres joven, es fácil sentir como que te estás perdiendo las cosas buenas de la vida por ser cristiana. Pero mi hermana acaba de asistir a un reencuentro de la preparatoria. Vio a un hombre allí que había sido guapo y popular, pero nunca maduró de la etapa fiestera. Ahora se le ve viejo y demacrado y solo.

Quizás tú eres la pródiga. Tal vez has escogido los placeres de este mundo y te estás dando cuenta de que te han dejado lejos de donde deberías estar en la vida. Alan Redpath solía decir: «Puedes tener un alma salva y aún tener una vida desperdiciada».

Lee la historia del hijo pródigo en Lucas 15:13-18: «Se mudó a una tierra distante, donde derrochó todo su dinero en una vida desenfrenada. Al mismo tiempo que se le acabó el dinero, hubo una gran hambruna en todo el país, y él comenzó a morirse de hambre. Convenció a un agricultor local de que lo contratara, y el hombre lo envió al campo para que diera de comer a sus cerdos. El joven llegó a tener tanta hambre que hasta las algarrobas con las que alimentaba a los cerdos le parecían buenas para comer, pero nadie le dio nada. Cuando finalmente entró en razón, se dijo a sí mismo: [...] "¡Aquí estoy yo, muriéndome de hambre! Volveré a la casa de mi padre y le diré: 'Padre, he pecado contra el cielo y contra ti'"». Luego este hombre se fue a su casa.

Así que si esta es tu historia, no es demasiado tarde. El Padre te espera deseando darte la bienvenida a casa.

Hazlo personal... ¡Vívelo!

¿Estás atormentada por remordimientos debido a errores del pasado? Muchas mujeres recurren al alcohol y las drogas para atenuar el dolor de su infancia. Pero luego el estilo de vida de un adicto trae más heridas y vergüenza. Jesús vino a restaurar tu alma. ¿Estás lista? El estudio bíblico *Healed and Set Free* (Sanada y liberada) por Tammy Brown fue escrito específicamente para abordar la agobiante oscuridad del pasado. Te guiará a comprender y permitir que el Señor hable la verdad y el amor y la sanación adonde has sido lastimada.

Lectura de *La Biblia en un año*

Nehemías 12:27–13:31; 1 Corintios 11:1-16; Salmo 35:1-16; Proverbios 21:17-18

¿Estás de mal genio? ¡Da gracias!

Es mejor vivir solo en el desierto
que con una esposa que se queja y [está de mal genio].
PROVERBIOS 21:19

Matthew Henry dijo: «Es mejor no tener compañía que tener mala compañía». Salomón a menudo hablaba sobre mujeres con las cuales era difícil vivir. Él fue un hombre que tuvo mil esposas; es difícil entender por qué siguió casándose. Quizás siguió esperanzado: *La próxima será diferente. La próxima será dulce. Ella me apreciará. Quizás sea agradecida con lo duro que trabajo por darle una hermosa casa.* Lamentablemente, creo que muchos hombres piensan eso hoy día. *La próxima esposa será la buena.* Eso es triste para todos.

Miremos aquí al factor principal que hace que una mujer sea una miseria. Es el quejarse. Esto viene directamente de la ingratitud. Podemos estar tan enfocadas en lo que no tenemos que olvidamos por completo y no aprovechamos las bendiciones que sí tenemos.

Hace poco una linda joven se me acercó. Ella es una madre soltera que ahora vive en un solo cuarto con sus hijos en la casa de sus papás. Ella dijo: «Yo lo llevé a hacer esto. No importaba qué tan duro trabajara mi esposo ni qué cosas me diera, nunca era suficiente. Siempre le hacía críticas demoledoras y lo desanimaba. Ahora no tengo nada».

Esposas, esto es una advertencia. Si hacemos que nuestros esposos se sientan como que no pueden hacer nada bien, tarde o temprano dejarán de intentarlo. Entonces, ¿cuál es la cura para un corazón que se queja y está de mal genio? Es un corazón agradecido. Colosenses 3:15 dice: «Que la paz que viene de Cristo gobierne en sus corazones. [...] Y sean siempre agradecidos».

Hazlo personal... ¡Vívelo!

Cuando tenemos el alma en los pies, el Salmo 103:2-5 nos incita a reemplazar el desánimo con alabanza. ¿Utilizarás estas palabras para levantar tu actitud del suelo del valle a la cima de la gratitud?

Alaba, alma mía, al SEÑOR,
y no olvides ninguno de sus beneficios.
Él perdona todos tus pecados
y sana todas tus dolencias;
él rescata tu vida del sepulcro
y te cubre de amor y compasión;
él colma de bienes tu vida
y te rejuvenece como a las águilas. (NVI)

Lectura de *La Biblia en un año*

Ester 1:1–3:15; 1 Corintios 11:17-34; Salmo 35:17-28; Proverbios 21:19-20

Magnífica obsesión

*El que busca la justicia y el amor inagotable
encontrará vida, justicia y honor.*
PROVERBIOS 21:21

¿Qué te motiva? ¿Qué te da la motivación para salir de la cama, vestirte y comenzar tu día? ¿Tienes una alta y noble pasión y propósito para vivir? ¿Si fueras a morir mañana o aun el siguiente año, dirías: «Tomé las decisiones correctas»? De todas las cosas que pudiéramos desear y buscar en esta vida, no hay nada como la búsqueda de Dios. Jesús dijo: «Busquen primeramente el reino de Dios y su justicia, y todo lo demás les será añadido» (Mateo 6:33, parafraseado).

Mi muy querida amiga Mary Barrett fue una de las líderes de adoración más increíbles que he escuchado en mi vida. Antes de morir de cáncer, tenía una lista de últimos deseos. Pero no incluía paracaidismo. Apenas unas semanas antes de que ella falleciera, su esposo Joe la llevó a Nashville para grabar un CD de adoración más para la gloria de Dios. Ella a menudo cantaba las palabras de la canción de abajo. Para ella, eran más que palabras, eran su canto del cisne e himno de vida.

> *Dame una pasión pura y santa.*
> *Dame una magnífica obsesión.*
> *Dame una gloriosa ambición para mi vida,*
> *para conocer y seguirte fuertemente,*
> *para crecer como tu discípulo en tu verdad.*
> *Este mundo está vacío, pálido y pobre*
> *comparado con conocerte a ti, mi Señor.*
> *Guíame adelante, y correré tras de ti.*
> —MARK ALTROGGE EN «ONE PURE AND HOLY PASSION» (UNA PASIÓN PURA Y SANTA)

Como dijo el apóstol Pablo: «Prosigo a la meta hacia el premio del supremo llamamiento de Dios en Cristo Jesús» (Filipenses 3:14, RVA-2015).

Hazlo personal... ¡Vívelo!

¿Cómo entonces puedes seguir a Dios personal y apasionadamente? No se puede hacer por deber ni simple fervor religioso. Intentar más, en forma de legalismo y diligencia sacrificadora, tampoco es la respuesta. «Dame una pasión pura y santa»: estas palabras son más que una canción para cantar; son una oración para orar. Solo Dios es la chispa que enciende una vida. ¿Tomarás estas palabras y desde tu corazón le pedirás que te dé hambre para «seguirlo fuertemente»?

Lectura de *La Biblia en un año*

Ester 4:1–7:10; 1 Corintios 12:1-26; Salmo 36:1-12; Proverbios 21:21-22

El silencio es oro

Cuida tu lengua y mantén la boca cerrada,
*   y no te meterás en problemas.*
Los burlones son orgullosos y altaneros;
*   actúan con una arrogancia que no tiene límites.*

PROVERBIOS 21:23-24

¡Ay, nuestras bocas! ¿Alguna vez has estado realmente arrepentida por haber dicho algo? Por supuesto que sí. A todas nos ha pasado. Si realmente deseamos ser mujeres sabias y piadosas, debemos controlar cómo usamos nuestra boca. Leí este comentario en la Internet: «Tienes derecho a permanecer en silencio. Todo lo que digas se citará mal y luego se usará en tu contra».

Santiago 1:19 nos dice: «Todos ustedes deben ser rápidos para escuchar, lentos para hablar y lentos para enojarse». Esto nos advierte a que tengamos cuidado. No hables primero y pienses más tarde. Piensa y ora primero antes de hablar. Entonces nunca tendrás que desear poder recuperar las palabras. He aquí algunas preguntas de prueba para hacer antes de hablar. *¿Es verdad? ¿Es amable? ¿Es necesario? ¿Es el momento correcto? ¿Se lo estoy diciendo a la persona correcta? ¿Lo que digo traerá algo bueno o provocará problemas?*

A veces es otra persona quien te dice algo necio o malo o grosero. Quiero contarte un pequeño secreto de la vida. No tienes que terminar lo que otros comienzan. Renunciar no significa que eres débil. A veces significa que eres lo suficientemente fuerte como para soltarlo. Solo guarda tu lengua y cuenta hasta diez y las ganas de decir algo necio se te pasará.

David enfrentó muchas situaciones y personas complicadas y frustrantes. Tenía una oración que debió haber orado mil veces en su vida: «Que las palabras de mi boca y la meditación de mi corazón sean de tu agrado, oh Señor, mi roca y mi redentor» (Salmo 19:14).

Hazlo personal... ¡Vívelo!

Regresemos a esta declaración profunda: «Mantén la boca cerrada, y no te meterás en problemas». ¿Por qué este consejo es sabio? Porque a menudo hablamos antes de entender. A veces apresuradamente damos consejo. A veces tomamos más personalmente de lo debido el comentario de alguien. Aprendamos a escuchar con más que solo con nuestros oídos. Y más importante aún, hagamos el hábito de pedirle al Espíritu Santo que nos dé discernimiento y sabiduría y dominio propio.

Lectura de *La Biblia en un año*

Ester 8:1–10:3; 1 Corintios 12:27–13:13; Salmo 37:1-11; Proverbios 21:23-24

Floja, floja

Por mucho que desee, el perezoso acabará en la ruina,
porque sus manos se niegan a trabajar.
PROVERBIOS 21:25

¿Cuál es el elemento principal que distingue al perezoso del diligente? Es que las manos del perezoso «se niegan a trabajar». No es que no pueden trabajar. Simplemente se *rehúsan* a trabajar. La definición de la palabra hebrea para *trabajar* abarca muchas áreas de esfuerzo. Significa «avanzar, lidiar, comprometerse, preparar, practicar y terminar». *Mmm*. Mientras leo esta descripción, me doy cuenta de que cuando pospongo las cosas, lo cual hago, por alguna razón estoy rehusándome a hacer algo que sé que debería hacer o a terminar algo que empecé.

Entonces, ¿cómo rompemos el hábito de posponer las cosas? Proverbios 6:6-8 dice: «Tú, holgazán, aprende una lección de las hormigas. ¡Aprende de lo que hacen y hazte sabio! A pesar de que no tienen príncipe ni gobernador ni líder que las haga trabajar, se esfuerzan todo el verano, juntando alimento para el invierno».

La hormiga es una ilustración de diligencia. La palabra *diligencia* significa «poner cuidado y esfuerzo en lo que uno hace». Las hormigas están enfocadas, siempre avanzando. Me encanta que cuando pones algo en su camino, apenas se detienen. Simplemente rodean el obstáculo y siguen avanzando. ¡Buen trabajo, pequeña hormiga!

En conclusión, la vida diligente nos permite tener comida para nuestras mesas y corazones para compartir con los demás. Cerremos con una palabra alentadora del Salmo 37:25-26: «Una vez fui joven, ahora soy anciano, sin embargo, nunca he visto abandonado al justo ni a sus hijos mendigando pan. Los justos siempre prestan con generosidad y sus hijos son una bendición».

Hazlo personal... ¡Vívelo!

Hay muchas razones por las que nos rehusamos a hacer algo. Las esposas a veces se niegan a hacer algo que sus esposos les han pedido porque están enojadas. No quieren planchar una camisa o hacer algún mandado o cocinarle su comida favorita. Podemos tomar esta misma actitud en el trabajo o en la iglesia o con nuestra familia. Esto es simplemente otra forma de pereza. Somos demasiado perezosas como para «superarlo». Nos dejamos llevar por nuestras emociones. Amiga mía, no seamos quisquillosas, necias e infantiles. Seamos como la hormiga: sácale la vuelta y sigue hacia adelante.

Lectura de *La Biblia en un año*

Job 1:1–3:26; 1 Corintios 14:1-17; Salmo 37:12-29; Proverbios 21:25-26

Sacrificio malvado

*El sacrificio del malvado es detestable,
    sobre todo cuando lo ofrece con malas intenciones.*

PROVERBIOS 21:27

El término *malvado* se refiere a aquellos que están en rebelión contra Dios. La palabra hebrea para «malvado» es *rasha'*, que significa «moralmente equivocado; activamente haciendo el mal».

En 1 Samuel 15:22-23 Dios le había dado instrucciones claras y específicas al rey Saúl sobre algo que él debía hacer, pero obedeció a medias. Después pensó que podía compensarlo ofreciendo un sacrificio. El profeta Samuel se le acercó y le dijo: «¿Qué es lo que más le agrada al SEÑOR: tus ofrendas quemadas y sacrificios, o que obedezcas a su voz? ¡Escucha! La obediencia es mejor que el sacrificio. [...] La rebelión es tan pecaminosa como la hechicería, y la terquedad, tan mala como rendir culto a ídolos».

Entonces, en tu vida, ¿hay algo que sabes que Dios te ha pedido hacer, quizás como abandonar una amistad que sabes que no es saludable? «La obediencia es mejor que el sacrificio». ¿Estás guardando resentimiento contra tu hermana o contra alguien en tu trabajo o en la iglesia? Sabes que debes perdonar, y que «la obediencia es mejor que el sacrificio». ¿Hay un pecado que estás ocultando, algo que sabes que no está bien y que el Espíritu Santo te está trayendo a la conciencia? A menudo tratamos de compensarlo haciendo o dando más a la iglesia, pensando seguramente que de alguna manera lo vamos a balancear. Pero «la obediencia es mejor que el sacrificio».

Nuestro proverbio de hoy dice que Dios detesta la clase de sacrificio que es ofrecido de un corazón no arrepentido. Pero escucha con cuidado. No dice que te detesta a *ti*. Dios te ama. Los sacrificios que a Dios le agradan son «un espíritu quebrantado [... y] un corazón arrepentido» (Salmo 51:17). En primer lugar, Dios no quiere ni necesita tus recursos ni tu dinero. Lo que Dios realmente quiere es a ti.

Hazlo personal... ¡Vívelo!

Cuando Dios te habla al corazón y te llama al arrepentimiento, el mejor momento es el presente. No te encubras ni huyas ni trates de sobornar a Dios para apaciguar tu conciencia culpable. No estás engañando a nadie. Jesús dijo: «Les digo la verdad, todo el que comete pecado es esclavo del pecado. [...] Así que, si el Hijo los hace libres, ustedes son verdaderamente libres» (Juan 8:34, 36). ¿No te detendrás y te tomarás un momento con el Señor, pidiéndole que te perdone y limpie tu alma? Él puede y lo hará.

Lectura de *La Biblia en un año*

Job 4:1–7:21; 1 Corintios 14:18-40; Salmo 37:30-40; Proverbios 21:27

23 de agosto

Un testigo falso

El testigo falso perecerá,
  y quien le haga caso será destruido para siempre.
PROVERBIOS 21:28 (NVI)

A veces pensamos que solo el chismoso, el injuriador, es el gran pecador. Creemos que podemos escuchar y no mancharnos, pero nuestro proverbio de hoy nos dice que esto simplemente no es así.

¿Alguna vez has escuchado la expresión «considera la fuente»? Algunas personas siempre están informando sobre todo, distorsionándolo con su perspectiva retorcida. Considera la fuente. Yo conocía a una persona así. Cada vez que hablaba algo malo acerca de alguien, había una mirada dura en su rostro, incluso cuando lo cubría con la apariencia de preocupación piadosa. Finalmente tales personas se ganan una reputación y todas las cosas malas que han dicho sobre los demás parecen describirlas a ellas. Es como la rima de los niños: «Rebota como caucho, se pega fuerte, rebota en ellos y se te pega a ti».

Por otro lado, hay algunas personas en las que puedes confiar por completo. No tienen interés en derribar a otros. Tengo una amiga sabia y amable, Linda. Constantemente cuando escucha un comentario crítico sobre alguien, ella con tacto pero con firmeza lo gira para decir algo positivo. Cuando ella habla, puedes confiar en que «la ley de clemencia está en su lengua» (Proverbios 31:26, RVR60). ¡Buen trabajo, Linda! Que seamos conocidas como mujeres que son dulces con nuestras palabras y amables con los demás.

Filipenses 2:14-15 nos da una guía excelente: «Hagan todo sin quejarse y sin discutir, para que nadie pueda criticarlos. Lleven una vida limpia e inocente como corresponde a hijos de Dios y brillen como luces radiantes en un mundo lleno de gente perversa y corrupta».

Hazlo personal... ¡Vívelo!

Otra aplicación del término *testigo falso* es uno que difama la bondad y la sabiduría de Dios. Cuidado con los que falsamente distorsionan la verdad. Esto es exactamente lo que Satanás hizo en el jardín de Edén. Satanás dijo y vendió una mentira. Eva la compró. Él difamó a Dios insinuando que Dios no sabe ni quiere lo que es mejor para nosotros. Millones de mujeres a través de los siglos han mordido aquel mismo anzuelo. Recuerda: «quien le haga caso será destruido para siempre». Sé sabia. El antídoto por supuesto es la Palabra de Dios. Jesús dijo: «Conocerán la verdad, y la verdad los hará libres» (Juan 8:32).

Lectura de *La Biblia en un año*

Job 8:1–11:20; 1 Corintios 15:1-28; Salmo 38:1-22; Proverbios 21:28-29

Victoria

*No hay sabiduría humana ni entendimiento ni proyecto
  que puedan hacerle frente al SEÑOR.
El caballo se prepara para el día de la batalla,
  pero la victoria pertenece al SEÑOR.*

PROVERBIOS 21:30-31

Una de las cosas interesantes y al mismo tiempo maravillosas que aprendemos de leer la Biblia de principio a fin es que la vida está llena de situaciones humanamente imposibles e insuperables. Aun para el pueblo de Dios, la vida a veces es muy complicada. Una y otra vez el pueblo de Dios fue superado en número en la batalla. Estaban sin comida y sin dinero. Se enfrentaron a dilemas sin respuesta y luego recurrieron a Dios con las manos vacías y el corazón expectante.

Una y otra vez leemos que Dios les dio respuestas y soluciones inusuales. En todas sus circunstancias (igual que nosotras) tenían opciones. ¿Deberían confiar en su intuición natural o deberían confiar en el Señor? Algunos, como el rey Saúl, se negaron repetidamente a dejar las decisiones finales en las manos de Dios. Obstinadamente usaron sus propias armas carnales y su sabiduría natural. A corto plazo, se veía bien. A largo plazo, era un desastre. Pero otros, como David enfrentando a Goliat, Josué cruzando el Jordán, Pedro dejando su negocio de pesca para seguir a Jesús o Daniel negándose a comer los manjares del rey, vieron que los caminos de Dios son mucho más altos que nuestros caminos.

Como lo dijo Oswald Chambers: «La regla de oro para el entendimiento en asuntos espirituales no es el intelecto sino la obediencia».

«Confía en el SEÑOR con todo tu corazón; no dependas de tu propio entendimiento» (Proverbios 3:5), porque al final «la victoria pertenece al SEÑOR».

Hazlo personal... ¡Vívelo!

¿Te sientes abrumada, despojada y derrotada por los problemas de la vida? En momentos como estos, a veces pensamos que el Señor nos ha abandonado. Pero ten en cuenta: nunca ha estado más cerca. Los problemas pueden presionarnos hacia las promesas de Dios, porque es entonces cuando las necesitamos desesperadamente. Nuestros problemas pueden ser más grandes que nosotras, pero nunca son más grandes que Dios. Recuerda, la verdadera victoria es interna, no solo externa.

«¡Gracias a Dios! Él nos da la victoria sobre el pecado y la muerte por medio de nuestro Señor Jesucristo. Por lo tanto, mis amados hermanos, permanezcan fuertes y constantes. Trabajen siempre para el Señor con entusiasmo, porque ustedes saben que nada de lo que hacen para el Señor es inútil» (1 Corintios 15:57-58).

Lectura de *La Biblia en un año*

Job 12:1–15:35; 1 Corintios 15:29-58; Salmo 39:1-13; Proverbios 21:30-31

Un buen nombre

Más vale el buen nombre que las muchas riquezas;
y el ser apreciado más que la plata y el oro.
PROVERBIOS 22:1 (RVA-2015)

Immanuel Kant una vez dijo: «No es necesario que viva feliz mientras tenga vida; pero es necesario que mientras viva, lo haga honorablemente». ¿Es cierto eso o es esta una anticuada concepción de los valores? Muchos preferirían tener un carro brillante y nuevo que una reputación intachable.

¿Cuáles son algunos ejemplos de nombres preciados?

- Juan, el apóstol, fue llamado «el discípulo a quien Jesús amaba».
- David fue llamado «un hombre según el corazón de Dios».
- Abraham fue llamado «el amigo de Dios».
- Y a Abraham Lincoln lo llamaron «Abe el honesto».

Solo piensa en las muchas personas a lo largo de la historia que, a la sola mención de su nombre, te hacen pensar en el bien que defendieron o por el que lucharon: la madre Teresa, Florence Nightingale, Corrie ten Boom, Elisabeth Elliot, el pastor Chuck Smith y Billy Graham. Pero hay muchos otros cuyos nombres no son famosos, pero en su pequeña esfera de influencia tienen un buen nombre, una excelente reputación. Su nombre se conoce por ser un guerrero de oración o su nombre se conoce por ser un fiel amigo de los solitarios o por ser fiel a su palabra. Y ahora, queridas hermanas, ¿cuál es el nombre que otros elegirían para ti? ¿Qué te gustaría que fuera?

«Más vale el buen nombre que las muchas riquezas».

Hazlo personal... ¡Vívelo!

¿Cuál es tu reputación? ¿Eres conocida como una buena oyente, una amiga de los desamparados, una persona compasiva y de corazón tierno, fiel y diligente, un rayo de la luz de Dios, amante de la Palabra, alguien con un corazón para los perdidos? No sé tú, pero oh, cómo me encantaría ser cada una de estas cosas, mínimo para una persona cada día. Uno de los secretos más grandes para dejar tras nosotras un rastro de amabilidad y bondad es tener un profundo deseo de agradar a Dios. David dijo: «Me complace hacer tu voluntad, Dios mío, pues tus enseñanzas están escritas en mi corazón» (Salmo 40:8).

Oremos

Oh Señor, a veces vivo descuidadamente, sin pensar en cómo mis palabras o actitudes afectan a otros a mi alrededor. Hoy, por favor haz que mi vida cuente para bien.

Lectura de *La Biblia en un año*

Job 16:1–19:29; 1 Corintios 16:1-24; Salmo 40:1-10; Proverbios 22:1

Dios es nuestro hacedor

El rico y el pobre tienen en común
que a ambos los hizo Jehová.
PROVERBIOS 22:2 (RVR95)

Salomón era un rey y el hijo de un rey. Pero antes de que su padre fuera un rey, era un pastor de ovejas. Su bisabuela era una viuda pobre de un país extranjero y su bisabuelo era un granjero. Esto le dio el entendimiento de que las personas son personas, sean ricas o pobres. Como Job dijo: «Desnudo vine a este mundo, y desnudo volveré» (Job 1:21, parafraseado). La verdad es que no somos un cuerpo humano con alma. Somos un alma temporalmente morando en un cuerpo humano.

Pero nuestra sociedad se ha vuelto muy superficial. Valoramos a las personas por su forma de vestir o por el carro que conducen. Tristemente, a veces incluso hacemos esto en la iglesia.

Escucha cómo Santiago encaró este asunto. «Supongamos que alguien llega a su reunión vestido con ropa elegante [...] y al mismo tiempo entra una persona pobre y con ropa sucia. Si ustedes le dan un trato preferencial a la persona rica y le dan un buen asiento, pero al pobre le dicen: "Tú puedes quedarte de pie allá o bien sentarte en el piso", ¿acaso esta discriminación no demuestra que sus juicios son guiados por malas intenciones? Escúchenme, amados hermanos. ¿No eligió Dios a los pobres de este mundo para que sean ricos en fe? ¿No son ellos los que heredarán el reino que Dios prometió a quienes lo aman?» (Santiago 2:2-5).

La Biblia nos dice: «La gente juzga por las apariencias, pero el SEÑOR mira el corazón» (1 Samuel 16:7). Y nosotras también deberíamos hacerlo. Porque Dios ama a todas las personas. Dios ama al adolescente áspero. Dios ama a la camarera que está cansada y olvidó tu pedido. Dios ama a la anciana que es lenta en la fila delante de ti. Dios los ama, y nosotras también deberíamos hacerlo.

Hazlo personal... ¡Vívelo!

Yo tengo un pasatiempo. Me encanta observar a las personas en los centros comerciales, en Disneyland y en los aeropuertos. Me gusta pensar en quiénes son, qué es lo que está ocurriendo en su vida. Nuestro Padre en el cielo también observa. Su mirada amorosa está sobre cada uno; él conoce el número de cabellos sobre sus cabezas. Esta verdad ¿no te hace amar a Dios aún más? Su corazón es tan grande. ¿No te hace querer ser más como él? Si la respuesta es sí, entonces digo: «¡Yo también!».

Lectura de *La Biblia en un año*

Job 20:1–22:30; 2 Corintios 1:1-11; Salmo 40:11-17; Proverbios 22:2-4

Cuida tu corazón y tu alma

Espinos y lazos hay en el camino del perverso;
el [o la] que cuida su alma se alejará de ellos.
PROVERBIOS 22:5 (LBLA)

Si miras el mundo que te rodea, hay tantos peligros para las mujeres, tanto emocional como espiritualmente. Los espinos y las trampas están destinados a dañar y atrapar. A menudo están ocultos. Solo se ve el anzuelo que nos atrae hacia el peligro. Chicas, ya sea que tengas quince o cincuenta y cinco años, es necio y peligroso ser ingenua o descuidada. Debemos ser conscientes y diligentes para proteger nuestro corazón, nuestra mente y nuestra alma.

Primera de Pedro 5:8-9 nos da una fuerte advertencia: «¡Estén alerta! Cuídense de su gran enemigo, el diablo, porque anda al acecho como un león rugiente, buscando a quién devorar. Manténganse firmes contra él y sean fuertes en su fe».

Devorar significa «tragar algo, envolviéndolo como en un pozo oscuro». ¿No has visto a mujeres cruzar esa línea de tentación sexual y terminar en un lugar oscuro y destructivo? Y cuando nosotras como mujeres caemos, arrastramos a otros con nosotras: nuestros hijos, nuestras amigas y aquellos que amamos.

Te dejaré con una fuerte urgencia. No creas que puedes ver una película no apta para menores sin que siembre en tu mente semillas e imágenes que perduren. No pienses que puedes leer novelas obscenas o mirar televisión sórdida sin hacer que la vida real se vea aburrida y apagada. No pienses que puedes jugar con una aventura emocional o coquetear con alguien en el trabajo. Es un espino y una trampa. Recuerda, la que cuida su alma estará a salvo.

Hazlo personal... ¡Vívelo!

«Sobre todas las cosas cuida tu corazón, porque este determina el rumbo de tu vida» (Proverbios 4:23).

Esta es una palabra del Señor solemne pero a la vez profunda. Él sabe cómo estamos programados. Él sabe que nuestras emociones pueden agitarse peligrosamente. Pero Dios nos dio emociones; pueden disponernos a propósitos nobles y compasivos. Podemos llorar con otros y llevar sus cargas a nuestro corazón. ¿Cómo cuidas tu corazón y tu alma? Ocúpate en los asuntos de tu Padre. Si tu corazón está ocupado con lo piadoso, no hay lugar para la tentación y los motivos e intereses destructivos y viles. ¿Amén? ¡Amén!

Lectura de *La Biblia en un año*

Job 23:1–27:23; 2 Corintios 1:12–2:11; Salmo 41:1-13; Proverbios 22:5-6

La esclavitud de la deuda

El rico domina a los pobres,
y el que toma prestado es esclavo del que presta.
PROVERBIOS 22:7 (RVA-2015)

Oh, los grilletes de la deuda. Me sorprenden cuántas ofertas recibimos por correo para tarjetas de crédito, aprobadas previamente. Es fácil obtener el préstamo y es fácil gastar el dinero, pero lo difícil es reembolsarlo. Es una carga. Al comienzo, parece que la compañía de préstamos te está haciendo un gran favor al servirte. Pero terminas sirviendo al prestamista, a veces durante años. Oh, los grilletes de la deuda. Queridas hermanas, necesitamos ser administradoras sabias de nuestro dinero. Incluso como cristianas podemos quedar atrapadas en el síndrome de gastar ahora, pagar después.

En la televisión hay un comercial que pregunta: «¿Qué tienes en tu billetera?». El primer paso hacia la libertad es sacar esas tarjetas de tu billetera y cortarlas. El segundo paso es duplicar tus pagos. Cada mes paga más de lo debido. Esto podría significar que durante un año tienes que dejar de ir a cenar o no comprar algo nuevo, pero verás que valdrá la pena a largo plazo. Entonces necesitas separarte de las fuentes de la tentación. Deja de mirar el canal de compras, deja de navegar por Internet, mantente alejada del centro comercial. Si no lo ves, simplemente no pensarás que lo necesitas.

Pero el mayor antídoto, como mujer de Dios, es pedirle al Señor que te llene de nuevos deseos para cosas que el mundo no está vendiendo y que el dinero no puede comprar. «Deléitate en el SEÑOR, y él te concederá los deseos de tu corazón» (Salmo 37:4). En lugar de comprar un par de zapatos nuevos esta semana, encuentra una promesa en la Biblia. Memorízala y tenla en cuenta para luego compartirlo con otra persona. Ahora, eso sí es vivir como rica.

Hazlo personal... ¡Vívelo!

Bueno, tiempo de confesión. A mí me encanta ir de compras, de verdad. Aunque me gusta regatear, a veces las compradoras de ganga compran cosas simplemente porque están en oferta, no porque las necesiten. ¡Culpable! Reconozco mi debilidad, así que he desarrollado un hábito para detener mis gastos necios. Antes de pagar en la caja, me pregunto: *¿Realmente necesito esto?* Si no, lo regreso.

Lectura de *La Biblia en un año*

Job 28:1–30:31; 2 Corintios 2:12-17; Salmo 42:1-11; Proverbios 22:7

El gozo de la generosidad

El que siembra maldad cosecha desgracias;
*   el Señor lo destruirá con el cetro de su ira.*
El que es generoso será bendecido,
*   pues comparte su comida con los pobres.*
PROVERBIOS 22:8-9 (NVI)

Gálatas 6:7 nos dice: «Siempre se cosecha lo que se siembra».

Entre más años tengo, más puedo ver que todo el comportamiento del cual el Señor nos amonesta nos causa más problemas a nosotros mismos que jamás le causa a otro. Cosas como la amargura, los celos, el egoísmo, todas vuelven a nosotros y nos persiguen y traen problemas a nuestra propia vida.

Qué imagen tan refrescante vemos en contraste. «El que es generoso será bendecido, pues comparte [...] con los pobres». ¿Quién no quisiera ser bendecido? Esta debería ser nuestra meta cada día. La definición de *generoso* es «liberal al dar o en compartir; no egoísta; libre de la avaricia o de ser de mente o carácter cerrado; magnánimo». ¡Vaya! Necesitamos mucho más de eso en este mundo despiadado, ¿cierto?

Entonces, ¿cómo podemos ser generosas y magnánimas? Ojo. Ser generosa no se limita a compartir dinero. Podemos ser generosas al extender el perdón rápidamente. Podemos ser generosas en ser amigables con los que están solos. Podemos ser generosas haciendo pequeños actos de bondad al azar. Podemos ser generosas enviando una tarjeta o haciéndole saber a alguien que nos importa su carga o dolor y que estamos orando. Podemos ser generosas solo por ser una bendición.

Hazlo personal... ¡Vívelo!

No solo hablemos de la generosidad, activémosla. Seguramente si le pedimos al Señor que nos dé una oportunidad para dar hoy, el sol no se pondrá antes de que él nos muestre quién o dónde y cómo, sea algo grande o pequeño.

Oremos

Señor, cambia mi corazón y dame una pasión para ser generosa. Por favor abre mis ojos y abre mis manos para dar a alguien en necesidad hoy. Hazme crecer en esta área. Toca mi corazón para que cuando vea una necesidad, pueda dar gozosa y gentilmente, sin hacerles sentirse humillados o endeudados conmigo. Si es posible, que pueda dar secretamente para que la alabanza y las gracias sean para ti. Gracias te doy por adelantado por el gozo que entonces llenará mi corazón.

Lectura de *La Biblia en un año*

Job 31:1–33:33; 2 Corintios 3:1-18; Salmo 43:1-5; Proverbios 22:8-9

El amigo del rey

Echa fuera al burlón, y también se acabarán las peleas.
    Los pleitos y los insultos desaparecerán.
El que ama la pureza del corazón y habla con gracia
    tendrá al rey como amigo.

PROVERBIOS 22:10-11

Un escarnecedor o burlador es alguien que no cede ni respeta a otros. Siempre quiere todo a su manera. Antes de pensar en cómo esto se aplica a otros, seamos primeramente honestas con nosotras mismas, y luego desechemos esas tendencias en nosotras mismas. Honestamente, ¿nunca te has preguntado por qué nadie te invita a salir a comer? ¿Por qué nadie te pide que ayudes en el comité del retiro? ¿Te has preguntado por qué nadie te llama para orar con ellos cuando están desanimados? Quizás, solo quizás, es porque es muy difícil llevarse bien contigo y las personas se han rendido.

Escucha: el hermoso contraste a una persona problemática es alguien que «ama la pureza del corazón y habla con gracia». Ella disfrutará de las mejores amistades.

Una de las imágenes más bellas de la amistad en la Biblia es la de Jonatán y David. Jonatán era el hijo de un rey, pero David era solo un pastor de ovejas. Parecería que no tenían nada en común. Pero Jonatán vio algo en David que lo atraía. Vio que David veía a Dios como el Dios Todopoderoso. Ambos creyeron que cuando damos un paso adelante en la voluntad de Dios, ningún arma que nos ataque triunfará. Su amistad fue forjada y fusionada por su amor mutuo por Dios.

Y para nosotras, ¿qué estamos buscando cuando buscamos una amistad? ¿Qué encuentran otros en nosotras cuando buscan amistad? Se ha dicho: «O levantamos a los demás o los derribamos».

Hazlo personal… ¡Vívelo!

Aunque amo a mis amistades aquí en la tierra, no hay amigo mejor y más verdadero que Jesús. ¿Puedes decir que él es realmente tu amigo, no solo porque la Biblia lo dice, sino porque lo has experimentado? Él lo puede ser. Él está disponible; ¿y tú? Una relación con el Señor, al igual que todas las relaciones, requiere tiempo, inversión y comunicación. Los rendimientos son indescriptibles. Él es el Buen Pastor, el Príncipe de Paz y el Rey Eterno. Considera este momento una invitación para acercarte y profundizar con él.

Lectura de *La Biblia en un año*

Job 34:1–36:33; 2 Corintios 4:1-12; Salmo 44:1-8; Proverbios 22:10-12

Excusas, excusas

El perezoso afirma: «¡Hay un león allí afuera!
¡Si salgo, me puede matar!».
PROVERBIOS 22:13

La persona perezosa está simplemente llena de excusas, ¿verdad? Antes vivíamos en Oregón. Tanto mi esposo como yo salíamos a correr muy temprano en las mañanas. En el invierno era difícil salir porque todavía estaba oscuro a las seis. Pero a veces no solo estaba oscuro, sino que estaba lloviendo. Cuando estaba así, nos mirábamos y decíamos: «¡Hay un león allí afuera!».

Perezoso. *Perezoso* significa «estar en contra de o poco dispuesto al trabajo o a la actividad».

Benjamin Franklin solía decir: «Él que es bueno para dar excusas rara vez es bueno para cualquier otra cosa». Y Florence Nightingale dijo: «Atribuyo mi éxito a esto: nunca di ni acepté una excusa».

Entonces, la pregunta es: ¿has puesto una excusa para no hacer lo correcto, o lo difícil, o lo importante, o lo siguiente?

Hay un área que debo admitir que me preocupa mucho entre las mujeres cristianas, particularmente en lo que respecta a su vida espiritual. Aunque la mayoría diría que es importante, vital y transformador tener un tiempo personal a solas en la Palabra de Dios, igual lo posponen. No son consistentes. Tengo un sitio web emocionante llamado BibleBusStop.com. Está lleno de herramientas útiles en inglés y estímulo práctico para que no haya excusas ni negligencias. Recuerda que el león de la pereza es realmente el león devorador llamado Satanás.

Hazlo personal... ¡Vívelo!

¿Por qué nos rendimos? Tal vez es porque nos sentimos abrumadas, tan atrasadas que no sirve de nada intentarlo. ¡Pero eso no es verdad! En este momento en *La Biblia en un año* estamos leyendo 2 Corintios. Entonces no más excusas. Comienza tu hábito de leer diariamente con solo el Nuevo Testamento. Con solo siete a diez minutos por día durante los próximos treinta días, establecerás un hábito fácil pero rico. La buena palabra de hoy para ti proviene de 2 Corintios 4:16: «Es por esto que nunca nos damos por vencidos. Aunque nuestro cuerpo está muriéndose, nuestro espíritu va renovándose cada día».

Lectura de *La Biblia en un año*

Job 37:1–39:30; 2 Corintios 4:13–5:10; Salmo 44:9-26; Proverbios 22:13

Fosa profunda

La boca de la adúltera es una fosa profunda;
  en ella caerá quien esté bajo la ira del Señor
PROVERBIOS 22:14 (NVI)

Esta es una declaración muy seria y aleccionadora. Da una imagen clara de cuán poderosa y peligrosa puede ser una mujer. El rey Salomón era un hombre que sabía por experiencia que la mujer equivocada puede traer además problemas que son difíciles de sacudirse. Escuchen lo que dice en Eclesiastés 7:26: «Una mujer seductora es una trampa más amarga que la muerte. Su pasión es una red, y sus manos suaves son cadenas. Los que agradan a Dios escaparán de ella, pero los pecadores caerán en su trampa».

Este es un muy buen lugar para abordar cuán importante es para nosotras como mujeres piadosas hablar y actuar y vestirnos como mujeres piadosas, sin importar la edad que tengamos. Una gran oración para comenzar nuestro día es «Señor, quiero complacerte. Ayúdame a estar consciente de tu presencia todo este día». Esta oración puede y debe afectar todo, incluso lo que nos ponemos. Necesitamos recordar que los hombres son muy visuales. Que nunca jamás seamos nosotras la fuente de problemas para el alma de ningún hombre. Al salir por la puerta, echa un vistazo más a lo que llevas puesto. Francamente, ¿tu escote es demasiado bajo? ¿Tu falda es demasiado corta o demasiado apretada? La belleza verdadera se demuestra en los actos.

Primera de Pedro 1:14-16 nos dice: «Vivan como hijos obedientes de Dios. No vuelvan atrás, a su vieja manera de vivir, con el fin de satisfacer sus propios deseos. Antes lo hacían por ignorancia, pero ahora sean santos en todo lo que hagan, tal como Dios, quien los eligió, es santo. Pues las Escrituras dicen: "Sean santos, porque yo soy santo"».

Hazlo personal... ¡Vívelo!

Una mujer inmoral no solo es una fosa para otros; ella misma cae en la fosa. La revolución sexual desatada a finales de los años sesenta y principios de los setenta ha sido un torbellino de devastación. Déjame preguntarte: ¿estás atormentada por los pecados de tu pasado? ¿Tienes recuerdos repentinos o vergüenza o miedo? Te sorprendería saber cuántas mujeres, incluso mujeres cristianas, llevan el mismo peso. HealingHearts.org tiene un estudio bíblico en inglés que es especialmente pertinente para ti, llamado *The Hem of His Garment* (El borde de su manto). ¿Visitarás el sitio web hoy? Están listos para ayudar.

Lectura de *La Biblia en un año*

Job 40:1– 42:17; 2 Corintios 5:11-21; Salmo 45:1-17; Proverbios 22:14

Atrévete a disciplinar

El corazón del muchacho está lleno de necedad,
pero la disciplina física la alejará de él.
PROVERBIOS 22:15

Disciplina, corrección, castigo. Todos estos son conceptos poco populares en nuestra sociedad.

Años atrás tomé una clase de Psicología. Un día el maestro entró en el salón de clases y aventó un libro contra la pared. El libro era *Dare to Discipline (Atrévete a disciplinar)*, por el Dr. James Dobson. Este profesor pensaba y enseñaba a sus alumnos que era escandaloso que los padres inflijan sus valores del bien y del mal a sus hijos. Pero Dobson afirma: «*La disciplina y el amor no son antitéticos;* uno es una función del otro. El padre debe convencerse a sí mismo de que [la disciplina amorosa] no es algo que él [o ella] le haga *al* niño; es algo que hace *por* el niño».

Jon Courson afirma: «Independientemente de lo que digan los psicólogos en cualquier época, la Palabra de Dios nos dice específicamente que el corazón de un niño es intrínseca e innatamente en necesidad de corrección».

Los padres jóvenes a menudo se sorprenden al descubrir que su pequeño precioso tiene un temperamento a una edad muy temprana. Nadie necesita enseñar a un niño a ser obstinado, egoísta o desafiante. Nuestro proverbio nos dice que esta necedad está ligada a su corazón. Si miras a tu alrededor, verás que no solo son los niños de dos años los que arman berrinches, pero que algunos todavía lo hacen a los veintidós e incluso a los sesenta y dos. Uy.

De vuelta al libro de Dobson, *Atrévete a disciplinar.* Lo recomiendo altamente. Está especialmente orientado hacia los padres de niños pequeños. Si no creciste en un hogar donde había disciplina firme y amorosa, es difícil siquiera saber qué aspecto tiene. El Dr. Dobson comparte ideas que son amorosas, sabias y prácticas.

Hazlo personal... ¡Vívelo!

¿Cuestionas por qué es importante creer y aplicar la sabiduría de Dios en lugar de seguir los caprichos de la última tendencia de la psicología? La sabiduría de Dios es atemporal. Solo Dios conoce el trabajo interno del alma de un niño; él nos hizo. Él sabe que un niño sin entrenamiento ni límites a menudo lucha con la autodisciplina y los límites en la vida adulta.

«Mientras ceden al amoroso liderazgo de sus padres, los niños también están aprendiendo a ceder al benevolente liderazgo de Dios mismo» (James Dobson en *El niño de voluntad firme*).

Lectura de *La Biblia en un año*

Eclesiastés 1:1–3:22; 2 Corintios 6:1-13; Salmo 46:1-11; Proverbios 22:15

Sacar ventaja es perder terreno

La persona que saca ventaja oprimiendo al pobre,
    o llenando de regalos al rico, terminará en la pobreza.
PROVERBIOS 22:16

Chicas, ¿cómo creen que esto se aplica a nosotras? En este versículo se critican dos cosas: sacar ventaja del pobre y llenar de regalos al rico. A primera vista, estas dos cosas parecen no tener nada en común, pero cuando pensamos en ello, nos damos cuenta de que ambas cosas se hacen para progresar, para ser vistas, para ganar, incluso si alguien más tiene que perder. Este tipo de afán, incluso al dar, no es nada más que el egoísmo mismo, y es autoservirse.

Se ha dicho que «el mundo proporciona lo suficiente para la necesidad de cada hombre, pero no lo suficiente para la codicia de cada hombre».

En Lucas 6:33 Jesús dijo: «Si solo hacen bien a los que son buenos con ustedes, ¿qué mérito tienen? ¡Hasta los pecadores hacen eso!».

Y en Lucas 14:12-14 Jesús dijo: «Cuando ofrezcas un almuerzo o des un banquete [...], no invites a tus amigos, hermanos, parientes y vecinos ricos. Pues ellos también te invitarán a ti, y esa será tu única recompensa. Al contrario, invita al pobre, al lisiado, al cojo y al ciego. Luego, en la resurrección de los justos, Dios te recompensará por invitar a los que no podían devolverte el favor».

Así que la conclusión es esta: Jesús dijo: «Dios te recompensará». La vida bendecida es la vida que da. Es la vida de hacer pequeños actos de bondad al azar. Es agregarle bendición a otra persona. Es poner a otra persona primero... solo porque sí.

Hazlo personal... ¡Vívelo!

Jesús no nos prometió una vida cómoda y mimada como la fórmula de abundancia. Todo lo contrario. Él dijo: «Les digo la verdad, el grano de trigo, a menos que sea sembrado en la tierra y muera, queda solo. Sin embargo, su muerte producirá muchos granos nuevos, una abundante cosecha de nuevas vidas» (Juan 12:24).

Oremos

Señor, ayúdame a resistir los momentos de egoísmo, sabiendo que la vida que da es una vida rica en bendición y gozo.

Lectura de *La Biblia en un año*

Eclesiastés 4:1–6:12; 2 Corintios 6:14–7:7; Salmo 47:1-9; Proverbios 22:16

Reprogramación

Escucha las palabras de los sabios;
aplica tu corazón a mi enseñanza.
Pues es bueno guardar estos dichos en tu corazón
y tenerlos siempre a flor de labios.
Yo te enseño hoy —sí, a ti—
para que confíes en el SEÑOR

PROVERBIOS 22:17-19

¡Este hermoso proverbio es tan implorador! Por favor, *por favor* acércate a la sabiduría rica y verdadera de Dios. No solo leas la Palabra de Dios y escuches con tus oídos. Deja que te reprograme por completo.

La vida tiene muchos vericuetos complicados. David era un hombre que guardó la palabra de Dios en lo profundo de su corazón. En 1 Samuel 24:1-32 David estaba huyendo del rey Saúl. En En-gadi él y sus hombres estaban escondidos en una cueva. Saúl entró, sin darse cuenta de que David estaba allí, tan cerca que David podía cortarle el borde de su manto. Oh, cómo les hubiera encantado a sus hombres que matara a Saúl allí mismo para que todos pudieran regresar a sus hogares. Pero David se negó a hacerlo. Les dijo a sus hombres: «Que el SEÑOR me libre de hacerle tal cosa a mi señor el rey. No debo atacar al ungido del SEÑOR, porque el SEÑOR mismo lo ha elegido» (1 Samuel 24:6). Es en tiempos como este que necesitamos tener la voluntad de Dios y sus caminos grabados en lo profundo de nuestro ser. Un conjunto de respuestas fáciles y reglas pulcras simplemente no bastan cuando las cosas empiezan a girar fuera de control y nos enfrentamos con decisiones difíciles.

A un nivel práctico, ¿vale la pena ceder a la voluntad y a los caminos de Dios? Buena pregunta. David eligió honrar a Dios en lugar de ceder a la venganza. Cuando lo hizo, estableció la norma para su propio reinado futuro como rey. Honró a Dios, y entonces Dios lo honró a él.

Hazlo personal... ¡Vívelo!

El ejemplo de David en la cueva nos muestra un ejemplo de confiar en el Señor, aun cuando va en contra de nuestros instintos naturales. Tengo un presentimiento de que David durmió muy bien aquella noche. Sus hombres también. Ellos sabían que estaban siendo guiados por un hombre de integridad. Hija de Dios, ¿no te das cuenta de cómo una vida de obediencia, confiada en Dios, es la mejor vida que pueda existir? Nunca tenemos que mirar sobre nuestros hombros; nunca tenemos que temer. Cuando nos hemos colocado enteramente en las manos fieles de nuestro Dios Todopoderoso, estamos a salvo.

Lectura de *La Biblia en un año*

Eclesiastés 7:1–9:18; 2 Corintios 7:8-16; Salmo 48:1-14; Proverbios 22:17-19

El aula de la vida

Te he escrito treinta dichos
llenos de consejos y de conocimiento.
Así podrás conocer la verdad
y llevar un informe preciso a quienes te enviaron.
PROVERBIOS 22:20-21

Dios es nuestro instructor maestro. Su Palabra y su Espíritu aconsejan y guían. La vida es nuestra aula. Ningún programa universitario podría compararse jamás con la educación, la perspicacia y el conocimiento que él otorga incluso en los pequeños momentos de la vida.

Déjame contarte una historia. Jean Louis Agassiz (1807–1873) es considerado como uno de los más grandes científicos del siglo XIX. Un día le dio a un estudiante un pez, le dijo que lo estudiara, y salió del aula. Después de varias horas, el estudiante sintió que había aprendido todo lo que pudo, pero Agassiz no regresó. Así que observó un poco más. Finalmente Agassiz regresó con el breve comentario de que el estudiante había hecho un buen comienzo y se fue de nuevo. El estudiante tomó seriamente sus estudios y después de meses de investigación declaró que un pez era el más fascinante de los estudios.

La vida era en realidad el aula de Agassiz. Vio el plan divino de Dios omnipresente en la naturaleza y no pudo aceptar el darwinismo, una teoría que negaba el diseño inteligente que veía por todas partes en el mundo natural. Concluyó que si se requería una mente inteligente solo para estudiar los hechos de la biología, «debe haber requerido una mente inteligente para establecerlos».

Puede que no seamos científicas, pero podemos estar tan ansiosas e interesadas en las maravillosas lecciones que Dios pone en nuestro camino todos los días. No dejes que tu interés se desvanezca. Siempre hay algo nuevo que aprender: en su Palabra, de las personas que nos rodean, de las tormentas que nos llegan y de la maravilla natural de su magnífica creación.

Hazlo personal... ¡Vívelo!

El rey Salomón, el autor que Dios usó para escribir Proverbios y el libro de Eclesiastés, también fue un ardiente estudiante de la vida. Examinó todos los puntos de vista con curiosidad. Trata de leer Eclesiastés 10:1–12:14 hoy e imagínalo caminando, observando todas las circunstancias y los detalles a su alrededor con la intención de obtener conocimiento. Luego, trata de llevar contigo tu propia libreta y anota tus observaciones a medida que atraviesas tu día ordinario en nuestro mundo extraordinario.

Lectura de *La Biblia en un año*

Eclesiastés 10:1–12:14; 2 Corintios 8:1-15; Salmo 49:1-20; Proverbios 22:20-21

6 de septiembre

Pobre y necesitado

No le robes al pobre tan solo porque puedes hacerlo,
ni saques provecho de los necesitados en la corte,
porque el Señor es su defensor.
Él destruirá a todo el que los destruya.
PROVERBIOS 22:22-23

Este proverbio es tanto una advertencia como una promesa. Por un lado, está la advertencia. Es una advertencia de Dios mismo donde expresa que él se preocupa por los pobres, y él personalmente los defenderá cuando clamen a él. Esto es una advertencia para aquellos que se aprovechan de los débiles. Dios mismo los vengará.

Por el otro lado de este proverbio está la promesa: una promesa a ustedes que son pobres, ya sea en finanzas o en fuerzas o en influencia. Tal vez eres una madre soltera y en definitivo te sientes pobre en las tres áreas. A veces un exmarido irá a la corte para reducir sus obligaciones o para obtener la custodia de los niños, no porque se preocupa por ellos, sino por rencor. Una madre soltera sin fondos para un buen abogado puede sentirse derrotada y abandonada. Si esta eres tú, ¿voltearás al Dios que se preocupa por ti? No trates de vencer el mal con el mal. Jesús dijo: «Dios bendice a los que son humildes, porque heredarán toda la tierra» (Mateo 5:5).

Escucha atentamente: como tu primera y principal línea de defensa, llama a tu Padre en el cielo. Escucha las palabras del Salmo 46:1-2, 7: «Dios es nuestro amparo y nuestra fortaleza, nuestra ayuda segura en momentos de angustia. Por eso, no temeremos aunque se desmorone la tierra y las montañas se hundan en el fondo del mar. [...] El Señor Todopoderoso está con nosotros; nuestro refugio es el Dios de Jacob» (NVI).

Hazlo personal... ¡Vívelo!

A través de los años, Dios ha utilizado personas ordinarias, como Irena Sendler, para valientemente arriesgarlo todo para ayudar al necesitado. En 1942, los nazis arrearon a cientos de miles de judíos al gueto de Varsovia. A Irena le concedieron permiso para entrar en el gueto como especialista en alcantarillado, y se iba cada día con niños escondidos en cajas y sacos de patatas.

«¿Puedes garantizar que vivirán?», los padres afligidos le preguntaban. Pero ella solo podía garantizar que morirían si se quedaban. Irena encontraba un lugar para los niños en casas no judías, orfanatos y conventos. «Nunca nadie se negó a recibir a un niño cuando se lo pedí», dijo. Con la ayuda de muchos cristianos, casi 2500 fueron llevados a un lugar seguro.

Lectura de *La Biblia en un año*

Cantar de los Cantares 1:1–4:16; 2 Corintios 8:16-24; Salmo 50:1-23; Proverbios 22:22-23

Compañeras corrosivas

No te hagas amigo de la gente irritable,
ni te juntes con los que pierden los estribos con facilidad,
porque aprenderás a ser como ellos
y pondrás en peligro tu alma.

PROVERBIOS 22:24-25

La amistad, para nosotras como mujeres, es algo maravilloso e importante. Pero así como este proverbio nos advierte, necesitamos ser sabias y cuidadosas con quienes escogemos como amigas.

Primera de Corintios 15:33 nos dice: «No se dejen engañar: "Las malas compañías corrompen las buenas costumbres"» (RVA-2015).

En una amistad piadosa podemos ser hierro afilando hierro. Podemos animarnos mutuamente, orar la una por la otra, y mejor que todo, convivir, servir y orar juntas. Pero a medida que las mujeres nos acercamos, a veces bajamos la guardia y nos permitimos compartir lo peor de lo que estamos pensando y lo peor de nuestras actitudes. Cuando hacemos esto, hay chispas, pero no para bien. Encendemos lo peor en otras y las invitamos a compartir lo negativo y lo destructivo.

Una mujer que está enojada con su esposo a menudo se permite tirarlo abajo y revelar sus fallas, especialmente a sus amigas cercanas. Hay algunas mujeres que siempre están enojadas con alguien, sea su mamá o sus amigas o sus compañeras de trabajo. Algunas están enojadas con otras de la iglesia, con líderes, o con sus pastores. Este enojo se expresa en un flujo constante de crítica. No hagamos esto. Y no seamos esa clase de influencia para nuestras amigas. Escojamos nuestras amistades cuidadosamente para que no adoptemos inconscientemente hábitos que son feos y difíciles de romper.

Como nuestro proverbio de hoy lo dice: «Ni te juntes con los que pierden los estribos con facilidad, porque aprenderás a ser como ellos y pondrás en peligro tu alma».

Hazlo personal... ¡Vívelo!

Bien, ahora que hemos dicho «mantén tu distancia» de tu amiga enojada, ¿eso significa que deberías deshacerte de su amistad? ¡No! Me atrevería a decir que ella tiene algunas heridas en su pasado que han provocado su actitud corrosiva. ¿Creció con un padre alcohólico? ¿Fue abusada de niña? ¿Tiene rechazo o abandono en su pasado? Estos factores no son excusas. Pero son razones para ser comprensiva y orar. Podría ser que su pasado controle su presente. ¿Te unirás a Dios para amarla y orar por una libertad que solo Dios puede darle?

Lectura de *La Biblia en un año*

Cantar de los Cantares 5:1–8:14; 2 Corintios 9:1-15; Salmo 51:1-19; Proverbios 22:24-25

Tristeza del cofirmante

No te comprometas a garantizar la deuda de otro
    ni seas fiador de nadie.
Si no puedes pagar,
    te quitarán hasta la cama en la que duermes.
PROVERBIOS 22:26-27

Una vez más vemos cómo los Proverbios abordan áreas muy prácticas de nuestra vida aquí en la tierra. Algunas personas piensan que la Biblia solo habla de cosas espirituales. Ellos piensan que cuando se trata de nuestra vida cotidiana, solo tenemos que descifrarla por cuenta propia. Nada podría estar más lejos de la verdad. La Biblia tiene instrucciones sobre todo tipo de asuntos, incluso las finanzas y la administración piadosa. Los asuntos de dinero sí importan. Y como parte de una buena administración financiera, este proverbio nos instruye a que no nos enredemos en las finanzas de otras personas.

Cuando tu cofirmas para alguien, eres legalmente responsable de la deuda, el incumplimiento o la delincuencia. La mayoría de la gente solo necesita un cofirmante porque realmente no puede pagar el préstamo. En esas situaciones, tú pierdes no solo el sueño, sino a menudo la relación con los que trataste de ayudar. Si el préstamo se echa a perder, a menudo también pasa lo mismo en la relación, que es la mayor pérdida de todas.

Entonces, ¿cuáles son algunos de los principios que podemos aplicar?

- Si un amigo o un familiar pide dinero prestado, lo mejor es prestar no más de lo que puedes aceptar perder si nunca te pagan de vuelta.
- Gasta menos que tus posibilidades para poder ahorrar para emergencias, con la esperanza de nunca estar en la posición de buscar que otra persona te rescate.
- Al llevar a cabo nuestra vida en este mundo, en todas las cosas, incluso las finanzas, debemos ser tan «astutos como serpientes e inofensivos como palomas» (Mateo 10:16).

Hazlo personal... ¡Vívelo!

Mientras miramos este tema, algunos podrán pensar, *Eso sí que es ser de corazón duro.* *¿No se supone que debemos ser generosas y optimistas?* Sí, pero tener un corazón blando no significa que debes ser ingenua. Si tu hijo o tu hija quiere comenzar un negocio, ofrece pagar unas clases de administración, ayuda con lo que necesita para establecerse, o compra algún equipo que necesita. Puedes echarle porras sin poner a ambos en riesgo.

Lectura de *La Biblia en un año*

Isaías 1:1–2:22; 2 Corintios 10:1-18; Salmo 52:1-9; Proverbios 22:26-27

Excelencia

¿Has visto a alguien realmente hábil en su trabajo?
Servirá a los reyes
en lugar de trabajar para la gente común.
PROVERBIOS 22:29

Este proverbio contradice completamente la crítica no bíblica de que algunos están "tan enfocados en el cielo que son inútiles en la tierra". Justo lo opuesto debería ser cierto de nosotras como mujeres piadosas. Deberíamos amar la excelencia. Cuando ponemos manos a la obra, debemos hacerlo gozosamente «como si fuera para el Señor» (Colosenses 3:23).

Así que si eres una empleada, encuentra gozo trabajando, en hacer un buen trabajo aun en las cosas pequeñas. Si tienes que estar allí de cualquier forma, ¿por qué no trabajar con honor y diligencia?

Podemos aplicar este principio de hacer un trabajo excelente en nuestro servicio cristiano. Si eres una maestra de la escuela dominical, ¡sé la mejor! Échale todas tus ganas. Ora por esos niños. Pídele al Señor que te dé su unción para hacer que la lección cobre vida y que tu aula sea un lugar donde la vida de los niños sea transformada.

Y en tu hogar, ¿le pedirás al Señor que te enseñe a trabajar con excelencia? Estuve en bienes raíces durante muchos años. A menudo, cuando llegaba a un hogar cristiano, podía notarlo. Había cierta belleza y comodidad y orden. Es evidente y hermoso cuando una mujer ve el ministerio de su hogar como algo importante, lo suficientemente importante como para que sea un lugar de bendición, un hogar, y no solo una casa. El tamaño y el costo de la casa nunca son un factor. Un poco de pintura en muebles usados y algunas flores pueden hacerla más atractiva que un palacio. Proverbios 31:27 dice una mujer virtuosa «vigila la marcha de su casa, y no come el pan de la ociosidad» (LBLA). ¡Eso está bien hecho!

Hazlo personal... ¡Vívelo!

Sin lugar a duda, Dios tiene un propósito noble y bueno para tu vida. Él te ha dado la mayordomía sobre dones y talentos y oportunidades (ver Romanos 12 y Mateo 25:14-30). No los desperdicies, no los descuides ni los entierres. Me siento atraída a ministrar a mujeres heridas. He estado aprendiendo tanto como puedo, orando, leyendo, hablando con otros. Quiero ser fiel. ¿Y tú? ¿Qué te ha motivado Dios a hacer y para qué te ha dado talento? ¿Entregarás tu corazón a eso, para estar involucrada con excelencia en los asuntos de Dios?

Lectura de *La Biblia en un año*

Isaías 3:1–5:30; 2 Corintios 11:1-15; Salmo 53:1-6; Proverbios 22:28-29

Manjares peligrosos

Cuando te sientes a la mesa de un gobernante,
    fíjate bien en lo que te sirven.
Si eres de buen comer,
    ponle un cuchillo a tu garganta;
no desees todos los manjares,
    porque tal vez tenga la intención de engañarte.

PROVERBIOS 23:1-3

¿Qué nos dice esto a nosotras como mujeres? Bueno, vemos que hay una advertencia de que debemos entrar en algunas situaciones con cautela. Las cosas no siempre son como aparecen. No te zambullas de cabeza a participar en lo que sea que te ponen enfrente. Usa tu discernimiento. Sé sabia. En el capítulo 1 de Daniel, Daniel fue invitado a sentarse y comer en la mesa del rey y a participar de sus manjares. Se rehusó a hacerlo. ¿Alguna vez te has preguntado por qué? Solo era comida. ¿Estaba haciendo gran cosa de algo pequeño? No. Daniel vivía en una sociedad donde hacer concesiones era común. Estas son algunas de las razones por las que eligió distanciarse.

- El rey era impío, un adorador de ídolos. Venir a su mesa sería participar de sus puntos de vista, su influencia y su forma de vida.
- Había extravagancia. Chicas, podemos adquirir el gusto por las cosas finas, y esto nos puede motivar. Podemos empezar a pensar que necesitamos cosas finas a cualquier precio.
- Las amistades se forman en las mesas. Cuando comemos con otros, bajamos nuestra guardia y nos ponemos cómodas. Ten cuidado con quién te sientes cómoda.

Santiago 4:4 nos dice: «La amistad con el mundo los convierte en enemigos de Dios». Hacer concesiones nos lleva a hacer más concesiones, que nos lleva a aún más concesiones.

Hazlo personal... ¡Vívelo!

Nuestros hijos, especialmente cuando son adolescentes y en la edad universitaria, constantemente se encuentran en situaciones comprometedoras. Lo llamamos la presión social. Solo porque parecen estar bien, no te engañes. Un momento de debilidad puede cambiar su vida. Una degustación de los manjares de las drogas o el sexo o la pornografía o el alcohol puede llevarlos a querer más. Tampoco te engañes sobre las concesiones que permites en tu vida y en tu hogar. No te preocupes simplemente; sé sabia. Pídele al Señor que te abra los ojos para darte discernimiento en tu propia vida, y entonces serás capaz de ver claramente para ayudar a salvaguardar a tu familia.

Lectura de *La Biblia en un año*

Isaías 6:1–7:25; 2 Corintios 11:16-33; Salmo 54:1-7; Proverbios 23:1-3

Vanidad, vanidad

No te desgastes tratando de hacerte rico.
    Sé lo suficientemente sabio para saber cuándo detenerte.
Las riquezas desaparecen en un abrir y cerrar de ojos,
    porque les saldrán alas
    y se irán volando como las águilas.

PROVERBIOS 23:4-5

Es difícil imaginar una generación que está viviendo más contraria a este proverbio. La gente se está afanando y desgastándose. En la mayoría de los hogares, tanto mamá como papá trabajan largas horas solo para salir adelante. Pero, tristemente, es difícil encontrar a alguien que siente que tiene lo suficiente. Cuanto más dinero gana uno, más gastará. Vi una calcomanía de parachoques que decía: «Adeudo, adeudo; así que a trabajar me voy».

Nosotras como mujeres, podemos quedar atrapadas en la búsqueda de las últimas modas, o decoración moderna para nuestra casa. Eso también es una distracción innecesaria. La tendencia del año pasado a menudo va a la venta de garaje de este año. Vanidad, vanidad. Ser sabia es saber que la vida no se mide en riquezas. El contentamiento es gran ganancia. Aquellos que lo tienen, podrían decir al igual que Shakespeare en *Hamlet*: «Pudiera estar encerrado en la cáscara de una nuez y creerme soberano de un estado inmenso».

Entonces, ¿cómo podemos hacer el cambio? ¿Cómo podemos liberarnos de la carrera de locos?

Jesús nos dio un consejo sabio para la vida en Mateo 6:19-21: «No almacenes tesoros aquí en la tierra. [...] Almacena tus tesoros en el cielo, donde las polillas y el óxido no pueden destruir, y los ladrones no entran a robar. Donde esté tu tesoro, allí estarán también los deseos de tu corazón».

Hazlo personal... ¡Vívelo!

Este es un buen lugar para recordarnos a nosotras mismas que tener una perspectiva eterna transformará todas nuestras pasiones y búsquedas.

Dos pequeñas líneas escuché un día, viajando el camino ocupado de la vida,
Trayendo convicción a mi corazón, y de mi mente no se apartaron,
Solo una vida, pronto pasará, solo lo que hicimos para Cristo durará.
Solo una vida, sí solo una, pronto con sus horas fugaces acabará,
Luego, en «ese día» a mi Señor veré, y delante de su trono de juicio estaré;
Solo una vida, pronto pasará, solo lo que hicimos para Cristo durará.
—C. T. STUDD EN «ONLY ONE LIFE» (SOLO UNA VIDA)

Lectura de *La Biblia en un año*

Isaías 8:1–9:21; 2 Corintios 12:1-10; Salmo 55:1-23; Proverbios 23:4-5

Un hombre tacaño

*No aceptes comer con los tacaños
    ni desees sus manjares.
Están siempre pensando cuánto cuesta.
    «Come y bebe», te invitan, pero no lo dicen con sinceridad.
Vomitarás lo poco que hayas comido,
    y se desperdiciarán tus cumplidos.*
PROVERBIOS 23:6-8

Es increíble. He visto más gente tacaña que es rica que gente tacaña que es pobre. Es una pena. Para algunos, ser rico significa tener más para acaparar, nunca más para dar.

He ido a casas que eran como mansiones pero que me hicieron sentir pobre, apenas bienvenida y no realmente querida. Ten cuidado cuando estés en un ambiente así. Nunca querrás estar en deuda con aquellos que son tacaños o insinceros en lo que dan o en lo que hacen. Nuestro proverbio dice que lo lamentaremos más tarde.

En contraste, es una alegría ver la generosidad puesta en acción. Me he sentado en las mesas de mujeres en Rusia cuyos apartamentos eran pequeños y sencillos, y sin embargo me prodigaban con una cálida bienvenida, comida maravillosa y amor. Eso es generosidad.

¿Qué lección debemos aprender ahora? Seamos generosas. «Dios ama a la persona que da con alegría» (2 Corintios 9:7), y todos los demás también. «Hay más bendición en dar que en recibir» (Hechos 20:35). Así que esta semana propongámonos ser conscientemente generosas de una manera práctica, ya sea con nuestro tiempo, o nuestra bondad, o nuestras palabras apreciativas. No lo hagas por deber, diciendo: *De acuerdo. Haré mis tres buenas obras del día.* Esa no es la idea. Pídele al Señor que te muestre una oportunidad. Te sorprenderá. No solo marcará una diferencia en el día de otra persona, sino que marcará una diferencia en el tuyo.

Hazlo personal... ¡Vívelo!

El general William Booth del Ejército de Salvación fue un hombre quien dedicó su vida al servicio desinteresado. Una vez envió un saludo navideño a sus obreros alrededor del mundo. El mensaje era sencillo y al mismo tiempo profundo: *otros*. Me encanta. ¿No te conmueve pensar en vivir este día con ese lema? *¡Otros!*

Oremos

Señor, conmueve mi corazón para mirar hacia afuera y ser generosa. Que pueda ver e interesarme en lo que tú ves y preocuparme por *otros*.

Lectura de *La Biblia en un año*

Isaías 10:1–11:16; 2 Corintios 12:11-21; Salmo 56:1-13; Proverbios 23:6-8

Consejo sabio

No gastes saliva con los necios,
porque despreciarán hasta el más sabio consejo.
PROVERBIOS 23:9

¿Quién encaja en la definición bíblica de ser un necio? Proverbios 1:7 dice que «los necios desprecian la sabiduría y la disciplina». No necesitan más información. No saben porque no quieren saberlo. Creo que esto es cierto con los que rechazan la existencia de Dios. Salmo 14:1 dice: «Los necios dicen en su corazón: "No hay Dios"». No lo saben porque no quieren saberlo.

¿Y por qué algunas personas permanecen necias en la forma en que viven? ¿Por qué algunas personas siguen cometiendo los mismos errores una y otra vez? ¿Por qué es que algunos nunca escucharán, aun cuando otros les digan la verdad en amor? La razón es que no quieren cambiar. Aman su pecado a pesar de que los hace miserables. Jesús dijo en Juan 3:17, 19: «Dios no envió a su Hijo al mundo para condenar al mundo, sino para salvarlo por medio de él. [...] Esta condenación se basa en el siguiente hecho: [...] la gente amó más la oscuridad que la luz, porque sus acciones eran malvadas».

Pero este proverbio nos está instruyendo principalmente sobre cómo debemos responder a alguien que está atrapado en necedad obstinada de cualquier tipo. No pierdas el aliento. No puedes convencerlos.

Por otro lado, si eres una madre con un hijo obstinado y pródigo, puedes orar. Si una amiga está tomando malas decisiones, puedes orar. Si tu esposo le ha dado la espalda a Dios, puedes orar. «La oración ferviente de una persona justa tiene mucho poder y da resultados maravillosos» (Santiago 5:16).

Hazlo personal... ¡Vívelo!

Permíteme decirte unas malas noticias. Todas nosotras, incluso tú y yo, a veces somos obstinadas, miopes y necias. Sí, es verdad. Es una necedad cerrar nuestros oídos al sabio consejo de los demás. Pero es un error trágico cerrar nuestro corazón al impulso del Espíritu Santo. ¿Cómo puedes saber cuándo el Señor te está hablando? Pregúntale. ¿Sientes un tirón en tu corazón, una convicción en tu espíritu? ¿Hay algún tema o alguna Escritura que siga apareciendo? Pregúntale a Dios si está tratando de corregirte o advertirte o enseñarte algo. Cuando lo confirme, el siguiente paso es obedecer.

Lectura de *La Biblia en un año*

Isaías 12:1–14:32; 2 Corintios 13:1-13; Salmo 57:1-11; Proverbios 23:9-11

Aprendiendo a aprender

*Aplica tu corazón a la enseñanza
    y tus oídos a las palabras del conocimiento.*
PROVERBIOS 23:12 (RVA-2015)

¿Qué significa aplicar tu corazón y tus oídos a la enseñanza y el conocimiento? Bueno, no es un acercamiento a Dios o a su Palabra tipo comida rápida. Muchas de nosotras estamos tan ocupadas que buscamos atajos y soluciones rápidas en casi todo lo que hacemos, pero este enfoque simplemente no funciona cuando se trata de nuestra relación con Dios. Él es el Dios del universo, nuestro Padre celestial, y merece más que eso.

Una vez vi una Biblia a la venta que afirmaba que podrías hacer todas tus lecturas devocionales en un minuto. La idea es que puedes pasar sesenta segundos leyendo unas cuantas líneas de la Biblia y considerarlo tu tiempo devocional. Sé que la gente está ocupada, pero ¿es eso realmente devoción? Ser *devota* es «apegarse, entregarse total o completamente a un propósito particular». Ser devota es sentir o mostrar gran lealtad y afecto.

Permíteme preguntarte: ¿te gusta aprender de Dios? ¿Deseas conocerlo más? ¿Deseas ver que la verdad y la sabiduría de la Palabra de Dios te transformen por completo? Dios mismo te dice: «Clama a mí, y yo te responderé y te revelaré cosas grandes e inaccesibles, que tú no conoces» (Jeremías 33:3, LBLA).

Jesús dijo: «Dios bendice a los que tienen hambre y sed de justicia, porque serán saciados» (Mateo 5:6). ¿Le pedirías al Señor que te dé mayor hambre de su Palabra? ¿Le pedirías que use su Palabra para hablar a tu corazón y mostrarte algo que aplicar a tu vida hoy?

Hazlo personal... ¡Vívelo!

«Aplica tu corazón a la enseñanza» es nuestro llamado a la acción de hoy. Pero muchos se preguntan por qué no aprenden bien, porque no retienen las lecciones que escuchan en la iglesia o en la radio. No se acuerdan de lo que leen. ¿Esa eres tú? No estás sola. Un gran problema es el enfoque. Estamos haciendo muchas cosas a la vez, estamos distraídas y descentradas. Aquí hay unas herramientas sencillas. Lleva una pequeña libreta a la iglesia, escribe unas notas y luego comparte con alguien lo que aprendiste. Cuando leas un libro, subraya o resalta las cosas que quieres recordar y luego repásalas. Pon atención, enfoca tu corazón y verás que vas a aprender.

Lectura de *La Biblia en un año*

Isaías 15:1–18:7; Gálatas 1:1-24; Salmo 58:1-11; Proverbios 23:12

Disciplina

No dejes de disciplinar a tus hijos;
    la vara de castigo no los matará.
La disciplina física
    bien puede salvarlos de la muerte.
PROVERBIOS 23:13-14

Es evidente que este proverbio dice que el castigo es a veces muy necesario. Pero definitivamente no respalda golpear a un niño por enojo o frustración. Eso siempre está mal. Proverbios 27:4 nos advierte que «El enojo es cruel, y la ira es como una inundación».

Mamis, tenemos que asegurarnos de que cuando castigamos a nuestros hijos, lo hacemos en amor. Pero el amor que no da castigo tampoco es amor realmente. A veces un niño queda atrapado en un comportamiento que, si no se corrige, podría arruinar su vida. Imagina esto. Cuando una persona agarra un alambre eléctrico vivo, el voltaje se aferra de ella, y no se podrá soltar hasta que muera por el resultado mortal. Lo único que se puede hacer es golpear a la persona con una tabla de madera en el punto de contacto, no para herirla sino para liberarla.

Hace años, nuestra sobrina de diecisiete años vivía con nosotros. Ella no estaba acostumbrada a tener reglas consistentes en casa, así que experimentamos unos desafíos. A veces se irritaba con cosas simples como horarios limitados y los quehaceres de la casa y límites con respecto a los muchachos. Pero una noche me contó sobre una amiga de la escuela. Nuestra sobrina se había quejado con ella de lo difícil que era vivir con restricciones. Su amiga empezó a llorar. Dijo: «Oh, cómo me gustaría que alguien en casa se preocupara lo suficiente por mí para simplemente decirme no de vez en cuando».

Hazlo personal... ¡Vívelo!

Hay muchas maneras de disciplinar a un niño, incluso tiempo fuera y la eliminación de privilegios. Enfoque a la Familia describe dos más:

- Consecuencias naturales. Por ejemplo, si tu hijo se niega a comer la cena, en lugar de entablar una lucha de poder, permite que se vaya a la cama sin comer. Naturalmente tendrá hambre por la mañana y de seguro comerá. (Apropiado para niños de dos años en adelante.)
- Consecuencias lógicas. Este es un castigo que se ajusta al crimen. Supongamos que tu hijo tira una pelota en la casa y rompe un florero. Podrías requerir que él o ella trabaje para pagar el valor del florero o que compre uno nuevo con su dinero.

Lectura de *La Biblia en un año*

Isaías 19:1–21:17; Gálatas 2:1-16; Salmo 59:1-17; Proverbios 23:13-14

Instruye, inculca e inspira

Hijo mío, si tu corazón es sabio,
¡mi propio corazón saltará de alegría!
Todo mi ser celebrará
cuando hables con rectitud.
PROVERBIOS 23:15-16

Juan dijo: «No hay nada que me cause más alegría que oír que mis hijos siguen la verdad» (3 Juan 1:4). ¿Les dices a tus hijos que son una bendición para ti? ¿Los pillas siendo buenos y se los dejas saber? ¿Buscas sus fortalezas y les dices? Podemos llegar a señalar sus fracasos tan a menudo que se ven a sí mismos como si fueran fracasos ante nuestros ojos.

¿Saben tus hijos que valoras su carácter aún más que cualquier belleza exterior o logro? A veces enseñamos a nuestros hijos que el rendimiento o el logro es lo principal en la vida, y la única manera en que pueden complacernos es por ser populares, o inteligentes o atléticos. ¿Le pedirás al Señor que te muestre cómo enseñar que el carácter importa? ¿Le pedirás al Señor que te muestre cómo enseñar a tus hijos a ser sabios, honestos, amables y perdonadores? Si eres una madre, enséñales a tus hijos cómo usar el poder de sus palabras para el bien para alentar a otros niños. Enséñales a decir la verdad y defenderla.

Nosotras, como madres, como mujeres, tenemos una poderosa influencia en el mundo que nos rodea, pero las lecciones más importantes no se pueden enseñar simplemente con palabras. Deben ser aprendidas a través del modelo que les damos. Se ha dicho: «No hay un don mayor que puedes darle a tus hijos que un buen ejemplo».

Hazlo personal... ¡Vívelo!

Llena tu mundo de historias y canciones y poemas nobles que elevan el estándar y te desafían. Nunca dejes de crecer, y tú inspirarás a otros a seguir.

Siempre habrá algo que hacer, mi niña;
Siempre habrá el mal para corregir;
Siempre habrá la necesidad de alguien noble
Y de los que no tienen temor a pelear.
Siempre habrá honra para guardar, mi niña;
Siempre habrá cimas para escalar,
Y tareas para hacer, y batallas nuevas que ganar
Desde ahora y hasta el fin de los tiempos.
—ADAPTADO Y TRADUCIDO DE «THERE WILL ALWAYS BE SOMETHING TO DO»
(SIEMPRE HABRÁ ALGO QUE HACER) POR EDGAR A. GUEST

Lectura de *La Biblia en un año*

Isaías 22:1–24:23; Gálatas 2:17–3:9; Salmo 60:1-12; Proverbios 23:15-16

¿Envidiosa del malvado?

No envidies en tu corazón a los pecadores;
    más bien, muéstrate siempre celoso en el temor del SEÑOR.
Cuentas con una esperanza futura,
    la cual no será destruida.

PROVERBIOS 23:17-18 (NVI)

Es una ocurrencia muy normal mirar a tu alrededor y ver triunfar y prosperar a personas malas, egoístas e impías. A veces nos molesta. Pensamos: *Dios, eso no es justo.* Preguntamos: *¿por qué las personas malas y desobedientes reciben cosas buenas y los que te aman y te sirven sufren?*

Este proverbio nos da instrucción y aliento y consuelo. Nos alienta saber que no somos los únicos que a veces nos sentimos así. Aun David se sintió así. Dijo: «envidiaba a los orgullosos cuando los veía prosperar a pesar de su maldad» (Salmo 73:3). David una vez sirvió bajo un rey orgulloso y celoso quien quería matarlo. Son momentos como estos cuando las cosas no parecen tener sentido y nos causan frustración.

¿Qué debemos hacer entonces? Nuestro proverbio hoy nos instruye. No envidies a los malvados. Lo único que obtienen son victorias externas y recompensas temporales, pero en su interior, el pecado ha conquistado su alma, y ese es un precio demasiado alto. Son dignos de lástima, no de envidia.

Y por último, nuestro proverbio nos consuela con las palabras: «Cuentas con una esperanza futura, la cual no será destruida». Dejemos que Jesús tenga la última palabra. Él dijo: «En el mundo tendrán aflicción, pero ¡tengan valor; yo he vencido al mundo!» (Juan 16:33, RVA-2015).

Hazlo personal... ¡Vívelo!

En toda situación, el gran clamor de victoria y la actitud definitoria es: «muéstrate siempre celoso en el temor del SEÑOR». Obedecer esto no nos dirige a la victoria; obedecer esto *es* la victoria. ¿Te has sentido desanimada mirando a otros que no merecen ser exitosos o bendecidos? Nuestro Padre celestial «Da la luz de su sol tanto a los malos como a los buenos y envía la lluvia sobre los justos y los injustos por igual» (Mateo 5:45). «El temor del SEÑOR» en una forma práctica simplemente significa confiar que tu vida está en sus manos. Confía en él cuando hay dificultades, confía en él cuando la vida no es justa, confía que él obrará todas las cosas para tu bien (ver Romanos 8:28).

Lectura de *La Biblia en un año*

Isaías 25:1–28:13; Gálatas 3:10-22; Salmo 61:1-8; Proverbios 23:17-18

Como llegar a vestir harapos

Hijo mío, presta atención y sé sabio:
      mantén tu corazón en el camino recto.
No andes de juerga con borrachos
      ni festejes con glotones,
porque van camino a la pobreza,
      y por dormir tanto, vestirán harapos.
PROVERBIOS 23:19-21

Este proverbio se dirige a nosotros como «hijo mío». Jesús dijo que debemos ser como niños. Pero eso no significa que seamos infantiles. Mira a tu alrededor. Vivimos en una sociedad que rehúsa madurar. Lamentablemente, he estado relacionándome con una madre soltera que es así. Después de su divorcio se sumergió en un estilo de vida fiestero. Sus nuevos amigos eran ruidosos y desagradables. Sus hijos no solo han sufrido, sino que están avergonzados de ella. Su casa está sucia y acabada. Sus hijos desean que se ponga en línea y empiece a madurar.

Un alcohólico escribe: «Tuve más de cuarenta empleos. Trabajaba como loco durante semanas sin tomar un trago, pagaba unas cuantas cuentas y luego me recompensaba con alcohol. Luego en quiebra otra vez, escondiéndome en hoteles baratos por todo el país».

El mejor antídoto para la adicción es la medicina preventiva. «Presta atención y sé sabio: mantén tu corazón en el camino recto». Mantente alejada del grupo en la oficina que te invita a salir a tomar unas copitas. Esos pocos tragos conducen a unas cuantas copas más. Si has estado haciendo concesiones, ya sea con alcohol, drogas callejeras o medicamentos recetados, ¿le pedirás al Señor que te ayude a darte cuenta y madurar? No puedes seguir culpando a las cosas y a la gente del pasado. Las misericordias de Dios «son nuevas cada mañana» (Lamentaciones 3:23). Dios mismo está listo para ayudar.

Hazlo personal... ¡Vívelo!

Una de las tácticas de Satanás es hacerte sentir demasiado avergonzada o desesperanzada para admitir que necesitas ayuda. Pero reconocer que estamos hasta el cuello y que nuestra carne es más fuerte que nosotras siempre es el primer paso en ir a Dios en desesperación. «Yo sé que en mí, es decir, en mi naturaleza pecaminosa no existe nada bueno. Quiero hacer lo que es correcto, pero no puedo» (Romanos 7:18).

Oremos

Dios, vengo a ti cansada y débil. Por favor sé mi fortaleza y mi poderoso Salvador. Un día a la vez, camina conmigo hacia la restauración y la plenitud.

Lectura de *La Biblia en un año*

Isaías 28:14–30:11; Gálatas 3:23–4:31; Salmo 62:1-12; Proverbios 23:19-21

Sé amable con tus padres

Escucha a tu padre, que te dio la vida,
y no desprecies a tu madre cuando sea anciana.
PROVERBIOS 23:22

Muchas mujeres que están leyendo hoy se retuercen cuando ven estas palabras. Tal vez creciste sin un padre o con uno que era duro, frío o cruel. Quizás siempre has luchado con tu madre. No soportas estar cerca de ella. Para ti este proverbio no suena lógico ni factible, al menos para ti en tu situación. Entonces, ¿qué debemos hacer y cómo podemos aplicarlo?

Mi padre creció con un padre que era un borracho. Él no era malo, pero nunca estaba allí. Esto dejó a su familia desesperadamente pobre. Pero es un mérito para mi padre que él eligió no ser amargado. Amaba a su padre. Más tarde, su padre se puso sobrio y se convirtió en un abuelo bondadoso y cariñoso. Tuve la bendición de que mi padre eligiera honrar a su padre y darle una segunda oportunidad.

Y para aquellas de ustedes que tienen resentimientos o rencores con su mamá, este proverbio es la Palabra de Dios; por lo tanto, es Dios quien te está mirando a los ojos y diciendo: «¡Supéralo!». Cuando eres muy temperamental o despreciativa de tu mamá, simplemente está muy mal. Erosiona tu propio carácter.

En Efesios 4:32 el Señor nos instruye a ser «amables unos con otros, [...] de buen corazón, y perdónense unos a otros, tal como Dios los ha perdonado a ustedes por medio de Cristo».

Una última nota a las mamás: nuestros hijos nos están observando y van a seguir nuestro ejemplo. Cómo tratas a tu mamá o a tu suegra, o incluso cómo tratas a tu exsuegra, es una lección para ellos. Cuando tratamos a los miembros de nuestra familia con honor, les enseñamos que es un honor ser honorable.

Hazlo personal... ¡Vívelo!

¿Tus padres están envejeciendo? Incluso cuando sabemos que debemos cuidar de ellos, el proceso puede ser complicado. Un recurso maravilloso es *Caring for Aging Loved Ones* (Cuidar a los seres queridos que envejecen) por Enfoque a la Familia. Los temas incluyen el agotamiento; los cambios físicos, emocionales y mentales en el envejecimiento; ayuda médica, financiera y legal; el abuso de ancianos; el elegir un centro de atención y las decisiones de fin de vida. Examina lo que dice la Biblia acerca del cuidado y las claves para cumplir eficazmente ese papel. Que Dios te bendiga y te dé gracia.

Lectura de *La Biblia en un año*

Isaías 30:12–33:9; Gálatas 5:1-12; Salmo 63:1-11; Proverbios 23:22

Una lección a la vez

Adquiere la verdad y nunca la vendas;
consigue también sabiduría, disciplina y buen juicio.
PROVERBIOS 23:23

No importa cuánto dinero o educación tengas, cada una de nosotras tiene que comprar sabiduría en el plan de pago a plazos, una lección a la vez, una verdad a la vez. Cada vez que buscamos la sabiduría de Dios, él nos da más. Cada vez que confiamos en la sabiduría de Dios, él nos da más.

Bible Study Fellowship (Fraternidad de estudio bíblico), fundada en 1959 por A. Wetherell Johnson, es la ilustración perfecta de que la sabiduría de Dios a veces se nos entrega en paquetes inusuales. La Srta. Johnson fue una misionera británica que sirvió en China hasta 1950, cuando el régimen comunista de Mao Zedong obligó a los misioneros a marcharse. Ella amaba a China profundamente. Con un corazón desgarrado se mudó a los Estados Unidos. Cinco damas en San Bernardino, California, le pidieron que enseñara un estudio bíblico. Aquí están las palabras de la Srta. Johnson: «¡Se me cayó el alma a los pies! ¿A qué había venido? [...] En China hay millones que ni siquiera han oído su nombre. *¿Debo dar más a los que ya tienen tanto?*». A regañadientes, prometió orar. Las esperanzas destrozadas son a menudo el campo de cultivo para las maneras sabias de Dios de hacer nacer grandes cosas. Ella respondió que sí, pero les dijo que no les metería la Biblia con cuchara. Preparó preguntas de la lección para ayudarles a profundizar usando el método de estudio inductivo. El Bible Study Fellowship ahora ha crecido a más de mil clases con más de doscientos mil miembros en treinta y ocho naciones en seis continentes.

¿Hay una puerta que ha cerrado en tu vida, dejándote confundida y afligida? Pídele sabiduría a Dios. «Confía en el SEÑOR con todo tu corazón; no dependas de tu propio entendimiento» (Proverbios 3:5).

Hazlo personal... ¡Vívelo!

Nuestro proverbio de hoy viene de *La Biblia en un año*. Esta Biblia establece una lectura diaria para leer una porción del Antiguo Testamento, el Nuevo Testamento, un Salmo, y un pasaje de Proverbios cada día. Tengo que decirte que no hay nada que anticipo más en la mañana que tomar mi café, mi Biblia y mi cuaderno y sentarme en un lugar secreto con el Señor. Me encanta tomar apuntes. Me encanta detenerme y meditar y orar, pidiéndole al Señor que me enseñe y me muestre cómo aplicar su verdad. ¿Te unirás conmigo en la lectura a lo largo de esta trayectoria?

Lectura de *La Biblia en un año*

Isaías 33:10–36:22; Gálatas 5:13-26; Salmo 64:1-10; Proverbios 23:23

Un hijo de su padre

El padre de hijos justos tiene motivos para alegrarse.
¡Qué satisfacción es tener hijos sabios!
PROVERBIOS 23:24

La familia está en problemas. La gente está renunciando a las relaciones duraderas, y las consecuencias están afectando dramáticamente a los niños. Los niños a menudo terminan como peones en la corte de divorcio y en las batallas de custodia de niños. ¿Estás luchando en tu matrimonio? Por favor, no te des por vencida. La solución rápida del divorcio está lejos de ser una solución rápida.

Permítanme hablar ahora con las mujeres solteras. Cuando consideras casarte con un hombre, ten cuidado y ora. ¿Sus actitudes y prioridades concuerdan con las de los buenos padres? ¿Es un hombre de palabra, es bondadoso, es fiel, está creciendo y deseando convertirse en un hombre piadoso? No estoy hablando de un hombre perfecto; Adán fue el último de esos, y eso solo duró cierto tiempo. Observa con atención honesta sus defectos de carácter. ¿Es un bebedor, es egoísta, se enoja fácilmente? Todas estas cosas no solo afectan tu seguridad y felicidad, sino que afectarán drásticamente a tus hijos.

Considera lo que los estudios están encontrando ahora con respecto a la importancia de un padre para una hija. La Dra. Meg Meeker, autora del libro *Padres fuertes, hijas felices: 10 secretos que cada padre debería conocer*, explica que el factor más importante para que las niñas crezcan en mujeres seguras y equilibradas es un padre fuerte con valores conservadores. Tener uno es la mejor protección contra los trastornos alimenticios, el fracaso en la escuela, las ETS, el embarazo fuera del matrimonio y el abuso de drogas o alcohol; también es el mejor predictor de logros académicos, un matrimonio exitoso y una vida emocional satisfactoria.

Hazlo personal... ¡Vívelo!

¿Qué pasa si tus hijos no tienen un padre en el hogar? ¿Tú, como mujer, tienes un «vacío en forma de padre» en tu propia vida? ¿Estás destinada a ser solo el producto de una sociedad quebrantada? La verdad es que, desde que Adán y Eva cayeron, las familias han sido al menos algo disfuncionales. En Isaías 49:15-16 Dios responde a las preguntas profundas que tienes cuando sientes que él te ha olvidado. Él dice: «¡Jamás! ¿Puede una madre olvidar a su niño de pecho? ¿Puede no sentir amor por el niño al que dio a luz? Pero aun si eso fuera posible, yo no los olvidaría a ustedes. Mira, he escrito tu nombre en las palmas de mis manos».

Lectura de *La Biblia en un año*

Isaías 37:1–38:22; Gálatas 6:1-18; Salmo 65:1-13; Proverbios 23:24

Una prostituta

Una prostituta es una trampa peligrosa;
*   la mujer promiscua es tan peligrosa como caer en un pozo estrecho.*
Se esconde y espera como lo hace un ladrón,
*   ansiosa por hacer que más hombres sean infieles.*
PROVERBIOS 23:27-28

La definición del diccionario para *prostituta* es «persona que se vende a sí misma (su cuerpo, su integridad moral) para propósitos bajos o indignos». Ella es de hecho una trampa peligrosa. Pero hoy echemos un vistazo a la trampa y el pozo desgarrador en que ella misma cae. Quiero hablar con y por las mujeres que han caído.

Recientemente una mujer me contó su historia. Creció en un hogar quebrantado. Su padre estaba ausente. Su madre, amargada y solitaria, permitió a muchos hombres entrar a su casa, junto con drogas y alcohol. Este era un lugar peligroso para una niñita. Uno de los hombres abusó de ella repetidamente, y luego amenazó con matarla a ella y a su madre si alguna vez le contaba a alguien lo sucedido. La vergüenza, el dolor, el temor y los secretos son una dura combinación de emociones para una pequeña. Sus anhelos de amor masculino se mezclaban con odio a los hombres. Esta combinación la llevó a venderse.

De joven adolescente comenzó a experimentar con drogas para eliminar el dolor y ayudarla a lidiar con su mundo fuera de control. Para suministrar su hábito, negoció sexo por drogas. Así que el ciclo continuó. Comenzó su trayectoria como una víctima. Luego se volvió agresiva e hiriente a los demás, desquitando su dolor con cualquiera que se acercara. En sus momentos más bajos, clamó a un Dios que no conocía. Pero la parte maravillosa de esta historia es que él la conocía a ella. Oyó su clamor por ayuda y en su gran misericordia la sanó y la liberó.

Hazlo personal... ¡Vívelo!

¿Esta historia te cala hondo? Describe un mundo de dolor pero también revela como el dolor puede dirigir a una mujer a aventarse un clavado en el pecado. Jesús vino para traer la misericordia del cielo a la tierra. «Cuando ellos sufrían, él también sufrió, y él personalmente los rescató. En su amor y su misericordia los redimió» (Isaías 63:9).

Oremos

Señor, las palabras no pueden describir los sentimientos que surgen cuando el clóset del pasado es abierto. Por favor, vierte tu luz y amor y verdad y gracia dentro de los pozos más profundos. Hazme completa, capaz de vivir y amar.

Lectura de *La Biblia en un año*

Isaías 39:1–41:16; Efesios 1:1-23; Salmo 66:1-20; Proverbios 23:25-28

¿Un caso perdido?

El proverbio de hoy describe un mundo loco, fuera de control, de borracheras y drogas. Si alguien a quien amas está viviendo esta vida, esta escena te resultará bastante familiar.

> *¿Quién tiene angustia? ¿Quién siente tristeza?*
>> *¿Quién es el que siempre pelea? ¿Quién está siempre quejándose?*
>> *¿Quién tiene moretones sin motivo? ¿Quién tiene los ojos rojos?*
> *Es el que pasa muchas horas en las tabernas,*
>> *probando nuevos tragos.*
> *No te fijes en lo rojo que es el vino,*
>> *ni en cómo burbujea en la copa, ni en lo suave que se desliza.*
> *Pues al final muerde como serpiente venenosa; [...]*
> *Tendrás alucinaciones*
>> *y dirás disparates.*
> *Te tambalearás como un marinero en alta mar [...]*
> *Y entonces dirás: «Me golpearon pero no lo sentí.*
>> *Ni siquiera me di cuenta cuando me dieron la paliza.*
> *¿Cuándo despertaré*
>> *para ir en busca de otro trago?».*

PROVERBIOS 23:29-35

Un borracho de caso perdido es la imagen de desesperanza. Excepto por la gracia de Dios, nadie puede volver de este pozo destructor. Pero ¡sí existe la gracia de Dios! Su gracia obra milagros. Por el milagro de la redención, algunas personas con pocas posibilidades han sido completa, radical y sobrenaturalmente cambiadas. Oswald Chambers dijo: «No hay nada milagroso o misterioso en las cosas que podemos explicar». Muchos alcohólicos han tratado de salir adelante por su propia voluntad, su deseo desesperado de cambiar, o en respuesta a la súplica de su familia o amigos. No es suficiente. Cuando llegamos al final de nosotros mismos, Dios responde: «Mi gracia es todo lo que necesitas; mi poder actúa mejor en la debilidad» (2 Corintios 12:9).

Hazlo personal... ¡Vívelo!

¿Qué puedes hacer cuando ves la vida de alguien yéndose por el desagüe? El miedo, la ira y la desesperación son naturales pero no útiles. El Salmo 43:5 expresa tus sentimientos y luego te eleva a la esperanza en el Salvador, que es poderoso para salvar. «¿Por qué estoy desanimado? ¿Por qué está tan triste mi corazón? ¡Pondré mi esperanza en Dios! Nuevamente lo alabaré, ¡mi Salvador y mi Dios!».

Lectura de *La Biblia en un año*

Isaías 41:17–43:13; Efesios 2:1-22; Salmo 67:1-7; Proverbios 23:29-35

Suscitando problemas

No envidies a la gente malvada
*   ni desees su compañía.*
Pues en su corazón traman violencia
*   y sus palabras siempre traen problemas.*

PROVERBIOS 24:1-2

Chicas, este es un consejo que necesitamos asegurarnos de aplicar. La gente malvada es alborotadora y problemática. No puede haber mayores problemas que una mujer que está en el sendero de guerra.

Hay muchos ejemplos en la Biblia de personas que suscitaron problemas con sus palabras. En el viaje a la Tierra Prometida, los israelitas se quejaron muchas veces. En Números 11 la gentuza comenzó a anhelar otros alimentos además del maná. Eran desagradecidos y, sin embargo, nunca les había faltado la comida. No, ellos solo querían pescado y pepinos. Se ha dicho: «Contentamiento no es conseguir lo que quieres, sino querer lo que tienes». Bueno, ellos se quejaron, y muy pronto todo el mundo era infeliz. Todos se quejaban. Se extendió como la plaga. Entonces Moisés se desalentó. Quería renunciar. ¿Puedes ver cómo el quejarse puede hacer que tu esposo, tu pastor, tus amigas o tus hijos quieran renunciar? No les hagas eso. Pero la diferencia entre la gentuza y Moisés es que él llevó su frustración y sus cargas no a los demás sino al Señor, y el Señor envió soluciones. Dios puso su Espíritu sobre los líderes que podrían entonces ayudar a llevar la carga del pueblo.

¿La moraleja? No hagas amistades con quejonas, chillonas, culponas o lloronas. Si hay un problema, llévaselo al Señor y ora por amigas piadosas.

Hazlo personal... ¡Vívelo!

Chillar y quejarte es el camino más corto hacia conseguir más cosas sobre las cuales chillar y quejarte. ¿Lo sabías? Por ejemplo, si constantemente criticas a tus hijos por la forma en que guardan los platos o cortan el césped, o criticas a tu esposo por su forma de conducir, o porque siempre se le olvida algo cuando lo mandas a la tienda... ¿adivina qué? Es poco probable que quieran volver a intentarlo. Terminarás lavando los platos y yendo a la tienda solita. Los halagos y la gratitud llegan muy lejos. Intenta usarlos. Por cierto, a otros les gustará, y también a ti.

Lectura de *La Biblia en un año*

Isaías 43:14–45:10; Efesios 3:1-21; Salmo 68:1-18; Proverbios 24:1-2

Casa hermosa

Una casa se edifica con sabiduría
y se fortalece por medio del buen juicio.
Mediante el conocimiento se llenan sus cuartos
de toda clase de riquezas y objetos valiosos.
PROVERBIOS 24:3-4

Acabo de regresar de visitar un país del tercer mundo. Lamentablemente, está dañado con proyectos de construcción que están mal construidos, a medio terminar, abandonados y vandalizados. El país es rico en recursos naturales y tiene una belleza espectacular. Pero muchas personas viven en chozas descuidadas y su situación nunca mejora de generación en generación. Me pone a pensar.

El hermoso proverbio de hoy presenta un impresionante contraste. Las palabras clave son *edifica*, *sabiduría*, *fortalece*, *juicio*, *conocimiento*, *llenan*, *riquezas* y *objetos valiosos*.

Conozco a muchas mujeres cuya vida era un desastre. Pero también he visto a esas mismas mujeres volverse completamente hacia Dios con esperanza desesperada. He visto a Dios restaurar los matrimonios, traer de vuelta a hijos pródigos, reconectar a las madres con niños entregados en adopción y ayudar a las mujeres que eran drogadictas a convertirse en líderes y mentores para restaurar a otros.

Josué se encontraba en el punto divisorio de la historia de los israelitas y gritó estas palabras: «Elige hoy mismo a quién servirás. ¿Acaso optarás por los dioses que tus antepasados sirvieron del otro lado del Éufrates? ¿O preferirás a los dioses [del pueblo] en cuya tierra ahora vives? Pero en cuanto a mí y a mi familia, nosotros serviremos al Señor» (Josué 24:15). Josué había visto la Tierra Prometida. Él sabía que nada se comparaba con ella. Al leer estas palabras, Dios está abriendo la puerta de golpe. ¿Elegirás hoy dejar que el Señor sea el Dios incomparable y el Rey gobernante de tu hogar? Entonces llenará tu vida de riquezas preciosas: la paz, la bondad, la fecundidad, su fuerza y, mayormente, su presencia.

Hazlo personal... ¡Vívelo!

«Una casa se edifica con sabiduría». El proceso de construcción no ocurre de la noche a la mañana. Ladrillo tras ladrillo se construye desde cero. ¿Hay una porción de tu vida que necesita reconstrucción? Muy bien, ¡comencemos! Pídele a Dios que te muestre dónde está la raíz del problema. Enfréntala honestamente. Enfrenta dónde has sido necia o no has querido rendirte. El arrepentimiento elimina el escombro. El perdón te da un nuevo comienzo. Su Espíritu Santo entonces te empodera y proporciona todos los materiales que necesitas para reconstruir.

Lectura de *La Biblia en un año*

Isaías 45:11–48:11; Efesios 4:1-16; Salmo 68:19-35; Proverbios 24:3-4

26 de septiembre

Guerra espiritual

Los sabios son más poderosos que los fuertes,
*   y los que tienen conocimiento se hacen cada vez más fuertes.*
Así que, no vayas a la guerra sin consejo sabio;
*   la victoria depende de que tengas muchos consejeros.*

PROVERBIOS 24:5-6

«La guerra». Pocas de nosotras lucharemos en el campo de batalla. Pero ten en cuenta: hay una guerra tronando a nuestro alrededor. Hay una batalla tronando para destruir a nuestros hijos. Hay una batalla tronando para destruir nuestro concepto de quiénes somos como mujeres, degradando la maternidad o la virtud o el respeto por nuestro marido. Hay batallas y conflictos dentro de nuestra familia, en el trabajo, en las relaciones e incluso dentro de los ministerios. A veces definitivamente nos enfrentamos a la guerra en muchos frentes. Ahora lo que tenemos que tener en mente es que esta es una guerra espiritual y debe ser combatida no con recursos carnales, sino con armas espirituales y consejeros espirituales y temerosos de Dios.

J. Vernon McGee dio este consejo: «Necesitamos saber lo que dice toda la Biblia. Necesitamos leer lo que escribieron Moisés, Josué, Samuel, David, Miqueas, Zacarías, Mateo, Pablo y Juan. Son todos nuestros consejeros. Podemos apelar a todos ellos en cualquier momento de decisión».

Segunda de Corintios 10:3-5 nos da la sabiduría que nos hará fuertes y listas. «Aunque andamos en la carne, no militamos según la carne; porque las armas de nuestra milicia no son carnales sino poderosas en Dios para la destrucción de fortalezas. Destruimos los argumentos y toda altivez que se levanta contra el conocimiento de Dios; llevamos cautivo todo pensamiento a la obediencia de Cristo» (RVA-2015).

Hazlo personal... ¡Vívelo!

Muchas personas malentienden lo que es la guerra espiritual. Piensan que si su carro se avería o sus hijos pierden su tarea, es la guerra espiritual. No. El enemigo solo jugará con tus circunstancias exteriores si cree que te sacudirá. La fe es un arma espiritual. La obediencia es un arma espiritual contra la tentación. La espada del Espíritu es la Palabra de Dios. La verdad puede que no cambie tu realidad externa, pero puede transformar tu realidad interna. La verdad de Dios ilumina la mentira y te ayuda a reenfocarte en lo que es bueno, correcto e importante.

Lectura de *La Biblia en un año*

Isaías 48:12–50:11; Efesios 4:17-32; Salmo 69:1-18; Proverbios 24:5-6

El premio

La sabiduría es demasiado elevada para los necios.
Entre los líderes en la puerta de la ciudad, los necios no tienen nada que decir.
PROVERBIOS 24:7

¿Alguna vez has visto a un niño acercar una silla a la encimera para poder alcanzar unas galletas? El premio de una galleta le espera. Incluso si nunca ha visto cómo, de alguna manera lo descifra y hace lo que se necesita para subir a conseguir esa galleta. Esto se llama motivación. Dicen que la necesidad es la madre de la invención. Pero el deseo es definitivamente un elemento clave.

Dios ha fijado el premio de sabiduría para la vida delante de nosotras, disponible para todas. Santiago 1 nos dice que podemos pedirle a Dios y él dará sabiduría. Entonces, lograr la sabiduría ¿requiere esfuerzo y algunas decisiones difíciles de nuestra parte? ¿Hay algún dolor en la ganancia? ¡Definitivamente! Todo lo valioso vale el precio, perseverar a pesar de los obstáculos, alcanzando más alto, estirando más allá de nuestros instintos viles y nuestra debilidad de voluntad. Dios nos muestra el camino, pero tenemos que elegir ir por el camino. La necedad también tiene un precio, sabes. A pesar de que la necedad a menudo recibe el premio de la gratificación instantánea, las consecuencias siempre llegan.

Giuseppe Garibaldi (1807–1882) fue un patriota, soldado y héroe italiano que dedicó su vida a la causa de unir Italia. Garibaldi tenía un ejército de voluntarios increíblemente comprometidos. Su llamamiento a los reclutas fue audaz y claro: «El que ama a su país de corazón y no solo con sus labios, sígame». Les dijo a sus hombres: «No les prometo que sea fácil; no les prometo comodidades. Les prometo dificultades, cansancio, sufrimiento; pero [también] les prometo la victoria». Condujo a otros por el buen camino porque lo viajó él mismo.

Hazlo personal... ¡Vívelo!

Así que la primera y verdadera pregunta es: ¿quieres ser una mujer de sabiduría? Si la respuesta es sí, genuinamente y de todo corazón, pausa para imaginar una pregunta específica o un dilema en el que estás actualmente. Luego lleva esa necesidad ahora mismo a Dios en oración. Pídele y cree que te dará sabiduría y dirección. Pídele fortaleza y valentía. Y luego alístate. Mantente lista para tomar el último paso importante, la aplicación, cuando él te lo muestre.

Lectura de *La Biblia en un año*

Isaías 51:1–53:12; Efesios 5:1-33; Salmo 69:19-36; Proverbios 24:7

28 de septiembre

Villanos y acosadores

*Una persona que maquina el mal
se gana la fama de alborotador.*
PROVERBIOS 24:8

Para toda buena historia pareciera que siempre debe haber un villano. Mi abuela lo llamaba «una víbora en la pila de leña». Alguien siempre tiene que ajustar cuentas, darle a alguien su merecido, hacer sentir sus resentimientos. En cuarto grado teníamos un acosador del patio de recreo y un pequeño soplón. Empezaron jóvenes; me pregunto si alguna vez lograron madurar y cambiar.

Tus hijos también tendrán acosadores en su patio de recreo, y más adelante en su lugar de trabajo, en el vecindario y tal vez en sus familias. Apuesto a que hasta los acosadores tienen acosadores.

Taylor Swift escribió una canción que hace la gran pregunta: «¿Por qué tienes que ser tan malo? Tú con tus palabras como cuchillos y espadas y armas que usas contra mí. Me has derrumbado. [...] Lo único que eres es malo y mentiroso y patético y solo en la vida y malo, malo, malo, malo. [...] ¿Por qué tienes que ser tan malo?».

La pregunta entonces no es: ¿Nos encontramos con personas que son duras y malas? La pregunta es: ¿Qué hacemos? ¿Qué podemos y qué debemos hacer al respecto?

Pablo el apóstol fue el blanco de las campañas de difamación, palizas, y tramas para matarlo. Cuando escribió a los cristianos en Roma, ya estaban sintiendo los estruendos de la persecución. En Romanos 12:17-19 Dios le dio a él (y a nosotras) la respuesta: «Nunca devuelvan a nadie mal por mal. Compórtense de tal manera que todo el mundo vea que ustedes son personas honradas. Hagan todo lo posible por vivir en paz con todos. [...] "Yo tomaré venganza; yo les pagaré lo que se merecen", dice el Señor».

Hazlo personal... ¡Vívelo!

Las buenas noticias para nosotras es que lo que no nos mata, nos hace más fuertes. El hecho de que lastimen nuestros sentimientos nos puede enseñar a no mimar nuestros sentimientos. Nos puede romper el hábito de tratar de proteger nuestro territorio o reputación o derechos. Estamos mucho mejor cuando dejamos cada parte de nuestra vida completamente en las buenas manos de nuestro buen Dios.

Oremos

Señor, tú eres el Dios que ve todas las cosas. Perdóname cuando me molesto y me enojo cuando amenaza un acosador. Pon un escudo sobre mi corazón, un silenciador sobre mi lengua y paz en mi alma.

Lectura de *La Biblia en un año*

Isaías 54:1–57:14; Efesios 6:1-24; Salmo 70:1-5; Proverbios 24:8

No falles bajo presión

Las intrigas del necio son pecaminosas;
todos detestan al burlón.
Si fallas bajo presión,
tu fuerza es escasa.
PROVERBIOS 24:9-10

¿Has sido víctima del tratamiento divisivo de alguien? Muchas mujeres sienten que sus suegras están en su contra, siempre buscando abrir una brecha en su familia o menospreciarlas. Si eres esa suegra: estás derribando a tu propia familia. Por favor, no hagas eso. Nadie gana. Si eres la que está herida por las acciones pecaminosas de alguien, ¿sientes que vas a desmoronarte o simplemente darte por vencida? Me he sentido así muchas veces. En tiempos como estos, Dios tiene una promesa para nosotras en Isaías 40:31: "En cambio, los que confían en el SEÑOR encontrarán nuevas fuerzas; volarán alto, como con alas de águila. Correrán y no se cansarán; caminarán y no desmayarán».

John Wesley, fundador de la iglesia Metodista, tuvo un matrimonio infeliz. Su esposa era celosa y vengativa. Sin embargo, a menudo decía que atribuía la mayor parte de su éxito a su esposa, porque ella lo mantenía de rodillas en oración. Y porque lo mantenía de rodillas, él era humilde y útil.

Los caminos fáciles están abarrotados,
Y los caminos nivelados están atestados;
Los agradables arroyos
Con gente están saturados. [...]
Pero las cimas que requieren valor,
Y esa tarea que es tan difícil de hacer
En el fin resulta en gloria
Para los pocos que lograron permanecer.
—EDGAR A. GUEST EN "THE FEW" (LOS POCOS)

Hazlo personal... ¡Vívelo!

A lo largo de los años, he enfrentado ciertos buscapleitos. No siempre lo he manejado bien. He dejado que me lleguen a afectar las cosas que hacen y dicen. He imaginado todas las cosas que podría decir para ponerlos en su lugar. Pero en algún momento siempre me doy cuenta de que la mayor batalla no es con el buscapleitos. Mi mayor batalla es la guerra en mis pensamientos y actitudes. ¿Y qué tal tú? En realidad debemos agradecer a esa gente. Resulta que son una herramienta más que Dios puede usar para acercarnos a él.

Lectura de *La Biblia en un año*

Isaías 57:15–59:21; Filipenses 1:1-26; Salmo 71:1-24; Proverbios 24:9-10

¡Conmovida por la compasión!

Rescata a los que están injustamente condenados a morir;
sálvalos mientras van tambaleando hacia su muerte.
No te excuses diciendo: «Ay, no lo sabíamos».
Pues Dios conoce cada corazón y él te ve.
El que cuida tu alma sabe bien que tú sabías.
Él pagará a cada uno según merecen sus acciones.

PROVERBIOS 24:11-12

Este proverbio deshace completamente el concepto de que la mejor manera de vivir es no involucrarse, solo enfocarte en lo tuyo. Cuando Dios le preguntó a Caín: «¿Dónde está tu hermano?», respondió Caín: «¿Acaso soy yo el guardián de mi hermano?» (ver Génesis 4:9). La respuesta es que debió haberlo sido.

Todo el mensaje de la vida de Jesús es que él se involucró. «Cuando vio a las multitudes [en el mercado], les tuvo compasión, porque estaban confundidas y desamparadas, como ovejas sin pastor» (Mateo 9:36). Así que la pregunta es: ¿siento lo mismo? ¿Y tú? Primera de Juan 4:17 nos dice: «Vivimos como vivió Jesús en este mundo». Somos llamadas a ser sus brazos para abrazar a los solitarios, sus manos para levantar y ayudar a los caídos o débiles. Debemos ser el apoyo de los que lloran, cuando necesiten consuelo. A veces sentimos que ni siquiera deberíamos intentarlo; el mundo está tan necesitado. Pero solo porque no puedes hacerlo todo, no dejes que esa sea tu excusa para no hacer nada.

Filipenses 2:4 dice: «No se ocupen solo de sus propios intereses, sino también procuren interesarse en los demás». Y Jesús dijo: «Este es mi mandamiento: ámense unos a otros de la misma manera en que yo los he amado» (Juan 15:12).

Hazlo personal... ¡Vívelo!

Este es un tema que me apasiona mucho. ¿Estás sentada al margen mientras el enemigo está incrementando sus ejércitos y recursos? No está reservando nada en su guerra contra la verdad, los inocentes, los jóvenes, las mujeres y los niños. Dios está reuniendo a su pueblo para hacer la diferencia.

¿Te ofrecerás como voluntaria en un centro de embarazo provida? ¿Invitarás a un niño que no asiste a la iglesia a la escuela dominical? ¿Darás tutorías a un estudiante disléxico, ministrarás a un adolescente con problemas, enviarás una caja de provisiones a un misionero? Las ideas me inundan la cabeza. ¿No responderás a la llamada de pararte en la brecha y compartir su amor de una manera tangible?

Lectura de *La Biblia en un año*

Isaías 60:1–62:5; Filipenses 1:27–2:18; Salmo 72:1-20; Proverbios 24:11-12

Dulce como la miel

Come miel, hijo mío, porque es buena,
*   y el panal es dulce al paladar.*
Así también, la sabiduría es dulce a tu alma.
PROVERBIOS 24:13-14

Se ha dicho: «Eres lo que comes». Esto se aplica no solo a lo que metes a tu cuerpo, sino lo que le das de comer a tu mente y tu alma y tu espíritu. La miel es tanto dulce como fascinante. Se compara con la dulzura de la sabiduría. Para que no veas esta sustancia dorada como ordinaria, aquí hay algunos hechos interesantes.

- Una abeja de miel hace 154 viajes para producir solo una cucharadita de miel.
- Para reunir una libra de miel, una abeja vuela una distancia que supera la de rodear el mundo tres veces y visita dos millones de flores.
- La miel se ha encontrado incluso en las tumbas de los faraones, todavía comestible después de miles de años.

Al igual que la miel, la sabiduría no se desarrolla rápidamente o con poco esfuerzo. Tal vez es por eso que tantas personas jóvenes o impacientes no son sabias. Esta es una buena definición de sabiduría: la sabiduría implica «una integración madura del conocimiento apropiado y una habilidad experimentada para filtrar lo no esencial de lo esencial». Filtrar lo no esencial de lo esencial es una habilidad poco común y valiosa. Santiago 3:17 describe los atributos ricos y multidimensionales de la sabiduría: «La sabiduría que proviene del cielo es, ante todo, pura y también ama la paz; siempre es amable y dispuesta a ceder ante los demás. Está llena de compasión y del fruto de buenas acciones. No muestra favoritismo y siempre es sincera».

Así que, chicas, recuerden siempre que así como la miel es dulce al paladar, la sabiduría es dulce, oh, tan dulce para el alma.

Hazlo personal... ¡Vívelo!

Santiago 3 nombra a la amabilidad como un atributo de la sabiduría. Ser amable es ser emocionalmente generosa, amorosa y paciente. ¿Por qué esto es más sabio que ser autoritaria y dura? Porque el mundo está lleno de gente frágil. Abraham Lincoln dijo: «Si quieres ganar a un hombre a tu causa, primero convéncelo de que eres su amigo sincero. En esto hay una gota de miel que atrapa su corazón». Lincoln no era débil; al igual que nuestro Señor tenía una gran fuerza interior bajo el control de la bondad compasiva.

Oremos

Señor, ablándame, quebrántame. Hazme como tú: dulce, compasiva, gentil y amable.

Lectura de *La Biblia en un año*

Isaías 62:6–65:25; Filipenses 2:19–3:3; Salmo 73:1-28; Proverbios 24:13-14

Levántate de nuevo

No estés al acecho frente a la casa del justo
ni ataques el lugar donde vive.
Los justos podrán tropezar siete veces, pero volverán a levantarse.
En cambio, basta una sola calamidad para derribar al perverso.
PROVERBIOS 24:15-16

Esto se puede ver desde dos ángulos. Primero es una advertencia, pero también incluye aliento. Advertencia: si ves a alguien que es vulnerable o está pasando un mal momento, no te abalances sobre él o ella. No te aproveches de nadie, especialmente de un hijo o una hija de Dios. La Biblia dice que «el SEÑOR vela por los que le temen, por aquellos que confían en su amor inagotable» (Salmo 33:18). Se le van a pedir cuentas al oportunista egoísta. El Señor ve todo y tarde o temprano traerá abajo a esa persona.

Pero ahora el aliento. Queridas hermanas, muchas de ustedes están pasando momentos difíciles ahora mismo. Quizás esa eres tú. Quizás ya no tienes trabajo, tu carro está descompuesto o estás perdiendo tu casa. Aunque quisiéramos que el Señor nos hubiera prometido una vida libre de batallas y pérdidas, no lo ha hecho. Pero ha prometido que nunca nos dejará ni nos abandonará. Él nos ha prometido sabiduría en las pruebas, fortaleza en nuestra debilidad y paz que sobrepasa todo entendimiento cuando oramos.

Oración: qué regalo nos ha dado Dios al permitirnos orar. ¿Te detendrás a orar ahora mismo? Escucha nuevamente nuestro proverbio. «Los justos podrán tropezar siete veces, pero volverán a levantarse». Así que humíllate bajo la poderosa mano de Dios y él te levantará. Lo sé porque ya he estado allí.

Hazlo personal... ¡Vívelo!

Cuando los problemas te oprimen, no hay nada como sostenerte de las promesas de Dios. Aférrate a sus palabras. Salmo 46:1-2 es una poderosa promesa para tener escrita en tu corazón. Deja que te dé valentía. Recurre al consuelo que trae. ¡Deja que las palabras te levanten y te den esperanza!

«Dios es nuestro refugio y nuestra fuerza; siempre está dispuesto a ayudar en tiempos de dificultad. Por lo tanto, no temeremos cuando vengan terremotos y las montañas se derrumben en el mar».

Lectura de *La Biblia en un año*

Isaías 66:1-24; Filipenses 3:4-21; Salmo 74:1-23; Proverbios 24:15-16

Problemas de las personas

No te alegres cuando tus enemigos caigan;
*   no te pongas contento cuando tropiecen.*
Pues el SEÑOR se molestará contigo
*   y quitará su enojo de ellos.*
No te inquietes por causa de los que hacen el mal
*   ni envidies a los perversos.*
Pues la gente mala no tiene futuro;
*   la luz de los perversos se apagará.*

PROVERBIOS 24:17-20

Este mundo está lleno de personas que hacen cosas malvadas. A veces nos sentimos amenazadas. A veces sentimos envidia cuando ganan y se salen con la suya. Es natural alegrarse cuando ellos sufren de vez en cuando, pero Dios quiere que vivamos en un plano más elevado.

José es un ejemplo de cómo atravesar circunstancias injustas y crueles con honor, con confianza en el Señor y con integridad. Sus hermanos se juntaron contra él, le despojaron de su preciado abrigo, lo arrojaron en una cisterna y lo vendieron como esclavo. Sus dificultades duraron trece años. Pero entonces llegó la hambruna y José se convirtió en el mandamás que tomaba las decisiones de si alguien moriría de hambre o viviría. Uno de los momentos más bellos de la Biblia es cuando sus hermanos se dieron cuenta de que él podía vengarse. Pero a cambio, los consoló y dijo: «No tengan miedo. [...] Lo que ustedes planearon para mal, Dios lo quiso para bien» (Génesis 50:19-20, parafraseado).

Así que, chicas, ¿tienen una situación en la que alguien les haya sido injusto, duro o cruel? La amargura, el temor o la envidia no es la respuesta. Eso las mantiene bajo su control. Sean conscientes. Dios no se ha olvidado. Lo que se siembra, se cosecha.

Hazlo personal... ¡Vívelo!

Las personas difíciles se manifiestan de las más diversas maneras. Los niños pequeños lanzan rabietas, los adolescentes se desahogan, los jefes culpan, las hermanas critican. Las personas difíciles prueban tanto nuestra paciencia como nuestra fe. A medida que leas las palabras de aliento que se encuentran en Santiago 1:2-4, puedes descubrir la fuerza y la motivación fresca para perseverar con confianza. «Amados hermanos, cuando tengan que enfrentar cualquier tipo de problemas, considérenlo como un tiempo para alegrarse mucho porque ustedes saben que, siempre que se pone a prueba la fe, la constancia tiene una oportunidad para desarrollarse. Así que dejen que crezca, pues una vez que su constancia se haya desarrollado plenamente, serán perfectos y completos, y no les faltará nada».

Lectura de *La Biblia en un año*

Jeremías 1:1–2:30; Filipenses 4:1-23; Salmo 75:1-10; Proverbios 24:17-20

Agentes de cambio

Hijo mío, teme al SEÑOR y al rey.
No te juntes con los rebeldes,
  porque repentinamente les vendrá la calamidad.
¿Quién sabe qué castigo les caerá
  de parte del SEÑOR y del rey?
PROVERBIOS 24:21-22

Así que ojo: no te juntes con los rebeldes. Algunas versiones usan el término que significa «los que son propensos al cambio». Chicas, apliquemos este proverbio a nuestras acciones y actitudes dentro de nuestra iglesia. No hay una iglesia perfecta, y honestamente, a veces sí vemos cosas que nos gustaría cambiar. Hay tres maneras en que podemos responder.

1. Podemos ignorarlo,
2. Podemos rebelarnos y resentirnos o
3. Podemos orar.

No ignoremos el problema. Mantengámonos alerta; en ocasiones es el Señor quien nos está mostrando un área de necesidad para suscitarnos a ser parte de una solución.

No te rebeles ni te resientas. Tristemente, muchas veces en las iglesias o en los ministerios la gente se vuelve impaciente, y en lugar de confiar en el Señor, toman las riendas, acudiendo a medios impíos. Inician una campaña subversiva, incitando a otros a socavar al pastor o a los dirigentes. Dios no honrará las acciones que son deshonorables.

Ora. Esta es la mejor manera y la más fructífera de hacer cambios correctos porque, en primer lugar, honra al Señor. A veces me sorprende cuando oro por una situación que siento que necesita cambiar, y en oración el Señor a menudo me cambia a mí. Él cambia mi perspectiva, y luego me puede mostrar una nueva forma de desempeñar un rol positivo y constructivo.

Hazlo personal... ¡Vívelo!

Eres una agente de cambio. Cada día, en cada forma, puedes vivir tu vida como parte del problema o parte de la solución. Es en verdad así de sencillo. No estarías leyendo este libro si no quisieras crecer y dar y hacer que tu vida cuente para bien en este mundo. Ese es tu destino, ya lo sabes. Aunque sintamos que nuestra vida sea pequeña e insignificante, Dios nos puede usar. La madre Teresa dijo: «No todos nosotros podemos hacer grandes cosas. Pero podemos hacer pequeñas cosas con un amor grande». Dios suple la oportunidad. Lo único que necesitamos es el deseo y la disposición de responder.

Lectura de *La Biblia en un año*

Jeremías 2:31–4:18; Colosenses 1:1-17; Salmo 76:1-12; Proverbios 24:21-22

Justicia y misericordia

No es correcto mostrar favoritismo al emitir un juicio.
El juez que dice al perverso: «Eres inocente»,
*   será maldecido por muchos y denunciado por las naciones.*
En cambio, les irá bien a los que condenan al culpable;
*   recibirán bendiciones en abundancia.*

PROVERBIOS 24:23-25

Como ya sabemos, Dios es un Dios amoroso y misericordioso, pero también es justo y recto. Cuando creó al hombre, programó en nuestra alma el deseo de que las cosas fueran correctas y verdaderas. Incluso un criminal endurecido se indigna cuando no hay justicia contra alguien que le haya agraviado.

Para que haya justicia, esta debe ser imparcial. Vamos a aplicar esto. Como madres, a veces podemos mantener diferentes estándares para cada uno de nuestros hijos. Esto no es justo, y esto realmente no es bueno para el alma de ellos tampoco. La indulgencia no es lo mismo que la misericordia. Demasiada indulgencia puede hacer que un niño sienta que está excusado de hacer lo correcto cuando es difícil o inconveniente. Así que cuando tu hijo haya hecho trampa en una prueba, o haya mentido sobre su uso de Internet, o haya robado, y lo sabes, ahora ambos son responsables. Si ambos pretenden que todo está bien, es como dejar entrar a un elefante y fingir que no va a hacer un desastre.

Aquí hay una Escritura de 1 Juan 1:8-9 que aplica: «Si afirmamos que no tenemos pecado, lo único que hacemos es engañarnos a nosotros mismos y no vivimos en la verdad; pero si confesamos nuestros pecados a Dios, él es fiel y justo para perdonarnos nuestros pecados y limpiarnos de toda maldad».

Hazlo personal... ¡Vívelo!

Justicia es un lado de la moneda, y misericordia es el otro. Cuando se ha cometido un agravio, ¿debemos siempre exigir que se paguen las consecuencias? En la mayoría de los casos, no. Necesitamos tener cuidado para no adoptar el rol de policía buscando lo que Jesús llamó «la astilla en el ojo de tu amigo». Hay muchas veces cuando la gracia es una respuesta apropiada. La misericordia triunfa sobre el juicio, y el amor cubre una multitud de pecados.

Lectura de *La Biblia en un año*

Jeremías 4:19–6:15; Colosenses 1:18–2:7; Salmo 77:1-20; Proverbios 24:23-25

Sé honesta

El que da una respuesta honesta,
es como si diera un beso.
PROVERBIOS 24:26 (PDT)

Una respuesta verdaderamente honesta. El contraste sería una respuesta deshonesta o una respuesta honesta a medias. La Biblia nos exhorta a «hablar la verdad con amor» y, sin embargo, a veces no lo hacemos.

Honestidad: de hecho, esta es una palabra que no escuchamos muy seguido. Al leer las definiciones del diccionario, eran tan hermosas y con un significado tan excelente, sentí que nos conmovería leerlas.

Honesto significa

- Honorable en cuanto a principios, intenciones y acciones.
- Sincero y franco, como un rostro honesto.
- Obtenido justamente, como riquezas honestas.
- Genuino, veraz, creíble.

Y cuando se aplica a una persona honesta, significa «digno de ser confiable, verdadero». Un testigo honesto da un testimonio honesto.

Como los contrastes refuerzan nuestra comprensión, miremos unas palabras que describen el concepto de *deshonestidad*. Significa: «deshonorable, injusto, engañoso, tramposo, fraudulento, mentiroso, elusivo, falso e hipócrita».

Una respuesta honesta, como lo dice nuestro proverbio: «es como si diera un beso».

En un mundo lleno de lo falso, que el Señor nos capacite para vivir y hablar la verdad. «Y todo lo que hagan o digan, háganlo como representantes del Señor Jesús y den gracias a Dios Padre por medio de él» (Colosenses 3:17).

Hazlo personal... ¡Vívelo!

Como cristianas, a veces nos ponemos una fachada. Nunca dejamos que los demás sepan que somos débiles, que estamos sufriendo, que cometemos errores. Esto es deshonesto. No, no creo que debamos ir por ahí a sacar nuestros trapos sucios, pero fingir que tienes todo bajo control no es bueno ni necesario. Puede hacer que alguien más sienta que ella es la única perdedora que existe. Si fuera una buena cristiana como tú, nunca lucharía. Puede ser un gran consuelo para alguien que esté pasando por momentos difíciles que seamos honestas y le hagamos saber que hemos pasado por pruebas similares sin aprobar con calificaciones asombrosas. Entonces puedes orar con ella e ir juntas a la cruz, para ser honestas con Dios.

Lectura de *La Biblia en un año*

Jeremías 6:16–8:7; Colosenses 2:8-23; Salmo 78:1-31; Proverbios 24:26

Primero lo primero

Antes de construir tu casa,
  haz tus planes y prepara los campos.
PROVERBIOS 24:27

El punto central de este proverbio es primero lo primero. Necesidades primero, lujos después. Buen consejo, especialmente para nuestra generación. Parece que tantas personas quieren tenerlo todo, todo a la vez y de repente. La gente joven consigue solicitudes para tarjetas de crédito y comienza a comprar cosas divertidas aun antes de tener un trabajo. Esto los deja en deuda y siempre tratando de salir adelante y ahorrar.

Galileo dijo una vez: «No creo que el mismo Dios que nos ha dotado de sentido común, razón e intelecto quiera que renunciemos su uso». ¡Buen consejo!

Este proverbio es una buena exhortación a poner en orden tu vida y tus finanzas. Puesto que vivimos en una sociedad en la que la gratificación instantánea es lo máximo, rara vez vemos a personas que invierten en estar preparadas espiritual, emocional o financieramente para el matrimonio o el ministerio, para iniciar su propio negocio o para comprar una casa.

Así que si sientes que no has sido sabia y tu vida está fuera de orden, lo primero que debes hacer es reconocerlo, y luego pedirle al Señor que te dé sabiduría, dirección y dominio propio. Dios es un Dios de orden. Si se lo preguntas, él puede ayudarte a reconstruir un paso a la vez.

A D. L. Moody le gustaba decir: «Trabaja como si todo dependiera de ti y ora como si todo dependiera de Dios».

Hazlo personal... ¡Vívelo!

La responsabilidad personal, la diligencia, el deber, la firmeza y la perseverancia son los cimientos para la vida. ¿Creciste en un hogar donde nunca viste un modelo de estos? Somos muchas así. Pero hoy, tienes la oportunidad de elegir. Pequeños cambios en áreas importantes de la vida rápidamente hacen una gran diferencia. Toman impulso. Nos convertimos en lo que hacemos repetidamente.

Oremos

Señor, tú ves las áreas donde necesito estructura y orden. Perdóname por ser necia y no ser cuidadosa. Inspírame e instrúyeme a tomar decisiones responsables y sabias.

Lectura de *La Biblia en un año*

Jeremías 8:8–9:26; Colosenses 3:1-17; Salmo 78:32-55; Proverbios 24:27

Abandonen lo antiguo

No testifiques contra tus vecinos sin motivo;
  no mientas cuando hables de ellos.
No digas: «¡Ahora me voy a vengar de lo que me hicieron!
  ¡Me desquitaré con ellos!».
PROVERBIOS 24:28-29

En este proverbio Dios mismo nos está diciendo dos cosas que él aborrece: decir mentiras y ser malicioso. Ambas cosas son malas. Ambas cosas son destructivas.

Mentir: Dios lo detesta. «No des falso testimonio contra tu prójimo» es uno de los diez primeros mandamientos de Dios (Éxodo 20:16). Esto muestra cuán importante es para él. Fue el plan de Dios tener una nación completa que viviera bajo este principio. Solo imagina como sería la vida si aun solo los cristianos, el pueblo de Dios, decidiera obedecer este mandamiento de todo corazón. Solo imagínalo.

Winston Churchill comentó: «Por tragar palabras malas no habladas, no se ha puesto nadie mal del estómago».

El siguiente asunto es la malicia, que simplemente significa: «lleno de rencor». Colosenses 3:8-9 nos dice que eliminemos todo comportamiento feo e inútil así como nos quitaríamos una prenda de ropa vieja y sucia. «Ahora es el momento de eliminar el enojo, la furia, el comportamiento malicioso, la calumnia y el lenguaje sucio. No se mientan unos a otros, porque ustedes ya se han quitado la vieja naturaleza pecaminosa y todos sus actos perversos». Chicas, estas actitudes y acciones son feas y pasadas de moda para una mujer piadosa. ¿Recuerdan la película de *Bambi* de Disney? El papá de Tambor le dio un buen consejo a su pequeño hijo conejo. Le dijo: «Si no puedes decir nada agradable... mejor no decir nada».

Hazlo personal... ¡Vívelo!

Cuando las mujeres vienen a Cristo, a menudo se dan cuenta de que tienen que deshacerse de cierta ropa de sus clósets. Ya no son la misma persona que se ponía esa blusa seductora o aquellos pantalones ajustados. Sus deseos son diferentes, por dentro y por fuera. Amiga mía, continuemos el proceso de deshacernos de la vieja manera de vivir y de responder. Necesitamos un nuevo armario de nuevas formas de reponerlos. Colosenses 3:10, 14 nos lleva en un viaje de compras que producirá un «cambio de imagen extremo» que realmente importa. «Vístanse con la nueva naturaleza y se renovarán a medida que aprendan a conocer a su Creador y se parezcan más a él. [...] Sobre todo, vístanse de amor, lo cual nos une a todos en perfecta armonía».

Lectura de *La Biblia en un año*

Jeremías 10:1–11:23; Colosenses 3:18–4:18; Salmo 78:56-72; Proverbios 24:28-29

Poco a poco

Pasé por el campo de un perezoso,
*   por el viñedo de uno que carece de sentido común.*
Vi que habían crecido espinos por todas partes.
*   Estaba cubierto de maleza,*
*   y sus muros, destruidos.*
Entonces, mientras miraba y pensaba en lo que veía,
*   aprendí esta lección:*
un rato más de dormir, un poquito más de sueño,
*   un breve descanso con los brazos cruzados,*
entonces la pobreza te asaltará como un bandido;
*   la escasez te atacará como un ladrón armado.*

PROVERBIOS 24:30-34

En el tiempo de Salomón, al igual que en el nuestro, es fácil detectar el hogar de un hombre perezoso o una mujer perezosa. Está descuidado. No tiene nada que ver con la edad o el valor de la casa. He visto casas pequeñas y antiguas que son encantadoras y acogedoras porque alguien que vive allí se toma el tiempo para cuidarla. Dado que nuestro proverbio describe el triste resultado de la negligencia, echemos un vistazo a cómo podemos ser diligentes. La diligencia es simplemente un esfuerzo cuidadoso y constante.

Cuando era una esposa joven, escuché el principio «poco a poco todo se vuelve pan comido». Estaba dejando para después muchas cosas como plantar flores, organizar armarios o retocar pintura, porque como una madre ocupada, no tenía grandes bloques de tiempo para trabajar en proyectos. Luego aprendí que podía establecer una pequeña meta para hacer una sola cosa cada día. De hecho escribí un plan: lunes, limpiar un cajón de la cocina mientras llamo a una amiga. Martes, lavar dos cargas de ropa. Miércoles, pasar quince minutos arrancando maleza. Una de las grandes alegrías de hacer una lista es tachar las cosas terminadas. «Poco a poco, todo se vuelve pan comido.»

Hazlo personal... ¡Vívelo!

¿Te gustaría ser más diligente? Un plan, una lista y agrupaciones (hacer varias cosas a la vez) son buenas herramientas. Saca tu calendario para trazar el horario de tu semana. Enumera tres tareas de media hora y luego busca tres bloques de treinta minutos disponibles. Pon una notita en el refrigerador indicando tus tres metas y cuándo las realizarás. A medida que realices cada tarea, haz algo más como escuchar una grabación de un estudio bíblico o canciones de alabanza, o llama a una amiga para que se pongan al día. El tiempo va a pasar volando, habrás logrado mucho y te divertirás en el proceso.

Lectura de *La Biblia en un año*

Jeremías 12:1–14:10; 1 Tesalonicenses 1:1–2:8; Salmo 79:1-13; Proverbios 24:30-34

Las escondidas

Es privilegio de Dios ocultar un asunto,
y privilegio del rey descubrirlo.
PROVERBIOS 25:2

Salomón entendió dos cosas que parecen estar en conflicto entre sí.

1. En muchas maneras Dios es misterioso. Se ha dicho que si Dios fuera tan pequeño que pudiéramos comprenderlo completamente, sería demasiado pequeño para poder adorarlo. Así que piénsalo. ¿Realmente entiendes cómo funciona la gravedad, o cómo es que tus ojos ven, o cómo una pequeña semilla puede llegar a convertirse en un árbol? Si no podemos captar los misterios de la creación, ¿cuánto más el Creador? Realmente, nos debería emocionar que Dios tiene tanta sabiduría y entendimiento tan vasto y perfecto que podríamos explorarlo por toda la eternidad. «¡Qué grande es la riqueza, la sabiduría y el conocimiento de Dios!» (Romanos 11:33).

2. El hecho es que a pesar de que no podemos entenderlo todo, tenemos que procurar entender las cosas que debemos entender. Reyes y líderes y madres piadosas que toman sus responsabilidades en serio nunca se cansan de aprender cómo pueden crecer en su capacidad de ser y hacer lo mejor. Una de las primeras cosas que Salomón hizo cuando se convirtió en rey fue pedirle sabiduría a Dios. En 1 Reyes 3:9, Salomón oró: «Dame un corazón comprensivo para que pueda gobernar bien a tu pueblo, y sepa la diferencia entre el bien y el mal. Pues, ¿quién puede gobernar por su propia cuenta a este gran pueblo tuyo?».

Chicas, vivimos en un mundo complicado, confuso y desafiante, pero el mismo Dios a quien Salomón fue para pedir sabiduría está esperando y deseando dárselas a ustedes también. «Pide y recibirás» (Mateo 7:7, parafraseado).

Hazlo personal... ¡Vívelo!

¿Qué significa «descubrir» un asunto? Por ejemplo, tengo una amiga que se jubiló recientemente. Ella asiste a la iglesia y lee su Biblia, pero no está usando sus dones espirituales para servir. La desafié a «descubrir» la voluntad de Dios para esta siguiente etapa de su vida. Estos son los pasos:

1. Pídele a Dios dirección antes de preguntarle a nadie más.
2. Presta atención a los estímulos que le da a tu corazón.
3. Espera a que Dios abra ciertas puertas y mande confirmación.
4. Toma un paso para hacer lo que te está mandando a hacer.

Lectura de *La Biblia en un año*

Jeremías 14:11–16:15; 1 Tesalonicenses 2:9–3:13; Salmo 80:1-19; Proverbios 25:1-5

El asiento correcto

*No exijas una audiencia con el rey
   ni insistas en hacerte un lugar entre los grandes.
Es mejor esperar a que te inviten a la mesa principal
   y no que te echen y pases vergüenza en público.*
PROVERBIOS 25:6-7

Jesús dijo: «Aquellos que se exaltan a sí mismos serán humillados, y los que se humillan a sí mismos serán exaltados» (Mateo 23:12).

Tengo que contarte una pequeña historia. Hace un par de años invité a mi hermana a ir a una cruzada Harvest. Llegamos un poco tarde. Los ujieres nos dirigieron más y más alto en el estadio hasta que finalmente me di cuenta de que nos estaríamos sentando lo más alto y más lejos posible de la plataforma y de los altoparlantes. Se me cayó el alma a los pies. En una voz silenciosa, muy lastimosa, dije: *Pero, Señor, he esperado y guardado esperanzas muchos años para que mi hermana dijera que sí y viniera a algo como esto. Y ahora, ¿cómo puede ser que tengamos los peores asientos de todos?* En menos de un segundo escuché la voz silenciosa del Señor responder: *Pero, Debbi, ¿no te alegrarás? Aquí está. Ella vino, y ella no se está quejando por el asiento.* Y luego señaló: *Todas las otras personas en la fila superior, ¿no son tan importantes como tu hermana?*

Por supuesto, Señor. Lo siento mucho. Gracias por orientarme, y gracias porque tenemos un asiento. Se convirtió en uno de esos pequeños momentos personales de Padre e hija.

Bueno, segundos después sonó mi celular. Era mi amiga. Nos había apartado asientos en la primera fila. Tuve que decir: *Gracias, Señor, por humillarme, y gracias, Señor, que cuando obtuve un buen asiento, fue una bendición de ti.*

Hazlo personal... ¡Vívelo!

La vida sí que está llena de vericuetos y desviaciones. Pueden parecer aleatorios, pero cuando tu vida está en las manos de Dios, puedes ver sus huellas en los detalles. Incluso un asiento en un estadio puede ser una oportunidad de enseñanza. En ese caso, la posición del asiento no era tan importante como la postura de mi corazón. ¿Llevarás tus decepciones a tu Señor y luego le dejarás los resultados finales a él? Un humilde asiento puede volverse un momento sagrado.

Lectura de *La Biblia en un año*

Jeremías 16:16–18:23; 1 Tesalonicenses 4:1–5:3; Salmo 81:1-16; Proverbios 25:6-8

No ensanches el círculo

Cuando discutas con tu prójimo,
no reveles los secretos que otros te confiaron.
Te podrían acusar de chismoso,
y nunca recuperarás tu buena reputación.

PROVERBIOS 25:9-10

J. Vernon McGee dijo: «Puedes causar gran cantidad de problemas criticando a tu vecino con el hombre que vive calle abajo. Si tu vecino tiene fallas, ve y háblale personalmente». Desafortunadamente, una de las cosas que hacemos a menudo como mujeres cuando estamos molestas es ensanchar el círculo. Es muy fácil para nosotras hablarles a todos a nuestro alrededor excepto a la persona involucrada. Muchas esposas nuevas aprenden una dolorosa lección sobre esto. Pelea con su esposo. En un momento de ira le dice a su mamá. Luego se reconcilia con su esposo y todo está olvidado... excepto por su mamá. Esa esposa joven necesita mantener su círculo interno pequeño y su boca cerrada.

La verdad es que muchas veces cuando somos ofendidas por una amiga o por alguien en la iglesia o un familiar, la raíz del asunto es meramente un malentendido. Me da tristeza decir que recuerdo cuando lastimé a una amiga hace un tiempo atrás. Varias veces cuando se suponía que nos íbamos a reunir, yo le cancelaba en el último momento. Ella pensaba que yo no valoraba su amistad. Honestamente, simplemente estaba sobrecomprometida. Estoy agradecida de que mi querida amiga no se la haya pasado criticándome con otros. Ahora nuestra amistad está restaurada, y soy más cuidadosa y ojalá más considerada.

Hazlo personal... ¡Vívelo!

La integridad solo se demuestra verdaderamente cuando se pone a prueba. Y seguramente será puesta a prueba cuando estás en un conflicto con alguien. Es natural querer conseguir aliados y ensayar tu caso. Es natural compartir solo tu lado del asunto. Me avergüenza decirlo, he sido culpable de hacer eso. Pero a la larga, reduce la confianza de la gente en ti, y no solo en tu enemigo. La próxima vez, en el ardor del momento, cuando sientes la tentación de compartir los detalles jugosos, resiste. Deja pasar el momento, y luego regocíjate en la victoria.

Lectura de *La Biblia en un año*

Jeremías 19:1–21:14; 1 Tesalonicenses 5:4-28; Salmo 82:1-8; Proverbios 25:9-10

La palabra adecuada

Decir la palabra adecuada en el momento preciso
*   es como manzana de oro servida en bandeja de plata.*
La corrección del sabio tiene más valor
*   que un anillo de oro u otro adorno de oro fino.*
Un mensajero digno de confianza es de mucho valor para el que lo envía;
*   como agua fresca en calurosos días de cosecha.*
PROVERBIOS 25:11-13 (PDT)

Una palabra apropiada dicha en el momento preciso con el motivo correcto en la forma correcta es tanto valiosa como hermosa. Chicas, ¿se dan cuenta de cuánto hace falta en nuestro mundo que las mujeres alcen su voz por las cosas buenas, justas y verdaderas?

La cabaña del tío Tom es uno de los libros más tiernos, espirituales y conmovedores que jamás he leído. Fue escrito en tiempos en que los esclavos eran tratados como mercancía, aun las mujeres y los niños. Despertó a la gente y los conmovió a la compasión. Cuando Abraham Lincoln conoció a la autora, Harriet Beecher Stowe, dijo: «Así que usted es la pequeña mujer que escribió el libro que comenzó esta gran guerra». Las palabras de ella fueron utilizadas para conmover a otros a hacer lo correcto. Palabras... las palabras pueden tener gran poder para bien.

Jon Courson dice: «Si tienes un corazón que desea obedecer al Señor y aprender de él, recibirás la palabra de un sabio represor tan alegremente como recibirías un hermoso arete de oro».

Cerraré el día de hoy con Proverbios 15:31-32: «Si escuchas la crítica constructiva, te sentirás en casa entre los sabios. Si rechazas la disciplina, solo te harás daño a ti mismo, pero si escuchas la corrección, crecerás en entendimiento».

Hazlo personal... ¡Vívelo!

A menudo Dios envía un mensaje de represión, exhortación, advertencia o consuelo en la forma de una historia o una descripción gráfica. Natán el profeta confrontó el pecado de David contándole una historia de una ovejita que fue robada. Jesús nos enseñó a no preocuparnos haciéndonos ver los muy bien alimentados pajaritos. De todos los libros que alguna vez leerás, nunca aprenderás más de ti misma y del significado de la vida que leyendo la Palabra de Dios. Su Palabra es poderosa, es luz, rompe fortalezas, sana el corazón roto, da esperanzas, transforma tus pensamientos. Sobre todo, el beneficio más grande es que Dios se revela a sí mismo en su Palabra. De verdad que es una palabra adecuada en el momento preciso.

Lectura de *La Biblia en un año*

Jeremías 22:1–23:20; 2 Tesalonicenses 1:1-12; Salmo 83:1-18; Proverbios 25:11-14

Paciencia y amabilidad

La paciencia puede persuadir al príncipe,
y las palabras suaves pueden quebrar los huesos.
PROVERBIOS 25:15

La paciencia y la amabilidad son los atributos de la sabiduría destacados hoy. Ambos son también frutos importantes del Espíritu de Dios en nuestra vida. Esto significa que cuando cedemos nuestra vida cada vez más a la presencia y al liderazgo y a la plenitud del Espíritu Santo, su carácter no solo domina, sino que en realidad se convierte en nuestro carácter. Nuestra impaciencia y rudeza son reemplazadas. Estas son realmente muy, muy buenas noticias no solo para nosotras sino para todos los que entran en contacto con nosotras.

En nuestro proverbio, en primer lugar, se nos dice que ser paciente con un gobernante puede ser persuasivo. Interesante. Chicas, vamos a aplicar esto a alguien en tu vida a quien quieres persuadir, tal vez tu jefe, o tu marido, o un líder que está sobre ti. Tienes una buena idea. Tienes un buen plan, y te gustaría presentarlo. La sabiduría dice que no debes tratar de imponérselo a alguien. No seas agresiva, mandona o crítica. Esa no es la manera de ganar amigos o influir en la gente.

Thomas Fuller dijo una vez: «La bondad es el arma más noble con la que puedes conquistar». Es muy cierto. Piénsalo. Si alguien está tratando de persuadirnos, ganará más con miel que con vinagre. Así que si tienes una situación difícil, sé amable. Si las cosas no resultan a tu manera, sé cortés. «La paciencia puede persuadir al príncipe, y las palabras suaves pueden quebrar los huesos». «La respuesta apacible desvía el enojo» (Proverbios 15:1).

Hazlo personal... ¡Vívelo!

Una vez más, la sabiduría abre un camino de bondad ante nosotras y nos invita a recorrer el buen camino. Cada vez que aceptamos y nos sometemos a la manera de Dios, la ansiedad y la frustración se quedan a medio camino. Pelear y combatir es innecesario. La paciencia es el ingrediente clave. Así que el desafío para ti y para mí es: ¿confiaremos en Dios? Incluso si él no produce la solución de acuerdo con tu tiempo (y por lo general no lo hace), ¿vas a esperar y confiar?

Oremos

Señor, esto es a veces muy difícil. La impaciencia surge y quiere tomar control. Necesito que tu Espíritu Santo imparta tu paz, dándome gracia para esperar en ti.

Lectura de *La Biblia en un año*

Jeremías 23:21–25:38; 2 Tesalonicenses 2:1-17; Salmo 84:1-12; Proverbios 25:15

¿Hastiada o satisfecha?

¿Hallaste miel? Come lo que te basta,
No sea que hastiado de ella la vomites.
PROVERBIOS 25:16 (RVR60)

A veces es difícil de imaginar, pero demasiado de algo bueno puede llegar a ser malo. Esto se puede aplicar a la mayoría de los placeres agradables de la vida.

Cada vez que vamos a Disneyland, estamos muy emocionados. Dado que el precio de admisión es costoso, la mayoría de las personas llegan temprano y se quedan hasta tarde. Estamos en fila con cientos de otros que no ven la hora de entrar. Pero a medida que nos marchamos, estamos rodeados de una multitud de personas que literalmente se está arrastrando; demasiada comida chatarra combinada con sobrecarga sensorial hace el ir a casa a un hogar tranquilo y una almohada suave el epítome de lo maravilloso.

Dios nos ha creado para necesitar equilibrio. «Puro trabajo y nada de juego hace que Jack sea un chico aburrido, pero puro juego y nada de trabajo hace que Nancy sea una niña malcriada».

La Biblia nos dice, «Que todo el mundo vea que son considerados en todo lo que hacen» (Filipenses 4:5).

¿Cómo podemos aplicar esto a la vida? Tengan cuidado. No se excedan. Nosotras, como mujeres, a veces podemos ser obsesivas y compulsivas. A algunas de nosotras nos gusta ir de compras, pero podemos acostumbrarnos a comprar demasiado, gastando demasiado en cosas que no necesitamos. Por ejemplo, las artesanías y los suministros artesanales pueden volverse adictivos. Algunas de nosotras olvidamos lo que tenemos y ni siquiera usamos lo que compramos. Después de un tiempo estamos hartas de todo eso. Podemos excedernos con juguetes y deportes para nuestros hijos. Sus habitaciones y horarios están tan llenos que están abrumados. Tenemos que aminorarlo.

Así que recuerda, a veces menos es más.

Hazlo personal... ¡Vívelo!

Con demasiada frecuencia somos obsesivas compulsivas con respecto a las posesiones y el placer, pero pasivas y conservadoras en nuestro celo por el Señor. Es hora de cambiar el orden. Apocalipsis 3:15-16, 19 es una llamada de atención: «Sé que no eres frío ni caliente. ¡Ojalá fueras frío o caliente! Pero como eres tibio, y no frío ni caliente, te vomitaré de mi boca. [...] Yo reprendo y corrijo a todos los que amo. Por lo tanto, sé fervoroso y vuélvete a Dios» (DHH). ¿Has estado sintiendo que hay más en la vida? ¡Tienes razón! Solo un fuego sagrado y la pasión por el Señor cumplirán los anhelos en tu alma.

Lectura de *La Biblia en un año*

Jeremías 26:1–27:22; 2 Tesalonicenses 3:1-18; Salmo 85:1-13; Proverbios 25:16

Etiqueta del huésped

No visites a tus vecinos muy seguido,
porque se cansarán de ti y no serás bienvenido.
PROVERBIOS 25:17

Muchas de nosotras hemos experimentado esos momentos en que alguien entró a nuestra casa y se puso demasiado cómodo. No solo llegaron, sino que parecieron establecerse para acampar allí. Se quedaron demasiado tiempo; cuando era hora de irse, no lo hicieron.

Esto nos hace llegar a nuestro límite, ¿no? Como cristianas, tal vez esto incluso sea bueno para nosotras, el hacernos llegar a nuestro límite, porque la Biblia nos dice que practiquemos la hospitalidad. Algunas de nosotras podríamos estar un poco fuera de práctica. Vivimos en un mundo donde las personas a menudo no se toman el tiempo para hacer que otros se sientan bienvenidos o bien recibidos. Tenemos que tener cuidado de no llegar a ser como el posadero en Belén que colgó una señal: «No hay lugar aquí».

Hebreos 13:2 nos dice: «No se olviden de brindar hospitalidad a los desconocidos, porque algunos que lo han hecho, ¡han hospedado ángeles sin darse cuenta!». Qué bendición perdió ese posadero cuando les prohibió la entrada a José y a su esposa embarazada, María.

Pero en realidad, este proverbio no se dirige principalmente al anfitrión o la anfitriona; se dirige a nosotras cuando somos las invitadas. Como invitadas, siempre debemos ser una bendición. Es mejor quedarse poco tiempo, dejando a tu anfitriona deseando que te hubieras quedado más tiempo, que quedarse demasiado tiempo, dejando a tu anfitriona con la sensación de que ya se ha cansado de ti.

Hazlo personal... ¡Vívelo!

Hay veces que soy huésped, y veces que soy la anfitriona de reuniones de estudios bíblicos, cenas o pernoctaciones. Aquí hay algunas pautas de etiqueta que te ayudarán a ser una alegría para tus anfitriones cada vez que te inviten.

- Tus anfitriones han dedicado tiempo y esfuerzo para prepararse para tu venida. Llega con una contribución: un plato de galletas, unas flores o un café especial.
- Sé servicial. Es divertido charlar mientras recoges junto a tu anfitriona. Para pernoctaciones, deja el baño ordenado y quita las sábanas. Tu partida no debería dejar atrás una carga de trabajo.
- Mantente interesada y disfruta de los que te rodean. Conoce a los niños.
- Da gracias. Una dulce nota dejada sobre la mesa o enviada por correo ganará una sonrisa.

Lectura de *La Biblia en un año*

Jeremías 28:1–29:32; 1 Timoteo 1:1-20; Salmo 86:1-17; Proverbios 25:17

Armas de palabras

Mazo, espada y flecha dentada
es el hombre que da falso testimonio contra su prójimo.
PROVERBIOS 25:18 (RVA-2015)

Dios inspiró a Salomón a utilizar un lenguaje muy gráfico para describir la brutalidad de la calumnia. Las palabras pueden ser armas. Es interesante que se enumeren tres armas diferentes. Cada una causaría daño de manera diferente. Examinemos las implicaciones de cada una.

Un mazo es un martillo o un garrote. ¿Te lo imaginas? Esto es cuando le damos y le damos como un martillo, sin renunciar hasta que el otro esté magullado y sangrando. No hay una muerte rápida para la víctima aquí. Tal vez esto podría ser como la esposa que no puede decir nada agradable de o a su marido. No solo habla de sus faltas, sino que exagera. Si él perdió sus llaves cinco veces, ella lo llama cientos de veces.

Una espada es afilada. Corta y apuñala. Las palabras se pueden lanzar como una espada a un metro de distancia, destinadas para cortar y perforar. Las espadas de palabras se usan de cerca, a menudo para apuñalar en la espalda. Duelen.

Un testigo falso es como una flecha afilada. Como flechas disparadas desde muy lejos, algunas descargan información fea y sin verificar sobre personas que ni siquiera conocen.

Salmo 19:14 es la oración perfecta para nosotras, para todas. «Que las palabras de mi boca y la meditación de mi corazón sean de tu agrado, oh SEÑOR, mi roca y mi redentor».

Hazlo personal... ¡Vívelo!

En esta vida debemos ser astutas como serpientes pero inofensivas como palomas. ¿Qué significa eso? Significa que la acción sabia debe ser libre de malicia. Hay ocasiones cuando tienes conflictos y preocupaciones válidas. En lugar de calumnias, Dios nos ha dado una forma de manejar estos asuntos.

«Si un creyente peca contra ti, háblale en privado y hazle ver su falta. Si te escucha y confiesa el pecado, has recuperado a esa persona; pero si no te hace caso, toma a uno o dos más contigo y vuelve a hablarle, para que los dos o tres testigos puedan confirmar todo lo que digas» (Mateo 18:15-16). Si la persona no responde, el tercer paso es llevar tu preocupación a la iglesia (si esa persona es creyente).

Lectura de *La Biblia en un año*

Jeremías 30:1–31:26; 1 Timoteo 2:1-15; Salmo 87:1-7; Proverbios 25:18-19

El corazón afligido

*Cantar canciones alegres a quien tiene el corazón afligido
es como quitarle a alguien el abrigo cuando hace frío
o echarle vinagre a una herida.*
PROVERBIOS 25:20

Este proverbio es sobre la forma incorrecta de mostrar empatía y compasión a otros.

Cuando alguien está afligido —una nueva viuda, la madre de un niño con una enfermedad terminal o de un hijo pródigo— podríamos pensar que nuestro deber es animarlo o ayudarlo a salir adelante. Es verdad que como cristianas no nos afligimos como otros se afligen, pero *sí* nos afligimos. Hay veces que *necesitamos* hacer duelo. Romanos 12:15 nos dice: «lloren con los que lloran». No tengas miedo de su dolor. Hazte dispuesta a emocionalmente calzar sus zapatos y dejar que su tristeza toque tu corazón.

Cuando Jesús miró a su alrededor a todas las personas cansadas y rotas, se sintió conmovido con compasión. Quedó impresionado por la sensación de sus debilidades, ¡y todavía lo está! A medida que maduramos en el Señor, él nos hace más como él. Él nos da sus cálidas y tiernas misericordias.

Hay otro asunto que he notado. A menudo se les da a los afligidos una abundancia de atención en los primeros meses. Después de eso, sin embargo, otros tienden a evitarlos porque ya no saben qué decir. Esto es lo que necesitamos aprender. No necesitamos decir mucho, si acaso nada. En realidad, los consoladores de Job fueron inicialmente loables; se le acercaron y se sentaron con él en su miseria. Pero luego abrieron la boca. A veces el afligido solo necesita un abrazo y una sonrisa, un toque humano de alguien que se preocupa por él o ella.

Hazlo personal... ¡Vívelo!

Todas nosotras viajaremos el camino del duelo en algún punto en nuestra vida. David lo llamó: «el valle de sombra de muerte» (Salmo 23:4, RVA-2015). Puede ser un tiempo muy solitario, pero también puede ser un tiempo santo. Como descubrió David, el Señor no solo vio su aflicción, sino que estaba justo allí con él. No tengas miedo de llevar todas tus dudas y temores y luchas y hasta tu enojo a él.

¡Oh, qué amigo nos es Cristo!
Él llevó nuestro dolor.
Y nos manda que llevemos
Todo a Dios en oración.
—JOSEPH M. SCRIVEN, TRAD. LEANDRO GARZA MORA, «¡OH, QUÉ AMIGO NOS ES CRISTO!»

Lectura de *La Biblia en un año*
Jeremías 31:27–32:44; 1 Timoteo 3:1-16; Salmo 88:1-18; Proverbios 25:20-22

En capilla

Tan cierto como que el viento del norte trae lluvia,
¡la lengua chismosa causa enojo!
Mejor vivir solo en un rincón de la azotea
que en una casa preciosa con una esposa que busca pleitos.
PROVERBIOS 25:23-24

¡Brrrr! Como un viento frío y la lluvia, ambas cosas nos hacen estremecer. El chisme debe ser absolutamente prohibido para nosotras como mujeres piadosas. No debemos hablarlo o incluso escucharlo. Este tipo de guerra de palabras es una situación fea, y todos terminarán cubiertos de mugre.

La segunda mitad de nuestro proverbio es también una advertencia rígida. «Mejor vivir solo en un rincón de la azotea que en una casa preciosa con una esposa que busca pleitos». Una mujer que busca pleitos o que es contenciosa simplemente causa problemas y más problemas. Es difícil vivir con ella, así que aleja a las personas. Los hombres están a menudo en capilla con respecto a su esposa, y en algunos casos, creo que algunos prefieren vivir allí que con una mujer que siempre los está molestando. Porque, como mi abuela solía decir: «Si mamá no es feliz, no hay nadie feliz», porque ella va a asegurarse de que nadie sea feliz. Como la mayoría de los hombres saben: «esposa infeliz, vida infeliz».

Así que, chicas, seamos dulces. Ser personas difíciles no resuelve ninguno de los asuntos con los que estás lidiando. Aquí está tu antídoto del día: «Dado que Dios los eligió [...] tienen que vestirse de tierna compasión, bondad, humildad, gentileza y paciencia. Sean comprensivos con las faltas de los demás y perdonen a todo el que los ofenda. Recuerden que el Señor los perdonó a ustedes, así que ustedes deben perdonar a otros» (Colosenses 3:12-13).

Hazlo personal... ¡Vívelo!

Queridas hermanas, cuando emocionalmente ponemos a alguien (a nuestro esposo, por ejemplo) en capilla, le hemos excluido de nuestros afectos. Sonrisas y afecto son reemplazados por ceños fruncidos y frialdad. Damos pequeñas migajas de bondad en lugar de ser bondadosas y generosas. Si no tenemos cuidado, lo que comienza como una emoción se convierte en un hábito y puede llegar a ser nuestra personalidad. El amor cambia el ritmo. El amor no es simplemente un sentimiento; es primeramente una decisión, la cual tenemos que luego poner en acción. Como Mitch Temple dice: «El césped está más verde donde lo riegas».

Lectura de *La Biblia en un año*

Jeremías 33:1–34:22; 1 Timoteo 4:1-16; Salmo 89:1-13; Proverbios 25:23-24

Buenas noticias

Las buenas noticias que llegan de lejos
son como el agua fresca para el que tiene sed.
PROVERBIOS 25:25

Cuando te sientes desanimada o sola o indefensa, oh, cuán bueno sería escuchar buenas noticias. Anhelamos escuchar que la ayuda está en camino.

Escuché la historia de una madre joven con tres hijos pequeños cuyo marido estaba fuera de la ciudad. Sonó el teléfono. Qué alivio escuchar una voz alegre preguntándole cómo estaba.

—Bueno —dijo—, el bebé está enfermo, el lavaplatos acaba de descomponerse, la pila de ropa sucia está hasta el cielo, y hay cereal por todo el piso.

—No te preocupes —dijo la persona que llamaba—. Voy enseguida. Limpiaré la cocina, lavaré la ropa y llevaré a los niños al parque mientras tomas una siesta. ¿Y cómo está Tom?

—¿Tom? —preguntó la madre—. El nombre de mi marido es Jack.

Silencio. Entonces la persona que llamó dijo:

—Oh, debe ser que me equivoqué de número.

Silencio otra vez. En una voz baja y tímida, la joven madre preguntó:

—Pero, ¿vendrás de cualquier forma?

«¿Vendrás de cualquier forma?». Esa es una buena pregunta. Tantas personas que luchan se preguntan: *¿Hay alguna ayuda en el horizonte para mí?*

A todas nos caería bien recibir buenas noticias de un país lejano. Jesús vino desde el cielo con un mensaje de esperanza. En Juan 14:1-3 dijo: «No dejen que el corazón se les llene de angustia. [...] En el hogar de mi Padre, hay lugar más que suficiente. [...] Voy a prepararles un lugar. [...] Cuando todo esté listo, volveré para llevarlos, para que siempre estén conmigo donde yo estoy». La buena noticia es que ¡sí, aún vendrá!

Hazlo personal... ¡Vívelo!

¿Qué diferencia marca realmente el saber que esta vida es temporal, que esto no es todo lo que hay? Yo creo que puede y debe hacer una diferencia radical. Apocalipsis 21:1, 3-4 dice: «Vi un cielo nuevo y una tierra nueva, porque el primer cielo y la primera tierra habían desaparecido. [...] "¡Miren, el hogar de Dios ahora está entre su pueblo! Él vivirá con ellos, y ellos serán su pueblo. Dios mismo estará con ellos. Él les secará toda lágrima de los ojos, y no habrá más muerte ni tristeza ni llanto ni dolor. Todas esas cosas ya no existirán más"». Esas sí que son buenas noticias.

Lectura de *La Biblia en un año*

Jeremías 35:1–36:32; 1 Timoteo 5:1-25; Salmo 89:14-37; Proverbios 25:25-27

Tentaciones

*Una persona sin control propio
    es como una ciudad con las murallas destruidas.*
PROVERBIOS 25:28

En los días antiguos la muralla alrededor de una ciudad era la primera línea de defensa. Los bandidos y los animales salvajes vagaban por la tierra; sin una muralla una ciudad era vulnerable. Sin autocontrol también somos vulnerables. Matthew Henry explicó: «Todo lo que es bueno sale, y nos abandona; todo lo que es malo irrumpe sobre [nosotros. Nos encontramos] expuestos a todas las tentaciones de Satanás, y [llegamos a ser] una presa fácil para ese enemigo».

Piensen en ello, chicas. Tenemos tentaciones llamando nuestro nombre dondequiera que vamos. La tentación dice: «No limpies la casa ahora. Mejor mira ese escandaloso programa de televisión». O «Está bien, puedes detenerte cada mañana a comprarte un café doble moca con crema batida». La tentación dice: «Adelante. No tienes que controlar tu enojo. Puedes explotar en cualquier momento que sientas la necesidad de hacerlo». Pero sin autocontrol, todo se va sumando, poco a poco. Se acumula y nos derriba. Nos volvemos miserables, pero olvidamos que es nuestro propio descuido.

Cuando estamos listas para cambiar, Dios está listo para ayudarnos. Él nos da el poder de decir que no. El primer paso es cerrar de golpe la puerta a la tentación. «No busquen satisfacer los malos deseos de la naturaleza humana» (Romanos 13:14, DHH). ¿Cómo podemos hacer eso? Confesión: no tengo absolutamente nada de fuerza de voluntad para resistir el helado de chocolate con nueces y malvaviscos. Nada. La semana pasada mi querido esposo lo trajo a casa. Después del primer tazón, quería sentarme en el sofá y comerme todo el medio galón. Así que tomé la caja afuera y la metí en la basura. ¿Un poco radical? Sí. ¿Efectivo? ¡Absolutamente!

Hazlo personal... ¡Vívelo!

¿Alguna vez has notado que los nuevos cristianos a veces se vuelven hiperlegalistas de la noche a la mañana? Yo fui así. ¿Por qué sucede eso? Creo que es en parte una reacción automática; están tan contentos de estar libres de su vieja vida, que quieren dejarla tan atrás como sea posible. Pero también creo que el Espíritu Santo les está poniendo unas llantitas de entrenamiento espiritual. Son como niños pequeños aprendiendo a andar. Es algo emocionante y hermoso de ver. Ojalá la Palabra de Dios, la madurez espiritual y el autocontrol reemplacen gradualmente las meras reglas. ¿Le pedirías a Dios que ponga un cristiano nuevo en tu vida en quien puedas invertir, alentar y discipular mientras aprende a andar?

Lectura de *La Biblia en un año*

Jeremías 37:1–38:28; 1 Timoteo 6:1-21; Salmo 89:38-52; Proverbios 25:28

Una maldición inmerecida

Como gorrión que revolotea o golondrina que vuela sin rumbo,
la maldición inmerecida no llegará a quien iba dirigida.

PROVERBIOS 26:2

Como dice el refrán antiguo: «Las maldiciones son como las procesiones: por donde salieron vuelven a entrar».

Quizás estás leyendo esto hoy y estás inquieta debido a algo injusto y falso que se haya dicho acerca de ti. Podemos perder el sueño por esto. Nuestro temor a esas palabras puede ser como pájaros salvajes que no puedes sujetar y detener. Podemos aislarnos de la gente, pensando que todo el mundo está escuchando y creyendo estas cosas. Entonces, peor aún, podemos intentar luchar con una guerra de palabras. Me entristece decir que he hecho todo lo anterior y, sin embargo, hacer estas cosas no me dieron nada de paz.

Así que, ¿qué deberíamos hacer? Permíteme darte tres cosas para considerar.

1. Si alguien te ha calumniado, en primer lugar, llévalo al Señor. ¿No recuerdas que Jesús fue acusado falsamente? Ayuda saber que él entiende. «Dios bendice a los que son perseguidos por hacer lo correcto, porque el reino del cielo les pertenece» (Mateo 5:10).
2. Esto es lo más difícil. Pon un cierre a tu boca. Dos males no hacen un bien. La Biblia nos dice que lo correcto es que: «Ninguna palabra corrompida salga de vuestra boca» (Efesios 4:29, RVR60).
3. Sé paciente. Sé que esto es más fácil decirlo que hacerlo, pero todo lo que sube tiene que bajar. Si las duras palabras que se dijeron acerca de ti no son verdaderas, no caerán sobre ti. Volverán por la puerta de la que salieron.

Hazlo personal... ¡Vívelo!

¿Alguna vez alguien se ha burlado de ti por tu fe o por tomar cierta postura sobre la moralidad? Estás en buena compañía. Unas horas antes de que Jesús fuera arrestado y condenado a muerte, dijo estas trágicas palabras: «Si el mundo los odia, recuerden que a mí me odió primero. Si pertenecieran al mundo, el mundo los amaría como a uno de los suyos, pero ustedes ya no forman parte del mundo. [...] Con eso se cumple lo que está registrado en sus Escrituras: "Me odiaron sin motivo"» (Juan 15:18-19, 25).

Lectura de *La Biblia en un año*

Jeremías 39:1–41:18; 2 Timoteo 1:1-18; Salmo 90:1–91:16; Proverbios 26:1-2

Responder o no responder

No respondas a los argumentos absurdos de los necios
o te volverás tan necio como ellos.
Responde a los argumentos absurdos de los necios
o se creerán sabios en su propia opinión.

PROVERBIOS 26:4-5

Bien. ¿Cuál de las dos es? ¿Deberíamos o no deberíamos involucrarnos en discusiones con gente necia? Bueno, la respuesta es a veces sí y a veces no.

Primero, no contestes a un necio de tal manera que te dejes caer en su torbellino de groserías o enojo. Tal vez tienes un cuñado o un vecino que es un resentido. Vive de hacer enojar a las personas y de bajarlas a su nivel. La primera vez, la culpa es de ellos, pero la segunda vez, la culpa es nuestra. Necesitamos aprender que hay momentos de hacernos el pato. Esto significa que necesitamos saber cuándo dejar que las cosas se nos pasen nadando sin involucrarnos en sus tonterías.

Pero hay momentos en los que deberíamos contestar. Por ejemplo, tu adolescente podría decir algo muy tonto, como: «Mamaaaaá, ¿por qué no puedo hacer tal y tal? Todos los demás lo están haciendo». O «¿por qué necesito horarios limitados? Puedes confiar en mí». No se dan cuenta de cómo todas las presiones de ser jóvenes pueden volverse peligrosas. Solo una mala decisión en el momento equivocado puede cambiar su vida entera. Así que, madres, escúchenlos y entablen una conversación. Denles respuestas sabias, lógicas y veraces. Manténganse involucradas y sean lo suficientemente sabias como para elegir sus batallas. No hagan grande lo pequeño, para que puedas tratar lo grande como grande.

Hazlo personal... ¡Vívelo!

A medida que estudiamos los Proverbios aprendemos que la sabiduría no es un par de respuestas fijas que caben dentro de un cuadro rígido. La sabiduría involucra principios que establecen límites como las barandillas en un puente muy alto. La vida es similar al flujo rápido de tráfico que cruza el puente. Las barandillas no son para obstaculizar nuestra libertad; están allí para evitar que caigamos sobre la orilla. A medida que aprendemos a respetar y aplicar las verdades de la Palabra de Dios, nuestro sentido interno del bien y de lo correcto y de lo noble se hace más y más fuerte.

Oremos

Gracias, Señor, que no nos has dejado solas tratando de navegar esta vida loca. Gracias porque tu sabiduría guía y protege y cambia nuestra vida de adentro hacia afuera.

Lectura de *La Biblia en un año*

Jeremías 42:1– 44:23; 2 Timoteo 2:1-21; Salmo 92:1–93:5; Proverbios 26:3-5

Veneno

Confiarle a un necio que lleve un mensaje,
¡es como cortarse los pies o tomar veneno!
PROVERBIOS 26:6

Así que, mamás, vamos a aplicar esto a los mensajes necios y peligrosos que se transmiten a nuestros hijos a través de los medios. Nuestro proverbio dice que confiar en un necio para que lleve un mensaje es absurdo. Es como beber veneno. Sabemos que no podemos controlar todo lo que nuestros hijos ven y oyen, pero podemos controlar lo que ven y oyen cuando están con nosotras. Cuando estás viendo un programa de televisión y las personas en la pantalla están tomando decisiones equivocadas con respecto a la moralidad o la integridad o la forma en que se visten, la forma en que hablan, o sus temas de conversación, eso es un mensaje. Si está mal y lo dejamos encendido y dejamos que nos entretenga, lo estamos respaldando. Permíteme repetirlo. Es un respaldo de nuestra parte. Esas personas necias están entregando un mensaje a los que amas diciendo: «Todo este comportamiento equivocado no solo está bien, pero es incluso glamoroso y atractivo». Es un mensaje equivocado.

Además, nosotras como madres tenemos que estar involucradas y conscientes de las cosas que se enseñan en la escuela. Cuando mi hija estaba en séptimo u octavo grado, pedí ver algunas de las cosas que iban a ser enseñadas en el currículo de educación sexual. Era espantoso y contradecía todo lo que enseñamos en casa. Elegí sacarla de la clase para esas lecciones para que un plan de estudios necio e inmoral no entregara una lección necia e inmoral a mi hija. Eso habría sido como dejar que mi hija bebiera veneno.

Hazlo personal... ¡Vívelo!

Ahora apliquémonos este proverbio. Hay una gran posibilidad de que te hayas apoyado o te estás apoyando en fuentes de información necias que forman el concepto de quién eres tú. ¿Sientes que tu vida no importa? ¿Miras a otros y piensas que Dios los ama más a ellos que a ti? Si has tomado malas decisiones de estilo de vida en el pasado, ¿crees que siempre vas a ser una cristiana de segunda clase? Éstas son mentiras. Son veneno. ¿Dejarás que Dios mismo tenga la última palabra? Él dice: «"Yo te he amado, pueblo mío, con un amor eterno. Con amor inagotable te acerqué a mí"» (Jeremías 31:3).

Lectura de *La Biblia en un año*

Jeremías 44:24–47:7; 2 Timoteo 2:22–3:17; Salmo 94:1-23; Proverbios 26:6-8

Sé enseñable

Hay más esperanza para los necios
que para los que se creen sabios.
PROVERBIOS 26:12

Ser sabia en tu propia opinión es ser arrogante, no enseñable, inaccesible, orgullosa. Para romper estas tendencias, echemos un vistazo a una vida bien vivida: Esteban, en el libro de Hechos. ¿Sabías que el 75% de la Biblia son historias? Dios nos enseña principios y lecciones, y luego los ilustra a través de la vida de personas.

El libro de los Hechos es el relato de la iglesia primitiva. Al igual que hoy, sucedieron problemas. Las viudas de la iglesia fueron descuidadas. ¿Quién se encargaría de ellas? «De manera que los Doce convocaron a todos los creyentes a una reunión. Dijeron: "Nosotros, los apóstoles, deberíamos ocupar nuestro tiempo en enseñar la palabra de Dios, y no en dirigir la distribución de alimento. Por lo tanto, hermanos, escojan a siete hombres que sean muy respetados, que estén llenos del Espíritu y de sabiduría. A ellos les daremos esa responsabilidad." [...] A todos les gustó la idea y eligieron a Esteban (un hombre lleno de fe y del Espíritu Santo)» (Hechos 6:2-3, 5).

¿Qué hace que esta historia sea tan atractiva? En este momento crítico en la historia de la iglesia, los líderes principales necesitaban ser fieles a su llamado. Su decisión de elegir hombres espirituales para el humilde trabajo de servir mesas definió el verdadero ministerio del reino a partir de entonces. J. Oswald Sanders señaló: «Todos los trabajadores deben ser guiados por el Espíritu y llenos de él. La elección de los líderes del reino no debe ser influenciada por la sabiduría, la riqueza o el estatus social del mundo. La consideración primordial es la espiritualidad».

Esteban era un hombre joven que no era demasiado arrogante ni demasiado importante para ministrar a las ancianitas. De hecho, probablemente aprendió una o dos cosas sobre la confianza y la fidelidad de Dios de algunas de ellas.

Hazlo personal... ¡Vívelo!

¡Oh, el ser enseñable y flexible! Quiero seguir creciendo y aprendiendo hasta el día de mi muerte, ¿tú no? Estoy aprendiendo otro idioma. Cuando cometo errores, la gente me corrige. Es una lección de humildad que me ayuda a aprender. En realidad, a la gente le encanta ser útil, y es bueno estar en el extremo receptor. Permíteme desafiarte. ¿Hay algo que siempre quisiste aprender? ¿Hay algún libro en la Biblia que hayas querido estudiar, pero aún no lo has hecho? ¿Te gustaría aprender a compartir tu fe o aprender el lenguaje de señas? Sé enseñable. No hay tiempo como el presente.

Lectura de *La Biblia en un año*

Jeremías 48:1–49:22; 2 Timoteo 4:1-22; Salmo 95:1–96:13; Proverbios 26:9-12

Leones y pereza

El perezoso afirma: «¡Hay un león en el camino!
    ¡Sí, estoy seguro de que allí afuera hay un león!».
Así como la puerta gira sobre sus bisagras,
    el perezoso da vueltas en la cama.
Los perezosos toman la comida con la mano
    pero ni siquiera se la llevan a la boca.

PROVERBIOS 26:13-15

Pereza. Se define como «un movimiento lento y flojo, ociosidad». La postergación es sin duda parte de esto. Postergar es retrasar, posponer hasta otro día u hora. Debo decirte que odio cuando hago eso. No es que debemos ser adictas al trabajo y consumirnos con el ajetreo, pero debemos ser buenas administradoras del tiempo y las oportunidades que el Señor nos ha dado.

A Dios le importa cómo pasas tu tiempo, porque no solo ha numerado tus días, sino que si eres una hija de Dios, tu vida no es tuya. Primera de Corintios 4:2 nos dice: «Alguien que recibe el cargo de administrador debe ser fiel».

Entonces, ¿qué es *fiel*? *Fiel* significa «lleno de fe». Necesitamos tener fe en que Dios nos puso aquí en la tierra con un propósito. Podemos mirar cada día, cada mañana, con emoción. Estoy anticipando salir de la cama y comenzar el día con Dios, leyendo su Palabra, comunicándome con él.

Mantengo un cuaderno junto a mi diario. A menudo, en mi tiempo de silencio, pienso en tareas que debo cumplir. En lugar de distraerme, las escribo, sabiendo que el Señor está ordenando mis pasos. Esto me ayuda a priorizar, me da un plan, y tener un plan me echa a andar.

Hazlo personal... ¡Vívelo!

«Hay un león en el camino». ¿Sabías que el temor nos puede paralizar y así evitar que demos comienzo a las cosas? El temor al fracaso nos convence de que no tiene sentido volver a los estudios; es muy tarde, no podemos aprender, no terminaremos. El temor nos convence de que no podemos cambiar; ¿para qué intentar algo nuevo? ¿Hay un deseo bueno que continúas haciendo a un lado? Puede ser que sea Dios conmoviéndote, animándote a dar el paso.

Oremos

Señor, no quiero perderme oportunidades y bendiciones por pereza o temor. Dame valentía. Dame esperanza. Y dame un empujón firme para caminar hacia adelante.

Lectura de *La Biblia en un año*

Jeremías 49:23–50:46; Tito 1:1-16; Salmo 97:1–98:9; Proverbios 26:13-16

No seas entrometida

Como el que toma un perro por las orejas,
*   así es el que pasa y se entremete en contienda que no es suya.*
PROVERBIOS 26:17 (LBLA)

La definición del diccionario de *entrometerse* es «interferir, implicarse a sí mismo en un asunto sin tener derecho o invitación a hacerlo». Algunas cosas no son asunto nuestro, ¿verdad? Los transeúntes sin duda no tienen nada que les concierna en el asunto de otra persona. ¿Y quiénes son los transeúntes? Son las personas que no han investigado nada. Simplemente vienen, miran cómo son las cosas superficialmente, y piensan que pueden dar una opinión rápida, una solución rápida o una decisión sin conocer ambos lados ni realmente considerar toda la información.

Un transeúnte es alguien que no tiene intereses creados. Ahora esto es más que solo ser neutral. Realmente no le importa el efecto a largo plazo.

Un transeúnte es alguien que está allí por un momento y luego sigue. No está dispuesto ni es capaz de ser parte de la solución.

Y así nuestro proverbio sabiamente nos aconseja hoy: no seas entrometida.

Pero entonces siento la carga de decir que hay una cosa que puedes hacer. Ora. Hay demasiadas relaciones que nos rodean, incluso entre los cristianos, que están fracturadas. Ora. Si realmente te importa algo, si quieres marcar una diferencia, ora. A veces tenemos que ser más que transeúntes. Hay un tiempo para estar en silencio, pero luego también hay un tiempo para involucrarse y hablar la verdad con amor.

Hazlo personal... ¡Vívelo!

Entrometerse. Quizás nunca hayas utilizado esa palabra antes. ¿Eres una suegra? Oh, que tentador es dar tu opinión no solicitada. Mi madre fue el ejemplo perfecto de sabiduría con respecto a esto. En sus más de cuarenta años de ser una suegra, nunca la oí decir nada crítico sobre sus yernos. Ella les dejó claro a sus tres hijas que ella no nos daría orientación para las quejas maritales. Nosotras teníamos que resolverlas. Mi abuela solía decir: «Tener demasiadas cocineras estropeará el estofado».

Lectura de *La Biblia en un año*

Jeremías 51:1-53; Tito 2:1-15; Salmo 99:1-9; Proverbios 26:17

No es gracioso

Tanto daña
*   un loco que dispara un arma mortal*
como el que miente a un amigo
*   y luego le dice: «Solo estaba bromeando».*
PROVERBIOS 26:18-19

H. A. Ironside comentó: «Diversión a expensas del sufrimiento de otro, nadie más que una persona sumamente desconsiderada y egoísta se involucrará».

Engañar a tu vecino y luego encubrirlo es el tema de este proverbio.

Engañar es «representar como verdadero lo que se sabe que es falso». Es confundir a alguien o falsear a alguien o traicionar a alguien. ¿Hacemos esto en ocasiones?

Esposas, ¿alguna vez han engañado a su marido con respecto a cuánto dinero gastaron? ¿O alguna vez han traicionado a una amiga compartiendo información privada que les confió? ¿O alguna vez han engañado a alguien a hacer algo que sabían que no quería hacer? Una buena manera de darnos cuenta de lo equivocado y perjudicial que es esto es recordar cuando alguien más nos lo ha hecho.

Así que la mejor lección que podemos aprender de este proverbio es ser honestas, ser justas con los demás. Una de las mejores reputaciones que puedes conseguir durante tu vida es que los demás pueden confiar en ti y de hecho lo hacen. Qué maravilloso es que la gente sepa que están a salvo contigo. Su reputación está a salvo, su dinero está a salvo, sus sentimientos están a salvo, sus asuntos privados están a salvo. ¿Puedes decir que esto siempre es cierto de ti? Si no lo es, si esto no ha sido siempre cierto en el pasado, hoy es un nuevo día, y Dios mismo te enseñará una nueva manera.

Hazlo personal... ¡Vívelo!

Jesús nos dijo: «Ama a tu prójimo como a ti mismo» (Mateo 22:39). Esto nos da una guía sencilla para vivir. ¿Es fácil? No siempre. No siempre es fácil mantener la calma, o poner a otros primero, o negarse a tomar represalias cuando estás herida. Pero cuando obedecemos el mandamiento de Dios, no solo es mejor para los demás; es mejor para nosotras. Vamos a llevarlo a un paso más allá que simplemente abstenernos de mal comportamiento; aprendamos a estar genuinamente interesadas en las personas. Esta mentalidad nos extiende más allá de nuestros pequeños mundos e intereses. Nos enseña que Dios tiene un mundo grande, y que también tiene una gran familia.

Lectura de *La Biblia en un año*

Jeremías 51:54–52:34; Tito 3:1-15; Salmo 100:1-5; Proverbios 26:18-19

Apagando fuegos

El fuego se apaga cuando falta madera,
*   y las peleas se acaban cuando termina el chisme.*
PROVERBIOS 26:20

Hay una cartelera en Indiana que dice: «El que arroja tierra… pierde terreno». ¿Por qué alguien alzaría ese letrero para que todos lo vean? Tal vez había visto demasiadas peleas y disputas. Era su manera de decir: «Ya basta». Los conflictos, las diferencias de opinión y las discusiones siempre surgen. Son simplemente parte de la vida. Incluso grandes hombres de Dios como el apóstol Pablo y su buen amigo Bernabé tuvieron un gran desacuerdo. De alguna manera, las diferencias pueden ser algo bueno si estamos comprometidas a construir puentes en lugar de quemarlos. Pueden llevar nuestra paciencia al límite, perfeccionar nuestras habilidades de comunicación y, lo más importante, poner a prueba nuestra obediencia al mandato del Señor de perdonar y olvidar. «Recuerden que el Señor los perdonó a ustedes, así que ustedes deben perdonar a otros» (Colosenses 3:13).

Escuché un gran consejo de un hombre mayor muy sabio. Cuando te ofendas o te enfades con alguien, detente y considera: *¿Qué tan significativo será esto en doce meses?* En el ardor del momento, las cosas pequeñas pueden parecer grandes, pero con el tiempo, las cosas grandes pueden parecer pequeñas. Como nuestro proverbio nos dice hoy, si no hay madera fresca arrojada en el fuego, como el chisme, el fuego simplemente se apaga.

Un niño de cuatro años decidió que intentaría recitar el Padrenuestro. Él oró esta versión: «Y perdónanos nuestros apilado, como nosotros perdonamos a los que apilan contra nosotros». En realidad, si estás rumiando sobre un conflicto o una pelea con alguien, es una oración bastante buena. Ahora que lo pienso, creo que la oraré yo también.

Hazlo personal… ¡Vívelo!

Una pelea, así como un fuego, necesita madera fresca para mantenerla encendida. Sin embargo, mucho tiempo después de que la llama se ha agotado, puede ser que aún existan brasas calientes debajo de todas las cenizas. Cuando el ardor del momento haya pasado, podemos pensar que ya lo hemos superado. Pero al menos que honestamente llevamos la situación al Señor y dejamos que su Espíritu empape las brasas persistentes, pueden alzarse como llamas de ira incluso años más tarde.

Oremos

Espíritu Santo, por favor derrámate sobre mi corazón y mi mente. Si hay brasas persistentes de rencores y resentimientos yaciendo dentro de mí, apágalas. Ayúdame a ver a todos como alguien a quien tú amas. Cambia mi corazón para que realmente los ame.

Lectura de *La Biblia en un año*

Lamentaciones 1:1–2:22; Filemón 1:1-25; Salmo 101:1-8; Proverbios 26:20

Rumores

*Los rumores son deliciosos bocaditos
    que penetran en lo profundo del corazón.*
PROVERBIOS 26:22

Rumores. Si no fuera por los rumores, habría muchas menos revistas en el supermercado. Nuestro proverbio de hoy dice que los rumores tienen buen sabor, pero penetran a lo profundo de nosotras. De verdad quisiera que este proverbio no fuera cierto, pero lo es, y lo sabemos. Piénsalo. Si escuchamos un pequeño chisme, por más que nos duela admitirlo, sí captura nuestro interés. Parte de nosotras quizás está pensando: *Qué feo decir eso. Es probable que no sea cierto.* Pero de alguna manera ese pequeño chisme sí se nos pega. La próxima vez que vemos a esa persona, tenemos un concepto hastiado de ella. Y debido a eso, tal vez no confiamos en ella como lo hacíamos antes, o si ella ha sido una amiga para nosotras, nos distanciamos de ella.

¿No es solo una muestra más de la obra de Satanás? Me pregunto cuándo vamos a ser más astutas y dejar de caer en sus maquinaciones insidiosas? Si alguna vez hubo una maquinación desde el centro mismo del infierno, fue el chisme, especialmente entre la familia de Dios.

¿Qué sucedería, en realidad, si todas nosotras, como mujeres de Dios, nos juntamos y boicoteamos toda actividad de compartir y también de escuchar chismes? ¿Qué tal si todas usamos botones que dicen: «¡No al chisme!»? Podrías estar pensando: *Eso nunca sucederá.* Bueno, tal vez todas no se unan a nosotras, pero ¿sabes qué? Eso no nos detiene a nosotras de decir: «Bueno, para mí, he terminado con eso». Simplemente dile no al chisme, y Satanás tendrá un peón menos en su malvado plan.

Hazlo personal... ¡Vívelo!

Ten en cuenta: hay algunos rumores desagradables sobre Dios flotando por ahí también. ¿Y quién es el perpetrador? No es otro más que el enemigo de nuestra alma, el padre de las mentiras, Satanás mismo. Puede que ni siquiera te des cuenta de cómo sus mentiras han calado en lo profundo de tu corazón. ¿Dudas del amor de Dios por ti? ¿Te preguntas si él escucha tus oraciones? ¿Te preguntas si sus planes para ti son reales y buenos y prácticos hoy día?

Deja que él hable palabras de verdad: «Con amor eterno te he amado» (Jeremías 31:3, NVI). «Nunca te fallaré. Jamás te abandonaré» (Hebreos 13:5). «Tus pensamientos acerca de mí, oh Dios [...] ¡suman más que los granos de la arena!» (Salmo 139:17-18).

Lectura de *La Biblia en un año*

Lamentaciones 3:1-66; Hebreos 1:1-14; Salmo 102:1-28; Proverbios 26:21-22

Cuentos chinos

Como baño de plata sobre vasija de barro
son los labios zalameros de un corazón malvado.
PROVERBIOS 26:23 (NVI)

Halloween es un día de máscaras y disfraces. Cuanto más efectivo sea el disfraz, menos posibilidades hay de reconocer quién está detrás de la máscara. Disfraces, fachadas falsas, el fingir... para muchos Halloween es solo un juego. Pero, para algunos, fingir es una forma de vida.

Los labios zalameros pueden decir palabras brillantes y fervorosas, pero encubren un corazón con motivos equivocados. Lo que ves no es lo que obtienes. Piensa en ese día en que María de Betania rompió la vasija de alabastro para ungir a Jesús. Fue una hermosa imagen de amor extravagante. Pero Judas alzó la voz. «Hubiera sido mejor venderlo para dar el dinero a los pobres» (Juan 12:5). ¿No suena eso noble y hasta cariñoso? «Oh, los pobres. ¡A nadie le importan los pobres más que a mí!».

Juan 12:6 nos da un vistazo detrás de la máscara del corazón de Judas. «No es que a Judas le importaran los pobres; en verdad, era un ladrón y, como estaba a cargo del dinero de los discípulos, a menudo robaba una parte para él». Ahora vemos que Judas no se preocupaba de Jesús, ni de María ni de los pobres. Solo se preocupaba por sí mismo. Con sus labios se acercó, pero su corazón estaba muy, muy lejos.

Muchas mujeres creen lo que quieren creer sobre un hombre. Algunos hombres fervientemente te dirán cualquier cosa que quieras oír para que puedan obtener lo que quieren. «Como baño de plata sobre vasija de barro son los labios zalameros de un corazón malvado». Así que la moral es: sé sabia. En la luz, las mentiras no son tan convincentes.

Hazlo personal... ¡Vívelo!

En Tito 2 a las mujeres mayores se les anima a enseñar a las mujeres más jóvenes. Un área de instrucción que lamentablemente hace mucha falta es la sexualidad, el romance y el amor verdadero. Hollywood ha condicionado a las niñas desde los dos años a igualar un rostro bonito con un corazón hermoso. La lujuria se pone una máscara y se llama a sí misma amor. ¿Las jovencitas desean instrucción? Creo que muchas definitivamente sí. Hay excelentes libros cristianos escritos sobre este tema; ¿escogerás uno y lo leerás? ¿Orarás por algunas jovencitas que conoces? Si eres soltera, ¿te unirás con otras para orar y rendirse cuentas mutuamente?

Lectura de *La Biblia en un año*

Lamentaciones 4:1–5:22; Hebreos 2:1-18; Salmo 103:1-22; Proverbios 26:23

1 de noviembre

El lobo feroz

Con sus palabras el perverso trata de disimular su odio,
pero en su interior planea maldades.
Lo que dice parece correcto,
pero su corazón está lleno de malos pensamientos.
PROVERBIOS 26:24-25 (PDT)

Un hombre perverso puede ser encantador, pero no tiene nada bueno en mente. Chicas, aunque tengan quince o veintidós o sesenta y dos años, necesitan ser sabias y cuidadosas. Cuando las mujeres se sienten solas o insatisfechas, se convierten en presas fáciles. Cierran los ojos ante señales de alarma y dejan que sus emociones las guíen. ¿Esta has sido tú en el pasado? ¿Esta eres tú en este momento?

Por favor, escucha. Necesitamos aprender a discernir si un hombre que parece bueno es realmente un lobo vestido de oveja. ¿Por qué las mujeres a veces se casan con hombres que apenas conocen y que luego odian? Muchas mujeres, incluso mujeres cristianas, están teniendo relaciones sexuales antes del matrimonio. La intimidad sexual libera una endorfina, llamada oxitocina, que crea lazos emocionales y físicos. Estos lazos te hacen ciega a los defectos. Esto es bueno una vez que estás casada. Pero antes, puede reemplazar y cortocircuitar la verdadera construcción de la relación. Tristemente, muchas terminan maltratadas y abusadas, casadas con un extraño porque no miraron antes de echarse un clavado.

La sabiduría es cuidadosa. La sabiduría confía en las instrucciones y salvaguardias de Dios. Ten cuidado y observa indicios de carácter. ¿Cómo trata este hombre a las camareras cuando salen juntos, tanto a las bonitas como a las que no son bonitas? ¿Cómo gasta su dinero? ¿Cómo trata a su familia? ¿Qué tan rápido se enfada?

El lobo feroz dijo: «Caperucita Roja, qué bien te ves». Pero el lobo estaba disfrazado y era engañoso y peligroso.

Hazlo personal... ¡Vívelo!

Fleetwood Mac cantó estas palabras: «Cierra mis ojos. [...] Dime mentiras, dime dulces mentiritas». Pero las mentiras nunca son dulces.

Dios nos creó con un profundo deseo de ser atesoradas y amadas. Nuestro deseo por intimidad no es malo. Pero cuando nos salimos de sus mandamientos, cuando pecamos, resulta contraproducente. ¿Qué es lo que una mujer debe hacer? ¿Cómo puedes encontrar el amor que has anhelado toda tu vida? Levanta tu copa vacía para que Dios te llene y te satisfaga completamente. Esta no es una respuesta simplista, aunque es muy sencillo. «Deléitate en el SEÑOR, y él te concederá los deseos de tu corazón» (Salmo 37:4).

Lectura de *La Biblia en un año*
Ezequiel 1:1–3:15; Hebreos 3:1-19; Salmo 104:1-23; Proverbios 26:24-26

Bumerán

Si tiendes una trampa para otros,
tú mismo caerás en ella.
Si echas a rodar una roca sobre otros,
no los aplastará a ellos sino a ti.

PROVERBIOS 26:27

Aquí Dios nos advierte que crear problemas para los demás finalmente regresará a nosotras como un bumerán. El señor Walter Scott dijo: «Oh qué red tan enredada tejemos cuando primero practicamos para engañar».

Algunas de ustedes saben que tengo una gran pasión por animar a las mujeres a leer la Biblia de principio a fin. Uno de los maravillosos beneficios es que la Biblia no solo enseña principios de la vida, sino que también los ilustra a través de ejemplos reales en la vida de personas reales.

El libro de Ester muestra una imagen de alguien que cavó un pozo para otra persona y luego cayó en él. Su nombre fue Amán. Odiaba a un judío llamado Mardoqueo, primo de Ester. Su odio no estaba basado sobre algún mal que le habían hecho. Su odio surgió del hecho de que las cosas no salieron a su manera. Ese es otro tema. Y a medida que crecía su amargura, trató de matar no solo a Mardoqueo sino a todos los judíos de la zona. La amargura hace eso. Siempre ensancha el círculo de daños colaterales.

Un detalle interesante de la historia es que la esposa de Amán, Zeres, lo animó a vengarse. Ella dijo: «Mata a Mardoqueo. Entonces ve y sé feliz». Es un mal consejo. Pero Ester dio un paso audaz, pidiéndole a su marido, el rey, que interviniera. Resultado final: Amán fue colgado en la horca que construyó para otros. Amán no sabía que «lo que sube siempre baja». Amán fue la rata que quedó atrapada en su propia trampa.

Hazlo personal... ¡Vívelo!

Amán es el villano central en esta historia. Pero su esposa, Zeres, le echó leña al fuego. En lugar de ser la voz de la razón, ella lo animó a actuar con base en su ira. Cuando hacemos eso, aunque no participamos en las acciones malvadas, llegamos a ser cómplices en el crimen; llegamos a tener «las manos manchadas de sangre». Ya sea que la persona que está enojada contigo sea tu esposo o tu hermana o un líder a quien sirves, ora por ellos. Y mejor aún, ora con ellos.

«La oración ferviente de una persona justa tiene mucho poder y da resultados maravillosos» (Santiago 5:16).

Lectura de *La Biblia en un año*

Ezequiel 3:16–6:14; Hebreos 4:1-16; Salmo 104:24-35; Proverbios 26:27

Las malas pasadas

La lengua mentirosa odia a sus víctimas.
PROVERBIOS 26:28

Recientemente escuché a alguien decir algo duro y crítico sobre una maestra de la Biblia y oradora muy popular. En resumidas cuentas, escucharon que fue acusada de una frase en una charla que pareciera que daba a entender algo que iba en contra de la Biblia. Primero que nada, nunca escucharon la charla completa. Segundo, nunca investigaron ni escucharon lo que ella dijo para aclarar el malentendido. Tercero, le creyeron a otra persona que esta mujer era una falsa maestra. Al investigarlo un poco más, descubrí que todo comenzó con un sitio web, un sitio supuestamente cristiano. El hombre que publicó estas acusaciones volátiles tiene una reputación de jugar malas pasadas a las personas en el cuerpo de Cristo que son famosas o populares.

Permíteme preguntar, ¿de qué se trata eso? Primero que nada, no es cristiano. Ciertamente no es actuar como Cristo. Sí, por supuesto, necesitamos rendir cuentas. Pero las malas pasadas no califican, de verdad. Si nos mordemos y nos devoramos unos a otros, la familia de Dios es debilitada.

Así que, vayamos a lo personal y seamos honestas. ¿A veces hacemos eso? Es decir, ¿en ocasiones somos irrazonablemente duras y criticonas? ¿Puede ser que derrumbemos a otros porque nos enfada que ellos reciban cierta atención que quisiéramos recibir nosotras? Pues, nos debería dar vergüenza.

Un niño una vez oró: «Querido Dios, haz que todas las personas malas sean buenas y haz que todas las personas buenas sean amables».

Hazlo personal... ¡Vívelo!

Desarrollar un hábito de honestidad es el mejor antídoto para una lengua mentirosa. Poco podemos hacer para corregir el mal comportamiento de otro. Pero Dios nos ha hecho personalmente responsables por el nuestro. Eso es bueno. El mismo Espíritu Santo tocará nuestro corazón cuando nos equivocamos. Eso también es bueno. Si sientes que se empieza a levantar la tentación de exagerar o torcer o simplemente ignorar la verdad, envía una oración de flecha, pidiéndole al Señor que te dé gracia para decir lo que es correcto.

«Que sus conversaciones sean cordiales y agradables, a fin de que ustedes tengan la respuesta adecuada para cada persona» (Colosenses 4:6).

Lectura de *La Biblia en un año*

Ezequiel 7:1–9:11; Hebreos 5:1-14; Salmo 105:1-15; Proverbios 26:28

Mañana

No te jactes del mañana,
ya que no sabes lo que el día traerá.

PROVERBIOS 27:1

De verdad me encanta como los Proverbios cubren cada faceta de la vida. Aquí llegamos al hábito necio de jactarnos. La razón por la que no debemos jactarnos sobre mañana es porque aunque nos gustaría hacerlo, en realidad no podemos garantizar qué es lo que mañana traerá, ¿cierto? A veces una sola cosita inesperada puede cambiar tu día entero. A veces una sola cosita inesperada puede cambiar tu vida entera.

Esto no significa, sin embargo, que no debamos ser diligentes o planear para el futuro. De hecho, los Proverbios nos dicen que observemos los buenos hábitos de la hormiga. Si observas una hormiga, está enfocada, ocupada. Si pones algo en su camino, no se rinde ni se altera. Lo toma con calma y encuentra cómo sacarle la vuelta al obstáculo. Esta es una buena lección para nosotras como mujeres. Bien. Haz planes. Sé organizada. Puedes tener sueños y anhelos para tu futuro, para tu hogar, para tus hijos, pero no te aferres tanto en ellos que creas que están escritos en una tabla de piedra. Me encanta la expresión: «No sé qué dispondrá el futuro, pero sé quién dispone el futuro».

Así que, queridas hermanas, disfrutemos el hoy y seamos agradecidas. «Este es el día que hizo el Señor; nos gozaremos y alegraremos en él» (Salmo 118:24). El pasado es historia, el futuro es un misterio, pero hoy es un regalo. Por eso lo llaman el *presente*.

Hazlo personal... ¡Vívelo!

¿Alguna vez has tenido un gran plan que se te malogró? Por supuesto que sí. Robert Burns estaba arando su campo un día cuando volcó un nido acogedor de un pequeño ratón. Tal vez vio sus propias decepciones reflejadas en el levantamiento. Con simpatía, escribió: «Pequeño ratón, no estás solo en demostrar que la previsión puede ser en vano. Los esquemas mejor establecidos de los ratones y de los hombres a menudo salen mal, y no nos dejan nada más que el dolor y la pena».

Pobre ratoncito y pobre Robert. ¿Nos queda solo una visión fatalista de la vida, temiendo que el destino nos pueda barajear una mano mala? Por supuesto que no. Cuando colocamos nuestra vida enteramente en las manos de Dios, como David, podemos decir: «El Señor es mi pastor; tengo todo lo que necesito» (Salmo 23:1).

Lectura de *La Biblia en un año*

Ezequiel 10:1–11:25; Hebreos 6:1-20; Salmo 105:16-36; Proverbios 27:1-2

Irracional

Una piedra es pesada, y la arena también,
pero el resentimiento causado por el necio es aún más pesado.
PROVERBIOS 27:3

J. Vernon McGee explica: «Si tienes a un necio enojado contigo, estás en problemas, porque un necio no tiene discreción. Él [o ella] dirá o hará cualquier cosa».

El enojo de un necio es insensato porque es irracional. Es irracional porque está fuera de proporción contra la ofensa. Es irracional porque a menudo aumenta en ardor en lugar de irse calmando con el tiempo. Es irracional porque a menudo es ventilado sobre inocentes que no tienen nada que ver. Es irracional porque no tiene límites. Los necios dirán o harán lo que sea cuando están enojados, sin ningún sentido de jugar limpiamente y sin pensar en las consecuencias. Es irracional porque generalmente comienza con una respuesta, se vuelve un mal hábito y se convierte en una personalidad gruñona. Esta manera de enojarte y mantenerte enojada es difícil para todos, porque todos pierden.

Una vez vi a un hombre en el aeropuerto esperando la llegada de alguien. Cargaba un ramo de flores excepcionalmente hermoso. Me perdí el saludo inicial, pero unos momentos después lo vi caminando detrás de una mujer cuyo rostro resplandecía de ira. Él aún sostenía las flores rechazadas y caminaba atrás con sus hombros caídos.

Momentos perdidos, flores desperdiciadas, un mal humor perpetuo: todo esto es el resultado final del enojo necio.

Hazlo personal... ¡Vívelo!

Hay un gruñóncito muy malhumorado que se mete dentro de mí.
¡No me gusta su compañía! ¡No me gusta que esté ahí!

¡Me hace gruñir y quejarme con todos a mi alrededor!

Pero... este gruñóncito muy malhumorado mucho tiempo no aguanta.
¡Desaparecerá como una gota de lluvia cuando cante una canción feliz!
—JILL EGGLETON EN «GRUMPY GROUCH» (GRUÑÓNCITO MALHUMORADO, TRADUCCIÓN LIBRE)

Oremos

Señor, sabes que a veces me pongo de un mal humor necio e irracional. Cuando lo hago, despiértame para que cambie. Recuérdame poner una música de alabanzas y cantar hasta alejar el mal humor.

Lectura de *La Biblia en un año*

Ezequiel 12:1–14:11; Hebreos 7:1-17; Salmo 105:37-45; Proverbios 27:3

Una amiga fiel

Mejor es la reprensión manifiesta que el amor oculto.
Fieles son las heridas que causa el que ama,
pero engañosos son los besos del que aborrece.
PROVERBIOS 27:5-6 (RVA-2015)

Este proverbio rompe el molde de pensar que el silencio siempre es oro o es actuar en amor. En Mateo 18:15, Jesús nos dice que tenemos que aprender a tratar los asuntos. Él dice: «Si un creyente peca contra ti, háblale en privado y hazle ver su falta. Si te escucha y confiesa el pecado, has recuperado a esa persona».

Honestamente puedo decir que mis amigas más leales y queridas me han corregido en algún momento. Esto requiere valentía. Déjame compartir contigo algunas cosas que he aprendido de ellas, no solo lo que ellas compartieron pero cómo lo hicieron.

- En amor hablaron *conmigo*, no de mí, a mis espaldas. Estoy agradecida por eso.
- Oraron primero y hablaron después. Por esa razón, cada vez el Señor preparaba mi corazón para escuchar y recibir.
- En amor me dijeron la verdad, toda la verdad. La combinación de amabilidad, claridad y valentía no es dolorosa sino de mucha, mucha ayuda.

Si alguna de estas fieles y amorosas amigas está leyendo esto, déjame decirte: «Gracias, de verdad, gracias». Samuel Coleridge dijo: «El consejo es como la nieve; entre más despacio cae, más tiempo dura y más profundamente penetra en la mente».

Hazlo personal... ¡Vívelo!

«Fieles son las heridas que causa el que ama». Qué verdad tan intrigante y atractiva. *Fiel* significa «lleno de fe». Así que primero que nada la amiga que se avienta para hablar una palabra de corrección debe tener fe. Ella debe creer en ti y confiar que escucharás con gracia. Debe creer que eres tanto humilde como enseñable. Hablar con honestidad no es fácil, así que ella debe creer que vale la pena el riesgo y el esfuerzo. Pero por último, una amiga fiel debe creer que simples palabras no pueden cambiar incluso a una amiga enseñable. La transformación es un milagro. Una amiga fiel ora y cree que Dios, quien formó nuestro corazón, también puede cambiarlo.

Lectura de *La Biblia en un año*

Ezequiel 14:12–16:41; Hebreos 7:18-28; Salmo 106:1-12; Proverbios 27:4-6

Amargo a dulce

El que tiene el estómago lleno rechaza la miel;
pero al hambriento, hasta la comida amarga le sabe dulce.
PROVERBIOS 27:7

Vivimos en una sociedad que da tanto por sentado, ¿no? Comemos antes de que estemos realmente hambrientos. Compramos zapatos cuando tenemos diez pares que nunca nos ponemos. Los niños a menudo tienen más juguetes de lo que jamás usarán.

Saciado significa que cuando tenemos demasiado, realmente no disfrutamos de nada. Pero «al hambriento, hasta la comida amarga le sabe dulce». Eso puede sonar como una declaración extraña, pero piénsalo. Piensa en aquello por lo cual tuviste que trabajar, ahorrar y esperar. Y cuando lo conseguiste, lo saboreaste. Mamás, privamos a nuestros hijos de esto cuando consiguen todo lo que quieren cuando lo quieren.

Permítanme aplicar este proverbio de una manera más. Algunas personas que han crecido en un hogar cristiano con padres amorosos se convierten en pródigos porque realmente no aprecian las bendiciones de sus padres o de su herencia. Pero nuestro proverbio de hoy nos dice: «Al hambriento, hasta la comida amarga le sabe dulce».

El pastor Greg Laurie escribió la historia de su vida creciendo en un hogar roto y disfuncional. Su libro se llama *Lost Boy* (Chico perdido). En él comparte la gran bendición y el gozo que ahora tiene al saber que tiene un Padre celestial que lo ama y que nunca lo dejará ni lo abandonará. A pesar de que ha pasado por una amarga tragedia con la muerte de su hijo Christopher, se está inspirando profundamente en la dulzura de saber que la gracia de Dios es suficiente.

Hazlo personal... ¡Vívelo!

Hoy hablé con una mamá soltera quien estaba sintiendo que había llegado a su límite. Está atrasada en sus pagos de la renta y tiene miedo de enfrentar a su arrendador. Finalmente tuvo el valor de contestar sus llamadas. Sintiendo que este era el fin, había pasado la mañana tratando de aceptar lo inevitable. Luego un pequeño aplazamiento vino en forma de gracia y comprensión. Sus lágrimas de desespero se convirtieron en lágrimas de gozo. Aún tiene que pagar su renta. Pero ella colgó el teléfono con esperanza en su corazón. ¿Estás al borde amargo de la desesperación? No hay nada más dulce que ver la gracia del Señor aparecerse en tu hora de necesidad.

Lectura de *La Biblia en un año*

Ezequiel 16:42–17:24; Hebreos 8:1-13; Salmo 106:13-31; Proverbios 27:7-9

Auténtica

Nunca abandones a un amigo,
  sea tuyo o de tu padre.
Cuando ocurra la calamidad, no tendrás que pedirle ayuda a tu hermano.
  Mejor es recurrir a un vecino que a un hermano que vive lejos.

PROVERBIOS 27:10

Albert Barnes da una excelente explicación. «Mejor es el vecino que está muy "cerca" de corazón y espíritu, que un hermano que aunque es más cercano [...] por sangre, está "lejos" en sentimiento».

Así que el tema de este proverbio es la importancia de la amistad. Mis queridas hermanas, necesitamos amigas —amigas buenas, honestas, verdaderas, piadosas— y necesitamos ser eso para otras. Los Proverbios nos dicen que el que ha de tener amigos debe mostrarse amigable. No te la pases sintiéndote mal por ti misma por no tener amigas; sé una amiga para alguien que no tiene ninguna.

Se ha dicho: «El dinero podrá hacerte adinerado, pero tener amigos te hace rico». Helen Keller dijo: «Caminar con un amigo en la oscuridad es mejor que caminar solo en la luz».

Vivimos en un mundo de relaciones desechables. Pero el dicho «lo que llega fácil, fácil se va» nunca debe aplicar a las relaciones. Benjamin Franklin entendió esto y advirtió: «Sé lento en escoger a un amigo, y aún más lento en cambiar de amigo». Cuando estás mirando la vida de un hombre como Billy Graham, es un testimonio a su carácter que tuvo amigos cercanos de ministerio quienes se quedaron con él por más de cincuenta años.

Y luego, está Jesús. Él es incomparable. En las últimas horas de su vida, él nos enseñó cómo es la amistad leal realmente. Juan 13:1 nos dice: «Había amado a sus discípulos durante el ministerio que realizó en la tierra y ahora los amó hasta el final».

Hazlo personal... ¡Vívelo!

Ir a lo profundo y ser una amiga auténtica es nuestro tema de hoy. Así que déjame preguntarte: ¿cuándo fue la última vez que realmente diste el kilómetro extra por alguien? ¿Cuándo fue la última vez que intencionalmente invertiste en hacer más fuerte cierta amistad? ¿Honestamente puedes decir que sabes por lo que están pasando tus amigas más cercanas? ¿Les has hablado y orado con ellas últimamente? Hacerte sentir culpable no es el punto. Animarte a reconectarte de una forma personal y proactiva *sí* lo es. Así que hornea unas galletas, di una oración, tómate tu tiempo en una conversación, escribe una carta. Como lo dijo James Taylor: «Baña a las personas que amas con amor, muéstrales cómo te sientes por ellos».

Lectura de *La Biblia en un año*

Ezequiel 18:1–19:14; Hebreos 9:1-10; Salmo 106:32-48; Proverbios 27:10

Hacer orgulloso a tu Padre

Sé sabio, hijo mío, y alegra mi corazón.
Entonces podré responder a los que me critican.
PROVERBIOS 27:11

Mamis, cuando nuestros hijos son pequeños hay ocasiones en las que quisiéramos, por lo menos temporalmente, fingir que no son nuestros, como cuando tumban un arreglo en la tienda o derraman su leche en un restaurante.

Pero en serio, ya que están más grandes, nos provoca un gran dolor en nuestro corazón de padre o madre cuando un hijo anda por un mal camino. Nos preocupamos. Sentimos dolor por nuestro hijo. Nos lamentamos cuando vemos las consecuencias y complicaciones que las malas decisiones han traído a su vida. Sentimos nuestro propio dolor por los sueños rotos que teníamos para su vida. Y luego, sinceramente, hay vergüenza. Nos sentimos reprochados. Nos preguntamos cómo les fallamos. Cada padre o madre de un hijo pródigo conoce este quebranto.

Pero ahora apliquemos esto a nosotras, porque somos hijas de Dios el Padre. Dios nos está diciendo: «Sé sabia, hija mía, y alegra mi corazón». Debemos caminar dignas de aquel que nos llamó. Tengo que decirte, he hablado con demasiadas personas que rechazan a Dios por el comportamiento impío de algunos de los hijos de Dios o supuestos hijos de Dios. Cuando David cometió adulterio, uno de los resultados trágicos fue que causó que los enemigos del Señor blasfemaran.

Así que, como hija de Dios, recuerda siempre que cargas su nombre noble. A dondequiera que vayas, en todo lo que hagas, sé una bendición. Hagamos que nuestro Padre se sienta orgulloso.

Hazlo personal... ¡Vívelo!

¿Podemos nosotras, meros humanos, traer gozo al Señor del universo? ¿Influye nuestro comportamiento y carácter en la forma en que otros lo ven? Jesús dijo absolutamente que sí a ambas cosas. «Ustedes son la luz del mundo, como una ciudad en lo alto de una colina que no puede esconderse. Nadie enciende una lámpara y luego la pone debajo de una canasta. En cambio, la coloca en un lugar alto donde ilumina a todos los que están en la casa. De la misma manera, dejen que sus buenas acciones brillen a la vista de todos, para que todos alaben a su Padre celestial» (Mateo 5:14-16). Esta es una responsabilidad seria y, sin embargo, una posibilidad emocionante. Hagámoslo. Dejemos brillar nuestra luz. ¡Hagamos que nuestro Padre se sienta orgulloso!

Lectura de *La Biblia en un año*

Ezequiel 20:1-49; Hebreos 9:11-28; Salmo 107:1-43; Proverbios 27:11

¡Peligro, peligro!

El prudente se anticipa al peligro y toma precauciones.
El simplón sigue adelante a ciegas y sufre las consecuencias.
PROVERBIOS 27:12

Como mujeres viviendo en esta generación, este proverbio puede salvarnos la vida. Necesitamos despertar. Segunda de Timoteo 3:1-6 nos dice: «Es bueno que sepas que, en los últimos días, habrá tiempos muy difíciles. Pues la gente solo tendrá amor por sí misma y por su dinero. [...] No tendrán control propio. [...] Odiarán lo que es bueno. [...] Amarán el placer en lugar de amar a Dios. [...] ¡Aléjate de esa clase de individuos! Pues [...] se las ingenian para meterse en las casas de otros y ganarse la confianza de mujeres vulnerables que [...] están dominadas por todo tipo de deseos».

Esta es una descripción paso a paso de las series sórdidas, maliciosas y sexualizadas que se emiten hoy en la televisión. Es lo que se emite en programas de entrevistas, en películas de mala calidad, en la música, en la escuela y en el trabajo. Parece que en todo lugar la gente está hablando de cosas inmorales y simplemente malas. No seas ingenua. No creas que puedes nadar en el pantano sin ensuciarte.

Dios nos ha dado un sistema de alarma integrado. Préndelo, sintonízalo. Pon atención cuando Dios te da esa inquietud interna; eso es tanto discernimiento como convicción. En nuestro vecindario tenemos ratas, del tipo con colas. El exterminador nos aconsejó que selláramos todos los agujeros para que no puedan meterse. *Exactamente.* Toma precauciones. Las precauciones varían de ponerle un filtro a tu computadora hasta tener cuidado con cómo te vistes. Es mejor irse a la segura que luego arrepentirse. O, como decía mi abuelita: «Una onza de prevención vale una libra de cura».

Hazlo personal... ¡Vívelo!

Tengo una historia de una rata. Antes dejábamos la puerta trasera abierta para que el perro pudiera entrar y salir. Pero un día descubrí que nuestro perro no era el único que entraba. Había evidencia de una rata, una grande. Odio las ratas. Pero no puse una trampa hasta que vi sus desechos en mi cocina. Qué asco. ¿Qué tal tú? ¿Mirarás dentro de tu mundo interno con honestidad y valentía para ver si hay una rata de actitudes pecaminosas, egoístas o mundanas vagando en tus pensamientos y emociones?

Oremos

Señor, me estremezco al pensar en una rata en mi casa. Ayuda a que esta imagen me alerte para ver que el pecado trae peor suciedad y enfermedad. ¿He hecho concesiones o dejado la puerta abierta? Por favor limpia mi corazón, hazme más cuidadosa y guárdame.

Lectura de *La Biblia en un año*

Ezequiel 21:1–22:31; Hebreos 10:1-17; Salmo 108:1-13; Proverbios 27:12

¿Corazón tierno o habilitadora débil?

Quítale su ropa al que salió fiador del extraño,
y tómale prenda al que se fía
de la mujer ajena.
PROVERBIOS 27:13 (RVA-2015)

Primero que nada, cuando las personas asumen responsabilidad o seguridad por la obligación de otro en caso de que falle, ellos mismos se ponen en riesgo. Entonces, este proverbio nos aconseja a no estar descuidadamente entramados financieramente con otros que no son cuidadosos. Esto no es sabio.

Así que, ¿cuándo debemos ser tolerantes y extender gracia, y cuándo debemos retroceder y ser firmes?

En los últimos años hemos escuchado la palabra *habilitador* cada vez más. Sabemos que el Señor es un Dios que extiende gracia y es misericordioso. Nos enseña a ser amables, de corazón tierno, generosos y perdonadores. Eso no cambiará nunca. Pero hay una diferencia entre ser de corazón tierno y ser un bonachón y habilitador débil.

Cuando alguien muestra un patrón de conducta necia e irresponsable, no estamos obligados a achicar continuamente la brecha por él. Madres, todas sabemos que es difícil decir que no, especialmente a nuestros hijos. Pero cuando un hijo se encuentra en líos porque hizo un negocio con alguien de carácter dudoso o tiene una novia que está perdiendo su carro porque es drogadicta, no lo ayudes. Incluso si él se desahoga y muestra su enojo, no cedas. No seas una habilitadora. Cuando lo habilitas, has puesto en peligro tu propio ser y no lo has ayudado realmente. En Misuri dicen: «Esto es arrojar dinero por un agujero de rata».

Hazlo personal... ¡Vívelo!

Una vez tomé una clase sobre ministrar a los adictos. Tengo una profunda carga por las personas que han caído en la adicción y creo que cualquiera puede ser restaurado, si quiere ser restaurado. La maestra de la clase era una exadicta y conocía cómo son las cosas. Nos dijo, sin rodeos, que la gente con adicciones miente. Es lo que hacen. Nos manipulan. Tocan nuestras simpatías; nos hacen sentir culpables. Si estás ayudando a alguien, mantén a esa persona responsable. No tienes que ser dura de corazón para ser sabia. Pídele a Dios que te dé compasión y perspicacia.

Lectura de *La Biblia en un año*

Ezequiel 23:1-49; Hebreos 10:18-39; Salmo 109:1-31; Proverbios 27:13

La amiga bendecida

*Un saludo alegre y en voz alta temprano en la mañana
¡será considerado una maldición!*
PROVERBIOS 27:14

Supongo que el punto básico de este proverbio es no ser irritante. Como vemos, esta persona se levantó y alzó la voz alegremente a su amigo, pero no salió bien. ¿Puedes pensar en alguien en tu vida que constantemente sea irritante, haciendo pequeñas cosas que de verdad son inocentes pero sin embargo molestan?

Pensemos en cosas que hacemos que pueden causar conflicto en nuestras amistades por no ser sensibles a lo que irrita a nuestras amigas.

Ejemplo: Si tu amiga es una persona que agenda todo, no la frustres constantemente llegando tarde. Pero si es tu amiga la que llega tarde, no la agobies. Salúdala con alegría. Haz tu horario más flexible para que no haya problema cuando ella llega tarde.

¿Se siente herida una amiga cuando olvidas su cumpleaños? Marca tu calendario y envíale una tarjeta.

¿Es trasnochadora? Forma el hábito de nunca llamarla antes de las 10 a.m.

¿Has bajado unos kilitos y tu hermana no? No seas molestosa. No sigas hablando y hablando de eso para que ella no se sienta como un fracaso.

La amistad está construida sobre miles de pequeños momentos de consideración. Para cada amiga verdadera vale la pena hacer sacrificios. Como Charles Swindoll lo dijo: «Ni siquiera puedo imaginar donde estaría hoy si no fuera por ese puñado de amigos quienes me han dado un corazón lleno de gozo».

Seamos sinceras. Las amistades hacen la vida mucho más divertida.

Hazlo personal... ¡Vívelo!

Mmm—permíteme preguntar: ¿Tus amigas piensan que es agradable andar contigo? ¿Qué tal tus compañeros de trabajo? Cuando llegas a la posada navideña, ¿eres una bocanada de aire fresco? ¿Te levantas a ayudar cuando otros lo necesitan? Cuando pides algo prestado, ¿lo devuelves a tiempo y en buenas condiciones? O ¿pides la asistencia de otros muy a menudo? ¿Molestas a otros sobre cosas pequeñas? ¿Olvidas tus promesas? ¿Eres poco confiable? Solo estoy preguntando. Es bueno hacer inventario de vez en cuando. Si es tiempo de abastecer los estantes de tus relaciones con lo positivo, entonces, como lo dice Nike: «Just do it» (Simplemente hazlo).

Lectura de *La Biblia en un año*

Ezequiel 24:1–26:21; Hebreos 11:1-16; Salmo 110:1-7; Proverbios 27:14

Queja, queja, queja

Una esposa que busca pleitos es tan molesta
como una gotera continua en un día de lluvia.
Poner fin a sus quejas es como tratar de detener el viento
o de sostener algo con las manos llenas de grasa.

PROVERBIOS 27:15-16

Nuestro tema de hoy es fastidiar. Chicas, este proverbio está apuntando justo a nosotras y con justa razón. Quisiera poder decir que con mi esposo nunca he sido ni seré fastidiosa, pero eso sería una mentira absoluta. Pero una cosa sí sé que es cierta: los niños lo odian, los esposos lo odian y las amistades lo odian. Así que vamos a ver qué es fastidiar, por qué lo hacemos, por qué es malo y cómo lo detenemos.

¿Qué es fastidiar? Es jorobar. Es quejarse y criticar. No es cortés porque tiene el propósito de castigar. ¿Por qué fastidiamos? Porque simplemente es natural. Vemos algo que no nos gusta que alguien haga y queremos que cambie. Así que se lo decimos. Si no hay cambio, lo decimos de nuevo, y otra vez, y otra vez.

Pero entendamos que fastidiar no ayuda. Nunca he escuchado un testimonio de una esposa que dijo: «Sí, torturé a mi esposo al decírselo mil veces. Ahora él alegremente recoge sus medias».

¿Cómo cambiamos? Convierte tus preocupaciones en oraciones. Honestamente, si las medias en el piso te vuelven loca, ¿alguna vez lo has llevado al Señor? Permíteme sugerir que por solo una semana cada vez que estás molesta y te sientes tentada a fastidiar, cierra el pico y mejor ora.

Por supuesto, nuestra esperanza es que nuestros esposos y niños *sí* cambien, pero si intentas esto por solo una semana, te garantizo que *tú* cambiarás.

Hazlo personal... ¡Vívelo!

En agosto del 2009, un hombre chino corrió de su cabina en el barco. Sus manos estaban sobre sus oídos mientras corrió hasta aventarse al río Yangtsé. Ya no soportaba lo fastidiosa que era su esposa. Fiel a su costumbre, su esposa lo persiguió, inclinándose sobre el riel y despotricando mientras él se hundía en el agua. La pregunta que podríamos hacerle a ella es: «¿Hasta cuándo bastaba?».

Oremos

Señor, amarra mi lengua para no fastidiar. Enséñame por qué me molesto y no puedo soltar las cosas. ¿Estoy alejando a los demás? Ayúdame a cambiar. Y por favor ayúdame a ver lo positivo y pasar por alto lo negativo.

Lectura de *La Biblia en un año*

Ezequiel 27:1–28:26; Hebreos 11:17-31; Salmo 111:1-10; Proverbios 27:15-16

Hierro afilando hierro

Como el hierro se afila con hierro,
*   así un amigo se afila con su amigo.*
PROVERBIOS 27:17

Mi abuelo era granjero de Misuri. Si su cuchillo o sus hojas de arado perdían su filo, su trabajo era mucho más difícil. Así que tenía una rueda de afilado, y la usaba a menudo. A medida que la rueda giraba, sostenía la cuchilla lo suficientemente cerca como para ver las chispas volar, pero no tan cerca como para desgastar demasiado el borde. Me encantaba observarlo. Cuando terminaba, el borde estaba brillante y afilado y cortaría cualquier cosa como si fuera mantequilla.

¿Cómo se aplica esto a las amistades? Espero que esto nos ayude a ver que perdemos el filo cuando nos aislamos o simplemente elegimos amistades que nos dicen lo que queremos oír y nunca nos desafían. Hebreos 10:24 dice: «Pensemos en maneras de motivarnos unos a otros a realizar actos de amor y buenas acciones».

Mira a tu alrededor. ¿Podría ser que el Señor haya enviado gente a tu vida para perfeccionarte?

Hay gente de papel de lija. Nos irritan. Esto es bueno. Tal vez Dios quiere lijar tus bordes ásperos enseñándote gracia y paciencia.

Hay quienes cuando hablan juntos, hay chispas. Qué bien. Me encanta estar cerca de personas que me desafían a confiar más plenamente en Dios, orar más y salir más de la barca.

Jesús tenía un surtido de discípulos muy interesante. Pedro era como Tigger. Tomás era como Ígor. Juan era como Winny de Puh. Mateo había trabajado para el gobierno y Santiago había trabajado con sus manos. Variedad. La variedad es buena para todos nosotros. Debieron haber tenido unas discusiones muy interesantes de sobremesa.

Hazlo personal... ¡Vívelo!

¿Evitas tener amistades con personas que son un poco diferentes a ti? Si es así, te estás perdiendo de mucho. En la familia de Dios hay cosas asombrosas que ocurren. Las personas tienen una pasión por algunas misiones y ministerios importantes. Algunos están alcanzando a prostitutas y mujeres que son traficadas. Algunos sirven en un barrio marginal, otros ministran a niños de acogida, algunos a niños de la calle o patinadores. Vamos, expande tus límites. Encuentra una hermana creyente que esté sirviendo con todo su corazón para el reino. Y deja que ella sea hierro afilando hierro.

Lectura de *La Biblia en un año*

Ezequiel 29:1–30:26; Hebreos 11:32–12:13; Salmo 112:1-10; Proverbios 27:17

Hermosura

Así como el rostro se refleja en el agua,
el corazón refleja a la persona tal como es.
PROVERBIOS 27:19

Nuestro reflejo. Nosotras como mujeres nos miramos en el espejo para saber cómo nos vemos. Nos preocupamos de cómo nos vemos y queremos cambiar cómo nos vemos. Pero podemos vernos bien por fuera y ser un desastre adentro. Puede que esto sea una novedad para alguien, pero una persona puede tener un exterior poco atractivo y, sin embargo, tener un corazón hermoso. Recuerda siempre que el corazón es la imagen verdadera de quién realmente eres. Por eso Proverbios nos dice: «Sobre todo, guarda tu corazón porque de él manan las cuestiones de la vida» (Proverbios 4:23, parafraseado).

Max Lucado escribió una historia llamada *Si tan solo tuviera una nariz verde*. En la historia, Willy Withit llegó al lugar. Él estaba promoviendo el mejor y más nuevo *look* que definitivamente haría que una estuviera «a la moda». La primera opción para estar «a la moda» era una nariz verde, pero cuando ya todos tenían una nariz verde, dejaba de estar «a la moda». Una nariz roja era la nueva opción para estar «a la moda». Para mantener el ritmo, había que continuar cambiando de un color a otro. ¿Ridículo? Pero ¿cómo puede sonar ridículo para nosotras cuando a menudo logran vendernos algo exactamente al estilo, siendo engañadas para ir de una moda tonta a otra?

Belleza interna. Leamos lo que dice 1 Pedro 3:1-4: «Ustedes, las esposas, respeten a sus esposos, a fin de que los que no creen a la palabra, puedan ser ganados más por la conducta de ustedes que por sus palabras, cuando ellos vean su conducta casta y respetuosa. Que la belleza de ustedes no dependa de lo externo [...] sino de lo interno, del corazón, de la belleza incorruptible de un espíritu cariñoso y sereno, pues este tipo de belleza es muy valorada por Dios» (RVC).

Hazlo personal... ¡Vívelo!

Lo creas o no, el canal de Disney originalmente emitía solo programas sanos. Walt Disney estaría horrorizado si pudiera ver lo que se muestra en su canal hoy. En la década de los 1950, como parte de *The Mickey Mouse Club* (El Club de Mickey), Jimmy preguntó a los Mouseketeers si tenía «lemas para madurar». Doreen cantó esta dulce cancioncita:

La belleza se demuestra en las acciones, eso es lo que dicen los sabios.
Así que si quieres ser hermosa, haz esto todos los días:
Ayuda a alguien que está triste. Deja que la amabilidad sea tu guía.
Porque la belleza no es solo apariencia, es lo que llevas adentro.

Lectura de *La Biblia en un año*

Ezequiel 31:1–32:32; Hebreos 12:14-29; Salmo 113:1–114:8; Proverbios 27:18-20

Halagos y alabanza

El fuego prueba la pureza del oro y de la plata,
pero la persona es probada por las alabanzas que recibe.
PROVERBIOS 27:21

¿Verdad que este es un punto de vista diferente sobre el concepto de ser refinados y probados? Como cristianas a menudo pensamos que las pruebas están limitadas a la tribulación y la dificultad, pero aquí vemos que la alabanza y la popularidad de las personas pueden proveer otro tipo de prueba.

Se ha dicho: «Los halagos son como el perfume. Está bien olerlo. Simplemente no lo bebas».

Así que, ¿cuáles son los peligros de tomar muy en serio las alabanzas de otros y dejar que se nos vayan a la cabeza? Creo que la mejor forma de odiarlo en nosotras mismas es ver qué tan feo es en otros. Es feo estar con alguien que te hace sentir pequeña porque ellos piensan que son tan grandes o inteligentes o talentosos.

Aquí hay una prueba. ¿Recientemente has escuchado a una persona halagar a alguien que conoces? ¿Cómo te sentiste? ¿Te sentiste amenazada? ¿Sentiste que necesitabas decir algo crítico y derrumbar a la persona? Quizás es porque solo amas la alabanza que está dirigida a ti.

Jesús nos dio la mejor forma de sacudirnos esta adicción por la atención. En su Sermón del monte, él dijo: «Cuando hagas una buena obra, no toques la trompeta delante de ti, es decir, no busques ser visto o apreciado. Los que hacen eso ya tienen su recompensa. Pero cuando hagas una buena obra, debe ser en secreto para que tu Padre que ve lo que sucede en secreto te recompense públicamente» (Mateo 6:2-4, parafraseado).

Hazlo personal... ¡Vívelo!

Podemos aprender mucho de los ricos y famosos. Hollywood pone en alto a las estrellas, pero el afecto es inconsistente. Una mala película o un par de arrugas causan que el favorito de ayer sea el fracaso de hoy. Me dan lástima. Lee Iacocca dijo: «La fama y la fortuna no valen la pena».

Hay solo un tipo de alabanza que un día será música a nuestros oídos. En aquel día nos pararemos ante el trono de juicio de Cristo. Que escuchemos decir a nuestro Salvador: «Bien hecho, mi buen siervo fiel. Has sido fiel en administrar esta pequeña cantidad, así que ahora te daré muchas más responsabilidades. ¡Ven a celebrar conmigo!» (Mateo 25:21).

Lectura de *La Biblia en un año*

Ezequiel 33:1–34:31; Hebreos 13:1-25; Salmo 115:1-18; Proverbios 27:21-22

Sé diligente

Mantente al tanto del estado de tus rebaños
*   y entrégate de lleno al cuidado de tus ganados,*
porque las riquezas no duran para siempre. [...]
Tus ovejas proveerán la lana para vestirte,
*   y tus cabras servirán para comprar un campo.*
Y tendrás suficiente leche de cabra para ti,
*   para tu familia y para tus criadas.*
PROVERBIOS 27:23-24, 26-27

En la granja dicen: «Cuida a tus ovejas, y las ovejas te cuidarán a ti». Aunque la mayoría de nosotras ya no vivimos en ranchos o granjas, hay algunos principios muy importantes que podemos aprender de la vida agrícola. Pasé muchos veranos con mis abuelos en su granja. Recuerdo muy claramente qué tan diligente era mi abuelo. Nadie tenía que forzarlo a levantarse a las 5 a.m. a ordeñar las vacas y darles de comer y remendar los cercos. Se daba cuenta si una de sus vacas estaba herida. Sabía si faltaba una. A través de su vida tuvo muy pocos lujos, pero recuerdo que la comida hecha en casa de alimentos cultivados en casa era lo mejor del mundo. A mi abuelo le encantaban su huerta, sus animales y su trabajo. La vida era sencilla, pero la vida era buena.

Eclesiastés 10:15 dice: «Los necios se agotan tanto con un poco de trabajo». Chicas, es necio estar resentida del trabajo puesto delante de nosotras, ya sea atendiendo rebaños, yendo de compras o cocinando la cena. Encuentra gozo escogiendo los mejores tomates. Encuentra gozo haciendo un delicioso sándwich para tu esposo esta noche.

El escritor de Eclesiastés dijo: «Es bueno que la gente coma, beba y disfrute del trabajo que hace [...]. Disfrutar del trabajo y aceptar lo que depara la vida son verdaderos regalos de Dios» (Eclesiastés 5:18-19).

Hazlo personal... ¡Vívelo!

La diligencia es una recompensa en sí misma. Para una mujer, su casa puede ser un reflejo de su mundo interno y sus actitudes. Aunque vivas en un apartamento de un solo cuarto o en una casa espaciosa en los suburbios, tu hogar es tu más grande esfera de influencia. Atiéndelo. Rara vez me voy a dormir antes de que la cocina esté limpia y acomodada. Dado que la sala de estar es la primera habitación que se ve a medida que entras por la puerta principal, haz que sea cálida y acogedora. No te quejes de lo que no tienes y no puedes hacer. Sé una buena administradora de lo que Dios te ha dado y sé agradecida en las pequeñas cosas.

Lectura de *La Biblia en un año*

Ezequiel 35:1–36:38; Santiago 1:1-18; Salmo 116:1-19; Proverbios 27:23-27

Valiente como león

Los perversos huyen aun cuando nadie los persigue,
   pero los justos son tan valientes como el león.
PROVERBIOS 28:1

Este proverbio nos da un vistazo de la condición interior del alma de los impíos. No hay descanso, no hay protección, no hay seguridad. Debe ser una manera horrible de vivir. Repito: una manera horrible de vivir. Podemos ver esto a lo largo de la historia. Malvados gobernantes como Stalin vivían en un estado constante de paranoia. Siempre temía ser asesinado por sus propios generales. En su casa tenía ocho dormitorios que podían ser cerrados como cajas fuertes en un banco. Nunca nadie sabía en cuál de estos dormitorios dormía en una noche determinada.

Entonces, ¿cómo se relaciona esto con nosotras como mujeres? Parece que cuando albergamos en nuestra vida cosas malas como los celos, la amargura, la calumnia o el chisme, a menudo empezamos a temer esas mismas actitudes, acciones o motivos en otros hacia nosotras. Y si tenemos un pecado secreto, vivimos en una preocupación constante de que alguien lo descubra y terminemos avergonzadas o castigadas. ¡Vaya! El pecado realmente se convierte en una telaraña que nos encierra y nos hace sentir atrapadas y amenazadas. El pecado mantiene nuestro corazón y nuestra mente en temor y agitación.

En contraste, «los justos son tan valientes como el león». Elisabeth Elliot aconseja: «Haz lo siguiente». Habla la siguiente palabra amable y correcta, no solo frente a las personas, sino a sus espaldas.

Entonces, igual que un león, nunca tendremos que mirar sobre nuestros hombros.

Hazlo personal... ¡Vívelo!

La vida correcta es una vida sencilla. Con todo el estrés y los problemas complicados que vuelan a nuestro alrededor en el mundo, necesitamos un oasis interno y una brújula. Una brújula interna nos orienta en momentos decisivos y de crisis. Un sentido profundo y duradero del amor y de la bondad y la presencia de Dios nos da estabilidad, gozo y paz, sin importar lo que venga a ti. El profeta Isaías vivió en épocas de cambios difíciles y de decadencia moral. Él sabía que necesitaba mantener su enfoque y esperanza en algo más alto que el gobierno y el rey actual. Así que se volvió hacia Dios. ¿Harás lo mismo? «Tú [Dios] guardarás en perfecta paz a todos los que confían en ti, a todos los que concentran en ti sus pensamientos!» (Isaías 26:3).

Lectura de *La Biblia en un año*

Ezequiel 37:1–38:23; Santiago 1:19–2:17; Salmo 117:1-2; Proverbios 28:1

Rebelión interna

Por la rebelión de la tierra sus príncipes son muchos;
Mas por el hombre entendido y sabio permanece estable.
PROVERBIOS 28:2 (RVR60)

Al ver los acontecimientos mundiales en las noticias, es fácil ver cuán inestable llega a ser un país cuando hay rebelión en contra de los caminos amorosos y justos de Dios. Hay guerras y facciones porque no hay una verdadera base moral, ética o espiritual. Hay caos. El país y la gente de ese país son destrozados. Es importante saber que esto es cierto no solo dentro de una nación sino dentro de nuestra propia vida personal y dentro de nuestro hogar.

Nosotras como mujeres tenemos una gran posición de influencia para bien o para mal. Somos guardianas del hogar. Se ha dicho: «Cómo va la mujer, así el hogar; cómo va el hogar, así la nación». Tal vez has estado viviendo con prioridades divididas y un corazón dividido. Tal vez te has preguntado por qué tu mundo y tu hogar y tu vida interior están llenos de caos y rebelión.

Así que, permíteme decir que no hay una decisión más grande que puedes tomar por tu vida que decidir ordenar cada día comenzando con un tiempo en la Palabra de Dios y con oración. Cambiará el tono de tu día entero comenzar con una visualización de Dios en su trono. Él es el único verdadero y mejor gobernante, no solo en el cielo, sino aquí en la tierra sobre ti, en tu corazón y en tu día.

¿Puedes detenerte ahora mismo y pedirle que tome su lugar legítimo en tu vida y que traiga orden?

Hazlo personal... ¡Vívelo!

Podemos pensar que nos hemos entregado y aun así tener una obstinada racha de rebelión. Podemos estar profundamente inmersas en el servicio cristiano, el estudio bíblico y las reuniones de oración y, sin embargo, un rincón de nuestro corazón está muy lejos. ¿Cómo puede ser? Lamentablemente, encerramos las partes de nuestra vida en cubículos. Algunas partes pertenecen a Dios, algunas partes son enteramente nuestras. Sostenemos las riendas. Puede ser muy sutil. Permíteme nombrar un culpable clásico: la amargura. Francamente, albergar la falta de perdón es una violación directa de un asunto muy central con Dios. Él está totalmente en contra. Hoy, ahora mismo, ¿abrirás acceso a tu corazón para dejarlo reinar sobre eso y darle muerte? Él está esperando para ayudar.

Lectura de *La Biblia en un año*

Ezequiel 39:1–40:27; Santiago 2:18–3:18; Salmo 118:1-18; Proverbios 28:2

Jerarquía

*El pobre que oprime a los pobres
es como la lluvia torrencial que destruye la cosecha.*
PROVERBIOS 28:3

¿Qué aviso vemos como mujeres? Se expresa la imagen de una lluvia fuerte que simplemente golpea la tierra sin dejar buenos resultados. ¿Cuándo ocurre esto? Sucede cuando alguien que es pobre derrumba a otro que ya es pobre. La definición de *pobre* en este caso es «alguien que carece de fuerza, poder, resistencia o resiliencia».

Mamis, ¿pueden ver que a veces cuando una mamá está en su punto más débil y más bajo en ocasiones se desquita con sus hijos? Una madre que desquita su frustración con sus hijos es como una lluvia fría, áspera y torrencial justo sobre su propio hogar. Los hijos no tienen ninguna forma de saber por qué de repente una palabra áspera o un castigo se les avientan encima.

Mamis, yo sé que la vida a veces puede ser abrumadora. ¿Eres una madre soltera o una madre con un marido que no te apoya? ¿Sientes que hay demasiado que hacer, que no puedes mantener el ritmo? ¿Te sientes débil, cansada, desesperada? Déjame decirte, hay esperanza y ayuda, incluso si has fallado.

¿Te arrodillarás ahora mismo, si puedes, e irás a tu Padre en el cielo? Ve a él pidiendo misericordia y gracia para ti. Pídele que te ayude a otorgar misericordia y gracia a tus hijos. Él quiere hacerlo. Él puede, y lo hará.

«Pongan todas sus preocupaciones y ansiedades en las manos de Dios, porque él cuida de ustedes» (1 Pedro 5:7).

Hazlo personal... ¡Vívelo!

En el corral las gallinas tienen una jerarquía. Generalmente hay una gallina que es mandona, picoteando y arrancando las plumas de la cola de las que domina. En realidad no tiene que ser la más grande, solo la más malvada. Sabiendo esto, cuando crie pollitos, los guardé en un corral aislado hasta que fueran lo suficientemente grandes como para protegerse en el «mundo de los pollos grandes». El patio de recreo en la escuela, los deportes de equipo, la oficina e incluso la iglesia pueden tener cierta jerarquía. Primera lección: no seas una gallina mandona. Segunda lección: no picotees de vuelta. Tercera lección: no dejes que te moleste. Háblalo y ora cuando te suceda a ti o a tus hijos. Luego mantente lejos de las gallinas mandonas.

Lectura de *La Biblia en un año*

Ezequiel 40:28–41:26; Santiago 4:1-17; Salmo 118:19-29; Proverbios 28:3-5

Honesta y auténtica

Es mejor ser pobre y honesto
que ser rico y deshonesto.
PROVERBIOS 28:6

Por un lado vemos a alguien que es pobre pero tiene un carácter auténtico y honesto, contrastado con alguien que es rico y, sin embargo, no es auténtico ni honesto. En primer lugar, asegurémonos de que notamos que esto no nos dice que solo porque eres pobre, eres bueno, o simplemente porque eres rico, eres malo.

Así que echemos un vistazo a lo que Dios está diciendo. ¿Quién es rico? Cuando pensamos en ricos o pobres, a menudo pensamos en términos de dinero. Pero piensen en cómo nosotras las mujeres podemos ser ricas o pobres en muchos otros aspectos —materiales, físicos e incluso inmateriales— como la belleza o las circunstancias o la salud.

Tal vez has visto a una mujer hermosa, rica y popular, pero es cruel. Es tramposa. Ella ni siquiera quiere ser honesta, justa, correcta o bondadosa. Dios nos está diciendo que todas estas cosas ricas que el mundo dice que son mejores no te hacen mejor. Por otro lado, esperemos que hayamos notado a una mujer que tiene una discapacidad, que no es bonita o que tiene circunstancias de la vida difíciles que muchos considerarían pobre y, sin embargo, ella tiene una belleza interior, integridad y honestidad. Puedes confiar en ella. Te cae bien. Quieres estar cerca de ella.

Dios nos está diciendo que ella está en mejores condiciones en realidad y es mejor que conozcamos y seamos tal mujer.

Hazlo personal... ¡Vívelo!

La deshonestidad es peligrosa, ya que tuerce la capacidad para pensar y funcionar. ¿Estás viviendo un doble estándar? Eso es deshonestidad espiritual. Ahora mismo, hay una epidemia de infidelidades vía Internet. Las mujeres, incluso las mujeres casadas, están navegando por Internet, reconectando con novios del pasado, compartiendo luchas personales con hombres con quienes se reúnen en salas de chat. A menudo comienza debido a la soledad, al vacío emocional que se desarrolla en un matrimonio infeliz. Pero la satisfacción secreta del amorío es como una droga. Se vuelve adictivo. Al igual que una droga, cada probadita te deja con ganas de más. Oh, querida, esta mentira está conduciendo a problemas y peligros y oscuridad en tu alma. Ven a la luz. Corta los lazos. Deja que la verdad, la justicia y el bien prevalezcan y ganen victoria.

Lectura de *La Biblia en un año*

Ezequiel 42:1–43:27; Santiago 5:1-20; Salmo 119:1-16; Proverbios 28:6-7

El privilegio de la oración

*Dios detesta la oración
del que no hace caso de la ley.*
PROVERBIOS 28:9

¿Cómo puede ser que la palabra *detesta* pueda estar conectada a la oración? ¡Es una advertencia! Aquellos que voluntariamente desobedecen, los que ignoran la Palabra de Dios, ven que sus oraciones son estorbadas, ignoradas e incluso despreciadas. La oración es un don. Nunca lo olvides. Es un don y un privilegio. La oración es algo asombroso. Es una maravilla que a nosotros, meros humanos, no solo se nos permite sino que se nos invita a tener comunicación directa con el Dios del universo. Nunca podríamos imaginar tener el número personal de celular del presidente de los Estados Unidos. Pero en un sentido real, tenemos el de Dios. La oración nos da un acceso y una comunicación cercana, íntima y personal con el Señor en cualquier momento del día y de la noche.

Martín Lutero una vez dijo: «Ser un cristiano sin orar no es más posible que estar vivo sin respirar». Pero el pecado causa interferencia en las líneas telefónicas con Dios. Como John Bunyan dijo: «La oración hará que un hombre cese de pecar, o el pecado inducirá a un hombre a dejar de orar». Así que si te estás sintiendo distante de Dios, como que tus oraciones están pegando un muro de cemento en el cielo, *tal vez sea así*. ¿Hay un mandamiento, una instrucción o un aviso en la Palabra de Dios que estás ignorando? El pecado abre nuestros pensamientos a la voz del enemigo de nuestra alma. El enemigo se deleita en construir un muro entre tú y Dios, porque luego te tiene solita para él. Pero la buena noticia es que Dios te está llamando a que regreses a él. Confiesa tu pecado. «Si confesamos nuestros pecados a Dios, él es fiel y justo para perdonarnos nuestros pecados y limpiarnos de toda maldad» (1 Juan 1:9).

Hazlo personal... ¡Vívelo!

No solo personalmente pero como nación, el pecado nos puede separar de Dios. En el Día Nacional de la Oración en el 2011, Joni Eareckson Tada elevó palabras urgentes. Unámonos a su oración:

Dios Todopoderoso, eres nuestro fuerte amparo, nuestro refugio y el Dios en quien ponemos nuestra confianza. Mientras nuestra nación enfrenta gran dificultad e incertidumbre, pedimos que tu Espíritu Santo caiga nuevamente sobre tu pueblo. Convéncenos de pecado y enciéndenos con una pasión para orar por nuestra tierra y su gente. [...] Envía un espíritu de avivamiento y que comience en el corazón de cada uno de nosotros.

Lectura de *La Biblia en un año*

Ezequiel 44:1–45:12; 1 Pedro 1:1-12; Salmo 119:17-32; Proverbios 28:8-10

Viendo lo invisible

Los ricos se creen sabios,
*   pero no pueden engañar a un pobre que tiene discernimiento.*
PROVERBIOS 28:11

Hans Christian Andersen escribió una historia intrigante llamada «El traje nuevo del emperador».

Había una vez un emperador vano a quien le encantaba la hermosa ropa nueva. Resulta que dos estafadores llegaron a la ciudad anunciando que podían tejer una tela con una cualidad extraña. Sería completamente invisible para cualquiera que no fuera apto para su oficio e imperdonablemente tonto.

Esto es maravilloso, pensó el emperador. *¡Tales túnicas me darán una sabiduría superior!*

A continuación pagó a los estafadores generosamente para que pudieran comenzar su trabajo de inmediato.

Bueno, la historia dice que los estafadores pretendieron tejer la ropa nueva y el rey pretendió ponérsela. Los lugareños pretendieron admirarlas mientras desfilaba por la ciudad. Solo un niño con discernimiento gritó la verdad obvia: «¡El emperador no tiene ropa!». Y sí, no tenía nada puesto.

«Los ricos se creen sabios, pero no pueden engañar a un pobre que tiene discernimiento».

El rey Salomón fue uno de los reyes más ricos que ha existido. Mientras Dios lo inspiraba a escribir las palabras de este proverbio, me pregunto si bajó su pluma y reflexionó. ¿Pensó en el amable joven que hizo sus zapatos, o su jardinero que amaba la belleza simple y pura, o la anciana esposa del panadero con su amable mirada cristalina? ¿De repente se vio a sí mismo a través de sus ojos y se preguntó: *¿quién es la verdadera nobleza?*

Hazlo personal... ¡Vívelo!

Las cosas no siempre son como aparentan ser. Aun si las personas a nuestro alrededor no ven la verdad, nuestro corazón puede descansar con la certeza de que Dios ve todas las cosas con perfecta claridad. Él les da a las mamás «ojos detrás de la cabeza» para detectar problemas con sus hijos. Cuando haya travesuras deshonestas en la oficina, revelará señales de alarma. Una pausa en tu espíritu puede ser de hecho una perspectiva nueva del Espíritu Santo.

Oremos

Señor, ayúdame a ver con tus ojos. Permíteme ver a las personas con tus ojos de amor. Y dame discernimiento para ser sabia y cuidadosa.

Lectura de *La Biblia en un año*

Ezequiel 45:13–46:24; 1 Pedro 1:13–2:10; Salmo 119:33-48; Proverbios 28:11

Verdadero éxito

Cuando los justos triunfan, todo el mundo se alegra.
Cuando los perversos toman el control, todos se esconden.
PROVERBIOS 28:12

Esto nos da una imagen tanto trágica como hermosa del efecto que podemos tener sobre las personas a nuestro alrededor cada día. Podemos hacer a la gente feliz o triste.

Tal vez eres mesera o enfermera o trabajas en una tienda. Puedes ser una bendición. Puedes ser la fragancia de Cristo, aun en medio de una atmósfera mundana. ¿Recuerdas la historia de José? «Potifar [...] se dio cuenta de que el Señor estaba con José, y le daba éxito en todo lo que hacía. Eso agradó a Potifar, quien pronto nombró a José su asistente personal. Lo puso a cargo de toda su casa y de todas sus posesiones» (Génesis 39:3-4). Aquí vemos que Potifar estaba contento de encontrar a alguien que no solo trabajaba duro sino que era alguien en quien podía confiar. José también fue puesto a cargo de los otros sirvientes y podemos estar seguras de que ellos estaban contentos también porque un jefe piadoso es un buen jefe.

Pero el impío tiene un efecto completamente diferente sobre los que están a su alrededor. La definición de *impío* en este caso es «uno que peca contra Dios y los hombres». La gente no confía en ellos. Cuando alguien que es impío está a cargo, las cosas no van a ser justas. La gente va a ser tratada con crueldad o rudeza. Nadie se siente seguro porque nadie *está* seguro.

Chicas, estos mismos principios pueden aplicarse a nuestro lugar de influencia en nuestro hogar. Así que la prueba del verdadero éxito es: ¿son bendecidos los que están a nuestro alrededor porque nosotras somos una bendición?

Hazlo personal... ¡Vívelo!

La maternidad, el matrimonio y el ser ama de casa, las misiones y el ministerio se consideran a menudo como niveles más bajos de éxito. Escalar la escalera corporativa y tener un puesto de trabajo podría parecer tener más influencia y prestigio. Pero nada realmente importa que no tenga valor eterno... nada. Romanos 12:1-2 pone nuestra mirada en el éxito que nunca se desvanece: «Por lo tanto, amados hermanos, les ruego que entreguen su cuerpo a Dios [...]. Que sea un sacrificio vivo y santo [...]. No imiten las conductas ni las costumbres de este mundo, más bien dejen que Dios los transforme en personas nuevas al cambiarles la manera de pensar. Entonces aprenderán a conocer la voluntad de Dios para ustedes, la cual es buena, agradable y perfecta».

Lectura de *La Biblia en un año*

Ezequiel 47:1– 48:35; 1 Pedro 2:11–3:7; Salmo 119:49-64; Proverbios 28:12-13

Temor santo

¡Dichoso el que siempre teme al Señor!
Pero el obstinado caerá en la desgracia.
PROVERBIOS 28:14 (NVI)

¿Qué significa «temerle al Señor»? ¿Debemos tener miedo de que nos quiere aplastar o dominar o castigar? ¿Es el gran policía de tránsito en el cielo? ¿Es pronto para la ira y lento en perdonar? Espero que no creas eso. Dios te ama más de lo que jamás entenderás. Es el Dios de todo consuelo y el Dios de toda gracia. Aun su castigo es para nuestro bien, para librarnos del control del pecado y de una vida arruinada.

Vivir en reverencia a Dios significa que lo vemos como un Padre: un buen Padre; un Padre correcto; un Padre todopoderoso, sabio y fiel; un Padre celestial quien merece nuestro respeto. Se ha dicho que «aquellos que viven en el temor del Señor no tienen qué más temer».

«El Señor se deleita en los que le temen, en los que ponen su esperanza en su amor inagotable" (Salmo 147:11).

Pocos escritores conmueven mi corazón a una reverencia santa como lo hace A.W. Tozer. En su libro *¿Qué pasó con la adoración?*, él escribe: «Cuando llegamos a esta dulce relación, estamos comenzando a aprender la reverencia asombrada, la adoración sin aliento, la fascinación maravillosa, la admiración elevada de los atributos de Dios y algo del silencio sin aliento que conocemos cuando Dios está cerca. [...] Hay muy pocas cosas sin reservas en nuestra vida, pero creo que el temor reverencial de Dios mezclado con amor y fascinación y asombro y admiración y devoción es el estado más agradable y la emoción más purificante que el alma humana puede conocer».

Hazlo personal... ¡Vívelo!

La vida bendecida es el resultado final de vivir en reverencia asombrada. ¿Qué constituye una vida bendecida que resulta en tal relación con nuestro Creador? El mundo entero está tratando de alcanzar los elementos claves: el verdadero amor y el auténtico propósito. La vida está vacía sin ellos. El dinero puede comprar un anillo de diamantes, pero, como cantaban los Beatles: «El dinero no puede comprarme amor». Ellos deberían saberlo.

Oremos

Señor, por favor detenme de desperdiciar mi vida correteando felicidad artificial. Quiero deleitarme en ti, confiar en tus promesas, vivir en tu amor y honrarte como el gran Rey de reyes y Señor de señores.

Lectura de *La Biblia en un año*

Daniel 1:1–2:23; 1 Pedro 3:8–4:6; Salmo 119:65-80; Proverbios 28:14

¡No rujas!

Para los pobres, un gobernante malvado es tan peligroso
como un león rugiente o un oso a punto de atacar.
Un gobernante sin entendimiento oprimirá a su pueblo,
pero el que odia la corrupción tendrá una larga vida.
PROVERBIOS 28:15-16

Esta clara descripción gráfica está dirigida a líderes. ¿Eres líder? Si eres una mamá, la encargada de un comité o una supervisora en el trabajo, eres una líder. La pregunta es: ¿cómo usas tu poder? ¿Lideras con una vara de hierro? ¿Ruges como una osa? ¿Eres fácilmente amenazada? ¿Mochas cabezas?

En la película *El maravilloso mago de Oz*, el mago parecía ser un tirano. Mantenía a sus súbditos con rodillas temblorosas. Creyendo que él era el único hombre capaz de resolver sus problemas, Dorothy y sus amigos viajaron a la Ciudad Esmeralda. Qué expectativas tan altas tenían. Por supuesto él sabía que nunca alcanzaría esas expectativas; el plan estaba destinado al fracaso y él lo sabía. Mantuvo su disfraz lo más que pudo. Pero detrás de la cortina de humo él solo era un pequeño hombrecito llamado Oscar de Omaha, Nebraska.

¿Podrá ser que parte de la tiranía que ves en ti misma o en otros es solo un disfraz, una cortina de humo? El miedo, la inseguridad, una sensación paralizante de incapacidad nos conduce a compensar. No podemos bajar la guardia, porque si la gente realmente supiera lo débil que realmente nos sentimos, pues... no sabemos lo que podrían pensar. Podría sorprenderte que muchas esposas de pastores se sienten muy pequeñas e inadecuadas para el saco que traen puesto. La moraleja de esta historia: dejemos las jugadas de poder, no seamos tan duras con otros y dejemos de rugir.

Hazlo personal... ¡Vívelo!

El liderazgo débil e incompetente aplasta a otros. El liderazgo piadoso y fuerte en realidad es amable y provee un ambiente seguro para que las personas puedan aprender y crecer y hacer lo mejor posible. ¿Tu nuera quiere ayudar con la cena navideña? No la controles demasiado; deja que ella agregue su propio toque personal. ¿Los pequeños quieren hacer galletas? Entre más ayudantes, más felices. No es gran cosa si un poco de azúcar se vierte en el suelo. Sé una persona con quien es divertido estar y trabajar. Lograr el trabajo será secundario. Lo primario es ver brillar en otros el gozo de lo que lograron.

Lectura de *La Biblia en un año*

Daniel 2:24–3:30; 1 Pedro 4:7–5:14; Salmo 119:81-96; Proverbios 28:15-16

Asesinato

El hombre cargado de la sangre de alguno
Huirá hasta el sepulcro, y nadie le detendrá.
El que en integridad camina será salvo;
Mas el de perversos caminos caerá en alguno.
PROVERBIOS 28:17-18 (RVR60)

Este proverbio usa palabras serias y extremas como *cargado de sangre*, *huir hasta el sepulcro* y *perversos caminos*. La mayoría de nosotras no andamos con asesinos. Y no es muy a menudo que vemos un sepulcro abierto al que alguien pueda huir. Entonces, ¿cómo se aplican estas sabias palabras a nuestro mundo y a nuestra vida?

Echemos un vistazo a las palabras *cargado de la sangre de alguno*. La NVI dice «perseguido por homicidio». Los palos y las piedras pueden romperme los huesos, pero las palabras feas siempre me lastimarán. Sí, podemos asesinar la reputación de alguien con calumnias y chismes. Podemos criticar duramente. Podemos humillar y derrumbar a la gente delante de los demás. Podemos ser parciales. Podemos tener prejuicios. Muchas de nosotras hemos visto a madres en una tienda de comestibles gritando o menospreciando a sus hijos. Hemos visto a entrenadores o maestros deliberadamente descuidar a un niño que es lento o permitir que otros niños lo ridiculicen. El asesinato es algo serio, ya sea físico o mental o emocional. El daño llegará a los que dañan a los demás.

Para cerrar, vamos a girar nuestra mirada al otro lado de la moneda. Nuestro proverbio de hoy es un consuelo para los que son maltratados. Tú no tienes que tomar represalias. Ellos caerán por sí solos en el sepulcro que cavaron. Tú no tienes que empujarlos. Dios tiene mejores cosas para nosotras. Somos como vasijas de barro (2 Corintios 4:7). Él puede usar incluso la dureza de otros para sazonar y refinarnos como el fuego de un horno. Quédate quieta; sé paciente. Confía en que use incluso esto para el bien.

Hazlo personal… ¡Vívelo!

Una conciencia limpia es una almohada suavecita. Como nuestro proverbio de hoy promete: «El que en integridad camina será salvo». ¿Salvo de qué? Salvo del tormento de una conciencia culpable, salvo de tener que cubrirte las espaldas. La vida es lo suficientemente complicada sin todo eso. ¿Cierto?

Oremos

Señor, por favor brilla tu verdad sobre mis caminos. ¿En algunas ocasiones cometo asesinato? ¿Mis palabras son ásperas? ¿Soy egoísta y descuidada con los sentimientos de otros? Guarda mi boca. Guarda mi corazón contra heridas que vienen de otros.

Lectura de *La Biblia en un año*

Daniel 4:1-37; 2 Pedro 1:1-21; Salmo 119:97-112; Proverbios 28:17-18

Persiguiendo fantasías

El que se esfuerza en su trabajo tiene comida en abundancia,
pero el que persigue fantasías termina en la pobreza.
PROVERBIOS 28:19

Parece que en nuestra sociedad hoy día hay demasiada gente joven que nunca ha aprendido a trabajar o a tender su cama o ser responsable por algo real antes de llegar a ser adultos jóvenes. Muchos niños viven en un mundo de fantasía de la televisión, el deporte, el baile, la música y los videojuegos. Los principios de responsabilidad y de tener una ética de trabajo son vistos como obsoletos.

Charles Sykes escribió algunas «reglas que los niños no aprenderán en la escuela» que han estado circulando en varias formas en Internet (a menudo atribuidas a Bill Gates). Aquí hay tres puntos aleccionadores de una de las versiones.

1. La vida no está dividida en semestres. No tendrás recreo en el verano y muy pocos empleadores están interesados en ayudarte a encontrarte a ti mismo.
2. La televisión no es la vida real. En la vida real las personas de hecho tienen que dejar la cafetería e ir a sus trabajos.
3. Tu escuela quizás haya descartado a los ganadores y los perdedores, pero la vida no. En algunas escuelas ya no existen calificaciones que te reprueban; hasta te dan las oportunidades que quieras para obtener la respuesta correcta. Esto no se asemeja ni en lo más mínimo a nada en la vida real.

Esa creencia de tener derecho a algo: mientras que nuestros hijos vivan con la sensación de que el mundo les debe una manera de ganarse la vida, nunca despertarán. Así que, como mujeres piadosas, encontremos gozo en trabajar duro. Hagamos un buen trabajo. Seamos buenas administradoras de nuestro hogar. Y enseñemos a nuestros hijos que el trabajo es un privilegio. Todo es bueno.

Hazlo personal... ¡Vívelo!

La frase «persiguiendo fantasías» suena interesante. ¿Qué es una fantasía? El diccionario la define como una «imaginación extravagante sin restricciones». En el mundo de la Cenicienta y del Príncipe Azul y las hadas madrinas, un ademán de la varita mágica lo arregla todo. No es así en la vida real. Honestamente, en la película de Disney mi parte favorita no es el «abracadabra». Me encanta ver a Cenicienta gozosamente tomar las humildes piezas de lo que ella tenía para hacer su propio hermoso vestido. ¿Tienes sueños? ¿Te gustaría cambiar o hacer que tu vida sea mejor? Deja de preocuparte por lo que te hace falta. Toma las piezas de lo que Dios te ha dado y comienza. Día tras día, los pequeños cambios traen grandes resultados.

Lectura de *La Biblia en un año*

Daniel 5:1-31; 2 Pedro 2:1-22; Salmo 119:113-128; Proverbios 28:19-20

La pobreza de la deuda

Los avaros tratan de hacerse ricos de la noche a la mañana,
*   pero no se dan cuenta de que van directo a la pobreza.*
PROVERBIOS 28:22

Enriquecerse rápidamente. Dondequiera que volteamos, las mujeres son bombardeadas con imágenes de lo que deberían tener, lo que deberían conducir, lo que deberían ponerse, cómo deberían verse. Lo queremos todo y lo queremos ya. En generaciones antes de nosotros era aceptable que se requerían años para lentamente conseguir las cosas necesarias, cuanto más las deseadas. Desafortunadamente, las parejas jóvenes hoy día están ansiosas por tener una casa bonita con muebles nuevos y sus accesorios. Al mismo tiempo deben vestirse con lo más moderno y andar en carros nuevos. Esto los hace aparentar ser ricos de la noche a la mañana, pero la triste realidad es que les tomará años y años para pagar por todo porque fue comprado con tarjetas de crédito. Compra ahora y paga después. Después cuando todos los cargos de intereses son añadidos, se sentirán pobres, muy pobres. Las estadísticas muestran que la causa número uno del estrés, los pleitos y la separación de matrimonios es por problemas financieros.

Sorprendentemente aun personas en sus cuarenta y cincuenta años se han dado la gran vida comprando a crédito. Muchos sienten que no pueden diezmar, no se pueden jubilar, no pueden participar en viajes misioneros, no pueden compartir con otros en necesidad porque ellos nunca han aprendido a «vivir bajo sus posibilidades económicas». Ellos tenían la avaricia de vivir como ricos y ahora se están sintiendo pobres. Se olvidaron de 1 Timoteo 6:6-7: «Es una gran riqueza en sí misma cuando uno está contento con lo que tiene. Después de todo, no trajimos nada cuando vinimos a este mundo ni tampoco podremos llevarnos nada cuando lo dejemos».

Hazlo personal... ¡Vívelo!

La deuda es un albatros. ¿Estás lista para quitártelo de encima? Dave Ramsey (www. daveramsey.com) tiene un «plan de bola de nieve» que te ayudará a tomar algunos pasos positivos. «Enumera tus deudas en orden, excluyendo la casa. La que tiene el saldo más pequeño debe ser tu prioridad número uno. No te preocupes por las tasas de interés a menos que dos deudas tengan pagos similares. Si ese es el caso, entonces enumera primero la deuda que tiene la tasa de interés más alta. El punto de la bola de nieve de la deuda es simplemente esto: ¡necesitas algunas victorias rápidas con el fin de mantenerte emocionado por salir de la deuda! [...] Cuando empieces a deshacerte de las deudas más fáciles, verás resultados y seguirás motivado para disolver tu deuda».

Lectura de *La Biblia en un año*

Daniel 6:1-28; 2 Pedro 3:1-18; Salmo 119:129-152; Proverbios 28:21-22

¿Qué tiene de malo?

El que roba a su padre y a su madre,
*   y dice: «¿Qué tiene de malo?»,*
es igual que un asesino.

PROVERBIOS 28:24

Nuestro proverbio de hoy está diciendo que robar de tus padres es algo serio. Aunque muchas personas nunca robarían dinero o cosas, no piensan nada de robarles respeto. El quinto de los diez mandamientos es: «Honra a tu padre y a tu madre». Está claro que Dios considera que esto no solo es importante para tus padres, pero importante para él.

Billy Graham una vez dijo: «Un niño a quien se le permite faltarle el respeto a sus padres no tendrá un verdadero respeto por nadie». Yo creo que esto es verdad. Y esto aplica a hijos adultos también. Ser amable y respetuoso es una decisión, luego un hábito, luego un estilo de vida.

Bueno chicas, hagámoslo personal. ¿Qué tal tú y tu mamá? ¿Te enfadas cada vez que tu mamá hace alguna sugerencia? Te das cuenta de que te sientes molesta, la ignoras y eres irrespetuosa con ella como cuando eras adolescente? ¿Y la culpas por tus faltas? Algunas personas justifican sus actitudes desviando la culpa. Como el Dr. Laurence Peters dice: «La psiquiatría nos permite corregir nuestras faltas confesando las deficiencias de nuestros padres». No nos atasquemos en esa trampa sin salida.

Y entonces, para nosotras como mujeres piadosas, maduremos. Hay una hermosa madurez en buscar amar y ser buena con tu mamá, solo porque es tu mamá.

Hazlo personal... ¡Vívelo!

Las festividades pueden sacar lo mejor o lo peor de las relaciones familiares. Si tus padres están envejeciendo, puede ser que se sientan solos especialmente en esta temporada. La edad carga consigo problemas de salud, remordimientos del pasado y temor del futuro. Sé consciente de esto. Si ellos se desahogan o se quejan o se alejan emocionalmente, por favor no te enojes ni resientas la carga extra en la que se han convertido. Ellos te cargaron a ti y soportaron una vez *tus* llantos y berrinches. Puede ser que se sientan muy inútiles ahora; llámalos y pídeles consejo. Pídele a tu mamá que haga su platillo navideño especial. Tómate una hora para ayudarles a enviar unas tarjetas navideñas. Algún día ellos ya no estarán contigo. Ámalos mientras aún puedes.

Lectura de *La Biblia en un año*

Daniel 7:1-28; 1 Juan 1:1-10; Salmo 119:153-176; Proverbios 28:23-24

1 de diciembre

Las trampas del orgullo

El de ánimo altivo suscita contiendas,
   pero el que confía en el SEÑOR prosperará.
PROVERBIOS 28:25 (RVA-2015)

Se ha dicho: «El temperamento te mete en problemas. El orgullo te mantiene allí».

Antes de aplicar esto a otra persona, miremos si esto se aplica a nosotras. De ánimo altivo. Estamos siendo altivas cuando siempre pensamos que tenemos una mejor manera o cuando pensamos que siempre tenemos la razón. Cuando hacemos esto, podemos hacer sentir a otros como si fueran inferiores. Nos ponemos tercas.

Henry Beecher una vez dijo: «Un hombre orgulloso rara vez es un hombre agradecido, porque nunca piensa que obtiene todo lo que merece». Tal vez es por eso que el orgullo siempre causa tantos problemas y crea una atmósfera de tensión. Desafortunadamente, el orgullo nos hace creer que todo se trata de nosotras. Cada pequeño desprecio es notado, aun si no es intencional. Cada demora es resentida. Si somos el centro de todo, entonces otros están en la periferia. Esto nos hace personas muy difíciles.

Chicas, seamos honestas. ¿Hay algún conflicto que estás teniendo con una amiga, con tu esposo o en tu iglesia y se resume en el hecho de que estás ofendida porque las cosas no se hicieron a tu manera? Sí, tal vez piensas que tu idea o plan era el mejor, y quizás lo era, pero ahora estás enojada. Si guardas ese resentimiento, ¿no te das cuenta de que al final nadie gana, incluyéndote a ti?

Nuestro proverbio sencilla y claramente nos da tanto la causa como el antídoto: «El de ánimo altivo suscita contiendas, pero el que confía en el SEÑOR prosperará».

Hazlo personal... ¡Vívelo!

Confiar en Dios nos alivia la necesidad y aun el deseo de pelear nuestras batallas por cuenta propia. Así que, permíteme desafiarte. ¿Dejarás que tu corazón descanse al trasladar tu confianza a Dios? La confianza involucra paciencia y la disposición de aceptar las soluciones creativas y a veces inusuales que Dios provee. A menudo cito Proverbios 3:5-6. Me recuerda que mis instintos y mi perspectiva natural están limitados y son defectuosos. Dios ve el final desde el principio.

«Confía en el SEÑOR con todo tu corazón; no dependas de tu propio entendimiento. Busca su voluntad en todo lo que hagas, y él te mostrará cuál camino tomar» (Proverbios 3:5-6).

Lectura de *La Biblia en un año*

Daniel 8:1-27; 1 Juan 2:1-17; Salmo 120:1-7; Proverbios 28:25-26

El regalo de dar

Al que ayuda al pobre no le faltará nada,
en cambio, los que cierran sus ojos ante la pobreza serán maldecidos.
PROVERBIOS 28:27

Me encanta lo que dijo Winston Churchill: «Nos ganamos la vida con lo que obtenemos, nos hacemos una vida con lo que damos».

La vida cristiana es en verdad una vida que da. Esto no es la carga de la vida cristiana. Es la bendición y el privilegio. Y a menudo no es lo grande del regalo, es la dulzura con la que se dio que bendice al que lo recibe.

Esto es lo que hace tan poderosa la historia del buen samaritano. La historia comienza con un hombre viajando. Ladrones lo atacan, le quitan lo que tiene, lo hieren y lo dejan medio muerto. Cada vez que leo esto pienso en cuántas mujeres a todo nuestro alrededor están heridas y experimentando dolor, no solo físicamente, pero emocional y moral y espiritualmente. En esta historia las primeras dos personas siguieron su rumbo sin detenerse y sabemos cómo se sintieron. Estaban ocupadas. Este no era problema suyo.

Pero sí amamos al buen samaritano. Pon atención a su reacción. «Cuando vio al hombre, sintió compasión por él. Se le acercó y le alivió las heridas con vino y aceite de oliva, y se las vendó. Luego subió al hombre en su propio burro y lo llevó hasta un alojamiento, donde cuidó de él» (Lucas 10:33-34).

Permíteme poner énfasis en los primeros tres elementos importantes. Lo vio, sintió compasión y se le acercó. Después que Jesús contó esta historia, dijo: «Ve y haz lo mismo» (Lucas 10:37).

«Queridos hijos, que nuestro amor no quede solo en palabras; mostremos la verdad por medio de nuestras acciones» (1 Juan 3:18).

Hazlo personal... ¡Vívelo!

¿Por qué a veces pasamos por alto al pobre y necesitado? Honestamente, ya estamos al límite. Tenemos miedo de que no nos alcance el tiempo, la energía y los recursos que requerimos para nuestras propias necesidades y nuestra familia. Pero Dios nos hace una maravillosa promesa: «Al que ayuda al pobre no le faltará nada». ¿Eso es verdad? ¿Te estás preguntando: *Puedo confiar que Dios cumplirá su palabra*? Nunca lo sabrás a menos que tomes un paso con fe. El buen samaritano abandonó sus planes por un par de horas. Pero puedes estar segura de que hubo tres que nunca lo olvidaron: el hombre herido, el samaritano que salió del mesón con profundo gozo en su corazón y Dios mismo.

Lectura de *La Biblia en un año*

Daniel 9:1–11:1; 1 Juan 2:18–3:6; Salmo 121:1-8; Proverbios 28:27-28

Adiós

Quien se niega tercamente a aceptar la crítica
será destruido de repente sin poder recuperarse.
PROVERBIOS 29:1

Ésta es una descripción sobria y una advertencia seria. Por supuesto, todas podemos pensar en personas que son testarudas, de corazón duro, obstinadas, no dispuestas a ceder o a ser corregidas.

¿Sabes cómo atrapan a los monos en la jungla? La trampa de la terquedad. Un agujero se taladra en la cáscara de un coco, solo lo suficientemente grande para que un mono pueda meter la mano. Luego se llena de frutos secos y se amarra firmemente a un árbol al atardecer. Atraído por el olor de la comida, el mono meterá su mano en el coco para agarrar los frutos secos. Pero el agujero es demasiado pequeño para sacar su puño atorado. No importa como jala su mano, está atrapado a menos que suelte los frutos secos. Este pobre mono terco, no tiene nada manteniéndolo cautivo más que él mismo.

¿Hay momentos en que nosotras también somos como ese mono? La respuesta puede estar justo debajo de nuestras narices, pero estamos atoradas porque no queremos renunciar a nuestro derecho. Oh, qué necias somos. Dejemos de temerle a la disciplina y el cambio, sabiendo que Dios los trae a nuestra vida para quitarnos nuestras rígidas formas de ser.

¿Quieres dejar que Dios haga una obra fresca y libertadora? Escribe las palabras: *Déjaselo a Dios*. Luego, tacha *déjaselo* y une las palabras *a Dios*. Allí está el secreto: *Adiós*. Tienes que soltarlo y dejarlo ir. «Dejen que Dios los transforme en personas nuevas al cambiarles la manera de pensar. Entonces aprenderán a conocer la voluntad de Dios para ustedes, la cual es buena, agradable y perfecta» (Romanos 12:2).

Hazlo personal... ¡Vívelo!

Todo a Cristo yo me rindo con el fin de serle fiel;
Para siempre quiero amarle, y agradarle solo a él.
Yo me rindo a él, yo me rindo a él,
Todo a Cristo yo me entrego, quiero serle fiel.
Todo a Cristo yo me rindo, y a sus pies postrado estoy,
Los placeres he dejado, y le sigo desde hoy.
Todo a Cristo yo me rindo, sí, de todo corazón;
Yo le entrego alma y cuerpo, busco hoy su santa unción.
—«I SURRENDER ALL» («YO ME RINDO A ÉL») DE JUDSON VAN DEVENTER

Lectura de *La Biblia en un año*
Daniel 11:2-35; 1 Juan 3:7-24; Salmo 122:1-9; Proverbios 29:1

Liderazgo piadoso

Cuando los justos gobiernan, el pueblo se alegra.
Pero cuando los perversos están en el poder, el pueblo gime.
PROVERBIOS 29:2

Pregunta: ¿Es mejor tener líderes que nos dicen lo que queremos escuchar y que constantemente se inclinan a los caprichos de la gente y la opinión popular? ¿O es mejor tener un líder que busca hacer lo correcto aunque no sea lo popular en el momento? Innegablemente necesitamos un liderazgo fuerte y recto en todos los ámbitos de la vida, ya sea en el hogar, la escuela, los negocios, la iglesia o una nación. En verdad, en materia de liderazgo la integridad importa.

La gente es voluble. Se ha dicho: «Puedes complacer a ciertas personas todo el tiempo y a todas las personas ciertas veces, pero es simplemente imposible complacer a todas las personas todo el tiempo».

Y entonces, aunque nos sintamos frustradas de no poder cambiar lo que los poderes en el gobierno están haciendo ahora, podemos hacer una diferencia en nuestra propia pequeña esfera de influencia. Ya sea que eres mamá, una líder de un ministerio en la iglesia o una supervisora en el trabajo, puedes liderar con una maravillosa combinación de dos cosas: diligencia y una profunda reverencia por Dios, agradándolo a él. Que cumplas tu rol de honor. «En todo lo que hagas, hazlo de corazón como para el Señor y no para los hombres» (Colosenses 3:23, parafraseado). Sé justa con las personas; sé honesta; sé amable.

En el Antiguo Testamento, Daniel y también Ester vivían en sociedades mundanas de excesos. Sin embargo, escogieron honrar a Dios y hacer la siguiente cosa correcta. Que Dios levante a muchos Daniel y Ester «para un momento como este» (Ester 4:14).

Hazlo personal... ¡Vívelo!

¿Eres una líder? Tal vez no te des cuenta, pero tu vida está afectando a otros, para bien o para mal. Como mujeres, sí tenemos un lugar de influencia en este mundo diseñado y escogido por Dios. Es un honor que él nos ha confiado. Es una responsabilidad. Él nos ha llamado a ser fieles. Yo creo que cada cristiano debe tener y leer el libro *Liderazgo espiritual* por J. Oswald Sanders. En ese libro él dice: «Si aquellos que tienen influencia sobre otros fallan en guiar hacia las tierras altas espirituales, entonces seguramente el camino a las tierras bajas estará bien gastado. Las personas viajan juntas; nadie vive desprendido y solo».

Lectura de *La Biblia en un año*

Daniel 11:36–12:13; 1 Juan 4:1-21; Salmo 123:1-4; Proverbios 29:2-4

La adulación no te conseguirá nada

*Adular a un amigo
    es tenderle una trampa para los pies.*
PROVERBIOS 29:5

A todas nos gusta recibir un cumplido, ¿no? Una palabra de ánimo es justo eso. Nos anima. Pero *adular* se define como «Alabar de forma exagerada y generalmente interesada». Puesto de otra forma, la adulación no es honesta, y al fin y al cabo, no es amable.

Así que tengamos cuidado con las personas que derraman adulación y alabanza. Mujeres, jóvenes y mayores, ojo con el hombre que te da demasiada atención de la incorrecta. Cuidado. Puede ser que haya una intención oculta en vigencia. Un dicho viejo es «La adulación se parece a la amistad así como un lobo se parece a un perro».

El pastor Chuck Smith comenta que «la adulación a menudo se usa para ablandarnos y luego para hacernos tropezar». Si escuchamos suficiente adulación, quizás la comencemos a creer, causándonos a creer demasiado de nosotras mismas.

Se ha dicho: «Los halagos son como el perfume. Está bien olerlo. Simplemente no lo bebas».

Pero, por otro lado, muchas personas nunca escuchan una palabra de alabanza, nunca. Así que si eres una maestra en la escuela dominical, trata de encontrar una palabra de ánimo para decirle a cada niño antes de que salga de tu clase. Si eres una mamá, no solo recalques los errores de tus hijos, déjales saber cuando hacen algo bueno. Alábalos. Y esposas, cuando tu esposo llega a casa, bendícelo con una palabra amable de ánimo. Puede ser que sea la única que ha escuchado en todo el día.

Hazlo personal... ¡Vívelo!

La adulación no solo infla a las personas, les tiende una trampa. Los padres y abuelos a menudo alaban los logros de los niños. Les echamos porras al equipo ganador o a las buenas calificaciones. Todos aman a un ganador. Pero cuando a tu hijo no le va bien y batalla con las matemáticas, quizás interprete tu falta de alabanza como una declaración de fracaso. Los logros van y vienen. Alaba a tus hijos cuando hacen su mejor esfuerzo, sin importar los resultados. Enséñales a ser amables con su compañero que soltó el balón; es solo un juego. Muéstrales que eres su fan más grande, no por lo que hacen, pero por quiénes son.

Lectura de *La Biblia en un año*

Oseas 1:1–3:5; 1 Juan 5:1-21; Salmo 124:1-8; Proverbios 29:5-8

Echando humo

Los necios dan rienda suelta a su enojo,
pero los sabios calladamente lo controlan.
PROVERBIOS 29:11

Cuando un pequeño da rienda suelta a la ira, se le llama berrinche, pero cuando un adulto lo hace, se llama echar humo y tener un ataque de rabia. Cuando dos personas lo hacen a la misma vez, puede escalar de gritos a violencia. Una cosa sí lleva a la otra, y todo el mundo pierde.

Tal vez creciste en un hogar lleno de ira. Es triste, pero muchas mujeres que crecieron en ese tipo de atmósfera la crean en su propia vida y hogar. Es sorprendente, pero los estudios demuestran que las mujeres se están volviendo más y más violentas.

Así que echemos un vistazo a lo que Dios dice en Efesios 4:26-27. Él dice: «Enójense, pero no pequen; no se ponga el sol sobre su enojo ni den lugar al diablo» (RVA-2015).

Primero, cuando estamos enojadas (y, honestamente, a veces lo estamos) no añadamos leña al fuego. Si pecamos en respuesta al pecado, solamente empeoramos las cosas.

Segundo, no dejes que el sol se ponga sobre tu ira. Esto habla de mantener cuentas cortas porque las mujeres a veces somos expertas en mantener cuentas largas. No perdonamos, y cada día nuestra frustración se va sumando. Alimentamos el rencor y cuando llega la siguiente ofensa... *¡buum!* Explotamos.

La última parte nos dice que si bajamos la guardia, damos lugar al diablo mismo. La ira le da al diablo un lugar en nuestros pensamientos, nuestras actitudes e incluso nuestra personalidad.

Así que leamos nuestro proverbio de nuevo: «Los necios dan rienda suelta a su enojo, pero los sabios calladamente lo controlan».

Hazlo personal... ¡Vívelo!

Admito que hace un par de años las acciones de mi vecina finalmente me sacaron de quicio. Perdí los estribos y le dije lo que pensaba. No usé groserías, pero mis palabras fueron bruscas. Mis largos años de tratar de ser paciente con ella fueron completamente borrados con dos pequeños minutos desahogando mi frustración. Lo único que logré fue que herí sus sentimientos y estoy avergonzada. La ira nos puede ganar a todas; luego como un volcán, erupciona. ¿Cómo la domamos? Nuestra ira necesita rendirse al Salvador. Si se está gestando en ti, ¿se la entregarás hoy?

Lectura de *La Biblia en un año*

Oseas 4:1–5:15; 2 Juan 1:1-13; Salmo 125:1-5; Proverbios 29:9-11

No escuches mentiras

*Si un gobernante presta atención a los mentirosos,
    todos sus consejeros serán perversos.*
PROVERBIOS 29:12

Escucha esta desconcertante cita de Adolph Hitler: «Haz la mentira grande, hazla sencilla, continúa diciéndola, y finalmente la creerán».

Apliquemos esta actitud a la teoría no probada de la evolución. Aunque contradice completamente la primera ley comprobada de la biogénesis, «Vida viene de la vida», es enseñada en nuestras escuelas como si fuera un hecho incuestionable. ¿Por qué? La ingenuidad humana. Se ha dicho: «Es más fácil creer una mentira que uno ha escuchado miles de veces que creer un hecho que nadie jamás ha escuchado».

En la película *Expelled*, Ben Stein muestra cómo líderes de universidades y los medios de comunicación han construido un muro alrededor de la evolución, y todo aquel que la cuestiona es condenado al ostracismo. También muestra cómo esta creencia tiende a socavar no solo la religión, sino una creencia de que la vida tiene algún significado o propósito real porque somos solo el producto de accidentes aleatorios. Socava la creencia en la moralidad y el respeto por la vida humana.

Eva creyó una mentira en el jardín, pero no nos conformemos con nada menos que la verdad. Como Jesús dijo: «La verdad los hará libres» (Juan 8:32).

Hazlo personal... ¡Vívelo!

Las mentiras tienen un efecto devastador tanto en nosotras como en nuestros hijos. Cuando te preguntan, ¿puedes dar una respuesta sólida y bíblica sobre los dinosaurios, los extraterrestres, la evolución, la muerte y por qué nos vemos todos diferentes? No necesitamos sentirnos amenazadas cuando nuestros hijos continúan haciendo preguntas profundas que nos hacen pensar. Dios nos creó con inteligencia y curiosidad. Sus preguntas pueden desafiarnos a hacer nuestra tarea y aprender nosotras mismas información emocionante. La Dra. Georgia Purdom (AnswersInGenesis.org/es/) tiene un sitio web y muchos recursos disponibles en español. Ella provee respuestas bíblicas sencillas que los padres pueden usar con sus hijos de cualquier edad.

Lectura de *La Biblia en un año*

Oseas 6:1–9:17; 3 Juan 1:1-15; Salmo 126:1-6; Proverbios 29:12-14

Disciplina

Disciplinar a un niño produce sabiduría,
  pero un hijo sin disciplina avergüenza a su madre.
PROVERBIOS 29:15

La película *Mi pobre angelito* de 1990 con Macaulay Culkin es una clásica ilustración del proverbio de hoy. Verdaderamente un hijo dejado solo es un desastre a punto de estallar. Los niños necesitan límites, límites sabios y amorosos.

Un par de años atrás hubo inundaciones repentinas en el medio oeste de Estados Unidos. Dos muchachos se subieron a sus bicis y se fueron a ver el río furioso. Pero no tenían ni idea de lo poderosa que puede ser el agua de inundación. Se acercaron demasiado y el río se los llevó. ¿Esos muchachos tenían el hábito de ir adonde querían, cuando querían, sin permiso o supervisión? ¿Habían ido antes a lugares peligrosos sin ser disciplinados?

En este momento es difícil imaginar tiempos más moralmente peligrosos para la crianza de niños. Padres, no se engañen. La música oscura, los videojuegos violentos, el acceso a la pornografía en la computadora, las drogas, la experimentación con el sexo y los extraños en las salas de chat los atraen y pueden arrastrarlos a la deriva. Los niños no tienen forma de discernir los peligros o entender las consecuencias. Algunos peligros son tan malvados y serios que una sola experiencia puede cambiar su vida para siempre.

Así que, madres, no se avergüencen de disciplinar a sus hijos hoy. Si es necesario, denles amor, pero sean firmes porque si no lo hacen, podrían terminar con el corazón roto mañana.

Hazlo personal... ¡Vívelo!

La disciplina correctiva es algo que nunca dejamos de necesitar. Para que la disciplina sea efectiva, los límites deben entenderse. Lamentablemente a menudo tenemos que aprender de nuestros errores. Mi hermana construyó una valla eléctrica para mantener a sus perros fuera de los parterres de flores. Sus órdenes verbales fueron ignoradas. Un choque agudo e inofensivo logró comunicar el mensaje. ¿Dios es cruel cuando permite el dolor como parte de nuestra consecuencia por el pecado? El dolor no te matará. El pecado sí lo hará.

«Pues el SEÑOR disciplina a los que ama y castiga a todo el que recibe como hijo". Al soportar esta disciplina divina, recuerden que Dios los trata como a sus propios hijos. [...] Ninguna disciplina resulta agradable a la hora de recibirla. Al contrario, ¡es dolorosa! Pero después, produce la apacible cosecha de una vida recta para los que han sido entrenados por ella» (Hebreos 12:6-7, 11).

Lectura de *La Biblia en un año*

Oseas 10:1–14:9; Judas 1:1-25; Salmo 127:1-5; Proverbios 29:15-17

Dirección divina

Cuando la gente no acepta la dirección divina, se desenfrena.
Pero el que obedece la ley es alegre.
PROVERBIOS 29:18

Muchos ven a Dios como el gran aguafiestas. Se molestan con los *no*. Resienten a Dios por decirles lo que pueden y no pueden hacer. «No tengas ningún otro dios, no robes, no mientas, no cometas adulterio, no cometas asesinato». Dijo Jesús: «Entren por la puerta angosta que lleva a la vida, porque ancha es la carretera que lleva a la destrucción» (Mateo 7:13, parafraseado). ¿Realmente nos está confinando Dios al darnos tales pautas? ¿Nuestra nación está mejor ahora que hemos removido los diez mandamientos de las paredes de la corte y la oración de las escuelas?

Recientemente andaba caminando con mi amiga Lenya en la parte más antigua de nuestra ciudad. Un hombre que obviamente era un vagabundo se puso a un lado de ella pidiéndole ayuda. En lugar de darle dinero, ella ofreció comprarle una hamburguesa. Se llamaba Donny. Nos rompió el corazón ver cómo el alcohol lo había reducido a tal quebrantamiento. Dije:

—Donny, ¿no estás cansado de vivir esta vida? ¿Quieres cambiar?

Las lágrimas pronto aparecieron.

—Lloro todos los días —dijo—. La bebida me ha causado perder a mis hijos y a mi familia.

Cuando era joven, Donny probablemente pensó que la vida desenfrenada era una vida libre. Como tantos, pensó que podía ignorar las advertencias y las pautas de Dios. Pensó que podía vencer las probabilidades. Ahora está en cautiverio. Pero la gloriosa verdad que pude decirle a Donny ese día es: «No es demasiado tarde. Puede que le hayas dado la espalda a Dios, pero Dios no te ha dado la espalda a ti. No es demasiado tarde, Donny. Su poder para restaurar es asombroso». Sublime gracia del Señor.

Hazlo personal... ¡Vívelo!

La vida de Donny retrata el lado oscuro de la desobediencia. El pecado nos despoja de la dignidad y de la verdadera libertad que Dios nos creó para disfrutar. La obediencia a menudo requiere ciertos momentos difíciles de rendición. Pero el gozo nos espera. «El que obedece la ley es alegre». Es por eso que el estudio de los Proverbios es vital para nosotras. Dios nos da una sólida instrucción práctica. Luego se nos dan imágenes claras que describen el resultado final de nuestras decisiones. Oh, qué Padre celestial tan amable, sabio y paciente tenemos. Lleva su instrucción a lo profundo de tu corazón. En verdad es cierto: Papá lo sabe todo.

Lectura de *La Biblia en un año*

Joel 1:1–3:21; Apocalipsis 1:1-20; Salmo 128:1-6; Proverbios 29:18

Refrénate

¿Ves a un hombre precipitado en sus palabras?
Más esperanza hay para el necio que para él.
PROVERBIOS 29:20 (LBLA)

El tema de este proverbio es la sabiduría con el habla. Trata no solo con lo que decimos sino cuando lo decimos. Chicas, siempre seremos mujeres necias hasta que entendamos bien esto.

Palabras precipitadas... veamos tres principios.

1. Cuando hablamos sin pensar, decimos de más. Proverbios 10:19 nos advierte: «Hablar demasiado conduce al pecado». Una vez escuché a alguien decir: «Mentes pequeñas hablan de la gente, mentes medianas hablan de las cosas, pero mentes grandes hablan de las ideas». Hay demasiada plática de mentes pequeñas entre cristianos. Una buena regla de oro es: ¿dirías exactamente la misma cosa sobre alguien a sus espaldas como lo harías si estuviera presente? Si no, no lo digas.

2. Tiempo. Eclesiastés 3:7 nos dice: «Un tiempo para callar y un tiempo para hablar». Malos tiempos para hablar son cuando estamos sensibles, cuando estamos enojadas, heridas, cansadas o frustradas. En tales tiempos estamos en gran peligro de causar daño y arrepentirnos de ello después. Orson Card dijo: «Entre mis más preciadas posesiones están las palabras que nunca he dicho».

3. Actitud. David oró: «Que las palabras de mi boca y la meditación de mi corazón sean de tu agrado, oh SEÑOR, mi roca y mi redentor» (Salmo 19:14).

Así que cerraremos con Proverbios 10:19: «Sé prudente y mantén la boca cerrada».

Hazlo personal... ¡Vívelo!

La sabiduría se refrena. La palabra hebrea para *refrenar* es *chasak*, que significa «abstenerse de, mantenerse en control». Ya sea que estás tratando de refrenarte de comer un segundo pedazo de pastel de queso o tratando de refrenarte de decir algo incorrecto, sabes que es más fácil decirlo que hacerlo. Las fuerzas de nuestra naturaleza humana parecen tener vida propia. Es una guerra de tira y afloja. ¿Te estás sintiendo débil, derrotada? Únete al grupo. Aun Pablo, el gran apóstol, clamó, «¡Soy un pobre desgraciado! ¿Quién me libertará de esta vida dominada por el pecado y la muerte?» (Romanos 7:24). El capítulo 8 de Romanos explica la respuesta maravillosa. Solo el Espíritu Santo tiene el poder para «refrenar».

Lectura de *La Biblia en un año*

Amós 1:1–3:15; Apocalipsis 2:1-17; Salmo 129:1-8; Proverbios 29:19-20

Enojona

La persona enojada comienza pleitos;
*   el que pierde los estribos con facilidad comete todo tipo de pecados.*
PROVERBIOS 29:22

El desacuerdo y el conflicto, el ser enojona y el pecado: todos estos conceptos se convierten en parte del ámbito donde la ira está rugiendo en el alma de alguien.

Para algunas de ustedes leyendo esto hoy, no necesitan explicación. Lo están viviendo. Quizás es por un esposo enojado o un adolescente enojado, o quizás porque tienes un jefe enojado. Quizás te sientes dominada e impotente. Alguien que es dado a ataques de ira siente en ese momento que está en control, pero nada podría estar más lejos de la verdad. Ellos han perdido el control de sí mismos. La ira es su amo de esclavos, provocando que se desahoguen, griten, sean crueles y quemen puentes, hiriendo aun a los que más los aman. ¿Y qué tienen después de que eso está hecho? Menos que nada. No hay consuelo ni satisfacción. Lo único que tienen es un rastro de daño colateral que los envuelve en un paquete de vergüenza, problemas y más pecado mientras buscan culpar a otros.

Si eres víctima de esto, puede ser una pesadilla porque se siente como que no hay nada que puedas hacer. Pero hay esperanza. El Señor escucha, lo ve y se preocupa. En momentos de explosiones de ira, dispara una oración de flecha. Practica ponerte el escudo de la fe. Pídele a Dios que guarde tu corazón y tu mente. Y no dejes que te jalen a su pozo. A los desgraciados no les gusta estar solos. Así que repito: no dejes que te jalen a su pozo.

Hazlo personal... ¡Vívelo!

Si has sido la persona con quien alguien desquita su enojo, ya sea en el pasado o presente, probablemente tengas tu propio enojo también. Hay dos respuestas: luchar o huir. Si no eres una luchadora, tu patrón de huida tal vez ha dirigido tu enojo hacia adentro. La depresión a menudo es el resultado. Déjame hacerte una pregunta importante. ¿Estás ahora enojada con Dios? ¿Estás deprimida y enojada que no te defendió? Nunca olvides, Jesús llevó la afrenta de hombres muy enojados. «Fue despreciado y rechazado. [...] Sin embargo, [...] fueron nuestros dolores los que lo agobiaron. [...] Fue azotado para que pudiéramos ser sanados» (Isaías 53:3-5).

Lectura de *La Biblia en un año*

Amós 4:1–6:14; Apocalipsis 2:18–3:6; Salmo 130:1-8; Proverbios 29:21-22

Los mejores regalos

*El orgullo termina en humillación,
    mientras que la humildad trae honra.*
PROVERBIOS 29:23

Orgullo, ah, el problema del orgullo. El diccionario dice que es «una autoestima sobrevalorada». Es arrogancia, soberbia, un sentimiento de que somos mejores. La humildad es lo opuesto. El orgullo derriba a la gente. La humildad se inclina y levanta a otros.

La temporada navideña es el momento perfecto para elegir ser humilde. Hace dos mil años, el Rey de reyes eligió nacer en un pesebre. Filipenses 2:4-7 nos da un hermoso patrón. «No se ocupen solo de sus propios intereses, sino también procuren interesarse en los demás. Tengan la misma actitud que tuvo Cristo Jesús. Aunque era Dios, [...] renunció a sus privilegios divinos; adoptó la humilde posición de un esclavo y nació como un ser humano».

Esa primera Navidad, Jesús fue el regalo. No traía plata ni oro; trajo bondad y amabilidad. Se entregó a sí mismo. En su honor hagamos de la bondad y la amabilidad los ingredientes clave en todo lo que hacemos y todo lo que damos. ¿Conoces a una viuda? Las vacaciones pueden ser solitarias; ora por ella, llévala de compras, cuelga una guirnalda alegre en su puerta. ¿Tus hijos están siendo desconsiderados de tus deseos y necesidades? Suéltalo y ámalos de todos modos. ¿Tu hermana hirió tus sentimientos las Navidades pasadas? Sé la primera en llamar y reparar la brecha. Pon galletas caseras en el buzón para el cartero, quita la nieve de la acera de tu vecino, deja que una mamá con pequeños vaya delante de ti en la fila de la tienda. ¿Qué tal si realmente te humillas y levantas a otros? Bueno, entonces puede ser que la Navidad venga a tu casa un poco antes de tiempo.

Hazlo personal... ¡Vívelo!

¿Conoces la verdadera historia de Papá Noel o Santa Claus? Nicolás nació durante el siglo III en Patara, un pequeño pueblo griego. Sus padres ricos lo criaron para ser un cristiano devoto. Pero ellos murieron en una epidemia cuando Nicolás todavía era pequeño. Obedeciendo las palabras de Jesús, «vende todas tus posesiones y entrega el dinero a los pobres» (Mateo 19:21), Nicolás usó su herencia para ayudar al necesitado, al enfermo y al doliente. Dedicó su vida a servir a Dios y fue conocido por su generosidad y amor por los niños.

«Guía a los humildes para que hagan lo correcto; les enseña su camino» (Salmo 25:9).

Lectura de *La Biblia en un año*

Amós 7:1–9:15; Apocalipsis 3:7-22; Salmo 131:1-3; Proverbios 29:23

Temor a la gente

Temer a la gente es una trampa peligrosa,
pero confiar en el SEÑOR significa seguridad.
PROVERBIOS 29:25

La presión de los pares es un gran dilema para la mayoría de los adolescentes. Como adolescentes, la mayoría de nosotras temíamos ser diferentes o tener un aspecto diferente. Pero lamentablemente muchas nunca lo perdieron al madurar. La presión para encajar y complacer a la gente no solo puede causar que hagamos algo malo, sino que también puede evitar que hagamos lo correcto. Puede evitar que hablemos sobre lo que es verdadero y bueno.

Muchas personas nunca han leído el libro de Jeremías en el Antiguo Testamento. Creen que nunca podría aplicarse a ellos viviendo en este mundo moderno y complicado. No es así. Recientemente, al leerlo, me sentí como si estuviera leyendo noticias de primera plana. La religión que agrada al hombre, la falsa espiritualidad, las travesuras políticas corruptas, la trágica decadencia moral y el rechazo de los principios divinos... todo esto estaba sucediendo en la nación de Israel que había sido piadosa en otro tiempo. Fue desgarrador. Incluso los llamados profetas de Dios decían: «Está bien. Nunca sufriremos las consecuencias».

Pero luego estaba Jeremías. Tenía la Palabra de Dios en sus manos, una profunda preocupación por la gente en su corazón y el mensaje de Dios en sus labios. Habría sido mucho más cómodo y popular si hubiera simplemente cerrado los ojos y si se hubiera quedado callado, pero no pudo. El Señor mismo había conmovido su corazón.

Jeremías se puso de pie con Dios y se ha dicho: «Solo uno de pie con Dios es la mayoría».

Hazlo personal... ¡Vívelo!

Como Jeremías, vivimos en un mundo de concesiones. Muchos supuestos cristianos son camaleones. Dicen que aman a Dios pero viven como el mundo. Esto es muy confuso para aquellos que no conocen a Cristo. Aun el tipo en el bar no tiene respeto para este doble estándar. Es tiempo de vivir de manera fiel a nuestra fe y fiel al Dios que es fiel a nosotros. «Sobre todo, deben vivir como ciudadanos del cielo, comportándose de un modo digno de la Buena Noticia acerca de Cristo. Entonces, sea que vuelva a verlos o solamente tenga noticias de ustedes, sabré que están firmes y unidos en un mismo espíritu y propósito» (Filipenses 1:27).

Lectura de *La Biblia en un año*

Abdías 1:1-21; Apocalipsis 4:1-11; Salmo 132:1-18; Proverbios 29:24-25

La justicia de Dios

*Muchos buscan el favor del gobernante,
   pero la justicia proviene del SEÑOR.*
PROVERBIOS 29:26

Mientras lees esto, ¿puedes imaginarte a Salomón sentado en un pequeño escritorio habiendo recién escrito este proverbio? Dios le había dado una profunda comprensión de la manera en que operan los asuntos humanos en esta tierra. Era un rey, un gobernante. ¿Estaba pensando en las muchas veces que la gente había buscado su favor, con la esperanza de obtener respuestas y ayuda para los problemas que no solo los sobrepasaban a ellos sino a él también? Cuán consciente debe haber estado que la vida es demasiado complicada para que cualquier ser humano corrija lo injusto y desentrañe los dilemas de la vida. Dios lo había hecho sabio para conocer sus propias insuficiencias. Esta es la verdadera sabiduría.

Otros grandes hombres como Abraham Lincoln llegaron a la misma conclusión. Él dijo: «Muchas veces me he puesto de rodillas con la abrumadora convicción de que no tenía ningún otro lugar adonde ir».

Dios te invita, de hecho, te está *instando*, a llegar a la misma conclusión. Tampoco tienes otro lugar adonde ir. Reyes y presidentes, el congreso y los tribunales de justicia nunca pueden traer soluciones reales para un mundo quebrantado, lleno de almas quebrantadas. ¡Necesitamos un Salvador! Cada una de nosotras necesita un Salvador.

Pero la buena noticia es que tenemos un Salvador: Jesús. La justicia viene del Señor. Solo él es nuestro Buen Pastor, nuestra Torre Fuerte, nuestro Consolador, nuestro Rey de reyes, nuestro Pan de Vida, nuestro Príncipe de Paz y nuestra Luz del Mundo.

Hazlo personal... ¡Vívelo!

Los niños tienen un agudo sentido de la justicia. Incluso un niño de cuatro años clamará las palabras: «¡No es justo!». Puede ser que no digamos estas palabras, pero hay momentos en que las pensamos. Deseamos que las cosas sean correctas. Nos inquietan las cosas de las que no tenemos control. ¿Pero has llevado tus inquietudes a Dios? La preocupación y la frustración no logran nada. La oración sí. La oración nos une al amor fiel de Dios que reina sobre el universo desde el trono de la gracia. «El SEÑOR llevará a cabo los planes que tiene para mi vida, pues tu fiel amor, oh SEÑOR, permanece para siempre» (Salmo 138:8).

Lectura de *La Biblia en un año*

Jonás 1:1–4:11; Apocalipsis 5:1-14; Salmo 133:1-3; Proverbios 29:26-27

Sabia

En lugar de hacer una declaración sabia, el proverbio de hoy muestra a un hombre, Agur, expresando su frustración de que él no es sabio. Bien por él. Jesús dijo: «Dios bendice a los que son pobres en espíritu. [...] Dios bendice a los que tienen hambre y sed de justicia, porque serán saciados» (Mateo 5:3, 6). En Proverbios 30:1, Agur dice: «Cansado estoy, oh Dios: cansado, oh Dios, y agotado». En los versos 2-4 continúa diciendo:

> *Soy demasiado torpe para ser humano*
> *y me falta el sentido común.*
> *No he dominado la sabiduría humana*
> *ni conozco al Santo.*
> *¿Quién sino Dios sube a los cielos y desciende de ellos?*
> *¿Quién retiene el viento en sus puños?*
> *¿Quién envuelve los océanos en su manto?*
> *¿Quién ha creado el mundo entero?*
> *¿Cuál es su nombre? ¿Y el nombre de su hijo?*
> *¡Dime, si los sabes!*

Quizás te sientes exactamente igual. Este sería un muy buen tiempo para hablar sobre cómo se obtiene la sabiduría piadosa.

- Es un regalo de Dios otorgado a los que lo piden. Salomón pidió. Santiago 1:5-6 dice que nosotras lo podemos pedir también: «Si a alguno de ustedes le falta sabiduría, pídasela a Dios, y él se la dará, pues Dios da a todos generosamente sin menospreciar a nadie. Pero que pida con fe, sin dudar» (NVI).
- La Palabra de Dios es sabiduría. Al leerla cada día, nos enseña y nos entrena. La Palabra de Dios también nos avisa sobre cosas que son peligrosas y necias.
- La sabiduría no es solo información. Debe vivirse en el momento de la verdad.
- «El temor del SEÑOR es la base de la sabiduría» (Proverbios 9:10).

Hazlo personal... ¡Vívelo!

Los expertos que estudian el proceso del aprendizaje nos dicen que el conocimiento es como un imán. Entre más aprendes, el imán en tu cerebro se hace más y más grande y fuerte. Luego este atrae y absorbe información a un paso más rápido. Es igual al obtener sabiduría. Cada vez que aprendes un principio sabio y luego lo aplicas, tu capacidad y tu retención incrementan. La sabiduría se convierte en parte de ti, una reacción instintiva; «aumentas en sabiduría». Que Dios te haga crecer, te profundice y cause que seas una mujer que no solo actúa sabiamente, sino que es sabia en verdad.

Lectura de *La Biblia en un año*

Miqueas 1:1–4:13; Apocalipsis 6:1-17; Salmo 134:1-3; Proverbios 30:1-4

¡Sé un bereano!

Las palabras de Dios son todas puras;
Dios es el escudo de quienes en él confían.
No añadas a sus palabras, y él no te reprenderá,
y tampoco resultarás un mentiroso.
PROVERBIOS 30:5-6 (RVC)

Me encanta la palabra *puras*. La Palabra de Dios es pura, que significa: «libre de cualquier cosa inferior o contaminante». Es impecable y no está diluida, así como el oro puro o el agua cristalina.

Es un buen momento para hablar sobre la importancia de ser cristianos bereanos. Los bereanos no se apoyaron en conocimiento de segunda mano o de las opiniones de otros. Ellos fueron directamente a las Escrituras y lo buscaron por sí mismos.

Así también nosotras debemos leer todo el consejo de Dios. Muchas personas se quedan estancadas. Siempre leen solo los Salmos o las Epístolas, pero la Biblia tiene un maravilloso equilibrio de principio a fin. Si tenemos miedo de leer el Antiguo Testamento, nos perdemos algunas verdades importantes y ejemplos poderosos. Y entonces, como estamos llegando a un nuevo año, este sería un gran tiempo de buscar una *Biblia en un año* para que puedas comenzar el primero de enero. *La Biblia en un año* está dividida en 365 segmentos. La lectura de cada día incluye el Antiguo Testamento, el Nuevo Testamento, un Salmo, y un Proverbio. Con solo leer veinte a treinta minutos diarios, puedes leer toda *La Biblia en un año*. ¡Qué emocionante! Pero aún más que eso, verás una nueva victoria, un nuevo amor por el Señor, un nuevo deseo de agradarle a él. Ahora, ¡eso sí es una experiencia transformadora!

Hazlo personal... ¡Vívelo!

La Palabra de Dios es un escudo que protege tu corazón, tu alma y tu mente de temores, mentiras, dudas y tentaciones. Cuando leas, sé intencional. Acoge personalmente una lección o una instrucción a diario. Permite que la Palabra de Dios pinte imágenes de la verdad que contrarrestan la falsedad. Memoriza y aduéñate de sus promesas. Nuestra lectura del Antiguo Testamento en *La Biblia en un año* hoy incluye Miqueas 6:8. En este versículo Dios nos da una plantilla para la vida. Lo tengo escrito en una placa sobre mi puerta principal para recordarme que la vida piadosa es la vida buena. «El Señor te ha dicho lo que es bueno, y lo que él exige de ti: que hagas lo que es correcto, que ames la compasión y que camines humildemente con tu Dios» (Miqueas 6:8).

Lectura de *La Biblia en un año*

Miqueas 5:1–7:20; Apocalipsis 7:1-17; Salmo 135:1-21; Proverbios 30:5-6

Dulce simplicidad

Oh Dios, te ruego dos favores;
concédemelos antes de que muera.
Primero, ayúdame a no mentir jamás.
Segundo, ¡no me des pobreza ni riqueza!
Dame solo lo suficiente para satisfacer mis necesidades.
Pues si me hago rico, podría negarte y decir: «¿Quién es el SEÑOR?».
Y si soy demasiado pobre, podría robar y así ofender el santo nombre de Dios.
PROVERBIOS 30:7-9

La vida sencilla es nuestro tema de hoy. Pablo dijo: «Es una gran riqueza en sí misma cuando uno está contento con lo que tiene» (1 Timoteo 6:6). Este es un proverbio interesante para meditar justo antes de Navidad. Para muchos, la Navidad es todo menos algo sencillo y estamos lejos de estar contentos. El ajetreo puede ser una excusa, un reemplazo y una evación de la autenticidad. Llenamos tanto nuestro día que no tenemos tiempo para atender a lo real e importante. La sencillez requiere disciplina. Se necesita quietud y tiempo a solas con Dios. ¿No sería dulce si regresáramos a lo básico? Pablo dijo: «He aprendido a estar contento con lo que tengo» (Filipenses 4:11). Contentamiento, ya ves, es primero una elección y luego se vuelve un hábito.

Veamos la sencillez del nacimiento de Jesús aquella primera Navidad. Ellos estaban lejos de casa, su mamá estaba jovencita. Eran pobres, rechazados, sin hogar. Y sin embargo cuando emocionalmente visitamos esa humilde escena en el establo, nos cautiva. Tiene una majestad que no se encuentra en los palacios. Había un gozo y una esperanza, y sobre todo, Dios estaba cerca. *Emanuel* es el mensaje: Dios con nosotros. Y cuando él está cerca, nuestro corazón está lleno.

Hazlo personal... ¡Vívelo!

Simplificar es «hacer algo menos complejo, menos arreglado, más natural». Aunque nos encantan los moños y la brillantina de la Navidad, nos podemos perder en ellos. Cuando los pastores llegaron al establo para ver al Salvador, no se sintieron como que no estaban vestidos para la ocasión. Vinieron tal y como estaban. Habían sido invitados e incluidos en aquel santo evento. Lo único que cautivaba su atención era la belleza de Jesús.

Oremos

Señor, por favor ayúdame a calmarme, reenfocarme y ser agradecida. Muéstrame si mi expectativa de lo que se tiene que hacer me ha desenfocado de lo que realmente importa. Ayúdame a regocijarme hoy en la dulzura de las cosas sencillas y los momentos tranquilos.

Lectura de *La Biblia en un año*

Nahúm 1:1–3:19; Apocalipsis 8:1-13; Salmo 136:1-26; Proverbios 30:7-9

Palabras correctas

No calumnies al siervo ante su señor,
   No sea que te maldiga, y sufras el castigo.
PROVERBIOS 30:10 (RVR1977)

En primer lugar, la calumnia es cruel. Permíteme repetirlo. La calumnia es cruel. Calumniar es hablar o difundir información falsa. Es perjudicial para la reputación de otro. Es acusar injustamente a alguien.

Apliquemos esto a dos siervos. Primero, a la mesera que te sirve en un restaurante y en segundo lugar, a los siervos de tu iglesia.

1. La mesera: ¿Alguna vez has visto a la gente tratar a su mesera como basura? Yo sí. Son impacientes y exigentes. Si a la mesera se le olvida algo o algo no es de su agrado, actúan como si fuera el fin del mundo. Dan casi nada de propina y se quejan con el gerente. Este es un mal comportamiento para cualquiera, pero es inexcusable para una hija de Dios. ¿Alguna vez has considerado que tal vez ella es una agotada madre soltera trabajando en un segundo trabajo? O tal vez tu mesera es nueva o tiene una migraña o está pasando por un divorcio difícil. ¿Alguna vez has pensado que tal vez esa mesera se cruzó por tu camino para que fueras una bendición para ella en vez de que ella simplemente te sirviera? ¿Alguna vez has orado al respecto?

2. Me siento inspirada a animarte a ser amable cuando hables sobre aquellos que sirven en tu iglesia. Nunca pienses que tu ministerio es el ministerio de tener la lengua crítica. Sé amable cuando hables sobre una maestra de la escuela dominical o un ujier o tu pastor.

Hazlo personal... ¡Vívelo!

Nuestro proverbio hoy nos informa que dar un mal reporte puede ser contraproducente. La persona a quien reportamos quizás nos vea con desprecio. Mi esposo y yo teníamos una política permanente: «Yo puedo hablar de mi mamá, tú puedes hablar de tu mamá. Pero no puedes hablar de mi mamá». Esto no significa que nunca discutimos sobre nuestras preocupaciones. El silencio no siempre es de oro. Es el motivo y el método lo que es importante. La palabra correcta, en el tiempo correcto, en la forma correcta puede tener el resultado correcto.

Oremos

Querido Señor, ayúdame a ser cuidadosa y amable. Señalar errores no tiene que derrumbar a alguien. Ayúdame a escoger mis palabras cuidadosa y amablemente.

Lectura de *La Biblia en un año*

Habacuc 1:1–3:19; Apocalipsis 9:1-21; Salmo 137:1-9; Proverbios 30:10

Palabras sobrias para tiempos sobrios

Algunas personas maldicen a su padre
y no son agradecidas con su madre. [...]
Contemplan a su alrededor con soberbia
y miran a otros con desdén.
Tienen los dientes como espadas
y los colmillos como cuchillos.
Devoran al pobre de la tierra
y a los necesitados de entre la humanidad.
PROVERBIOS 30:11, 13-14

Esto describe una generación que le ha dado la espalda a Dios. A riesgo de sonar demasiado negativa, siento que debo leer 2 Timoteo 3:1-6: «En los últimos días, habrá tiempos muy difíciles. Pues la gente solo tendrá amor por sí misma y por su dinero. Serán fanfarrones y orgullosos, se burlarán de Dios, serán desobedientes a sus padres y malagradecidos. No considerarán nada sagrado. No amarán ni perdonarán; calumniarán a otros y no tendrán control propio. Serán crueles y odiarán lo que es bueno. Traicionarán a sus amigos, serán imprudentes, se llenarán de soberbia y amarán el placer en lugar de amar a Dios. [...]. ¡Aléjate de esa clase de individuos! Pues son de los que se las ingenian para meterse en las casas de otros y ganarse la confianza de mujeres vulnerables que cargan con la culpa del pecado y están dominadas por todo tipo de deseos».

Palabras sobrias para tiempos sobrios. Creo que nada lo puede cambiar más que un avivamiento. El avivamiento es encendido por el arrepentimiento, hecho santo por la sangre de Cristo, alimentado por la Palabra de Dios y avivado por el Espíritu Santo.

Hazlo personal... ¡Vívelo!

La arrogancia, la rebelión y la necedad a veces son síntomas de la juventud. Ciertamente hay modas peligrosas que atraen a los jóvenes hoy en día. Por otro lado, hay muchas personas jóvenes que están buscando un verdadero propósito y pasión por vivir. Pueden ver que el pecado y las adicciones han devastado a algunos de sus amigos. Están hambrientos por Dios y desean tener una fe auténtica. Déjame desafiarte. Si eres joven, la única forma de pelear contra el fuego profano es con fuego santo. Sé valiente, sólida y comprometida. Si eres mayor, es tiempo para un avivamiento en tu propio corazón. ¿Orarás? ¿Te unirás conmigo, sobre tus rodillas, orando que Dios traiga y restaure y encienda un avivamiento que rodee el mundo?

Lectura de *La Biblia en un año*

Sofonías 1:1–3:20; Apocalipsis 10:1-11; Salmo 138:1-8; Proverbios 30:11-14

Cuento de Navidad

La sanguijuela tiene dos hijas
que solo dicen: «Dame, dame».
Tres cosas hay que nunca se sacian,
y una cuarta que nunca dice «¡Basta!»:
el sepulcro, el vientre estéril,
la tierra, que nunca se sacia de agua,
y el fuego, que no se cansa de consumir.

PROVERBIOS 30:15-16 (NVI)

Nos estamos acercando al fin de los Proverbios. En lugar de un tema alegre y optimista, estamos viendo casi una desesperación. Dios está abordando un egoísmo y un vacío que envuelve y ensombrece.

Y entonces, sobre este tema estoy pensando en la asombrosa historia *Cuento de Navidad*, escrita por Charles Dickens. En el cuento, Ebenezer Scrooge era egoísta y cruel. «Dame» era su lema también, pero la belleza y el poder de la historia se encuentra en el hecho de que se le dio una segunda oportunidad. En Nochebuena vio pasar frente a él en un sueño un desfile de toda su vida, pasado, presente y futuro. Él vio que si no cambiaba, las personas que podría haber ayudado sufrirían, y él moriría vacío y solo. Luego despertó y se dio cuenta de que aún tenía tiempo para dar y ser una bendición. Pero la mejor parte de la historia es que él sí cambió. Las buenas noticias fueron que no era demasiado tarde.

Entonces, ¿cuál es la lección para nosotras? Navidad para algunos es el tiempo más solitario del año. Quizás te sientes sola y necesitada. ¿Cerrarás tus ojos un momento? ¿Puedes pensar en un pequeñito en necesidad, un hijo de una madre soltera, un ancianito o un adolescente no querido? No es demasiado tarde. Tal vez las tiendas le han sacado el amor de Cristo a la Navidad, pero las buenas noticias son que él te puede usar para volver a meterlo.

Hazlo personal... ¡Vívelo!

Que yo no ande en la ceguera, pero que pueda con la visión clara
Saber cuándo hablar una palabra de esperanza, o añadir un poco de alegría sana.
Que los vientos templados puedan soplar suavemente donde el pequeño, mal vestido,
Se sienta soñando, cuando la llama es baja, de las comodidades que nunca ha tenido.
Que durante el año que se avecina, ningún corazón se duela, ningún ojo llore,
Por alguna palabra que he dicho o ganancias que añoré lograr.

—S. E. KISER EN «A LITTLE PRAYER» (UNA PEQUEÑA ORACIÓN)

Lectura de *La Biblia en un año*

Hageo 1:1–2:23; Apocalipsis 11:1-19; Salmo 139:1-24; Proverbios 30:15-16

Amargas batallas

El ojo que se burla de su padre
*   y desprecia las instrucciones de su madre*
será arrancado por los cuervos del valle
*   y devorado por los buitres.*
PROVERBIOS 30:17

Oh, vaya. Si no estuviera comprometida a tomar cada proverbio en orden, seguramente me saltaría este. No parece un tema para abordar unos días antes de Navidad. Pero tal vez sí lo sea. La Palabra de Dios siempre tiene algo que decirnos. Podría ser que hay alguien leyendo esto hoy que necesita escucharlo. Por favor ten paciencia conmigo. Esto es importante y urgente.

En primer lugar, esto te está hablando si tienes una relación rota, llena de amargura y enojo hacia tus padres. Por favor, sé que esto te va a carcomer hasta el día de tu muerte. Creo que esta es la mera razón por la que Dios insertó esta imagen gráfica y horrible de los cuervos y buitres. Los buitres solo comen lo que está muerto y moribundo. En verdad, el enemigo de tu alma se alimenta y se deleita al ver a una hija de Dios que está amargada. La amargura es una podredura y una muerte emocional dentro de ti. Te roba la alegría y te quita la paz.

Permíteme decirte, no importa cuál sea el problema, incluso si es profundo y serio, que esta sea la Navidad en que Satanás no aprovechará más atormentándote.

Ahora la pregunta es: ¿estás dispuesta a perdonar? Si es así, exprésalo al Señor ahora mismo. Él es capaz de hacerte capaz. Sería un triple regalo: a tus padres, a ti misma y a Dios el Padre que te ama. Esto puede parecer el regalo más caro que jamás hayas dado. En realidad, lo es. El perdón no solo es caro, es de valor incalculable.

Hazlo personal... ¡Vívelo!

Quizás eres completamente inocente de tener amargura con los de tu familia. Son aquellas malgeniosas personas ajenas que son el problema. En un tiempo tanto William Anderson Hatfield como Randolph McCoy eran hombres de las montañas, hogareños, sencillos, hospitalarios. Eran amigos cercanos. Pero una vez que comenzaron a pelearse, nunca se perdonaron y nunca olvidaron la contienda. Ahora sus nombres, los Hatfield y los McCoy, son sinónimos del peligro de la ira no resuelta que escala. Una Navidad hace mucho tiempo atrás, Dios envió a su Hijo para enderezarnos. Si estás amargada contra alguien, donde sea, por cualquier motivo, ¿abrirás tu corazón y soltarás la amargura?

Lectura de *La Biblia en un año*

Zacarías 1:1-21; Apocalipsis 12:1-17; Salmo 140:1-13; Proverbios 30:17

¡Asombroso!

Hay tres cosas que me asombran;
no, son cuatro las que no comprendo:
cómo planea el águila por el cielo,
cómo se desliza la serpiente sobre la roca,
cómo navega el barco en el océano,
y cómo ama el hombre a la mujer.

PROVERBIOS 30:18-19

Cuatro cosas asombrosas: es bueno a veces pensar y simplemente disfrutar algunas de las maravillosas cosas en la naturaleza que realmente no se pueden explicar. En el mundo natural, Dios ha puesto su firma profundamente en la creación.

Meditemos en la majestuosa belleza de un águila que se eleva en el cielo. Puede planear a una altitud de hasta tres mil metros y lograr velocidades de cincuenta y seis kilómetros por hora. Las águilas calvas pesan solo de cuatro a seis kilos, tienen siete mil plumas, son buenas nadadoras, tienen un compañero de por vida y están en la cima en la cadena alimentaria. Todas las águilas son conocidas por excelente vista. Volando a una altura de trescientos metros, pueden identificar a un conejo moviéndose a una distancia de kilómetro y medio.

Una serpiente no tiene pies, no deja huellas, y sin embargo, es rapidísima. Sorprendente, y un poco escalofriante. Un barco en el mar pesa miles de toneladas, y sin embargo, no deja rastro y no se hunde. Por miles de años estos barcos han sido llevados por los vientos y las corrientes y navegados dejándose guiar por las estrellas. Seguramente esto es asombroso. El cuarto en nuestra lista es la manera en que un hombre se enamora de una mujer. Nunca nos cansamos de una dulce historia de amor, ¿verdad?

Pero lo más sorprendente de todo es el amor de Dios por todos nosotros. «Pues Dios amó tanto al mundo que dio a su único Hijo, para que todo el que crea en él no se pierda, sino que tenga vida eterna» (Juan 3:16). ¡Eso sí es asombroso!

Hazlo personal... ¡Vívelo!

Aunque toda la creación de Dios es sorprendente y asombrosa, no hay nada tan increíble como tú. Tú eres su obra maestra. Tú fuiste creada a su imagen. Aunque pasaste tu primera media hora de vida contenida en una sola célula del tamaño de un granito de azúcar, tú ya eras *tú*. Como el Dr. Seuss lo ha dicho: «Hoy tú eres Tú, eso es más verdad que verdad. No hay nadie vivo que es más Tú que Tú». Nadie jamás ha tenido exactamente tu ADN o tu huella digital. No eres de esos «una talla les queda a todos». Duérmete esta noche sabiendo que aquel que puso las estrellas en el espacio te está observando con amor.

Lectura de *La Biblia en un año*

Zacarías 2:1–3:10; Apocalipsis 12:18–13:18; Salmo 141:1-10; Proverbios 30:18-20

La tierra tiembla

Por tres cosas tiembla la tierra,
y por una cuarta no se puede sostener:
por el esclavo cuando llega a ser rey,
por el necio cuando se sacia de pan,
por la mujer odiada cuando se casa,
y por la sierva cuando suplanta a su señora.
PROVERBIOS 30:21-23 (LBLA)

Estas cuatro cosas, en primer lugar, simplemente no deben ocurrir. Y cuando suceden, hay problemas.

La tierra tiembla cuando un esclavo se convierte en rey. A lo largo de la historia las personas que se elevan a posiciones de liderazgo sin entrenamiento, experiencia o sabiduría a menudo lideran con mucha dureza. Gobiernan con temor por causa de sus propios temores. Un necio no sabe que puedes tener un estómago lleno pero una cabeza vacía y un alma vacía. Antes de que el pródigo pasara tiempos difíciles, era presumido. Pero cuando tuvo hambre, regresó a casa, según dijo Jesús (ver Lucas 15:11-32).

Las siguientes dos cosas que hacen la tierra temblar son una mujer casada que no es amada y la mujer que la reemplaza. Esto me hace temblar a mí también. Esto es tanto triste como incorrecto. Esposas, tengan cuidado. Sus esposos son atacados en todo lugar con imágenes seductivas y tentadoras. Hay mujeres por ahí que son agresivas y están dedicadas a ganárselos. Entonces, en primer lugar, ¿estás orando por él cada día? Segundo, no quiero ser poco espiritual con esta sugerencia, pero, chicas, a veces tenemos que mantenernos un poco al tanto de la competencia. No te dejes andar toda desaliñada y descuidada. Y tercero, ámalo. Haz el hogar de tu esposo su castillo.

Hazlo personal... ¡Vívelo!

Dios creó un mundo perfecto. Es difícil imaginar por qué Eva dudó de la bondad de Dios y creyó que retenía de ella algún bien. Ella tenía un hogar perfecto, ningún problema de vestimenta y estaba casada con un hombre perfecto (el último esposo perfecto). Adán estaba casado con la esposa perfecta (la última de esas también). Pero Eva mordió el anzuelo y comió el fruto, y desde aquel momento nuestro mundo ha estado lleno de cosas que no deberían ser. Si tu mundo está en mil pedazos, Jesús vino para cumplir estas palabras: «[Dios] me ha enviado para consolar a los de corazón quebrantado y a proclamar que los cautivos serán liberados y que los prisioneros serán puestos en libertad. Él me ha enviado para anunciar a los que se lamentan que [...] les dará una corona de belleza en lugar de cenizas» (Isaías 61:1-3).

Lectura de *La Biblia en un año*

Zacarías 4:1–5:11; Apocalipsis 14:1-20; Salmo 142:1-7; Proverbios 30:21-23

Cosas buenas vienen en pequeños paquetes

Hay cuatro cosas sobre la tierra que son pequeñas pero extraordinariamente sabias:
Las hormigas no son fuertes,
pero almacenan su alimento todo el verano.
Los damanes no son poderosos,
pero construyen su hogar entre las rocas.
Las langostas no tienen rey,
pero marchan en fila.
Las lagartijas son fáciles de atrapar,
pero se encuentran hasta en los palacios reales.
PROVERBIOS 30:24-28

¿A veces te sientes pequeña o que tu vida no importa? La mayoría de nosotras nos sentimos así en ocasiones y la Navidad puede ser el tiempo más difícil del año. Miras a tu alrededor y sientes que no eres suficiente o no tienes esa familia perfecta. Dios quiere que sepas que él ha vertido sabiduría y belleza en cosas pequeñas y débiles.

Hay un examen que está circulando por Internet: 1. Nombra las cinco personas más ricas del mundo. 2. Nombra las últimas cinco ganadoras del concurso de belleza Miss América. 3. Nombra diez personas que han ganado un premio Nobel. ¿Cómo te fue? El punto es que ninguna de nosotras realmente se acuerda de los antiguos ganadores de premios. Aquí hay otro examen. A ver cómo te va con este. 1. Nombra algunos maestros que te ayudaron en tu travesía escolar. 2. Nombra tres amigas que te han ayudado en tiempos difíciles. 3. Piensa en un par de personas que te han hecho sentir apreciada y especial. ¿Más fácil? El punto: las personas que marcan una diferencia en tu vida no son las que tienen más credenciales, dinero o reconocimientos. Son simplemente las personas a quienes les importa. Así que sé tú misma. Los demás puestos ya están ocupados.

Hazlo personal... ¡Vívelo!

Dos grandes hombres nacieron en el pequeño pueblo de Belén: David y Jesús. David fue un hombre que amaba a Dios; Jesús es Dios quien ama al hombre. A veces grandes cosas y personas tienen comienzos humildes. El atleta Lance Armstrong nunca conoció a su padre biológico. El creador de Apple, Steve Jobs, nació de una madre soltera. Albert Einstein tenía un impedimento del habla de niño. Charles Schultz era un adolescente tímido y callado. Sencillo, ordinario, con unas cuantas fallas... ¿sientes que esto te describe? Las cosas sencillas son algunas de las cosas favoritas de Dios.

Lectura de *La Biblia en un año*

Zacarías 6:1–7:14; Apocalipsis 15:1-8; Salmo 143:1-12; Proverbios 30:24-28

25 de diciembre

Venid y adoremos

Hay tres cosas que caminan con paso firme y majestuoso;
no, son cuatro las que se dan aires al andar:
el león, rey de los animales, que no retrocede ante nada,
el gallo que se pavonea,
el macho cabrío,
y el rey al frente de su ejército.

PROVERBIOS 30:29-31

Majestuoso es «una forma de ser que muestra gracia y sin embargo tiene peso y dignidad». Es una imagen de la fuerza bajo control. El león está encima de los demás.

En este día de Navidad recordemos que el bebé nacido en un pesebre fue realmente un rey león. Él era y es el León de la tribu de Judá en disfraz. El eterno Rey del universo escogió humillarse a sí mismo y dejarse ser humanamente confinado a ese pequeño cuerpecito. Emanuel: un título tan asombroso. ¿Sabes lo que significa? «Dios con nosotros». Era Dios en ese pesebre tan pequeño pero tan majestuoso.

Leamos las palabras de esa maravillosa canción «María, ¿sabías qué?».

¿María, sabías que tu hijo Jesús dará la vista al ciego?
¿María, sabías que tu hijo Jesús calmará la tempestad?
¿Sabías que tu hijo Jesús desde el cielo descendió
y cuando besas su mejilla, besas el rostro de Dios?

Feliz Navidad. Que sepas que tu Rey León se hizo débil para que pudieras ser hecha fuerte. Entiende que ese es un Rey que era y es majestuoso.

Hazlo personal... ¡Vívelo!

Aquella primera Navidad hubo quienes no tenían idea de que el Rey del universo estaba cerca. Estaban ocupados, estaban distraídos. Nosotras también nos podemos distraer con todos los quehaceres del día de Navidad que lo dejamos completamente fuera.

Antes que termine el día, ¿te apartarás a un lugar tranquilo? ¿Inclinarás tu cabeza e incluso te pondrás de rodillas si puedes? ¿Tranquilizarás tu corazón y dejarás que las palabras de otra canción navideña te inviten a su presencia?

Venid y adoremos.
Venid y adoremos.
Venid y adoremos a Cristo el Señor.

Lectura de *La Biblia en un año*

Zacarías 8:1-23; Apocalipsis 16:1-21; Salmo 144:1-15; Proverbios 30:29-31

¡Simplemente para!

Si como un necio has sido orgulloso o has tramado el mal,
tapa tu boca de vergüenza.
PROVERBIOS 30:32

Aquí se nos advierte de dos cosas muy necias: exaltarse a uno mismo y tramar problemas.

¿Cuál es el consejo práctico para aquellos que hacen esto? ¡Detente! Pon tu mano sobre tu boca y deja de hablar. Es necio excusar el comportamiento o acusar a otra persona. Simplemente para de hablar.

Así que miremos el comportamiento necio de exaltarse a uno mismo. En la mayoría de las familias hay alguien que siempre tiene los humos subidos, despreciando a los demás, criticando y mandando. Cada vez que nos exaltamos, otros son derrumbados, sea esa nuestra intención o no. Así que si esta eres tú, pon tu mano sobre tu boca y deja que sea un filtro. Di: «En esta conversación, Señor, mantenme a raya. Evita que diga cualquier cosa que me haga aparentar mejor que otros, o que derrumba a otros, o que lastima los sentimientos de otro».

Segundo, ¿tus palabras han sido usadas para sembrar pequeñas semillas de discordia? En tu familia has criticado a tu hermana o tu cuñado o tu mamá? ¿Aún te estás quejando sobre algo que alguien hizo la Navidad pasada? Si es así, enfréntalo. La Biblia lo llama «tramando el mal». Qué vergüenza. En todas estas cosas, tapa tu boca con tu mano para pararlo.

«Que todo lo que digan sea bueno y útil, a fin de que sus palabras resulten de estímulo para quienes las oigan» (Efesios 4:29).

Hazlo personal... ¡Vívelo!

Armonía y dulzura de espíritu son características perceptibles en una mujer de Dios. ¿Podrías decir que este es el deseo de tu corazón? Si lo es, entonces es bueno hacer una inspección periódica de fruto. Ora y medita sobre todas las interacciones que has tenido con las personas estas últimas semanas. ¿Hubo evidencia de que el Espíritu Santo y todos los rasgos de su personalidad (amor, alegría, paz, paciencia, gentileza, bondad, fidelidad, humildad y control propio) están activos y fluyen de tu vida? Si no, ¿quisieras que así lo fuera?

Oremos

Querido Señor, vengo a ti con un corazón honesto. Sé que fallo. Pero con todo mi corazón quiero crecer. Soy como un vaso vacío; lléname con tu Espíritu Santo y hazme más como tú.

Lectura de *La Biblia en un año*

Zacarías 9:1-17; Apocalipsis 17:1-18; Salmo 145:1-21; Proverbios 30:32

Tranquilízate

Así como al batir la crema se obtiene mantequilla
y al golpearse la nariz sale sangre,
al provocar el enojo surgen peleas.
PROVERBIOS 30:33

La agitación. Jon Courson comenta: «En lugar de dejar que los sentimientos heridos sanen, aquellos que continuamente vuelven a visitar los problemas y vuelven a encender el fuego de los malentendidos harán la situación infinitamente peor, tan seguro como revolver leche resulta en mantequilla y golpearse la nariz produce sangre».

Vamos a tomar un ejemplo. Tu amiga llama por teléfono. Está enfurecida. Su suegra fue dominante y brusca el día de Navidad. Tu amiga está herida y quiere desahogarse. Bien, ¿qué clase de amiga eres de verdad? Una amiga carnal no solo sería comprensiva, sino que agregaría leña al fuego, agregando crítica y reforzando los sentimientos heridos. Esto no ayuda y tampoco es verdadera amistad.

Como verdaderas amigas piadosas, este mismo encuentro podría llevar a ambas a un lugar más alto, a la cruz. Primero, solo escucha, pero ora mientras escuchas. A veces cuando las personas comparten, ven las cosas con más claridad. Luego pregunta: «¿Cómo puedo ayudar? ¿Cómo puedo animarte en el Señor?». Luego no cuelgues hasta que hayas dicho: «Vamos a orar en lo que concierne a tu suegra y también vamos a orar *por* ella ahora mismo». He escuchado que no puedes verdaderamente orar por alguien y odiar a esa persona al mismo tiempo. «Dios bendice a los que procuran la paz, porque serán llamados hijos de Dios» (Mateo 5:9).

Hazlo personal... ¡Vívelo!

¿Estás enfadada, irritada, tal vez echando humo por alguien en este momento? La ira es algo peligroso. Aquí hay unos consejos para evitar los escollos y las trampas:
- No le hables a una amiga para desahogarte. Conseguir que ella se agite no va a ayudar.
- Tampoco reprimas tus sentimientos. Eso puede resultar en amargura y resentimiento y depresión.
- Lleva tu ira a Dios, no solo una vez, pero una y otra vez hasta que desaparezca.

Oremos

Señor, vengo sola ante ti con esta herida. Por favor dame de tu gracia para abrir mi corazón y soltarla a ti. Libérame de esta carga. Libérame de pensamientos oscuros de ira y reemplázalos con tu paz. En el nombre de Jesús, amén.

Lectura de *La Biblia en un año*

Zacarías 10:1–11:17; Apocalipsis 18:1-24; Salmo 146:1-10; Proverbios 30:33

El peligro de beber

La lectura de hoy es una declaración de un rey. Él habla de cómo su mamá lo crio. Tenía una mamá que no tenía miedo de decirle los hechos duros y difíciles sobre los peligros de beber. Así que este es un mensaje a las mamás. Este mundo necesita madres piadosas, madres que son amorosas, firmes, consistentes; mamás que enseñan a sus hijos y a sus hijas que la vida fiestera les va a arruinar la vida.

> *Oráculo mediante el cual su madre lo instruyó:*
> *Hijo mío [...]*
> *No gastes tu vigor en las mujeres,*
> *ni tu fuerza en las que arruinan a los reyes.*
> *No conviene que los reyes [...] se den al vino,*
> *ni que los gobernantes se entreguen al licor,*
> *no sea que al beber se olviden de lo que la ley ordena*
> *y priven de sus derechos a todos los oprimidos.*
> PROVERBIOS 31:1-5 (NVI)

A veces pensamos que vivimos en la única generación que es tan inmoral que no tenemos ni oportunidad de proteger a nuestros hijos de las tentaciones que están a todo su alrededor. Mientras escucho las palabras de esta madre, me doy cuenta de cuán desesperadamente preocupada estaba, así como toda madre de un adolescente lo estaría.

Entonces, ¿qué podemos hacer? Como esta mamá, debemos mantenernos informadas, mantenernos involucradas y mantener la relación. Algunos de los padres más sabios que conozco se aseguran de que los amigos de sus hijos vengan a su casa cuando se juntan. Se aseguran de conocerlos, que se sientan bienvenidos, que haya mucha comida y haya mucho amor. Pero la cosa más poderosa que podemos hacer en esta batalla por nuestros adolescentes es pelear de rodillas. Madres, sean madres que oran. Nunca subestimen el poder de una madre que ora.

Hazlo personal... ¡Vívelo!

Hay una nueva moda muy peligrosa entre los cristianos jóvenes. Beber es visto como algo genial e inofensivo. Les gusta cómo los hace sentir. Les gusta porque baja las inhibiciones. Unas cervezas con pizza nunca podrían lastimar a nadie, ¿verdad? Para algunos esto es cierto. Pero para otros, un trago conduce a otro hasta que pierden su rumbo. Uno demás nubla el juicio. El juicio nublado abre la puerta al peligro. Si ésta es una libertad que has permitido en tu vida, ¿vale la pena el riesgo? ¿Vale la pena hacer tropezar a una hermana o un hermano o un hijo o una hija más débil?

Lectura de *La Biblia en un año*

Zacarías 12:1–13:9; Apocalipsis 19:1-21; Salmo 147:1-20; Proverbios 31:1-7

Sé una voz

Habla a favor de los que no pueden hablar por sí mismos;
garantiza justicia para todos los abatidos.
PROVERBIOS 31:8

Alza la voz. Dios mismo nos está llamando a hablar por aquellos que no lo pueden hacer. Aunque hay muchas aplicaciones, los que menos pueden hablar por sí mismos son los bebés nonatos.

En el vientre cada bebé es hecho «asombrosa y maravillosamente» (Salmo 139:14, LBLA). El latido del corazón comienza a los veintidós días de concepción. Ocho semanas después de la concepción el bebé ya tiene cada órgano en su lugar. Puede escuchar. Tiene huellas digitales.

Pero, ¿sabías que ahora el lugar más peligroso donde vivir para un bebé en Estados Unidos es en el vientre? Desde 1973, más de cincuenta millones de bebés han muerto por el aborto voluntario. De este número, el 93% de los abortos no se llevaron a cabo por riesgos de salud o por violación. Tres mil seiscientos bebés mueren cada día. Eso es uno cada veinticuatro segundos.

Cuando un bebé muere de esta manera, hay por lo menos dos víctimas: el bebé y la mamá. He hablado con mamás que treinta años después no se han permitido hacer duelo. Han enterrado esta herida. Si ésta eres tú, por favor entiende que Dios te ama, te perdona y tiene a ese bebé a salvo con él en la eternidad.

En mi sitio web tengo unos recursos especialmente para ti. Puedes ir a BibleBusStop. com. Es tiempo que recibas ayuda y seas sanada. ¿Y me permites rogarte que uses para bien lo que Satanás pensó para mal? ¿Aceptarás el perdón de Dios y luego aceptarás el desafío de levantar la voz por aquellos que no pueden hablar por sí mismos?

Hazlo personal... ¡Vívelo!

¿Por qué las mujeres eligen el aborto? Hay muchas razones. El mero hecho de que el aborto sea legal crea una falsa creencia que no está mal. A menudo, las mujeres no ven otra alternativa. No se dan cuenta de que hay familias que desean niños que con mucho gusto adoptarían. Piensan que el aborto es emocionalmente menos doloroso que la adopción. Nada puede estar más lejos de la verdad. ¡Hay buenas noticias! Hay centros de crisis de embarazo en toda la nación, atendidos por hombres y mujeres dedicados a estar en la brecha. Brindan asesoría y asistencia tangible a las mujeres en crisis. ¿Orarás? ¿Ayudarás?

Lectura de *La Biblia en un año*

Zacarías 14:1-21; Apocalipsis 20:1-15; Salmo 148:1-14; Proverbios 31:8-9

Una verdadera joya

Para la lectura de hoy vamos a ver a la mujer de Proverbios 31. Ella es mi heroína personal. Hay tantas lecciones prácticas. Lee cuidadosamente. Si aprendes tan siquiera una sola cosa de su vida, esto es algo bueno.

*¿Quién podrá encontrar una esposa
    virtuosa y capaz?*
      Es más preciosa que los rubíes.
*Su marido puede confiar en ella,
    y ella le enriquecerá en gran manera
      la vida.*
*Esa mujer le hace bien y no mal,
    todos los días de su vida.*
*Ella encuentra lana y lino
    y laboriosamente los hila con sus manos.*
*Es como un barco mercante
    que trae su alimento de lejos.*
*Se levanta de madrugada y prepara el
    desayuno para su familia
    y planifica las labores de sus criadas.*
*Va a inspeccionar un campo y lo compra;
    con sus ganancias planta un viñedo.*
*Ella es fuerte y llena de energía
    y es muy trabajadora.*
*Se asegura de que sus negocios tengan
    ganancias;*

*su lámpara está encendida hasta altas
    horas de la noche.*
*Tiene sus manos ocupadas en el hilado;
    con sus dedos tuerce el hilo.*
*Tiende la mano al pobre
    y abre sus brazos al necesitado.*
*Cuando llega el invierno, no teme por su
    familia,*
porque todos tienen ropas abrigadas.
*Ella hace sus propias colchas.
    Se viste con túnicas de lino de alta
    calidad y vestiduras de color
    púrpura.*
*Su esposo es bien conocido en las puertas
    de la ciudad,*
*donde se sienta junto con los otros
    líderes del pueblo.*
*Confecciona vestimentas de lino con
    cintos
    y fajas para vender a los comerciantes.*
PROVERBIOS 31:10-24

De verdad que me encanta esta mujer. Es más preciosa que los rubíes.

Hazlo personal... ¡Vívelo!

El rey Salomón se casó con muchas princesas que requerían costos altos y mucha atención. En contraste, una mujer leal, creativa e industriosa era una en un millón. ¿Tenemos que coser, comprar campos y cultivar uvas para encajar en el molde de Proverbios 31? Ese no es el punto. El punto es: haz lo mejor que puedes con lo que tienes. Aprendí a ser mañanera con esta descripción. Como soltera joven leí que la esposa piadosa «le hace [a su esposo] bien y no mal, todos los días de su vida». Sonaba correcto y verdadero. ¿Leerás la descripción nuevamente? Si inspira en ti un propósito noble, ora sobre ello y llévalo a la práctica.

Lectura de *La Biblia en un año*

Malaquías 1:1–2:17; Apocalipsis 21:1-27; Salmo 149:1-9; Proverbios 31:10-24

Belleza verdadera

La lectura de hoy es la segunda parte de la descripción de una mujer piadosa. Mientras lees esto, tal vez te sientas intimidada, pero por favor entiende que ese no es el punto. Ella no es la supermujer. Cuando era joven, yo no tenía ninguna mentora. No tenía ni idea de cómo ser esposa ni cómo vivir una vida de disciplina y propósito, pero luego la encontré: la mujer de Proverbios 31. Ella me dio una imagen y un patrón para seguir, alguien de quien aprender; ella me dio esperanza.

> *Está vestida de fortaleza y dignidad,*
> *y se ríe sin temor al futuro.*
> *Cuando habla, sus palabras son*
> *sabias,*
> *y da órdenes con bondad.*
> *Está atenta a todo lo que ocurre en su*
> *hogar,*
> *y no sufre las consecuencias de la*
> *pereza.*
> *Sus hijos se levantan y la bendicen.*
> *Su marido la alaba:*
>
> *«Hay muchas mujeres virtuosas y capaces*
> *en el mundo,*
> *¡pero tú las superas a todas!».*
> *El encanto es engañoso, y la belleza no*
> *perdura,*
> *pero la mujer que teme al SEÑOR será*
> *sumamente alabada.*
> *Recompénsenla por todo lo que ha hecho.*
> *Que sus obras declaren en público*
> *su alabanza.*
>
> PROVERBIOS 31:25-31

En conclusión, debo terminar con una palabra final para alguna madre de corazón quebrantado que esté leyendo ahora mismo. Aunque has hecho lo mejor que podías, tu hijo es un pródigo y te sientes como un fracaso. Miremos la frase: «Sus hijos se levantan». Es entonces que la bendicen. Si tu hijo ha caído, está lejos de Dios y tal vez de ti también, Dios sí escucha tus oraciones, porque acuérdate, Dios el Padre tiene unos cuantos pródigos también.

Hazlo personal... ¡Vívelo!

Al terminar nuestra travesía a través del libro de los Proverbios, es digno de notarse que el último capítulo concluye con una impresionante imagen de una mujer piadosa. Ella está lejos de ser una dura estoica religiosa estereotipada. Una mujer que personalmente conoce, apasionadamente respeta y confía de todo corazón en Dios tiene una dignidad que solo la fe y la integridad auténtica pueden otorgar. Su belleza no es superficial. La fuerza, el honor, la bondad y la diligencia son el meollo de quién es. Ella es un faro, brillando sobre las aguas turbulentas de nuestra generación. Dios te está atrayendo, invitándote a unirte a su nivel. ¿Te levantarás, tomarás tu lugar y tomarás tu posición en defensa de la sabiduría?

Lectura de *La Biblia en un año*

Malaquías 3:1–4:6; Apocalipsis 22:1-21; Salmo 150:1-6; Proverbios 31:25-31

Desarrollando un tiempo a solas

Usando *La Biblia en un año*, llamada el Autobús Bíblico

De BibleBusStop.com.

1. Comienza con una oración. Mientras abres la Palabra de Dios, haz una pausa y pídele a Dios que abra tus ojos espirituales para ver cosas maravillosas y que abra tus oídos espirituales para escuchar su voz.

2. Recuerda, no hay condenación para los que están en el Autobús. Aunque quiero animarte a proteger tu tiempo personal en la Palabra todos los días, todas tenemos nuestros tiempos bajos, todas nos caemos del autobús.

3. Vuélvete a subir. Cuando se te pasa una lectura, ya sea solo por un par de días o por un par de semanas, no trates de leer todo lo que te perdiste. Solo comienza de nuevo con la lectura del día actual, y síguele de allí. Quizás tengas tiempo de regresar y ponerte al corriente luego, pero no te estreses por eso. Recuerda, esto no es para recibir una «medalla» más. Nuestra meta es compañerismo, no logros.

4. Personaliza el ritmo. Sé realista en cuanto a tu travesía. Si eres nueva en leer la Biblia, o madre de niños pequeños, o una estudiante con mucha tarea, quizás decidas nada más leer la porción del Nuevo Testamento este año. Este segmento de lectura solo tomará como entre cinco y siete minutos. Es mucho mejor ser constante con una porción pequeña que abrumada con demasiado.

5. Mantén papel y una pluma al alcance de la mano. Si escribes la fecha de tu lectura en un cuaderno, te has metido en la mentalidad de «prestar atención». Lo que le estás diciendo a Dios y a ti misma es que esperas que Dios te muestre algo o te hable algo en su Palabra que vale la pena escribir y recordar. Cuando escribes algo, duplicas tu retentiva. A menudo cuando escribes un pensamiento, verás otras facetas de esto mismo expandirse y llegar a ser un entendimiento dulce y profundo.

6. Establece un horario. Todas tenemos un ritmo personal. Una puede ser mañanera; otra es trasnochadora. Compra una alarma barata y ponla a sonar en un determinado horario cada día. Esta pequeña acción puede ayudarte a proteger tu «cita personal con Jesús».

7. Prepara un lugar. Es una tremenda ayuda mantener tu *Biblia en un año*, tu cuaderno y tu pluma en el mismo lugar todo el tiempo. Puedes ir allí mismo y zambullirte. Encontrarás que comienzas a ver aquel lugar como especial y santo.

8. Busca respuestas. Un repaso breve de las preguntas a continuación te ayudará a anticipar y emocionarte sobre tu lectura.

   - ¿Que aprendí hoy sobre Dios en mi lectura?
   - ¿Qué lección sobre la vida aprendí?
   - ¿Qué aprendí sobre mí misma y mis actitudes, prioridades, temores, fracasos, deseos, misión, destino?
   - ¿Hay alguna lección que puedo aplicar hoy?
   - ¿Qué puedo tomar de mi lectura y regresarlo a Dios en oración para conseguir entendimiento, instrucción o ayuda?

Construyendo tu vida sobre la Roca

«El día del juicio, muchos me dirán: "¡Señor, Señor! Profetizamos en tu nombre, expulsamos demonios en tu nombre e hicimos muchos milagros en tu nombre". Pero yo les responderé: "Nunca los conocí. Aléjense de mí, ustedes, que violan las leyes de Dios".

»Todo el que escucha mi enseñanza y la sigue es sabio, como la persona que construye su casa sobre una roca sólida. Aunque llueva a cántaros y suban las aguas de la inundación y los vientos golpeen contra esa casa, no se vendrá abajo porque está construida sobre un lecho de roca».
Mateo 7:22-25

PARA TODA LA FAMILIA

PARA TODO EL AÑO

Experimente la verdad diariamente.

TYNDALE.COM

CP1106